庄子副墨

【明】陆西星　撰

华龄出版社
HUALING PRESS

责任编辑:董　巍
责任印刷:李未圻

图书在版编目(CIP)数据

庄子副墨/陆西星撰. —— 北京 : 华龄出版社,
2018.12
ISBN 978-7-5169-1323-9

Ⅰ. ①庄… Ⅱ. ①陆… Ⅲ. ①道家②《庄子》-注释
Ⅳ. ①B223.52

中国版本图书馆 CIP 数据核字(2018)第 260788 号

书　　名:庄子副墨
作　　者:明·陆西星　撰

出 版 人:胡福君
出版发行:华龄出版社
地　　址:北京市东城区安定门外大街甲 57 号　邮　编:100011
电　　话:58122264　传　真:58122264
网　　址:http://www.hualingpress.com

印　　刷:北京时捷印刷有限公司
版　　次:2019 年 1 月第 1 版　2019 年 1 月第 1 次印刷
开　　本:880×1230　1/32　印　张:12.5
字　　数:270 千字
定　　价:48.00 元

出版说明

《庄子副墨》，原名《南华真经副墨》，明代陆西星撰。陆子为道家内丹东派创始人，儒道兼修，学养深厚，堪称道家一代宗师，故其注《庄子》，较前人更为明晰，能够去芜存真，多发先贤所未发，对世人理解道家思想大有裨益。前人誉此书"注释一出，前无古人"。陆西星(1520-1606)，字长庚，号潜虚子，又号方壶外史，明代扬州府兴化县人。著作颇丰，有《南华真经副墨》《方壶外史》《老子道德经玄览》《金丹就正篇》《玄肤论》等流传于世。

本次整理出版的《庄子副墨》，以明万历六年天台馆刊本为底本。整理过程中，以保持原本原貌为原则，对原书不删节，不改动。原书繁体竖排，现改为简体横排，并加现代标点，方便当今读者阅读。

庄子副墨序

方壶外史陆西星长庚　著

外史既测《道德经》已，乃复测《南华》。《南华》者，《道德经》之注疏也。其说建之以常无有，而出为于不为，以破天下之贪执者。

去圣远，道德之风微，儒墨并起，各持其似以相是非，上仁义，崇圣智，而首乱之民，爰窃之以嚆矢天下。以故，识者病焉，以为先疾而施剂，则君参佐耆，适以滋毒而戕人，善摄生者不轻试以无妄之药。故曰，上德为之而无以为，失道而后德，失德而后仁，仁可为也，义可亏也，见素抱朴，少思寡欲，淡寞而天下治矣。且夫天下不可为也，将欲取天下而为之，吾知其不得已。若乃虚静恬淡、寂寞无为，则其于道也，几乎！古之至人，守宗保始，欲为而为之以不为，世出世法莫不繇此，所谓以其真治身，而出其绪馀以理天下。盖自几蘧以逮羲轩，莫不通于道而合于德，退仁义而宾礼乐，明于本度，系于末数，理之所以穷也，性之所以尽也，命之所以至也。明此者，谓之大道；迕此者，谓之俗学。

若乃断言语，绝名相，混溟茫沕，迥出思议之表，则竺乾先生，谭之西方，未始相袭也，而符契若合。故予尝谓，震旦之有《南华》，竺西之贝典也。贝典专谭实相，而此则兼之命宗，盖妙窍同玄，实大乘之秘旨。学二氏者，乌可以不读《南华》？缘督守中，则卫生之经也；地文天壤，则止观之渊也；藏神守气，则食母之学也；忘言绝虑,则总持之要也;有情有信,则重玄之秘也;无实无虚,则实相之理也;因是,则玄同之德也;忘我,则无相之宗也;生死一条,可不可一贯,则解脱之门也。若乃采其文撷艺圃之华,资其辩给悬河之口,则操觚挥麈之伦又多取焉。

呜呼!文字上起唐虞以逮邹鲁,称性之谭,精绝闳肆,孰逾《南华》矣?亦其矢口寓言,正而若反,从心曼衍,废而中权,以通神明之德,以类万物之情,则惠施呿口,公龙结舌,季真、接子之徒又乌能测其涯涘哉?昔晋人郭象首注此经,影响支离,多涉梦语,鬳斋口义颇称疏畅,而通方未彻,挂漏仍多。是知知虑一失,在贤知犹不能免;商赐启予,回非助我,仲尼大圣,不无望于人人,而况其散焉者乎?

星款启寡闻,素无前识,而二氏之学,载之末年,颇窥堂奥,乃复添注是经,补救偏弊,以匡昔贤之不逮,名之副墨,相与二家之诰,参订异同,而一二同志佥谓发所未发,勉令卒业。游历江海,佩之奚囊,三易岁乃脱草。

呜呼!批道熟,则庖丁之目无全牛,察认真,则九皋之肆无留良。千载而下,知庄叟者谁欤?若谓侮圣畔道,言大而无当,则星也与叟均之不白于天下矣!

万历戊寅四月望日

庄子副墨序

吾少读《南华经》，意谓是陈刍狗、资章句耳。顷读其书，心目大骇。读之七日，恍见其人，乘龙鞭霆，逍遥于赫胥氏，左玄冥，右参寥，演天游天放之奥，三十三篇，语语皆道德性命，自然之情。有问及仁义礼乐者，三问而三不答，创为不必有之人、不必有之物，又或世所必无之事，玩弄百出，自五帝三王而下，往往遭其戏剧，如颠如狂，听者逡巡而不敢进。彼何为者？又聆其咳唾，如悬河天上，在阬满阬，在谷满谷，酌之莫可涯竟。无论其他，即西来大藏，衣被而紬绎者何限？又词人数百家，猎其精英，如入海煮盐，倚山铸铜。嘻！世安从得此语也？世儒或诋其掊斗折衡，不经之甚，或谓其意与孔圣争衡，而卑孟子专言仁义，太史公则曰：善属书离词，剽剥儒墨，虽当时宿学不能自解免也。

嗟夫！《南华》，其人不易知，书亦不易读。古有至人，游于方之外者，虚静恬淡，寂寞无为，以道德自然为宗，乘云气，骑日月，长于上古而不为老，与大椿齐龄而不为寿，将无非其人欤？彼以步虚御空之姿，适弗逢世，下视大盗攘攘，窃圣人仁义圣智以济其篡夺之谋，曰：世丧道，道丧世矣。奈何哉？必圣人死而后混沌复。盖深念至德不可见，而深叹仁义无救于乱亡，险语破胆，而后人遂嚣嚣议之。夫酒之流生祸，有不罪酒人而罪上世之始为酒者人，曰：吾必黥其人！其将信之乎？吾窃谓其人不易知，书亦不易读。

吾叔氏方壶先生，天诞之灵，夙有异骨，才雄学博，洞百氏外家语。童时即志仙游，尝曰：人世浮华石火耳！安用名为？一日，即谢去亲知，长啸入棲霞山，彷徨乎尘垢之外，逍遥乎无为之业，鹑居鷇食，徐徐于于。旧注《阴符》《道德》《参同》《玄肤》等书，顷著《南华》。吾乡壒村李先生，博洽群书，一见爱而读之，曰：吾当与世人传之。命余序之。

陆子律曰：自先生注出，而诸家注可尽废矣。何者？《南华经》汪洋恣肆，语多险怪，读者要在悟其宗旨，不必字解句裂如诸训诂语。先生逍遥若鲲鹏，怒扬若戏蝶，直悟性灵，不假言诠，非注《南华》，注先生也。自闻自见，自暖自寒，自饮自知，又乌知《南华》注先生耶？先生注《南华》耶？予之读先生注也，盖欣然大有当于心者终日，适一蝴蝶翩翩而下，予异之；甫文成，孟夏廿有三日也，蝶复来。嘻！大异哉！汝奚自两来哉？汝奚自两来哉！岂栩栩者梦蝶耶？抑蘧蘧者南华仙耶？吾愿乘成以随先生游，相与徜徉于寥天一也。

万历戊寅孟夏从子从吾律顿首书

刻庄子副墨序

青霞外史李齐芳子蕃　撰

李子蕃曰:《南华经》,吾读郭注,憾已;读口义、通义,憾少已,而更憾;读《方壶外史》,而后洒然畅然,知外史氏之发吾覆也。外史氏,予里闬先生也,闻性命之学于溟涬先生,遂屣弃旧所,棲真乎摄山之阳,注《南华》、《道德》,以适己志,明大道之要,俾后来者知乡方。书成,予为梓之,僭序其首。

序曰:夫天下事,有大难二,作、述是已。作之者之谓圣,述之者之谓明。明也者,明也,谓以己意明作者所以也。作者之意明,则知言之功与立言等。夫为《南华》述者,更难之难耳。何以故?非等见故。《南华》后仁义,首道德,左先王之法言。经生学士骤而闻之,强者仇,馁者惧,蹇浅者废,譬彼芥姜,困慢中蓺,黄口不嗛也。乃狄牙、俞儿善而羞之,且以饵客而称旨。故《南华经》有不可读者三,不可不读者三。束于教,不可读也;内外韄,不可读也;法眼不具,不可读也。不可不读者三:一、卷舒变化,云龙天鬼;二、属辞比事,善体物情;三、兼综条贯,集二氏之大成。故通人旨《南华》,而曲士守边见。众谓侮圣畔道,非然矣。夫作者,继绪往圣,梯筏后昆,俾诞登于岸,仁天下不薄也。乃今视其言,如乌喙之瞑眩,而莫之敢试,则不得于言,勿求于心之过耳。天下不尽聩聩也,而希不以其书覆瓿。夫粱肉天下,则六经尚矣。若乃郊祀上下,则腒胲废而玄酒陈。其故何?以道之入口,淡乎其无味,用之不可既,其出口也亦然。将使斯世斯民,淡漠无为,虚缘葆真,去排冶化而入于寥天,则《南华》、《道德》之所称述,此其谓欤？古之为道者准此。故先尧舜而帝,道德有升降;后尧舜而师,功业有差等。儒者立极于尧舜,而万世师仲尼,止矣！然而未出于非人,不止于尽虑,则至矣,而又有至焉者。所谓神尧窅丧于姑射,仲尼往后于兀骀,彼让德者固不自大也。夫至道,圣人不能尽也。天地之大也,人犹有所憾。称理而论,胡谓乎侮大圣、畔大道耶？夫小知不及大知,则蜩与莺鸠群大鹏而笑之,且也守圭窦而窥容光,微拾芥粟,细察毫芒,自谓明之至矣。若与登日观而眺沧海,红紫互飞,光耀无极,一时耳目何如哉？又况乎乘云气,挟日月,倒景而下视者焉？夫学然后知不足也,人恨不自广耳。有能得外史氏之书而读之,相与解执情而融习见,若之何其不洒然畅然,若发蒙覆而睹寥廓乎？而某也又得公之四方,亦大雅君子所乐闻也。

万历戊寅端阳日

读南华真经杂说

《南华经》分明是《道德经》注疏。欲读《南华》,先须读《道德经》,大要识其立言宗旨。是经篇章虽多,阖辟鼓舞,一意贯串,但其言突兀惊人。其诋侮圣贤,正如禅宗中喝佛骂祖,见释迦始生,手指天地,作狮子吼,便要一棒打杀,与狗子吃了,贵在天下太平。此中深意,如何理会?识者谓其深报佛恩,于此悟入,然后许读此书。

《南华经》还是一等战国文字,为气习所使,纵横跌宕,奇气逼人,却非是他自立一等主意,如公孙龙、惠子之说,读者但见其恣口横说,以为洸瀁无当,却不知一字一义祖述《道德》,正如公孙大娘舞剑,左右挥霍,皆合草书。熟于《道德》者,始可以读《南华》。

《南华经》如山肴海错,别是一种,却不可与菽粟同味者。然使并席而陈,合口而食,亦自不相妨害。今儒者见其突兀,以为非圣之书,掩卷废之,殊可惜也。

《南华》文字中,有平易可解者,有艰涩不可致诘者。读者但当解其所可解,而不致诘其所不可诘,乃为得之。若一一为之曲说,非惟支离破碎,不得其旨,而我会文艰涩之机熟,抽毫临纸,忽焉入于其中而不自觉,此害事之不浅者,正如禅宗中谓盐可食,却不许汝满口食也。

《南华》宗旨,不二法门也。但见有名相分别,心便不喜,以为窍凿混沌。其诋侮圣贤,正如司马公谓好个仆,被苏学士教坏了也。

一部《南华经》,止有三等说话:寓言十九,重言十七,卮言日出。寓言者,意在于此,寄言于彼也。重言者,假借古人以自重其言也。寄言如大鹏、社树之类,重言如称引黄帝、尧、舜、仲尼、颜子之类。卮言者,旧说有味之言,可以饮人,看来只是卮酒间曼衍之语。寓言意在言外,卮言味在言内,重言征在言先。

《道德》言为道者,豫兮若冬涉川,犹兮若畏四邻。逍遥游却如此放旷闲适,盖老子是说心小,庄子是说心空。心小是工夫,心空是体段。

逍遥游说生物之以息相吹,生物即造物,但换得字新。以息相吹,分明是自老子天地之间,其犹橐籥乎化来。

《南华经》皆自广大胸中流出,矢口而言,粗而实精,矫俗而论,正而若反。读《南华》者,先须大其胸襟,空其我相,不得一以习见参之。子书中第一部醒眼文字,不独以其文也。

太史公论大道,则先黄老而后六经,的有真见,未可轻议。儒者谓其是非颇谬于圣人,此一边说也。庄子所谓且也相与吾之耳已,讵恶知吾之所谓吾之乎?

告子谓不得于言,勿求于心,孟子亦谓之曰可。当时有此一段学问,即是二氏了生死、脱轮回宗旨。庄子说保始之征,不惧之实,一夫雄入于九军,佛言不取于相,如如不动,便是演说金刚般若。今学者如何看此一句道理,妄加讥贬,大造口业,于己何益?

学问只一个究竟性命是切己的经纶,燮理皆其应迹有为之法,幻妄不常。颜渊问为邦,那里去试?只一心斋坐忘,却终身得力,受用不尽也。一部《南华》,归究到此,有为事相皆粗迹也。

看庄、老书,先要认道德二字。道者,先天道朴,无名无相,所谓无名天地之始。德则物得以生,本然之体,一而不分。大要在人不起情识,堕支黜聪,绝望弃知,则复归于朴,而道其在是矣。故曰:性修反德,德至同于初。又,失道而后德,失德而后仁,失仁而后义。又,仁可为也,义可亏也,礼相伪也。通于道而合于德,退仁义而宾礼乐,古之至人其心有所定矣。则二书之宗旨也。今儒者直谓不然,往往斥之以为异说,反以老氏为见小,是蜩与莺鸠同其同也。悲夫!

退之原道,以仁义为定名,道德为虚位,谓道有君子有小人,而德有吉有凶,便是虚位,不若仁义实实在在,故曰定名,亦似有理趣。然以性空真体而言,清静之中,一物不着,道亦强名而已,安有仁义?定了名相,是为太虚生闪电也。论大道者,不作是解。佛语说:金屑虽贵,着之眼中,何殊砂土?意盖如此。

批点庄子法

标题:——

主意:═══

肯綮:○

精粹:。。。。

段络:—

庄子音叶

从四声等韵,参订玉篇直音,随注于本文之下,以便诵读。有不可以字叶者,但云某平某上,因其字而调之,则其音自出。

目　录

庄子副墨卷之一　虚字集

内篇逍遥游第一

夫人必大其心而后可以入道,故内篇首之以逍遥游。游,谓心与天游也。逍遥者,汗漫自适之义。夫人之心体,本自广大,但以意见自小,横生障碍。此篇极意形容出个致广大的道理,令人展拓胸次,空诸所有,一切不为世故所累,然后可进于道。昔人有云:振衣千仞冈,濯足万里流,士君子不可无此气节。海阔从鱼跃,天空任鸟飞,大丈夫不可无此度量。白沙先生亦云:若无天度量,争得圣胚胎?意盖如此。又恐人疑旷荡而无所用,末复结以大瓠大樗,谓人但不知所以用其大耳。

北冥有鱼,其名为鲲。鲲之大,不知其几千里也。化而为鸟,其名为鹏。鹏之背,不知其几千里也。怒而飞,其翼若垂天之云。是鸟也,海运则将徙于南冥。南冥者,天池也。

夫心之神明,变化莫测,际天地,穷宇宙,无足喻其大者。此篇首以鲲鹏寓言。北冥有鱼,其名为鲲,鲲之大不知其几千里也,化而为鹏,鹏之背不知其几千里也,有时盛气而飞,其翼若天云之布于四陲,故曰:怒而飞,其翼若垂天之云。是鸟也,海运则将徙于南冥。海运者,海气动也。海气动则飓风作,故大鹏乘此风力,怒飞而徙于南冥。复自解曰:南冥者,天池也。不曰南海而曰天池,看他文字变化之妙。

齐谐者，志怪者也。谐之言曰：鹏之徙于南冥也，水击三千里，抟扶摇而上者九万里，去以六月息者也。抟，音团，飞而上也。

又引齐谐以实己言。齐谐，古书名，所言多志怪异之事。扶摇，风名，尔雅云飙风也，郭璞云暴风从下而上也。盖鹏翼过大，难以轻举，必抟扶摇，然后能冲举而直上。击海水者，水为鹏翼所击也。三千、九万，皆广远之极名。去以六月息者也，与下以息相吹之息同，谓气息也。人以一呼一吸为一息，造化则以四时为一息。去以六月息者，即海运则将徙南冥之意。去，谓徙而南也。周之六月，夏正之四月也，于后天为巽，正气动风起之时，故大鹏乘此徙去。而诸家注皆谓此鸟一去半年，至天池而息，则是以六月为半年，以息为止息，而太白鹏赋亦谓：六月一息，至于海隅。只为不曾理会下文以息相吹一句，遂使文不相蒙而难于解说耳。

野马也，尘埃也，生物之以息相吹也。天之苍苍，其正色耶？其远而无所至极耶？其视下也，亦若是则已矣。

遂承上文，言天地间待气而动者，如大鹏，如野马，如尘埃，皆生物之以息相吹者。野马，田间游气也，尘埃，日光中游尘也，皆气至而后动者，比之大鹏去以六月，其理则同，故曰：生物之以息相吹。吹息二字颇奇特，言生物，无大无小，无巨无细，唯此气机吹嘘鼓舞，乘以出入，有莫知其然而然者。到此分明模写一段造化之妙。天之苍苍以下，又形容出一气际天蟠地、絪缊交密之状。言天之苍苍，必非正色，但因远而无所至极，故下之视上也苍苍，而上之视下也，以是为准，亦苍苍焉已矣。正色，犹言定色。则，准则也。一气苍茫，充塞无间，混兮辟兮，其无穷兮，夫是以以息相吹而生物莫之能外也。此数句，极精极密，诸解皆轻易说过，至视下，皆谓大鹏，浅矣。

且夫水之积也不厚，则其负大舟也无力。覆杯水于坳堂之上，则芥为之舟，置杯焉则胶，水浅而舟大也。风之积也不厚，则其负大翼也无力，故九万里则风斯在下矣。而后乃今培风，背负青天而莫之夭阏者，而后乃今将图南。夫，音扶。覆，音复。坳，音凹。培，音裴。阏，音遏。

且夫以下，又自以息相吹上转生一意，言此鹏鸟必得风力之厚者然后能举，故以堂坳杯水为喻。堂坳，堂之凹处也。倾杯水于堂坳，以芥为舟则浮，以杯为舟则胶。何则？水之力有胜、不胜也。胶，谓黏著于地而不能动。以是知水不厚不能载大舟，风不厚不能负大翼。今也扶摇一举而能抟鹏翮于九万里之上，则在下之风其厚何如？非天地间之大吹乎？而后乃今必得培厚之风可以载鹏而上，背负青天而莫之夭阏者，而后可以图南。夭，折也。阏，不通也。如下决起、控地，即夭阏之义。图，谋也。南，南徙也。此段意在充积之厚，然后有大运用。若人平日于学问上不曾实用其力，真见得自己有个高明广大者在，便欲渺人寰、空宇宙，出门有碍，如何去得？

蜩与鸴鸠笑之曰：我决起而飞，抢榆枋，时则不至而控于地而已矣，奚以之九万里而南为？适莽苍者，三飡而反，腹犹果然；适百里者，宿舂粮；适千里者，三月聚粮。之二虫又何知？蜩，音条。鸴，音学。决，音血。抢，音锵。枋，音方。飡，音餐。

此喻浅夫之见。蜩，小蝉也。鸴鸠，学飞之小鸠也。决起，疾飞起也。抢，突也。榆、枋，二木名。时则不至，有时而飞，不能上也。控地，投于地也。模写小虫力弱不能奋飞之容而已矣，无他能,亦无他愿也。蜩、鸠,盖井蛙、醯鸡之徒,不知世界有如许之大者,故其见若此,只缘胸中原无所积,故下复以聚粮设喻。适莽苍者,三飡而反,腹犹果然。适,往也。莽苍,近郊林木之色,一望可见者也。三飡,夕饭也。言适至近之地者,朝往夕归,腹犹果然充实,自谓不消有积。岂知适百里者必宿舂粮,适千里者必三月聚粮,行愈远者其积当愈厚。彼二虫者,决起榆枋之下,不过如适莽苍者耳,岂知大鹏所积者厚而所到者远哉?聚粮意,是自风积字面上换来。

小知不及大知,小年不及大年。奚以知其然也?朝菌不知晦朔,蟪蛄不知春秋,此小年也。楚之南有冥灵者,以五百岁为春,五百岁为秋;上古有大椿者,以八千岁为春,八千岁为秋。而彭祖乃今以久特闻,众人匹之,不亦悲乎?知,音智。蟪蛄,如字。菌,音窘。

此段又自二虫何知上生下小知大知,又自小知大知上生下小年大年二句,意亦相承,以年小故知小也。朝菌,粪芝也,朝荣而夕瘁,故不知有晦朔;蟪蛄,寒蝉也,夏生而秋死,故不知有春秋,以年小故知小也。若夫楚南之冥灵以千岁为春秋,上古之大椿以一万六千岁为春秋,二木之取于造物者如此之多,其中岂无灵异?谓之大年大知,理固宜然。而世传彭祖寿年八百,以久特闻,此尚不及冥灵,何望大椿?乃众人慕而匹之,不亦悲乎?何见之鄙也!教人把胸襟识见扩充一步,不得以所知所历者而自足也。

汤之问棘也是已,穷发之北,有冥海者,天池也。有鱼焉,其广数千里,未有知其修者,其名为鲲。有鸟焉,其名为鹏,背若泰山,翼若垂天之云,抟扶摇羊角而上者九万里,绝云气,负青天,然后图南,且适南冥也。斥鴳笑之曰:彼且奚适也?我腾跃而上也,不过

数仞而下，翱翔蓬蒿之间，此亦飞之至也，而彼且奚适也？此小大之辨也。

既说齐谐，又引汤之问棘一段以为符契，事意同而语有变化，是他文字妙处。穷发，不毛也。羊角，风之旋者。斥鴳，斥泽之小鸟。末句小大之辨也，结上意，生下意。

故夫知效一官，行比一乡，德合一君而征一国者，其自视亦若此矣，而宋荣子犹然笑之。且举世誉之而不加劝，举世非之而不加沮，定乎内外之分，辨乎荣辱之境，斯已矣。彼其于世，未数数然也，虽然，犹有未树也。夫列子御风而行，泠然善也，旬有五日而后反。彼于致福者，未数数然也。此虽免乎行，犹有所待者也。若夫乘天地之正而御六气之辨以游无穷者，彼且恶乎待哉？故曰：至人无己，神人无功，圣人无名。知，音智。行，去声。比，去声。数，音朔，下同。恶，音乌。己，音纪。

此下正言大小之辨。智可以效一官之职，行可以和一乡之人，德合一君而征一国，言上焉获乎其君，而下焉信于其民，若人自视，亦若斥鴳翱翔于蓬蒿之间，自谓飞之至矣，而不知殆小廉小节也，适为宋荣子之所笑。盖荣子，宋之贤人也。其人能忘毁誉之情，定内外之分，辨荣辱之境，斯其所得若是已矣，视彼之智行才德数数然效用于世者固有间也，虽然，树德犹未广也。何者？以其能忘矣而不能忘忘，能定矣而不能忘定，能辨矣而不能忘辨，故曰：犹有未树也。若夫列子御风，旬有五日而后反，非不泠然善也。彼其乘虚驭气，视世之数数然修德以致福者固有间矣，虽然，能离乎地，而犹待于风也。若夫乘阴阳二气之正，御六时消息之变，以游神于无极之先，则彼且恶乎待哉？无所待，则浑然无迹矣，故曰：至人无己，神人无功,圣人无名。己也,功也,名也,皆有所待而后成者。无所待,则无己矣,无功矣,无名矣。至人也,神人也,圣人也,盖极赞极美之辞。此明小大之辨。荣子未得为大,列子大而不大也。

尧让天下于许由,曰:日月出矣,而爝火不息,其于光也,不亦难乎?时雨降矣,而犹浸灌,其于泽也,不亦劳乎?夫子立而天下治,而我犹尸之,吾自视缺然。请致天下。许由曰:子治天下,天下既已治矣,而我犹代子,吾将为名乎?名者,实之宾也,吾将为宾乎?鷦鹩巢于深林,不过一枝;偃鼠饮河,不过满腹。归休乎君,予无所用天下为!庖人虽不治庖,尸祝不越樽俎而代之矣。爝,如字。

上言至人无己,神人无功,圣人无名,此则试举尧、由见意,而后及于藐姑射之神人,盖尧、由,是亦大而不大者。夫功与名之大者,莫过于有天下。使其有见于己焉,则谁复让之,谁复辞之?而二圣者,方且视之若传舍,轻之如弃屣,斯其所见,似亦几于无己、无功而无名者。虽然,不让不见尧,不辞不见许,是亦列子御风,虽免于行而犹有待者也。且爝火让明,浸灌让泽,则是犹未离功也。鷦鹩以巢自安,偃鼠以饮自满,尸祝不以尊俎代庖,则是犹见于己也。故曰:尧、由虽大而不大。尧、由,大年之冥灵也。

肩吾问于连叔曰:吾闻言于接舆,大而无当,往而不反。吾惊怖其言犹河汉而无极也,大有径庭,不近人情焉。连叔曰:其言谓何哉?曰:藐姑射之山有神人居焉,肌肤若冰雪,淖约若处子,不食五谷,吸风饮露,乘云气,御飞龙,而游乎四海之外,其神凝,使物不疵疠而年谷熟。吾以是狂而不信也。连叔曰:然。瞽者无以与乎文章之观,聋者无以与乎钟鼓之声。岂惟形骸有聋盲哉?夫知亦有之。是天言也,犹时女也。之人也,之德也,将旁礴万物以为一

世蕲乎乱，孰弊弊焉以天下为事？之人也，物莫之伤，大浸稽天而不溺，大旱金石流、土山焦而不热，是其尘垢秕糠将犹陶铸尧舜者也，孰肯以物为事？庭，去声。射，音夜。淖，音绰。狂，音诳。与，去声。女，音汝。观，去声。

此方形容神人之大。藐姑射，山名。肌肤若冰雪，言肢体清莹也。绰约若处子，言德性柔好也。神人，盖专气而食母者，故能辟五谷而吸风露。《黄庭经》云：人皆食谷与五味，独食太和阴阳气。意盖如此。且形神俱妙，出入冥无，故乘云气，御飞龙，而游乎四海之外。其神凝，则中致而和亦致矣。故天地自位，万物自育，和气薰蒸，物无疵疠，而年谷熟。此皆理之可信者，而肩吾诳之，故连叔然其言而鄙其见，以为心有聋盲之病者，是汝之谓也，故曰：犹时女也。之人也，之德也，所过者化，所存者神，举一世而甄陶之，所谓我无为而民自治，我无欲而民自朴，我好静而民自正者，故曰：旁礴万物以为一世蕲乎乱。蕲之言，求也。乱之言，治也。神人无心于治世，而一世自来求治于神人，是以所过者化，而不见其迹，莫知其然也，孰弊弊焉劳役其神以天下为事哉？若尧舜之兢兢业业，一日二日万几，正弊弊焉以天下为事者。且之人也，惟以神用而不以形用，故一切外物莫之能伤，大浸稽天而不溺，大旱流金石、焦山土而不热，神德之妙有如此者。不溺不热，是极言物不能伤之意。《参同契》云：入水不濡，跨火不焦。非得道者，诚不足以语此。然道以其真治身，而出其绪馀亦足以理天下，故曰：尘垢粃糠犹将陶铸尧舜。夫尘垢粃糠，皆神人之所不屑者，又况天下外物也，孰肯以物为事而用此尘垢粃糠为哉？陶铸尧舜，谓尧舜事业皆在陶铸中，却非小了尧舜，语至德者自合如此。径庭，激过也，皆从去读。

宋人资章甫而适诸越，越人断发文身，无所用之。尧治天下之民，平海内之政，往见四子藐姑射之山，汾水之阳，窅然丧其天下焉。断，音短。汾，音焚。窅，音窈。丧，去声。

此数句结上两段文意。许由自谓鹪鹩偃鼠无所用天下为，是犹越人断发文身，不用章甫也。藐姑射之山神人若此，是以尧见之，归于汾水之阳，窅然而丧其天下。四子无解，当作许由、啮缺、王倪、被衣也。四子道存师友，故尧因许由而往见之。汾阳，尧都也。窅然，茫然之意。

惠子谓庄子曰：魏王遗我大瓠之种，我树之成而实五石。以盛水浆，其坚不能自举也。剖之以为瓢，则瓠落无所容。非不呺然大也，吾为其无用而掊之。庄子曰：夫子固拙于用大矣。宋人有善为不龟手之药者，世世以洴澼纩为事。客闻之，请买其方百金。聚族而谋曰：我世世为洴澼纩，不过数金。今一朝而鬻技百金，请与之。客得之，以说吴王。越有难，吴王使之将。冬，与越人水战，大败越人，裂地而封之。能不龟手一也，或以封，或不免于洴澼纩，则所用之异也。今子有五石之瓠，何不虑以为大樽而浮于江湖？而忧其瓠落无所容，则夫子犹有蓬之心也夫！盛，音成。瓠落，音廓落。呺，晓平。掊，剖。洴，音萍。澼，音僻。纩，音旷。说，税。难，去声。龟，音均。

说到神人，已是大之极了，又恐人疑此种学问离世绝俗，将茫荡而无所用之，复设大瓠大樗二喻，言是大也，用之涉险可以利济，置之间旷可以全生。盖君子之学，无入而不自得者，此所以为逍遥也。实五石，可以贮五石也。坚，重也。不能自举，言一人之力不能举也。瓠落，大貌，犹廓落也。呺然，虚大之貌。掊，击之也。不龟手药，以冬月泽手，不文理龟拆也。洴澼，打洗也。纩，絮也。冬月漂絮以药，故不龟，世以为业。虑以为樽，言何不思以为浮江之樽乎？浮江者，以大樽系腰则免沉溺。蓬之心，谓蓬蒿之见，言短小也。

惠子谓庄子曰：吾有大树，人谓之樗，其大本拥肿而不中绳墨，其小枝卷曲而不中规矩，立之途，匠者不顾。今子之言，大而无用，众所同去也。庄子曰：子独不见狸狌乎？卑身而伏，以候敖者，东西跳梁，不避高下，中于机辟，死于罔罟。今夫斄牛，其大若垂天之云，此能为大矣，而不能执鼠。今子有大树，患其无用，何不树之。**无何有之乡、广莫之野，彷徨乎无为其侧，逍遥乎寝卧其下，不夭斤斧，物无害者，无所可用，安所困苦哉？**樗，处平。中去声，二同。卷，音权。去，上声。狌，音星。跳，音条。斄，狸。辟，音辟。

樗，恶木。大本，木身也。拥肿，盘结轮囷也。狸狌，狐属。敖，物之闲游者。机辟，掩取禽兽之机槛也。言小者虽黠，而不免于祸。斄牛，旄牛也。斄牛大矣，而用之以执鼠，则非其所宜，以况有此大树，则不当更以规矩绳墨斲而小之，何不树之广莫之野，无何有之乡？无何有之乡，广莫之野，寂寞虚旷之地，喻道之本乡也。言有此大树，自合归根本乡，处荫休影，足以自乐，且免斤斧牛羊之患，故曰：不夭斤斧，物无害者。喻机黠者虽有用而有害，闲旷者虽无用而无害也。通篇反覆设喻，只是言小知不如大知，末二段却言大用不可小用。只缘识见浅小之徒，佥谓其言大而无用，反起荒唐之讥，故篇末言此个广大学问，煞有用处，但汝自管见蓬心，不知所用。盖怎地广大逍遥，原汝合下本体与道相应，用以进道，实为本地风光。天衢荡荡，鸢自能飞，性海渊渊，鱼自能跃，自非庄子灼见道体，不能如此形容。若会得此，便舜禹有天下而不与，颜子陋巷箪瓢不改其乐，曾子弘大刚毅、任重道远，皆是这个。庄子篇首以逍遥名，中间只说大，大之又大，至于无迹而后已。惟大，故能逍遥也。篇末两段，是说大之用处，须要仔细看他文字眼目。前段大瓠，是忧其无所容，浮之江湖，煞有容他处。后段大树，是患其无所用，树之广莫，寝卧其下，煞有用他处。此便是逍遥，煞合。于是方壶外史说是篇已，重宣此义而作乱辞：

大鹏上扶遥，九万立可期。野马及尘埃，均以息相吹。
斥鴳翔蓬蒿，蜩鸠决枋榆。小知不及大，嗤笑理则宜。
见大自遗小，二虫尔何知？所以尧与由，万乘固让辞。
大哉藐姑人，至德安可跂？气冲腹不枵，神全民无疵。
粃糠铸尧舜，讵以天下为？神人乃无己，汾阳丧其巍。
大小固有量，蓬心苦忧疑。大瓠浮江湖，利涉无倾危。
大樗树广莫，斤斧安所施？愿封龟手药，不学候敖狸。
用大岂无当？大用始为奇。博哉逍遥翁，万古开群迷。

文评：

意中生意，言外立言。纩中线引，草里蛇眠。
云破月映，藕断丝连。作是观者，许读此篇。

内篇齐物论第二

夫知有大小，见有浅深，物论之所由以不齐也。小知间间，日以心斗，主司是非，意见起而道益亏矣。不知彼亦一是非，此亦一是非，果且有彼是乎哉？果且无彼是乎哉？所以至人悯其死心，灰其胜心，解其斗心，为是不用，而照之以天，教之以因是，语之以滑疑，欲其泯物我、忘是非，和之以天倪，休之以天均，因之以曼衍，嗒然如南郭子綦之丧我，犹然如庄周之蝶化，然后与物浑化，而逍遥之游可遂也。此等议论见识，盖自老子玄同上得来。

南郭子綦隐几而坐，仰天而嘘，嗒焉似丧其耦。颜成子游立侍乎前，曰：何居乎？形固可使如槁木，而心固可使如死灰乎？今之隐几者，非昔之隐几者也。子綦曰：偃，不亦善乎而问之也！今者吾丧我，女知之乎？隐，去声。綦，其。嗒，塔。丧，去声，下同。

隐几，凭几也。嗒然，解体之貌。丧耦，即丧我，谓忘形也。盖神与形为耦，忘其形，是丧其耦也。形如槁木，无生气也，心若死灰，无烟焰也，皆嗒然丧耦之情状。昔，前此也。子游言：前此见人隐几，未有若夫子今日者，盖人人皆自形骸躯壳上起念，而子綦不然，迥出常态，故子游异而问之。子綦答言：今者吾丧我矣，女知之乎？丧我二字，又是自前篇至人无己上生下，盖丧我，则可与忘物，可以忘我，可与忘忘，而优入于圣域矣。

女闻人籁而未闻地籁，女闻地籁而闻未天籁夫！

夫丧我者，忘我也，忘我则天矣。游以天者，知而未始有知，言而未始有言，故以三籁启教，推本声气所出之原，而归极于天籁。籁，箫管也，比竹而成。管有长短，声有高下，吹万不同，正以暗喻物论之不齐者乃人所为，故曰人籁。地籁，则木之众窍感噫气而成声者。天籁，则无声而能声天下之声，所谓若有真宰而特不得其眹，故归之曰天。其意见下。

子游曰：敢问其方？子綦曰：夫大块噫气，其名为风。是惟无作，作则万窍怒呺。而独不闻之翏翏乎？山林之畏佳，大木百围之窍穴，似鼻，似口，似耳，似枅，似圈，似臼，似洼者，似污者。激者、謞者、叱者、吸者、叫者、号者、宎者、咬者，前者唱于而随者唱喁，泠风则小和，飘风则大和，厉风济则众窍为虚，而独不见之调调之刁

刁乎? 噫,乙戒反。翏,六收。畏佳,上于鬼,下诸鬼。枅,鸡。洼,于花。污,乌。謞,孝。号,豪。宎,杳。喁,愚。

子游一闻三籁,便要讨个道理,故曰:请闻其方。于是子綦先为形容地籁。大块,天地也。盖天地间之有风,如人之郁将畅而有噫气者。翏翏,长风声也。畏佳,林木摇动之貌。大木百围之窍穴,有两孔而似鼻者,有一孔而似口者,有孔斜入而似耳者,有孔方而似枅者,有孔圆深而似圈者,有浅而似臼者,有曲而似洼者,有广而似污者。数句描写窍穴,意态如画。又复描写窍穴之声。激者,戛而声止。謞者,去而声疾。简文云:箭去之声。叱者,出而声粗。吸者,入而声细。叫者,高而声扬。号者,下而声浊。宎者,深而声留。咬者,吠而声续。于,轻唱也,喁,重和也,前、后,风之前后阵也,盖以形容声气先后相和之变态。泠风,小风也。飘风,疾风也。厉风,猛风也,济,止也,言风止则众窍为之一虚,不复如许作声也。调调、刁刁,皆众木摇动之貌。之调调,之刁刁,看它文字奇处。此一段,写出风木形声,笔端如画,千古摛文,罕有如其妙者。

子游曰:地籁则众窍是已,人籁则比竹是已,敢问天籁?子綦曰:夫吹万不同而使其自已也咸其自取,怒者其谁耶?

既说地籁,就趁此文法补一句,缴断人籁,此是作文之妙处。夫吹万不同而使其自己也咸其自取,作一句读。吹,声也。言天下之声,万有不同,而使其自己出者皆取诸己而不由于天,则前众窍中之怒而号者谁耶?盖怒号者,风也,非窍也。今人若谓声自窍出,皆由于窍而不由于风,不知何以厉风济而诸窍为虚?然则怒而号者谁耶?其为风也必矣。知此,则声气所出之原,不归之天,而谓尽取诸人,可乎?分明寔有个真宰主张之者,而特不得其眹,是以谓之天籁。

大知闲闲，小知间间。大言炎炎，小言詹詹。其寐也魂交，其觉也形开。与接为构，日以心斗，缦者，窖者，密者，小恐惴惴，大恐缦缦。其发若机括，其司是非之谓也。其留如诅盟，其守胜之谓也。其杀如秋冬，以言其日消也。其溺，之所为之不可使复之也。其厌也如缄，以言其老洫也。近死之心，莫使复阳也。知，去。间，平。觉，教。缦，慢。窖，教。惴，坠。

此下模写人心许多变态，与上风木形声同一意旨。先以大知小知起语，亦自前篇中小知不及大知上透来。此老构思之精微与文字之变化，自有别样天巧，非人可及。大知闲闲，大知之人，忘己忘物，意见不生，灰心槁形，几于丧我，故常闲闲。闲闲者，从容暇豫之意。孟子亦言知者行所无事，无事，非闲闲乎？小知则日以心斗，故常间间。间间者，立町畦，别人我，一膜之外皆为藩篱，自谓心计精密，而不知此但小人之知耳。至于发而为言，则大言炎炎，小言詹詹。炎炎，精光上烛也。詹詹，整齐前后也。其寐也魂交，其觉也形开，言人旦昼之间，寐则魄与魂交而为梦，觉则魂与形开而应事，故与物相接而营构之心生焉。大知之人，不生意见，故能静能应，常应常静，而常闲闲。小知之人，间间分别，是非海阔，人我山高，日以其心与物相斗，不能已已，是故有缦者、窖者、密者、小恐者、大恐者、司是非者、守胜者，千变万态，终身役役，直至老死而不知其所归。缦者，心慢，为巽懦，为无断，柔恶人也。窖者，潜机不露，深不可测，険人也。密者，分铢较两，算无遗策，细人也。小恐惴惴，心事不宁，大恐缦缦，缓散自失，馁人也。司是非者，主讼之辈，意在中人，寻其肯綮，发若机括，刁人也。守胜者，木强之徒，固执己见，山石不移，如留诅盟，誓不敢动，拗人也。小知之人，心斗若此，但见人欲日萌，天理日消，消之又消，以至心死而不自觉，故曰：其杀如秋冬，以言其日消也。載胥及溺，不可挽回，故曰：其溺之所为之不可使复之也。其溺字当一读，与其杀相对，之所为之不可使复之也，作一句。复，反也，谓其溺而不返也。此等机心，经历愈久则愈老愈深，故曰老洫。老洫之人，其厌如缄，厌如《大学》厌然之厌，消沮闭藏之意。缄，闭藏也，故曰其厌如缄，以言其老洫也。夫人心不死，则尚有生意，可以回春，今此近死之心可使复阳乎？言必不能也。此中有如许新奇字法句法，如奇峰怪石，当作别观。

喜怒哀乐，虑叹变慹，姚佚启态，乐出虚，蒸成菌，日夜相代乎前而莫知其所萌。已乎，已乎！旦暮得此，其所由以生乎？非彼无我，非我无所取，是亦近矣，而不知其所为使，若有真宰而特不得其朕。可行已信，而不见其形，有情而无形。慹，折。朕，直忍。

以上备言小人心事。此又以十二字面模写接物之情状。有喜者、怒者、哀者、乐者、虑者、叹者、变者、慹者、姚、佚、启、态者，通上一等人，皆有如此情状，变态百出。虑，思虑也。叹，嗟叹也。变者，反覆不定之意。慹者，忧疑不动之貌。姚，央庠也。佚，纵逸也。启，开心也。态，作状也。其人虽是如此，实不自由，如乐之出虚而乍作乍止，如蒸之成菌而倏生倏死，日夜相代乎其前而莫知其所萌，所谓吹万不同，怒者其谁耶？已乎已乎，我知之矣。旦暮得此，其所由以生乎？此字，即怒者其谁之谁，是他为真宰立个暗号，如禅家所谓这个。下文非彼无我，又把此字换作彼字，言我不是彼则我不能以自成，故曰：非彼无我。然非我去取他，则彼亦不能以自见，譬之风离于窍，终不成响，故曰：非我无所取。取是领受之意。如此而论，造化不离已身，似亦近矣，其如不得其朕何？故曰：不知其所为使，若有真宰而特不得其朕。此作一句看。朕，朕兆也。不得其朕，即不知其所萌也。必欲求得其朕，除非是真宰有形。今也真宰使人，人便行之，说以与人，人亦信之，故曰：可行己信。只为不见其形，故无朕可得；无朕可得，终属朦胧，故下断一句，言真宰有情而无形，有情故能使人，无形故不得其朕也。善乎！禅家有言：水中盐味，色里胶青，决定是有，不见其形。足为此篇之断案。

百骸、九窍、六藏，赅而存焉，吾谁与为亲？汝皆悦之乎？其有私焉？如是皆有为臣妾乎？其臣妾不足以相治乎？其递相为君臣乎？其有真君存焉？如求得其情与不得，无益损乎其真。藏，去声。赅，该。

上言真宰有情而无形，此又教人试在有形上体认一番。骸，骨也，人有三百六十骨节，总言百以该之。九窍，耳目口鼻，通前后而九。六藏者，心藏神，肝藏魂，脾藏意，肺藏魄，肾藏志，通命门而六，皆人身中之所有者。试举而问，不知此数件最亲厚者谁欤？其皆亲而悦之乎？其亦有私亲者焉？焉，亦问辞。如是皆有为我之臣妾者乎？其臣妾足以相治乎？不足以相治乎？其递相为君臣乎？不递相为君臣乎？其有真君存焉？焉，亦问辞。如此反覆征问，要人深思而自得之。为臣妾者，谓如目视而耳听，手持而足行，同来在此服役，故曰：皆为臣妾。既同为臣妾，其势定不足以相使。然而手有时而役足，足亦有时而役手，耳有时而役目，目亦有时而役耳，又似递相为君臣。其果若是乎哉？其有真君存焉？真君即真宰，能役人而不递相为役者也。旦暮得此之此，非彼无我之彼，怒者其谁之谁，皆是这个，禅家谓之真主人，道家谓之元神，大要认得。如何认得他？只要求得其情。情，即上文有情无形之情。盖所以使我如此者，真君之情也，真君与我旦暮不离，不以求得而有，不以不得而无，故曰：求得其情与不得，无益损乎其真。真字，即上真君之真。真君于人，本无益损，但悟之即圣，迷之则凡耳。此篇求得其情，正好与孟子因情见性之说参看。

一受其成形，不亡以待尽。与物相刃相靡，其行尽如驰而莫知能止，不亦悲乎？终身役役而不见其成功，苶然疲役而不知其所归，可不哀耶？人谓之不死，奚益？其形化，其心与之然，可不谓大哀乎？人之生也，固若是芒乎？其我独芒，而人亦有不芒者乎？
苶，涅。

此段言人迷失真君，至死而不知所归者，令人惕然有深省处。读庄子至此，自是不忍释手，不敢以异说诬之。一受其成形，言此真君旦暮未尝离人，一自受形以来，便与我相守，不忍亡去，直待此形之尽而后已。真君与我有情若此，我辈当恭敬奉持，置他安稳之处，却将他与外物相刃相靡于顺逆之场，不自爱惜，如人不惜精神，尽力驰走，莫之能止者，所谓弹金珠而弋鸟，被衮衣而负薪，不亦悲乎！悲者，悯其不知轻重也。且终身役役，其所为者皆幻妄不常之事，成甚功果？苶然疲神劳役，日暮途穷而不知所归，可不哀耶？哀者，哀其无下落也。到此处而不知省，直是芒人，纵寿百年，不死，奚益？夫人从少得壮，从壮得衰，从衰得白，从白得老，其形化矣，赖有个不亡待尽者在。古来圣真仙佛，只存得此个，是以空劫之外，超然独存，足以自慰。今却迷失真君，形化而心与之俱化，可不谓之大哀乎？大哀者，哀其丧君也。且人之生也，固当如是之芒然而无知乎？其我独芒然而人亦有不芒者乎？有一不芒之人，而我独芒然，其可愧亦甚矣！此等激切之语，《孟子》上亦有之。

夫随其成心而师之，谁独且无师乎？奚必知代而心自取者有之？愚者与有焉。未成乎心而有是非，是今日适越而昔至也，是以

无有为有。无有为有，虽有神禹且不能知，吾独且奈何哉？与，去声。

若能认得真君，随其成心而师之，则谁人无师？成心者，见见成成，不假补凑，乃天命之本然，吾人之真宰也。是心也，人人有之，奚必知古今代谢，取于造物之独隆者有之？虽愚者亦与有焉。但愚者多为与接为构，日以心斗之故而失之，故未成乎心。未成乎心，言失其本心也。既失其本心，则必不能以明觉为自然，知道何者为是，何者为非，妄意以司是非，譬之今适越而昔至也。何者？适越之人，必平日已曾到其境土，方可说他风土美恶；若今日方才适越，便谓昔日已至，便说彼处美恶，岂不是臆度料想？未成乎心而有是非之者，亦复如是。此等之人，是谓以无有为有也。以无有为有者，虽有神禹，且不能知。且如禹作《禹贡》，亦只说得他足迹所到九州土物，外国方物，禹便不能知了，此理也。这等未成乎心而有是非之人，本无所见，强作解事，吾独且奈何哉？发挥到此，方露是非二字，作后来许多议论之眼目。盖是非乃物论之祖，未成乎心而有是非，又一篇之肯綮，物论所以不齐之故，皆由于此。

夫言非吹也，言者有言，其所言者特未定也。果有言耶？其未尝有言耶？其以为异于鷇音，亦有辩乎？其无辩乎？鷇，寇。

前面皆是推原声气，分明有个天然真宰。循此天然真宰，便是能师成心。只为小人未成乎心而有是非，所以有纷纷不一之论，到此方说本意。言非吹也，又度上吹字下来。夫言亦声气，何以不比于吹？只为有未成乎心者之言，所以不比于吹，故曰非吹。非吹则非天籁矣。何者？言者有言，其言曰：此是也，此非也。虽则人人皆如此说，特未定得他是何等言语。其果有心于司是非而言之耶？其亦任天之便，虽言之而未尝有言耶？夫初生之鷇，任天之便，啾然而鸣，非有心也。人之言以为异于鷇音者，其亦有说乎哉？其亦无说乎哉？盖有心言之则与鷇异，无心而任天之便，则固与鷇等耳。与鷇等则与吹等，与吹等然后谓之天籁。此辩字，与分辨之辨不同，当仔细体认。

道恶乎隐而有真伪？言恶乎隐而有是非？道恶乎往而不存？言恶乎存而不可？道隐于小成，言隐于荣华，故有儒墨之是非，以是其所非而非其所是。欲是其所非而非其所是，则莫若以明。

夫道胡为乎隐而有真伪乎？言胡为乎隐而有是非乎？隐即晦意。道无真伪，恶乎往而不存？言无是非，恶乎存而不可？自夫小见之人杂之以伪行，浮夸之人杂之以游言，是以真伪是非杂然并出，于是乎有儒墨之是非，以是其所非，而非其所是。夫是其所非，则非其所是矣，如儒以厚葬，而墨子薄之。如此是非非是，两无定论。伊欲定之，则莫若以明。明者，明乎本然之未始有是非，而后是非可泯也。

物无非彼，物无非是，自彼则不见，自知则知之，故曰：彼出于是，是亦因彼。

知者明得本来原无是非，大道原无物我，但因人己对立，互生意见而起。既有我相，则见天下何物非彼，何物非是？若看之他人则不见，验之自己则知之，何者？我亦常常自见其是而不见其非者。如是则知是出于彼，是亦因彼，而已何必与之更辨其非是哉？故曰：彼出于是，是亦因彼。昔康节先生语二程曰：你说生姜树上结底，我也只得依你。此便是因是之意。其在释氏，则所谓随顺不二，实无诤之要旨。而老子所谓德善、德信，亦不外此。会而通之，得之言外，可也。

彼是，方生之说也。虽然，方生方死，方死方生，方可方不可，方不可方可，因是因非，因非因是。是以圣人不由而照之于天，亦

因是也。

彼是，方生之说一句难看，意谓是非即生死之说也。彼出于是，譬之方生，何者？彼于无是无非之中，忽然而生彼是，故曰方生。虽然，方生矣，我因而是之，不以非对，则彼是无耦矣。其如我以非对，使彼是得其耦，一得其耦，遂尔生生不穷，故方生方死，方死方生，识风鼓动，轮转无穷。可否是非，亦复如是，故曰：方可方不可，方不可方可，因是因非，因非因是，故圣人不由也，而照之以天。照之以天，则如天籁之窍然而未始有言，虽有所言，亦因夫是而已。如是则是非可否一时俱泯，而无横生之意见矣。此一天字最为肯綮，后文天均、天倪皆自此生。

是亦彼也，彼亦是也。彼亦一是非，此亦一是非。果且有彼是乎哉？果且无彼是乎哉？彼是莫得其偶，谓之道枢，枢始得其环中以应无穷，是亦一无穷，非亦一无穷也，故曰：莫若以明。

既曰因是，则见物无非彼，物无非是，故曰是亦彼也，彼亦是也。在彼则通身是是而不见有异于我，在我则放身依之而不复求偶于彼，此便是无我相，无人相，一因夫是而照之以天。若使彼我之间各起意见，彼亦一是非，我亦一是非，两下相持，要见端的。果且有彼是乎哉？果且无彼是乎哉？有彼是则非在我，无彼是则非在彼，是非对立，寔在那边，终难定夺。若只因夫是，则无人我对待；无人我对待，是无耦也。使彼之是者不得其耦，则我与彼混合为一，如此而齐物论，是谓得其枢要，故曰：道枢，方始得其环中以应无穷。环者，圆而中虚。凡物奇圆而耦方，圆则终始无端，中又虚而无物，以此应物，安有穷极？故是亦一无穷，非亦一无穷。游于是非之场而常得夫无穷无极之妙，此必圣人照之以天者能之，故曰莫若以明，明此而已。若也彼是此非，相持不解，便胶固不通，而学问穷矣。

以指喻指之非指，不若以非指喻指之非指也；以马喻马之非马，不若以非马喻马之非马也。天地一指也，万物一马也。

此又发明所以因是之故，盖以彼之是即我之是也。人惟不肯以己度人，执于有我，决意是我非彼，物论之所以不齐，职由于是。故以指喻指之非指，是以我指之是而喻人指之非，不可也，不知彼之指亦指也，安得以其不在吾手而遂谓之非指哉？不若就彼而反观之，他若有言，亦将谓我指为非指矣。如此反覆相喻，彼我之间，同于自是而均于相非，果且有是乎哉？果且非是乎哉？但见无有是者，无不是者，而是非于是乎泯矣。喻马非马，亦复如是。既又申言天下原无相非之理，即举天地万物而论，天主乎覆，地主乎载，各效其职，而天不非地，地不非天也，飞者自飞，潜者自潜，各适其性，而鸢不诮鱼，鱼不诮鸢也。天地即指也，万物即马也，天地万物各不相非，人亦天地万物中之一物耳，而以一指一马横起意见，互相是非，不亦愚乎？

可乎可，不可乎不可。道行之而成，物谓之而然。恶乎然？然于然。恶乎不然？不然于不然。物固有所然，物固有所可。无物不然，无物不可。故为是举莛与楹，厉与西施，恢恑憰怪，道通为一。其分也，成也；其成也，毁也。凡物无成与毁，复通为一。为是，去声。莛，庭。恑，诡。憰，决。

若使不执有我，不起意见，人曰可，吾因而可之，人曰不可，吾因而不可之，此之谓因是。由是见之于行，则有同心协力之助，道行之而成矣；语之于人，则无龃龉抵牾之患，物谓之而然矣。然，犹与也。且人胡为而然乎？然于我之然也。胡为而不然乎？不然于我之不然也。如是，则是非之门皆吾自启。且天下理一而已，其然与可,皆天理之自然,物则之固有。物固有所然者,物固有所可者,不特一物,无物不然,无物不可。为是之故,则凡物有高下,美恶、常怪、成毁,自道眼观之,皆通一而无二矣,故曰:道通为一。盖物则不能无差,而我不生意见,不起分别,自尔互融交摄,曾何彼此之可言哉?至是而是是非非于是乎泯矣。莛,屋梁。楹,柱也。厉,癞也。西施,美妇人。恢,大也。恑,诈也。憰,诡也。怪,异也。破碎曰分,圆就曰成,败坏曰毁。

惟达者知通为一,为是不用而寓诸庸。庸也者,用也;用也者,通也;通也者,得也,适得而几矣。因是已,已而不知其然谓之道。为是,去声。几,平。

惟知者知通为一,愚者则有分别。分别人我,则自是自用之心生;通一无二,则自是不用而寓诸庸。是不用者,不用己是也。寓诸庸者,因人之是也。盖无物不可,无物不然,故庸众之中皆至理之所寓。如大舜之知,不过用中于民,非是不用而寓诸庸之谓乎?夫庸则常而可用矣,故曰:庸也者,用也。凡物用则通,不用则滞,故曰:用也者,通也。《易》曰:推而行之谓之通。道至于通,则得之矣,故曰:通也者,得也。适,至也。至于得,则几矣。所以然者,因是而已。是不用而寓诸庸,即因是也。因是而不知其所以然之谓道。道者,自然而然。因是而不知其所以然,则忘物忘我,浑然通而为一,夫是以谓之曰道。

劳神明为一而不知其同也,谓之朝三。何谓朝三?曰:狙公赋芧,曰朝三而暮四,众狙皆怒,曰然则朝四而暮三,众狙皆悦。名实未亏而喜怒为用,亦因是也。是以圣人和之以是非而休乎天均,是之谓两行。狙,锄。芧,序。

今之论者,竭神明之知,腾口说之烦,愈求其同而愈不可得。

甲曰然,乙曰不然,彼曰可,此曰不可,而不知无物不然,无物不可,本自同也,故曰:劳神明为一而不知其同。譬之朝三,朝三者,狙公养猿术也。狙公之输芧栗而食猿也,命之曰朝三而暮四,则众狙为怒,既而曰朝四而暮三,则众狙为悦。彼众狙者,胡然而喜?胡然而怒?迷惑于旦暮之颠倒,而不知芧栗之本数未尝加也。夫本数之未尝加,我则知之,众狙不知也。使我不因其怒而改命之,则狙之怒终不可解矣。故朝四则狙不我怒,因是则人不我争,圣人知其如此,是以和是非而休乎天均。均,同也。此理无物不然,无物不可,故曰天均。休,止也。休乎天均,则是非可否通而一矣。通于一,故可两行。此正应上圣人照之以天。

古之人,其知有所至矣。恶乎至?有以为未始有物者,至矣,尽矣,不可以加矣。其次以为有物矣,而未始有封也。其次以为有封焉,而未始有是非也。是非之彰也,道之所以亏也。道之所以亏,爱之所以成。果且有成与亏乎哉?果且无成与亏乎哉?恶,平声。

上言达者知道通为一,此又进上一步,以为知之至者说到未始有物之先,则至矣,尽矣,不可以复加矣。其次以为有物也,而未始有封。未始有封,犹一也。封,如封疆之封,言有彼此界限。其次以为有封矣,而未始有是非。未始有是非,犹一也。当此之时,民尚淳质,道之全体浑然未散之朴。自是非生,而道于是乎亏矣。道亏则人心不复知有自然之真,作好作恶,各成其自爱自好之私,故曰:道之所由亏,爱之所由成。不知自未始有物之先观之,果且有成与亏乎哉?果且无成与亏乎哉?毕竟无成与亏,成亏皆起于有物之后也。尝论庄子之书,字面新,文法奇,读者直谓其难解,便废阁不读,大是可惜。若仔细理会,此等说话煞有至理,入圣工夫,亦只在此。未始有物之先,即无极也。有物,即太极也。有封,即动静阴阳也。有是非,即五性感动而善恶分,万事出也。学道之者更当体认,此心寂然不动之时,便是未始有物之先,感而遂通,便有是非善恶,更当戒谨恐惧以致中和,不可一有偏着以成其自爱之私,常使虚静恬淡,寂寞无为,一如未始有物之先,然后谓之归于无极,而道自我出,命自我立。盖此心一有所向便是欲,一有所着便是爱,而去道远矣。

有成与亏,故昭氏之鼓琴也;无成与亏,故昭氏之不鼓琴也。昭文之鼓琴也,师旷之枝策也,惠子之据梧也,三子之知,几乎皆其盛者也,故载之末年。惟其好之也,以异乎彼。其好之也,欲以明之彼。非所明而明之,故以坚白之昧终。而其子又以文之纶,终终身无成。若是而可谓成乎?虽我亦成也。若是而不可谓成乎?物与我无成也。是故滑疑之耀,圣人所图也,为是不用而寓诸庸,此之谓以明。滑,骨。

上言爱成而道亏,此又自成亏二字上生出议论。大抵有成则有亏,亦定数之不可逃者,即如上文方生方死,方死方生之说。有成与亏,故昭氏之鼓琴也;无成与亏,故昭氏之不鼓琴也。故字,作昔字看。盖昔昭氏以琴名家,其子不能世其业,而终身弹不成声,此便是有成与亏的样子。又取一师旷来作证佐。师旷恁地聪明,其人却以盲废,枝策而行,此亦是他有成有亏处。枝,拄也。策,杖也。或是杖策,为刊写者之误。既又引到惠子,却是爱成而道亏者。惠子,庄子同时人,极有才辩。《庄子》杂篇谓:惠施日以其知与人之辩持。又曰:惠施之口谈,自以为贤。可见其知亦几乎其盛。据梧者,以梧为几,据而高谈。载之末年,言从事以终其身也。载,事也。惠子之所好,独异乎人,故哓哓不止,尝欲以明乎人。二彼字,是文法。观其坚白之论,其实无甚道理,故曰:非所明而明之。故以坚白之昧终成其爱而亏于道者,惠子也。而昭氏之子又以文之纶,终终身无成。文字,恐父字之误。纶,丝弦也。终终身无成,此是文法,言终是抵老不成精技。夫惠子以坚白之昧终,此惠子之亏也。昭氏不能世其父业,终身无成,此昭氏之亏也。若使惠子不与人强辩,昭氏不以鼓琴名家,则亦不见他有成与亏矣。

圣人不居其成,自无亏理,不见己是,何处生非?若是之在彼者可谓成乎,移之在我亦成也,何必更言其非?若使是之在彼者不可谓成乎,移之在我亦无成也,何必更以非对?是故滑疑之耀,圣人所图也。滑者捉而不住,疑者见而不杀,皆为是不用之意。滑疑之耀,乃不明之明也,与非所明而明之彼者大是天渊。盖不用己是则无爱成矣,无爱成则无道亏矣。圣人只明得此理,故曰:此之谓以明。此章正好与老子光而不耀,廉而不刿同看。熟老子者,方可以看庄子。林鬳斋自谓看得庄子精到,此处却说不透彻,不知此老如何着眼?

今且有言于此,不知其与是类乎?其与是不类乎?类与不类,相与为类,则与彼无以异矣。

此段又自为是不用中是字生下意来,言今且有言者于此,不知其与我之是者类乎?不类乎?谓其不类,但不类于我而已。盖我执己是,方谓他不类我。他说他是,将谓我不类他。类乎?不类乎?若将类与不类易地而看,则见与彼皆是一类,无不类者。其意若谓,将他做我看,将我做他看,则见我与他皆是一般。前段以指喻指,以马喻马,便是此意。

虽然,请尝言之:有始也者,有未始有始也者,有未始有夫未始有始也者;有有也者,有无也者,有未始有无也者,有未始有夫未始

有无也者。俄而有无矣,而未知有无之果孰有孰无也。今我则已有谓矣,而未知吾所谓之其果有谓乎?其果无谓乎?

转语下虽然二字。若谓彼我易地而观,虽则类与不类均是一般,然亦最忌有谓之言。今试穷本而论。天地造化,以气而言,有始也者,有未始有始也者,有未始有夫未始有始也者;以形而言,有有也者,有无也者,有未始有无也者,有未始有夫未始有无也者。自太极上推到无极,自无极上又推到无极之先,溟溟涬涬,莫可措语。俄而说个有无两字,大是惹草粘泥。吾亦未知有无之果孰有孰无也。何者?当初原无个有,不特无有,连无亦无。今也俄然说个无字,从空落影,便已不是无了,又对上一个有,却是影上生影,果孰为有?果孰为无也?如是,则有无同自太虚中来,皆相类也。相类,不言可也。今我则已有说矣,而未知吾之所说者,其果有说乎哉?其亦未始有说乎哉?有说,则不异于鷇音无几矣。此个有谓之有,当重看,乃有心之言,自意见生者也。

天下莫大于秋毫之末,而太山为小,莫寿乎殇子,而彭祖为夭。天地与我并生,而万物与我为一。既已为一矣,且得有言乎?既已谓之一矣,且得无言乎?一与言为二,二与一为三。自此已往,巧历不能得,而况其凡乎?故自无适有,以至于三,而况自有适有乎?无适焉,因是已。

无谓之言,不生意见,不立人我,不起分别。秋毫亦可称大,太山亦可称小,殇子亦可称寿,彭祖亦可称夭,四句虽是矫辞,然亦却有至理。盖大小寿夭,皆夫人意见所立之名,一受其名,便有封畛,不可通而为一。若论同自太虚中出来,则天地与我并生,万物与我一体,混合为一,曾何大小夭寿之可言哉?故曰:既已为一矣,且得有言乎哉?此有字,亦当重看。然已谓之一矣,一就是言也,且得无言乎哉？由无言生有言，故一与言为二，二与一为三。何以故？置一于此，我说个一，便是一，与言为二，又将此二与一相对，却便成三。此等说话，不消与他思出个理来，只是言有言之后，递递相生之意。从此相生不已，以至万之又万，虽使巧于算历之人，亦不能算其未尽之数，而况其凡者乎？看来当初只是因个二字引起，遂至无穷。自无适有尚且如此，况自有适有乎？有即有谓之有，自意见上生者。无即无谓之无，自太虚中来者。何谓无适？即因是之说是已。盖因是，则自不生意见，不立人我，不起分别，然后谓之未尝有言，谓之彀音，谓之天均、天籁。此处又将因是再结一结，看他回顾题目。

夫道未始有封，言未始有常，为是而有畛也。请言其畛：有左有右，有伦有义，有分有辩，有竞有争，此之谓八德。畛，轸。

夫道无往而不存，何有分别？故未始有封。言无存而不可，何有适莫？故未始有常。只为立个是字，便有疆界，故曰：为是而有畛也。这是字，即未始有物之后，俄然下个无字，有了无，便有有对，有了是，便有非对，故有左、右、伦、义、分、辩、竞、争之八德。左与右，相对而相反者也。在物曰伦，处物曰义，群则有分，族则有辩，互逐曰竞，对辩曰争，即上文自无适有之事，盖至是而道始有封，言始有常矣。

六合之外，圣人存而不论；六合之内，圣人论而不议。春秋经世先王之志，圣人议而不辩。故分也者，有不分也；辩也者，有不辩也。曰：何也？圣人怀之，众人辩之以相示也。故曰：辩也者，有不见也。

道之有封，言之有常，皆因是非而立。圣人知其如此，故不立是非。六合，四维上下也。六合之外，理无不存，但非闻见所及，故圣人存而不论，六合之内，圣人所知也，故论而不议。春秋为世君臣父子立大经大法，先王之志也，其中有是有非，圣人议而不辩。辩、论、议三者何异？论是统说道理，议则细较短长，辩则彼此反覆。圣人所以如此者，不为天下立是非之帜也。小知间间，日以心斗，与天下相持，以求必胜，胸中已自无见识了，故曰：分也者，有不分也；辩也者，有不辩也。何也？圣人怀之，众人辩之以相示也。怀，即存而不论之存。所以怀之者，不欲自见也。众人则辩之以相夸示。虽然，这等夸示求以自见，终是不见，如惠施、公孙龙之说，到底支离缠绕，不能自见，故结之云：辩也者，有不见也。

夫大道不称，大辩不言，大仁不仁，大廉不嗛，大勇不忮。道昭而不道，言辩而不及，仁常而不成，廉清而不信，勇忮而不成，五者园而几向方矣。故知止其所不知，至矣。孰知不言之辩，不道之道？若有能知，此谓之天府。注焉而不满，酌焉而不竭，而不知其所由来，此之谓葆光。称，去声。嗛，谦。忮，寘。园，刓完。几，平。葆，保。

夫人有名则可称谓，大道无名者也，故曰：大道不称。大辩不辩者，胸中了了，见得理透，自无言说。大仁者，不以煦煦为仁。大廉者，不以嗛嗛自满。大勇者，不害于人。此等说话，皆自老子上理会得来。何以故？道而昭昭然分别名相，则不得谓之道矣，故曰：道昭而不道。言而晓晓然与人争辩，则必有不及辩者矣，故曰：言辩而不及。仁者无所不爱，常系一边，非大成之仁也，故曰：仁常而不成。清者，皦皦之行也。廉而清，则近于好名而不实，故曰：廉清而不信。勇而害人，则纯是血气而无义理，不成其为勇矣，故曰：勇忮而不成。五者之德，其机本园，若昭焉、辩焉、常焉、清而忮焉，则大露圭角，几于向方矣。用是观之，则知大知者必不知也。故人能止其所不知,则其知至矣。今天下之人皆以不知自愧,往往强所不知,雄其辩以相示,又孰知有不言之辩、不道之道谓之天府耶?盖不言之辩、不道之道,即不知之知也。何谓天府?天府者,注焉而不满,酌焉而不竭,而不知其所自来。人能知此,则是得其环中以应无穷,是亦一无穷,非亦一无穷者,何满之有?何竭之有?此之谓葆光。葆之言,藏也。葆光,即滑疑之谓,不知之知也。然所谓不知,非茫然一无所知也,以恬养知,藏其知于不知也,故曰葆光。此章,止其所不知句最为肯綮。盖推到未始有始也者,则寔无所容吾知处,而藏其知于不知,则是复归于婴儿,复归于无极,复归于太朴了。非至人,其孰能之哉?

故昔者尧问于舜曰:我欲伐宗、脍、胥敖,南面而不释然。其故何也?舜曰:夫三子者,犹存乎蓬艾之间。若不释然,何哉?昔者十日并出,万物皆照,而况德之进于日者乎?

葆光之人,不起争辩,不见人我。尧伐宗、脍、胥敖,以万乘之主而不释然,非也,故舜以大道广之。若谓夫三子者,存国于卑微褊小之地,犹蓬艾之间也,君以南面而不释然,何哉,而必欲伐之?昔者十日并出,万物皆照。夫日一出则一照,并出则并照,乃天地之无私也,而况德之无私又进于日者乎?置之不辩而照以天,可也。此后引喻,自圣人结归至人,大槩结构与逍遥篇同。

齧缺问乎王倪曰:子知物之所同是乎?曰:吾恶乎知之?子知子之所不知耶?曰:吾恶乎知之?然则物无知耶?曰:吾恶乎知之?虽然,尝试言之:庸讵知吾所谓知之非不知耶?庸诅知吾所谓不知之非知耶?且吾尝试问乎汝:民溼寝则腰疾偏死,鳝然乎哉?木处则惴栗恂惧,猨猴然乎哉?三者孰知正处?民食刍豢,麋鹿食荐,蝍且甘带,鸱鸦嗜鼠,四者孰知正味?猨猵狙以为雌,麋与鹿

交，鳝与鱼游。毛嫱丽姬，人之所美也，鱼见之深入，鸟见之高飞，麋鹿见之决骤，四者孰知天下之正色哉？自今观之，仁义之端，是非之途，樊然殽乱，吾恶能知其辩？齧缺曰：子不知利害，则至人固不知利害乎？王倪曰：至人神矣！大泽焚而不能热，河汉冱而不能寒，疾雷破山、风振海而不能惊。若然者，乘云气，骑日月，而游乎四海之外，死生无变于己，而况利害之端乎？齧，臬。溼，湿。鳝，鳅。猨，猿。蝍且，蝗属，小而黑，见《尔雅》。带，蛇也。鸱，痴。猵，骗。嫱，祥。丽，平。决，血。冱，互。

一篇纵横议论，归结到止其所不知，至矣，又将此意大发挥一遍，以王倪作个不知样子，而归结于至人。盖止其所不知者，非若世人之所谓不知也，不起识见、不生分别之谓不知也。故以王倪寓言。言眼前一应起居食色，孰为正者？人、物各安其安，各适其适而已。世人则起美恶分别之念，此过，识神最为害事。至人则迥出常情，一切不起分别，若不知有个起居食色之正者，又况仁义之端，是非之途，纷然殽乱，彼恶能知其辩哉？此个不知，却是真知，故曰：恶知不知之非知耶？齧缺又深一问：子则不知利害矣，至人亦不知利害耶？此利害字意，是自处、味、色上影下。王倪答：岂但不知利害，便生死之变，他亦不知尔。其元神独露，纵横自在，不受变灭，乘云气，骑日月，而游乎四海之外，死生尚无所变，而况利害之端乎？盖至人无己，其于一切世故已解脱之尽。故学问至此，然后谓之极至，而物论至此，则其是其非又不待齐而自无不齐矣。

瞿鹊子问乎长梧子曰：吾闻诸夫子，圣人不从事于务，不就利，不违害，不喜求，不缘道，无谓有谓，有谓无谓，而游乎尘垢之外。夫子以为孟浪之言，而我以为妙道之行也。吾子以为奚若？长梧子曰：是黄帝之所听荧也，而丘也何足以知之？且女亦大早计，见

卵而求时夜，见弹而求鸮炙。予尝为女妄言之，女以妄听之奚？旁日月，挟宇宙，为其吻合。置其滑涽，以隶相尊，众人役役，圣人愚芚，参万岁而一成纯。万物尽然，而以是相蕴。予恶乎知说生之非惑耶？予恶乎知恶死之非弱丧而不知归者耶？丽之姬，艾封人之子也，晋国之始得之也，涕泣沾襟，及其至于王所，与王同筐床，食刍豢，而后悔其泣也。予恶乎知夫死者不悔其始之蕲生乎？梦饮酒者旦而哭泣，梦哭泣者旦而田猎，方其梦也，不知其梦也，梦之中又占其梦焉，觉而后知其梦也。且有大觉而后知此其大梦也，而愚者自以为觉，窃窃然知之。君乎？牧乎？固哉！丘也与女皆梦也，予谓女梦亦梦也。是其言也，其名为吊诡。万世之后而一遇大圣，知其解者，是旦暮遇之也。吊，的。

此承上言至人之事。圣人不从事于务，言不以世故为事也；不喜求，无求于世也；不缘道，不践迹而行道也。无谓有谓，未尝不言也；有谓无谓，未尝有言也。孟浪，不着实也。瞿鹊子言：是人也，我以为妙道之行，而孔子以为孟浪之言，何故？长梧子言：妙道之行，非圣所知，虽使黄帝听之，亦加荧惑。如子所言之人，身分尚早，到不得至人田地，子便轻易许之，喻如方见鸡卵，尚未孚化，便求候夜，方见弹雀，尚未堕丸，便求鸮炙，不亦大早计乎？我试妄意而言至人之行，子亦妄意听之，何如？奚者，何如之意，文法之最奇者。盖至人明并日月，道贯今古，直与造化相为吻合，故曰：旁日月，挟宇宙，为其吻合。且爵禄不入其心，而死生无变于己，故曰：置其滑涽，以隶相尊，众人役役，圣人愚芚，参万岁而一成纯。此数句颇艰涩难解。盖置其滑涽，以隶相尊者，世情上事也，言世人只管汩汩昏昏，驰逐于荣华声利之场，以分相隶，以势相尊，至人则一切置之，将使天子不得而臣，诸侯不得而友，尚何相隶相尊之有哉？

众人役役，圣人愚芚，此道情上事也。芚，浑沌之貌，即老子所谓众人昭昭，我独若昏，众人察察，我独闷闷，众人皆有以，我独顽似鄙之意。参万岁而一成纯，成纯，纯全之成德也，言彼之纯德直与天地同其悠久。然则所谓生死云者，信乎其无变于己也，则夫瞿鹊所云不就不避之行，又何足言哉？且生死直梦觉耳，万物尽然，而以是故蕴积胸中，不自解脱，悦生恶死，妄起执情。予恶知夫悦生之非惑耶？予恶知夫恶死之非弱丧而不知归者耶？弱丧，谓少年抛弃乡土之人，迷失旧业，不知所归。夫生，寄也；死，归也。存，吾顺事，没，吾宁也，得还造化，别作受用，又恶知夫死而有知，不悔其始者蕲生之误乎？故以骊姬设喻。既又以梦觉照看死生，言人生处世，一梦耳，归还造化，反似大梦方觉。今在世说觉，皆梦也。说觉是梦者，亦梦也。必有大觉者而后知此为大梦，愚者自以为觉，窃窃然知之。知汝为君乎？知汝为牧乎？如观剧场幻术，卒莫有定。说到此处，却是至怪，故其言也，名为吊诡。吊，至也。使万世之后而有大觉之人，见我如此见解，与我犹旦暮之遇也，吾可以俟之而不惑矣。尝观古之达人，皆以还于造化为大解脱、大了当，故佛氏以涅槃为至乐，其言曰：生灭灭已，寂灭为乐。盖必平日于性命根宗力到功深，的知此身假合不常，四大分散之后，有个不受变灭，超然独存者在，然后可以言乐。古之至人所以旁日月，挟宇宙，乘云气，御飞龙，而游乎四海之外者，盖是物也。若也圣修无功，流浪生死，于其所谓参万岁而一成纯者耗散不存，蜉蝣之朝，风火倏至，颠沛流离，遂至沦落，常沉苦海，永失真性，恶得谓之大觉乎哉？

既使我与若辩矣，若胜我，我不若胜，若果是也，我果非也耶？我胜若，若不吾胜，我果是也，而果非也耶？其或是也，其或非也耶？其俱是也，其俱非也耶？我与若不能相知也。则人固受其黮

暗,吾谁使正之?使同乎若者正之,既与若同矣,恶能正之?使同乎我者正之,既同乎我矣,恶能正之?使异乎我与若者正之,既异乎我与若矣,恶能正之?使同乎我与若者正之,既同乎我与若矣,恶能正之?然则我与若与人俱不能相知也,而待彼也耶?何谓和之以天倪?曰:是不是,然不然。是若果是也,则是之异乎不是也亦无辩;然若果然也,则然之异乎不然也亦无辩。化声之相待,若其不相待。和之以天倪,因之以曼衍,所以穷年也。忘年忘义,振于无竟,故寓诸无竟。黮,音坦。

上言万世之后一遇大圣,然后能知其解,又透下意思来再作一重议论,看他甚样辩才。意谓是与非,若与我俱在暗处,不能相知,人亦被若与我瞒了,受其黮暗暗昧,不得明白,将使就谁正之?将使同乎我者正之,他是我这边人,正不得。将使异乎我者正之,他是他那边人,正不得。将使异乎我与若者正之,他是别立一说的人,也正不得。将使同乎我与若者正之,他是两边倒的人,也正不得。如是则我也若也人也,三者俱不相知也,必须待彼来耶?彼,谓万世之后所遇之大圣。大圣寥阔难遇,然他却是个不知之知、不言之辩、和之以天倪也,就是了。何谓和之以天倪?是彼之不是,然彼之不然。若果是也,则是之异乎不是也亦无辩;若果然也,则然之异乎不然也亦无辩。声之变化,或是或非,不能取正,必待于彼,固也若其不相待。惟和之以天倪,因之以曼衍,尽可优游卒岁,故曰所以穷年也。天倪者,天理自然之分。和之,则分而不分矣。曼衍,即游衍之意,不特可以忘年,抑且可以忘义。盖义主分别,无辩则义亦与之俱忘。振诸无竟,言鼓舞振动,应事无穷也。寓诸无竟,言吾身亦可寄于无穷。若日与人争是非、较人我,则出门有碍,安得无竟乎?

罔两问景曰：曩子行，今子止，曩子坐，今子起，何其无特操与？曰：吾有待而然者耶？吾所待又有待而然者耶？吾待，蛇蚹蜩翼耶？恶识其所以然？恶识其所以不然？昔者庄周梦为蝴蝶，栩栩然蝴蝶也，自喻适志与，不知周也。**俄然觉，则蘧蘧然周也。不知周之梦为蝴蝶与？蝴蝶之梦为周与？周与蝴蝶则必有分矣。此之谓物化。**蚹，附。栩，许。志与，平。

又自相待生下议论。罔两待景，景待形，形待造化。今我待彼，彼又待天，如此则不消待彼，只和以天倪，而所待之天取之我而自足矣。罔两，景之淡薄者，问于景曰：子之行止坐起，卒无定度，何其无特立之操与？景曰：我不能自主，有待而然者也。然吾之所待者，他亦不能自主，又有所待而然者也。吾之所待者，其蛇之蚹、蜩之翼耶？蚹，蛇腹下龃龉，所以主行者。盖蛇以蚹行，蜩以翼飞，而蚹与翼不能自行自飞，必有主张之者乃所以然，不然则不能动。吾恶知其所以然、所以不然者耶？这个所以然的造化，或在彼，或在我。在我者不知其为在彼者，在彼者不知其为在我者，还是一个？还是两个？今将自己取证。昔者庄周梦为蝴蝶，栩栩然蝴蝶也。栩栩，喜意。自喻适志矣，而不知蝴蝶却是做梦的庄周。俄然而觉，则蘧蘧然周也，不知庄周乃是觉来的蝴蝶。然则周为蝶与？蝶为周与？周与蝶则必有分矣。盖以梦觉而分彼我，我是梦中之蝴蝶，彼为觉后之庄周。若以一人而分梦觉，曩为梦里之蝴蝶，今为觉后之庄周，故曰：则必有分。盖所谓一而二，二而一者。若果是两个，须索待彼；原是一个，则不消有待矣。此之谓物化，言古今梦觉混融为一也。盖必到物化田地，方能不物于物，不然，则常在大梦中，昏昏默默，而不知反于大觉，知他谁为蝴蝶，谁为庄周，而恶识其所以然，所以不然哉？尔时方壶外史说是篇已，重宣此义而作乱辞：

爰有至人，南郭子綦。隐几丧我，形槁心灰。
指陈三籁，诀我天机。吹万不同，怒者其谁？
非彼无我，若或使之。小知斗心，心死可悲。
言隐荣华，而有是非。各是己是，自忖则知。
彼出于是，是亦因之。彼是无耦，物论自齐。
齐物论者，执此道枢。得其环中，以应无穷。
圆神不滞，无始无终。以指喻指，是非蠭起。
非指喻指，视人犹己。何是何非，只争彼此。
天地一指，万物一马。各不相非，我何为者？
无物不可，无物不然。莛楹厉施，通为一焉。
知通为一，惟彼圣人。和以是非，休乎天均。
为是不用，而寓诸庸。惠不据梧，昭不鼓桐。
何成何亏，浑然大同。他人有言，是究是图。
因是而已，其有谓乎？无谓之旨，滑疑之耀。
秋毫可大，太山可小。殇子可寿，彭祖可夭。
不立封畛，自绝争忤。大道不道，大辩不语。
止所不知，葆光天府。尧德非进，孔知亦微。
神矣至人，大觉不迷。今我有辩，孰待正之？
和以天倪，宁用待而？吾丧吾我，天均则休。
梦为蝴蝶，觉乃庄周。犹然物化，千古悠悠。

文评：

钧天之乐，鞺鞳铿锵。常山之蛇，首尾相望。驱车长坂，倏尔羊肠。过脉微眇，结局广洋。寻其正眼，开卷数行：

先以丧我二字为一篇之眼目，继以天籁提上一步说，为眼目中之正眼，如下照之以天、天均、天府、天倪，皆从此生。小知以下皆言有我，又自我中提出个真君来，暗应天字。迷了真君，便有是非，提出因是二字作为齐物论之眼目。以下反覆议论，只说因是，以和是非而休天均作一结。是非之彰，道之亏也，滑疑之耀，圣人所图，又将滑疑二字作因是之眼目。至止其所不知，至矣，以天府作结，又将止其所不知作滑疑之眼目。引尧舜孔子归重于大觉之神人，将和之以天倪作结。总结欲齐物论，必待此人。末却道我亦从梦中觉来者，应上觉字。首尾照应，断而复连，藏头于回顾之中，转意于立言之外，于平易中突出多少层峦叠嶂，令人应接不暇。奇哉！妙哉！

内篇养生主第三

养生主，养其所以主吾生者也。其意则自前齐物论中真君透下。盖真君者，吾之真主人也。一受其成形，不亡以待尽，日夜与物相刃相靡于利害之场，行尽如驰而莫之止，可得谓之善养乎？此篇教人循乎天理之自然，安时处顺，将使利害不惊于心，而生死无变于己，然后谓之善养主人也。

吾生也有涯，而知也无涯。以有涯随无涯，殆已。已而为知者，殆而已矣。为善无近名，为恶无近刑，缘督以为经，可以保身，可以全生，可以养亲，可以尽年。

涯，际也，尽也。人生百年为期，会有涯尽，而心之思虑，千变万化，则无涯尽。此个思虑，禅家谓之识神，播弄主人，无有休歇。永嘉禅师有云：损法财，灭功德，莫不由他心意识。痴人唤作本来元神，认贼作子，害事多矣。今天下之人皆以有尽之身随无尽之智，虚幻之身不过百年，作为千年万年之计，将个主人相刃相靡于是非利害之场,岂不殆哉?言滨于危亡而不自觉也。若能猛省速改,犹可及止。既已殆已,而犹自以为知,驰骋不休,终迷不悟,亦终于殆而已矣。老子《清静经》有云:众生所以不得真道者,为有妄心。既有妄心,即惊其神,既惊其神,即着万物,既着万物,即生贪求,既生贪求,即是烦恼,烦恼妄想,忧苦身心,便遭浊辱,流浪生死,常沉苦海,永失真性。所谓殆而已矣,意盖指此。且吾生自未始有物以来,太虚之体本自清静,其有善恶念头,犹如太虚闪电,非所宜有,况复见之于行,至有形迹乎?学道者只宜虚静恬淡,寂寞无为,常使一念不起,万缘皆空,如是安养主人,许有进步。所以六祖惠能指人不思善不思恶时,是汝本来面目。善恶尚不许思,况复为之而至于近名,犯之而至于近刑,不亦远之又远乎?且善必近名,恶必近刑,皆事之有因果者,有情下种则因地果生。曰不近刑名,则无因可知,故此二句当如此看。即此不思善恶,便是喜怒哀乐未发之中。人受天地之中以生,所谓性也。学人当守此中极以为常经,故曰:缘督以为经。督者,人之中脉,下贯尾闾,循至断交,故以督为中训。玄教家通此督脉,引气而上行至泥丸,谓之子欲不死修昆仑,然后可以引年。此云可以保身,可以全生,却不是如此说。缘督只是借喻。庄子书论性宗处居多,养生主只是说性。言人能常守此中,则性在是而命亦在是,故可以保身,可以全生,又不至于亏体辱亲,故曰可以养亲。全而生之,全而归之,故曰可以尽年。

庖丁为文惠君解牛,手之所触,肩之所倚,足之所履,膝之所踦,砉然向然,奏刀騞然,莫不中音,合于桑林之舞,乃中经首之会。文惠君曰:嘻,善哉!技盖至此乎?庖丁释刀对曰:臣之所好者道也,进乎技矣。始臣之解牛之时,所见无非牛者;三年之后,未尝见

全牛也；方今之时，臣以神遇而不以目视，官知止而神欲行，依乎天理，批大郤，导大窾，因其固然，技经肯綮之未尝，而况大軱乎？良庖岁更刀，割也。族庖月更刀，折也。今臣之刀十九年矣，所解数千牛矣，而刀刃若新发于硎。彼节者有间而刀刃者无厚，以无厚入有间，恢恢乎其于游刃必有馀地矣，是以十九年而刀刃若新发于硎。虽然，每至于族，吾见其难为，怵然为戒，视为止，行为迟，动刀甚微，謋然已解，如土委地，提刀而立，为之四顾，为之踌躇满志，善刀而藏之。文惠君曰：善哉！吾闻庖丁之言，得养生焉。为，去声。踦，居彼。砉，呼历。騞，呼麦。中，去声。嘻，熹。批，备结。窾，坎。綮，苦提。軱，孤。为戒，去声，下二为字并同。謋，化百。

夫物各有理，顺其理而处之，则虽应万变而神不劳，故以庖丁寓言。事譬则牛也，神譬则刃也。所以不至于劳且伤者，则何故哉？各得其理而已矣。昔者庖丁为梁惠王解牛，观其手之所触，肩之所倚，足之所履，膝之所踦，动止周旋，皆有成度；又奏刀之声，砉然向然騞然，皆中音律。桑林、经首，古乐名。庖丁解牛，其技如此，可谓精矣，故惠王嘻而善之。嘻，叹辞也。庖丁言：臣之所好，道也，非技也。技进而精，至于自然而然，不知其然，则不得以技名之，而名之曰道。当初学解牛之时，目中所见无非牛者；三年之后，则见牛之一身筋脉骨节各有虚处，可以游刃，不见其为全牛。喻如初学道时，人间世务看不破，觑不透，只见万事丛挫，摆脱不开；功夫纯熟之后，则见事各有理，理有固然，因其固然，顺而应之，大大小小，全不费力。又言：臣当时解牛，尚以目见，审视虚实，而后下刀；今则但以神遇而不以目见，官知止而神欲行。官谓手足耳目之官。知止者，遇有龃龉，便知止而不行。依乎天理，牛之天然腠理也。大郤，骨肉交会之处也。大窾，空处也。批，开也。郤，读曰隙。导,引刀而入之也。肯綮,骨肉联络之处,筋节所在也。大軱,大骨也。言我之技精妙恰好,未尝经一肯綮,况大骨乎?良庖岁一易刀,有割切,尚用力也,故刀久而会伤。族庖月一易刀,众庖技劣,不识郤窾,一遇大軱,便有毁折。而臣之刀,以十年为率,用之九年,所解不下数千牛,可谓勤且久矣,而刃若新发于硎,芒刃如故。硎,砥石也。彼节者有间而刃者无厚,以无厚之刃入有间之节,常见恢恢乎宽哉,游刃有馀地矣,又焉得损乎?虽然,每至于族,则吾见其难为。族,聚也。言我每至筋骨聚会盘结之所,心手虽熟,亦必怵然警惕,宁视止观,迟其批导,微其运动,惟恐一犯肯綮。及其謋然已解,则如土之崩委于地,于是提刀四顾,踌躇满意,细看刀刃,拂拭荡磨,善而藏之。正意若谓:事到盘错,亦必动心忍性,不敢率意而行。盖境顺则易,境逆则难,防检少疏,恐有虞失,惊神多矣。通篇模写庖人情状,宛然画笔,末结一语,有万钧之力。

公文轩见右师而惊曰:是何人也?恶乎介也?天与?其人与?曰:天也,非人也。天之生是使独也,人之貌有与也,以是知其天也,非人也。泽雉十步一啄,百步一饮,不蕲畜乎樊中,神虽王,不善也。与,平。王,去。

右师,官名。介,独足也。右师乃刖足之人,既以身犯虎口,苟全性命,乃复贪心不止,撚指鼋昪,游于彀中,故公文轩见而惊之,曰:是何人也,而胡为乎介也?其天成之与?人为之与?盖右师虽非天成,然常人不刖而彼独刖之,若天刑之者,故曰:天之生是使独也。何也?人之生也,皆天与之形,道与之貌,故人之貌有与也。然人人皆同,而彼独有异,以是知其天也,非人也。知非人则不当尤人,知其天则当安命。安命之人,不着外物以惊其神。泽雉十步一啄,百步一饮,饮食如此之难,然而不求畜乎笼中,盖以神虽王而日有惊扰,不喜也。今右师处于樊笼之中,不及泽雉多矣,可谓善养生乎?善养生者,利害不涉于其身。

老聃死,秦失吊之,三号而出。弟子曰:非夫子之友耶?曰:然。然则吊焉若此,可乎?曰:然。始也吾以为其人也,而今非也。向吾入而吊焉,有老者哭之如哭其子,少者哭之如哭其母。彼其所以会之,必有不蕲言而言、不蕲哭而哭者,是遁天倍情,忘其所受,古者谓之遁天之刑。适来,夫子时也,适去,夫子顺也,安时而处顺,哀乐不能入也,古者谓是帝之县解。指穷于为**薪,火传也,不知其尽也。**县,音玄。

夫至人无恩,不以恋恋之情系乎其人。老子死而秦失吊之,三号是也,门人疑其薄友,则非矣。秦失以正意答,故两然之,却说老子死,而老幼哭之皆尽哀,翻觉老子有不是处。必其所以会合人心者,必有深于用情之处,故不求誉而誉者自至,不求哭而哭者自至。遁天理,倍人情,忘其未始有物之先所受之正,而随俗化情,非至人也,故曰:始以为其人也,而今非也。非至人,则违天矣,古者谓之遁天之刑。刑者型也,型者成也,盖理之一成而不可易者。两称古者谓之,见得古人方有此议论,今人则不然。今人但以生死系念,于是生而庆,死而哭,不知此直世情,非道情也。死生,一来去耳。适来,夫子时也。适去,夫子顺也。子,指弟子而教之之词。一来一去,安时而处顺,则哀乐之情自不能入也,此便是至人生死无变于己者,如此则帝之县解矣。帝,谓天帝。县,如倒悬之悬,困缚之义。帝亦未尝以死生县人,人自缚之,翻疑为帝。无变于己,则帝之县自解矣。今人谓死为尽,直哀其尽也而哭之,又非也。不知自大道而观,同在大匡廓中,一气混茫,嗣续不绝,灭于东而生于西,喻如火相得薪则传。指薪而观,会有穷尽,然尽于此者续于彼,自古及今,曾见有火尽时耶?薪喻四大,火喻元神。薪则不可谓此薪为彼薪,火则不可谓此火非彼火,达观者可以无变于死生之故矣。此秦失正教弟子所以三号而出之意。于是方壶外史说是篇已,重宣此义而作乱辞:

缘督之经,解牛之丁。可以保身,可以养生。
利害不涉,存没吾宁。泽雉畜樊,介者其刑。
哭死尽哀,聃必倍情。适来适去,胡喜胡惊?
薪尽火传,莫指其穷。

文评:

此篇凡四段,谓养生主者,守中顺理,利害不涉于身,死生无变于己,其意皆在言外,要人深思而自得之,所以为妙,不似今之作文,一开口便说主意,又或立作柱子,皆下乘也。

庄子副墨卷之二　静字集

内篇人间世第四

夫道非绝俗也，德非遁世也，夷明养晦，和光同尘，世出世法，莫不由此。夫至人无为而无不为，尚矣！圣人则为之而无以为，故以仲尼、伯玉为之折衷。篇内集虚、养中、正身、和心，大为立言之肯綮。至于积伐才美以犯人怒，又处世之所最忌者。篇终反喻不美不才乃无用之大用，此老平生受用得力处全在于此，然亦何莫而非至人无己中得来耶？

颜回见仲尼，请行。曰：奚之？曰：将之卫。曰：奚为焉？早：回闻卫君，其年壮，其行独，轻用其国而不见其过。轻用民死，死者以国量乎泽若蕉，民其无如矣！回尝闻之夫子曰：治国去之，乱国就之。医门多疾。愿以所闻思其则，庶几其国有瘳乎？仲尼曰：嘻，若殆往而刑耳。夫道不欲杂，杂则多，多则扰，扰则忧，忧而不救。古之至人，先存诸己而后存诸人。所存于己者未定，何暇至于暴人之所行？且若亦知夫德之所荡而知之所为出乎哉？德荡乎名，知出乎争。名也者相轧也，知也者争之器也，二者凶器，非所以尽行也。且德厚信矼，未达人气，名闻不争，未达人心，而强以仁义绳墨之言术暴人之前者，是以人恶有其美也，命之曰菑人。菑人者，人必反菑之。若殆为人菑夫！且苟为悦贤而恶不肖，恶用而求有以异？若惟无诏，王公必将乘人而斗其捷，而目将荧之，而色将

平之，口将营之，容将形之，心且成之，是以火救火，以水救水，名之曰益多，顺始无穷。若殆以不信厚言，必死于暴人之前矣！矼，音江。菑，灾同。

卫君，蒯聩也。行独，言独行其知，不恤众议也。轻用民死，以国量乎泽若蕉，言量其国中前后见杀者，若泽中之蕉，蕴崇相积也。蕉，草芥也。民其无如，言无所之也。治国去之，乱国就之。去之，即丘不与易之意。就之，往而救之也。思其则，思所以处之之法也。庶几其国有瘳乎，瘳，治而愈也。若殆往而刑，言汝殆几于往而就戮耳，殆，危也，犹俗所谓险些儿受戮也。夫古之君子，安其身而后动，易其心而后语，定其交而后求，故先存诸己而后存诸人。所存于己者未定则杂，杂则多，多则扰，扰则忧。道杂而心忧者，自救不暇，何暇暴白他人之行以救人哉？且汝知夫德之所荡而知之所为出乎哉？以名相轧者，名胜而实亡，以知相斗者，知角而争出，故曰：德荡乎名，知出乎争。名也者相轧者也，知也者争之器也，二者凶器，非所以尽君子保身处世之行也。且德厚而信矼者，贵乎达人之气。矼，悫实之貌。达人气者，即察言观色之意。名闻不争者，贵乎达人之心，言人虽不与我争，未必心悦而诚服。若不达人气，不识人心，而强以仁义绳墨之言术暴白于人之前，则人将恶汝，谓汝之有其美也。有者，自见自是之意。盖必人之于我素心加敬诚服，然后吾之言说可行。苟为不然，则人将谓我暴人之恶而贻害于彼者，故命之曰菑人。菑人者，人必反菑之，若不几于为人菑乎？夫彼卫君者，苟知悦贤而恶不肖，则彼国自有贤者可用，恶用汝求其有以异而自售乎？惟汝不待诏而自往，彼将乘汝之轻身而以知巧斗汝求胜，汝于此时，目将荧荧焉而眩惑，色将靡靡焉以求平，口将营营焉以自解，容将蹐蹐焉以为恭，心且曲曲焉以顺成。夫彼方斗捷而汝以是成之，则捷者愈捷，是以火救火，以水救水，转增其胜而已，名曰益多。始来成顺如此，后来愈益无穷，不知所止矣，故曰：始顺无穷。夫君子之于君也，信而后谏，未信则以为谤己也。若殆以不信厚言，则交浅言深，必死于暴人之前矣。所谓殆往而刑耳，以此。

且昔者桀杀关龙逢，纣杀王子比干，是皆修其身以下伛拊人之民，以下拂其上者也，故其君因其修以挤之，是好名者也。昔者尧攻丛枝、胥敖，禹攻有扈，国为虚厉，身为刑戮，其用兵不止，其求实无已，是皆求名实者也。而独不闻之乎：名实者，圣人之所不能胜也，而况若乎？逢，庞。胜，升。

又自上德荡乎名，知出乎争透下意来。昔者桀杀龙逢、纣杀比干，彼何为者也？是皆修其身而下伛抚人上之民。夫上不爱民，而我反爱之，是拂上也。惟其拂上，故君得因其好修而挤之曰：是好名者也。名也者，相轧者也，争之所不免也。昔者尧攻丛枝、胥敖，禹攻有扈，国为丘墟，死为厉鬼，其用兵不止者，其求实无已也。求实，谓求其有拂上之情实。夫有为善之名与拂上之实者，虽圣人犹不能堪，而况若非圣人而可以求其名，若不遇圣人而可以有其实乎？

虽然，若必有以也，尝以语我来。颜回曰：端而虚，勉而一，则可乎？曰：恶！恶可？夫以阳为充孔扬，采色不定，常人之所不能违，因案人之所感以求容与其心，名之曰日渐之德不成，而况大德乎？将执而不化，外合而内不訾，其庸，讵可乎？

虽然一转，使之自陈，以观作用之何如。回言：我外端肃而内谦虚，矜持其志气而纯一其德性，则可乎？回盖欲以盛德感之。而夫子曰:恶!恶可哉?彼之为人也,意得而气满,阳为充积孔扬之色,惟其色庄也,故采色不定,倏而敬,倏而怠,倏而喜,倏而怒,左右之人莫之敢违,往往助之为虐,因摭人之言语以为成案,肆加讥贬以求畅乎其意。若人也,做大模样,弄小聪明,名之曰日渐之德尚不能成,而况大德乎哉?日渐者,以渐而进,小德也。彼既不成大德,而子欲以盛德感之,彼将执而不化。若之端虚勉一,外合而内不訾者,以事盛德之君,可也,以事庸君,讵可乎?盖古之君子,量而后入。不量而入,信乎其不可也。

然则我内直而外曲,成而上比。内直者,与天为徒。与天为徒者,知天子之与己,皆天之所子,而独以己言蕲乎而人善之,蕲乎而人不善之耶?若然者,人谓之童子,是之谓与天为徒。外曲者,与人为徒也。擎拳曲跽,人臣之礼也。人皆为之,吾敢不为耶?为人之所为者,人亦无疵焉,是之谓与人为徒。成而上比者,与古为徒。其言虽教谪之,实也古之有也,非吾有也。若然者,虽直而不为病,是之谓与古为徒。若是则可乎?仲尼曰:恶!恶可?太多政法而不谍,虽固亦无罪,虽然,止是耳矣,夫恶可以及化?犹师心者也。比,去。恶,俱平。

回于此又思其则。然则吾内直而外曲,直,质直也。人之生也直,故内直者与天为徒,与天为徒则见人君与我皆天之子也,我以天言,彼以天听,其俞其咈,一任自然,讵以己之私意蕲乎人之善我、不善我耶?若然者,人谓之童子,童子者,纯一未发,一听之天而不以己私与之者也。外曲者,尽人臣之礼者也,谓之与人为徒。成而上比者,称道先王,稽古为训者也,谓之与古为徒。其言虽教谪之为一句。实也古之有也,非吾有也,言皆有征信,非出自己臆。

寄直于古人,故人听之而不为谤。回之思其则也如此,可谓善矣。而夫子又谓之不可,言尔政法虽太多,终不稳当。政法,犹法则也。谍,安也。言依此而行,天理人情两无拂逆,虽固亦无罪,虽然,止是而已,胡可以化人?夫化人者,使人不见其迹,莫知其然。今尔犹挟三术,是师心也。师心则有意必固我者在,胡可以及化乎?夫子欲回先化己而后能化人也。

颜回曰:吾无以进矣,敢问其方?仲尼曰:斋,吾将语若。有而为之,其易耶?易之者,皞天不宜。颜回曰:回之家贫,惟不饮酒不茹荤者数月矣,若此则可以为斋乎?曰:是祭祀之斋,非心斋也。回曰:敢问心斋?仲尼曰:一若志,无听之以耳而听之以心,无听之以心而听之以气。听止于耳,心止于符。气也者,虚而待物者也。惟道集虚。虚者,心斋也。

颜回更思其则,再无进步,于是请问其方。夫子曰:斋,吾将语女。夫女今已无则矣,若再有则而为之,亦岂易耶?有则有意必,易则有固我,终不出于自然,故与皞天不宜,此便是太多政法而不谍之意。夫道不欲杂,杂则多,多则扰,扰则忧,有而为之,信不可也,故以心斋进回。心斋者,无二尔心,无杂尔念,勿以耳听而以心听,勿以心听而以气听。气谓气息,精神愈敛,则气息愈微,气息愈微则灵关愈彻,故心静则听止于耳,息微则心止于符,符即道家火符之符。一消一息,顺其自然,则与天符暗合,故谓之曰符。夫气也者,虚而待物者也,心止于符则虚矣。虚也者,道也,未始有物也,故曰:惟道集虚,虚也者,心斋也。夫子告回只一虚字,便是普物无心,顺事无情。千古圣学之根宗,无出乎此。但读者容易勘过,故不觉其妙耳。

颜回曰:回之未始得使,实自回也。得使之也,未始有回也,可谓虚乎?夫子曰:尽矣!吾语若:若能入游其樊而无感其名,入则鸣,不入则止,无门无毒,一宅而寓于不得已,则几矣。绝迹易,无行地难。为人使易以伪,为天使难以伪。闻以有翼飞者矣,未闻以无翼飞者也;闻以有知知者矣,未闻以无知知者也。瞻彼阕者,虚室生白,吉祥止止。夫且不止,是之谓坐驰。夫徇耳目内通而外于心知,鬼神将来舍,而况人乎?是万物之化也,禹、舜之所纽也,伏羲、几蘧之所行终,而况散焉者乎?散,上声。

颜子一得师旨,便知所谓虚者未始有我之义也。得使,谓得教而使斋。既斋之后,未始有回,则斋之义,一虚尽之矣。故夫子然而告之,入游其樊而无感其名。樊,谓樊笼,世网也。常人游于世网之中,易为浮名感动,自谓敢言直谏,能人之所不能,往往不量而入,自取殆辱。汝若不眩其名,一以无心处之,相入则鸣,不入则止,其语其默一因乎人,而己无所与焉,不开一门,不发一药,浑然忘物忘我,一宅而寓乎不得已之中。一宅者,无间之义。不得已,犹言不自由也。不自由,则动以天矣。人也而天,于道不其几乎?且人之处世,有所不得已者。若欲一切屏去,绝迹不行,如外道所说断灭相者,直易易耳,故曰:绝迹易。只为天下有不得已者,如大义大分所在,岂得一切屏弃?但贵处之以无心,应之以无情,如人行地而不见其有行地之辙迹,则甚难耳。所以难者,天使不可以伪为也。若为人使而不知有天,则全以世情起见,矫情饰貌,易以伪为。天使,则行止语默浑然全在自然之中,故难以伪为。难以伪为,则一毫智力皆不得以与乎其间,是谓以无翼而飞、以无知而知者。此等之人,闻见罕俪。处人间世者,到此方为庶几。大抵只一虚此心焉，尽矣。瞻彼阕者，虚室生白。夫以虚室无物，少有空缺，则容光必照而生皎白。人心即室也，虚而生明，即阕而生白也。惟此虚明，能应万事万变而皆顺，故曰吉祥止止。二止字，上止，萃止之义，下止，即虚处也。人各有所止之处，夫且不知所止，是谓坐驰。驰者，止之反对。盖不知所止者，参以人为，驰骋不已，身坐于此，心逐于彼，所谓凶害悔吝皆生于动，可得谓之虚室生白，吉祥止止耶？夫惟徇耳目内通而外于心知，常使聪明之德敛藏于内，心知之思屏黜于外，顺万物之感而一以无知之知应之，如是则虚静之体不为物交所蔽，将见灵明洞焕，与鬼神相通，鬼神来舍，而况于人乎？是则虚心无我，万物之所由以化也。禹、舜执此以为枢纽，伏羲、几蘧行此以终其身，而况其散焉者乎？几蘧，古圣君名。散焉者，谓寻常以下人也。

叶公子高将使于齐，问于仲尼曰：王使诸梁也甚重，齐之待使者盖将甚敬而不急。匹夫犹未可动也，而况诸侯乎？吾甚栗之。子尝语诸梁也曰：凡事若小若大，寡不道以欢成。事若不成，则必有人道之患；事若成，则必有阴阳之患。若成若不成而后无患者，惟有德者能之。吾食也执粗而不臧，爨无欲清之人。今吾朝受命而夕饮冰，我其内热欤？吾未至乎事之情而既有阴阳之患矣，事若不成，必有人道之患，是两也，为人臣者不足以任之。子其有以语我来？

叶公，名诸梁，字子高，即《论语》中问孔子于子路者。楚使叶公之齐，疑有兵革之事。公谋于夫子曰：今王之使我也，其事甚重，而齐王之待使者亦将甚敬，而不急人之求，貌虽隆重，而情实疏慢。匹夫有志尚不可夺，而况万乘乎？吾恐其不能办大事，故甚栗焉。

昔闻诸夫子尝语我曰：凡事无大小，鲜不道以欢而成者。若不能得其欢心，则事故不成，不成则使不称职，而人道之患将及其身；成则思虑烦劳，将使气郁而血不畅，故阴阳之患随之。成与不成，而无后患者，其惟有德者能之乎？夫我平日自奉甚薄，所食者皆粗而不善，爨下司火之人便其简薄，常自清凉，无有苦于炙热而欲清者，以此食淡，自觉无病。今吾朝受命而夕饮冰，意者其内热欤？吾虽未至于亲见行事之实，而已有阴阳之患矣。事若不成，则人道之患又所不免，是两病也。夫子何以教我？

仲尼曰：天下有大戒二：其一命也，其一义也。子之爱亲，命也，不可解于心；臣之事君，义也，无适而非君也。无所逃于天地之间，是之谓大戒。是以夫事其亲者，不择地而安之，孝之至也；夫事其君者，不择事而安之，忠之盛也；自事其心者，哀乐不易施乎前，知其不可奈何而安之若命，德之至也。为人臣子者，固有所不得已。行事之情而忘其身，何暇至于悦生而恶死？夫子其行可矣！

天下之大戒，谓人间世之大经大法也。自其性分之固有者而言，一曰命；自其职分所当为者而言，一曰义。命行于父子，故子之爱亲也，不可解于其心；义行于君臣，故臣之事君也，无所逃于天地之间。既无所解，故事亲者惟尽吾爱，其顺其逆，不择地而安之，斯得为孝之至矣；既无所逃，故事君者惟行吾义，其难其易，不择事而安之，斯得为忠之盛矣。然是忠也孝也，皆在己心。使其事心无功，一为人欲所夺，则因物有迁而忠孝之念移矣。故自事其心者，亦如臣子之事君亲，不择地，不择事，哀乐不易施乎其前，知其不可奈何而安之若命。不可奈何，谓不容人为也。安之若命，听其自然也。如此乃为盛德之至。夫为人臣子者，固有所不得已也。不得已,便是义命。君子行吾有事之实,尽吾职分之所当为者而已,盖不知有其身也。不知有其身,何暇至于悦生而恶死哉?盖生死念头起于有我,不知有身则无我矣,此便是至人无己、死生无变于己者。叶公其以是而行则可矣。此段道理最大,议论甚正。人谓庄子大言无当,观此宁不少省?

丘请复以所闻:凡近交则必相靡以信,远则必忠之以言。言必或传之。夫传两喜两怒之言,天下之难者也。夫两喜必多溢美之言,两怒必多溢恶之言。凡溢之也类妄,妄则其信之也莫,莫则传言者殃。故法言曰:传其常情,无传其溢言,则几乎全。

上正言臣子义命以解其两病之忧,此则教以为使之道,曲尽人间情状,熟于世故者方知有味。复,白也。近交则必相靡以信。靡,顺也。信,符信也。近交,本国也。本国不须辞命,一见符信便相靡顺。外交,邻国也。邻国涉远,符信易欺,必托使者尽己之心,以言告之,方可济事。故言必有传,而传言者最难。两国相喜则必多溢美之言,相怒则必多溢恶之言。凡溢言,过实,多近于妄,妄则不能不起人之疑,故听言者莫。莫者,疑义。听言者疑,则传言者必受其怒矣。故法言有之:传其常情,无传其溢言,恐其疑而生祸也。如是则庶乎其全矣。

且以巧斗力者,始乎阳,常卒乎阴,泰至则多奇巧;以礼饮酒者,始乎治,常卒乎乱,泰至则多奇乐。凡事亦然,始乎谅,常卒乎鄙;其作始也简,其将毕也必巨。言者,风波也;行者,实丧也。夫风波易以动,实丧易以危,故忿设无由。巧言偏辞,兽死不择音,气息茀然,于是并生心厉,克核太至,则必有不肖之心应之,而不知其然也。苟为不知其然也,孰知其所终?故法言曰;无迁令,无劝成。

过度，益也；迁令、劝成，殆事。美成在久，恶成不及改，可不慎欤！且夫乘物以游心，托不得已以养中，至矣，何作为报也？莫若为致命，此其难者。乐，洛。茀，拂。

此下教以事当慎始。盖以天下善终者少，始焉善者，其后率以不善继之，况始不善乎？故以巧斗力者，始乎阳，常卒乎阴，太至则多奇巧。何以故？以巧斗力者，如今人戏剧格斗之类，其始也不过喜而相邀，其卒也常至于怒而相击。何者？盖以戏太甚则多奇巧，巧奇矣，宁得不相角而忿乎？正如饮酒者，初筵秩秩，始乎治也，卒之载号载呶而常至于乱。何者？饮太甚则多奇乐，乐奇矣，焉得不相狎而乱乎？推之凡事，莫不皆然。始乎谅，常卒乎鄙，初以诚信相结，既乃鄙诈之心生焉，是皆作始者不知所慎，故始焉苟简从事，而其终也遂至于决裂溃败而不可收拾，故其将毕也巨。君子怀此，永图作事谋始，则必于言行焉先之。夫言之所由兴，乱之所由起也，行之所由成，实之所由丧也，故曰：言者风波也，行者实丧也。风波则易以倾覆，实丧则易取殆辱，君子观此而可以知所慎矣，故忿之设也无由。巧言者，基之巧言偏辞，不择正理，漫然矢口而成，喻如惧死之兽，不择好音，气息茀然而出，于是听其词者并生心厉，忿所由生，职此之故，言可不慎乎哉？若乃心行艰险，克核太甚，人皆苦其不堪，则必以不肖之心应之。应虽在彼，致实在我，早自省改，或可善终。今而尚不知其然也，不知其然，吾将不知其所终也矣，行可不慎乎哉？为使之道，言必稽其所弊，行必虑其所终，故法言有之：无迁令，无劝成。承君之命而来，传其常情而已，不可率意迁改。事之成否，听其自然而已，不可急遽劝成，盖以过度则益，益则殆事。且使以传两君之好、成人之美者，必优柔渐渍而深交之，然后其言可入，故曰：美成在久。若一言偾事，两心生厉，恶戾一成，改悔何及？故曰：恶成不及改，可不慎与！吾子若能乘有物之感而游心于无物之天，托于义命之不得已者，随分自尽，常养吾心之中，使其不偏不倚，顺应无情，斯其至矣，何所作为然后可以为报耶？报，谓还报。盖事求其可，功求其成，取必于知为之末而不循天理之自然者，非圣贤所贵，故莫若以此致命。然此亦其难者，岂易易耶？必须平日养此中德者在，然后安而能虑，静而能应。苟为不然，则临事而眩，杂扰而忧者，抑又多矣。

颜阖将傅卫灵公太子，而问于蘧伯玉曰：有人于此，其德天杀，与之为无方则危吾国，与之为有方则危吾身，其知适足以知人之过而不知其所以过。若然者，吾奈之何？蘧伯玉曰：善哉问乎！戒之慎之，正汝身哉！形莫若就，心莫若和。虽然，之二者有患。就不欲入，和不欲出。形就而入，且为颠为灭，为崩为蹶；心和而出，且为声为名，为妖为孽。彼且为婴儿，亦与之为婴儿；彼且为无町畦，亦与之为无町畦；彼且为无崖，亦与之为无崖；达之，入于无疵。汝不知夫螳蜋乎？怒其臂以当车辙，不知其不胜任也，是其才之美者也。戒之慎之！积伐而美者以犯之，几矣！汝不知夫养虎者乎？不敢以生物与之，为其杀之之怒也；不敢以全物与之，为其决之之怒也。时其饥饱，达其怒心。虎之与人异类，而媚养己者，顺也；故其杀者，逆也。夫爱马者，以筐盛矢，以蜄盛溺，适有蚉蝱仆缘而拊之不时，则缺衔毁首碎胸。意有所至而爱有所亡，可不慎耶？盛，成。蜄，脤。

夫使多诈之国，傅不道之储，人间世所难也。圣贤处此，亦必有道矣，故以仲尼作训。而伯玉出处合于圣人之道者，复以伯玉终之。人谓庄子非圣，其然岂其然乎？颜阖将傅蒯聩，问于伯玉曰：有人于此，其德天杀，杀者，降杀之杀。有人，即太子也。天杀者，天薄其赋，使之无德也。方，法度也。言纵其败度，将来必危吾国，一以法度绳之，则祸不旋踵，且彼之知适足以摭拾他人过失而自己不知，吾其奈彼何哉？伯玉于是儆之以戒慎，教之以正身，盖正身乃帅人之本，而戒慎云者，防乎其防，不可以为易而忽之也。形莫若就，心莫若和，就，将顺也，和，调停也，言外为恭敬将顺之形，而内尽调和诱导之意，乃为得之。虽然，二者犹觉有病，盖就不欲入，和不欲出。就而入者，一味依阿湎涊，相入无间，则连身放倒，且失而为颠为灭，为崩为蹶。和而出者，扬己之能，彰人之过，则必自取嫉害，且失而为声为名，为妖为孽。此其病也。彼且为婴儿亦即与之为婴儿云云，婴儿言无知识也，无町畦言无准绳也，无崖言无畔岸也，言彼放荡不检，我且许之，不拂其意，觉有可达，徐加点化，入于无疵而后已。盖事无道之君，法当如是。其与之为者，非故纵之也，正欲得其可达之便，从而达之也。若徒悻悻自好，挺身犯诤于暴人之前，则汝不知夫螳蜋乎？怒其臂而当车辙，不知小才之不足以犯大难也。积伐己之才美以犯人者，不几于殆乎哉？又不知夫养虎者乎？不敢食以生物，恐其杀之之怒也，不敢食以全物，恐其决之之怒也，盖虎性一怒则咆哮难制。时其饥饱，解其怒心，顺而媚之，彼虽异类，亦将与养己者媚。乃至为虎所杀者，不知其性而逆之者也。夫爱马者，盛矢以筐，盛溺以蜄，适有蚉䖟聚嚼，则当仆仆缘拊而去之。若使马性一劣，将决衔勒、碎胸首络辔之具而不顾，宁复顾我之爱耶？意有所至则爱有所亡，此其可慎者。连发三喻，欲使量己量人，无伐才美，无犯怒心，然后无道之储可傅也。

匠石之齐，至乎曲辕，见栎社树，其大蔽牛，挈之百围，其高临山十仞而后有枝，其可以为舟者旁十数。观者如市，匠伯不顾，遂行不辍。弟子厌观之，走及匠石，曰：自吾执斧斤以随夫子，未尝见材如此其美也。先生不肯视，行不辍，何耶？曰：已矣，勿言之矣。散木也，以为舟则沉，以为棺椁则速腐，以为器则速毁，以为门户则液樠，以为柱则蠹，是不材之木也，无所可用，故能若是之寿。匠石归，栎社见梦曰：汝将恶乎比予哉？若将比予于文木耶？夫柤梨橘柚果蓏之属，实熟则剥则辱，大枝折，小枝泄，此以其能苦其生者也，故不终其天年而中道夭，自掊击于世俗者也。物莫不若是。且予求无所可用久矣，几死，乃今得之，为予大用。使予也而有用，且得有此大也耶？且也若与予也皆物也，奈何哉其相物也？而几死之散人，又恶知散木？匠石觉而诊其梦。弟子曰：趣取无用，则为社何耶？曰：密！若无言！彼亦直寄焉，以为不知己者诟厉也。不为社者，且几有翦乎？且也彼其所保与众异，而以义誉之，不亦远乎？栎，历。散，上。樠，瞒。柤，柦。掊，剖。几，平。觉，教。趣，促。

夫栎社大树，匠石不顾而弟子则饱观之，盖不知其无用也。故匠石因其走报而语之曰：散木也，以为舟则沉，为棺椁则速朽，为器则速败，为门户则液樠然而泚，为柱则蠹，不适于用，以故历年多而成形大也。匠石归而社栎见梦，言：汝谓予不材，恶乎比予哉？将比予文木耶？天下之木不以文伐者无几矣。今夫柤梨橘柚果蓏之属，非不适人用也，然实熟则剥则辱，此以其材能自苦者也，故不得终其天年而中道夭折。岂惟木也，凡物之理莫不如是。予求无用久矣，以无用得久，因久得大，乃今为予大用。使予也而有用，不剥即辱，且得有此大耶？且我以无用而为栎，汝以有用而为匠，我与汝，天地间皆物也，奈何哉以彼有用之物而物我无用之物哉？又况凡物之理，有用者多不能以自全，然则汝虽有用，亦几死之散人耳，又焉知予不死之散木？匠石觉而诊其梦，弟子进曰：彼既以无用为用，趣取无用，不为社可也，为社何耶？匠石曰：汝尚密而勿言，彼直寄迹焉耳，非托社以求全也，而今乃为不知己者诟厉。且彼纵不为社，亦岂有翦伐乎哉？良以彼之自保者，独与众异焉耳，而以义喻之，不亦逮乎？盖托社求全，是亦一义也，但栎直不为是耳。

南伯子綦游乎商之丘，见大木焉有异：结驷千乘，隐，将芘其所藾。子綦曰：此何木也哉？此必有异材夫！仰而视其细枝，则拳曲而不可以为栋梁；俯而视其大根，则轴解而不可以为棺椁；咶其叶，则口烂而为伤；嗅之，则使人狂酲三日而不已。子綦曰：此果不材之木也，以至于此其大也。嗟乎！神人以此不材。宋有荆氏者，宜楸、柏、桑，其拱把而上者，求狙猿之杙者斩之；三围四围，求高名之丽者斩之；七围八围，贵人富商之家求樿傍者斩之，故未终其天年而中道之夭于斧斤，此材之患也，故解之。以牛之白颡者，与豚之亢鼻者，与人有痔病者，不可以适河，此皆巫祝以知之矣，所以为不祥也，此乃神人之所以为大祥也。乘，去。芘，庇。藾，赖。咶，舐。酲，呈。上，上。杙，弋。樿，禅善。

商丘之地，见大木焉有异，言其大异于众木也。结驷千乘，隐其下者，无不以藾芘之。藾，荫也。木之大也如此，然仰视其细枝，则拳曲而不可以为栋梁，俯视其大根，则如轮轴之解散而不可以为棺椁，舌舐其叶则口为之伤，鼻嗅其味则使人狂酲如醉三日而不能已，然则是果不材之木也，故人莫之用，以得全其为大。因是以知神人之所以为大者，其亦以是不材，故精神凝固，人不坏而天独存也。若夫宋之荆氏，其地宜楸柏与桑，固亦有大者，然其拱把而上则求狙猿之杙者斩之矣，三围四围则求高门之丽者斩之矣。丽，屋栋也。七围八围则贵人富商之家求棺木之樿傍者斩之矣。樿傍，棺之全边也。是皆木以才而见伐者也，故未得终其天年而中道夭于斧斤。才而取祸，不若不才之得免于祸也，故解之。言以为牛之白颡者、豚之亢鼻者，与人之有痔疾者，皆不可以祭河，此在巫祝则以为不祥矣，而不知神人以为大祥欤？大意谓处世之道，大忌恃才扬己，故寓言大木以无用自全，非谓必蠢然芒然如县疣如附瘿者而后得免于祸也。以人祭河，谓以人为巫祝。

支离疏者，颐隐于齐，肩高于顶，会撮指天，五管在上，两髀为胁，挫针治繲足以糊口，鼓筴播精足以食十人。上征武士，则支离攘臂于其间；上有大役，则支离以常疾不受功；上与病者粟，则受三钟与十束薪。夫支离其形者犹足以养其身、终其天年，又况支离其德者乎？会，贵。髀，陛。繲，佳卖。筴，策。食，似。

支离，支体不全之貌。疏，其名也。颐，口旁两颐也。齐，腹脐也。会撮，髻也。五管，五腧也。髀，人大腿也。胁，人两臂也。言支离身曲而背耸，其状若此。挫针，缝衣也。治繲，浣衣也。足以糊口，足以自食也。鼓筴播精，簸米出糠稗也。一鼓可食十人，言臂健而力迅也。支离之能有如此。上征武士，则支离虽攘臂而不征，简其废也。上有大役，则支离以常疾不受功，复其身也。上与病者粟，则支离受三钟与十束薪，优其赐也。夫支离其形尚足以自养而终其天年，况支离其德者乎？支离其德者，不自见，不自伐，藏其用于不用，泯其能于无能，故得免于世而自全也。上以木喻，此以人喻。

孔子适楚，楚狂接舆游其门曰：凤兮凤兮，何如德之衰也？来世不可待，往世不可追也。天下有道，圣人成焉。天下无道，圣人生焉。方今之时，仅免刑焉。福轻乎羽，莫之知载。祸重于地，莫之知避。已乎已乎，临人以德。殆乎殆乎，画地而趋。迷阳迷阳，无伤吾行。吾行郤曲，无伤吾足。山木，自寇也。膏火，自煎也。桂可食，故伐之。漆可用，故割之。人皆知有用之用，不知无用之用也。

楚狂歌凤，其言亦有至理。盖有道则见，无道则隐，全生免祸，亦圣贤处世之所不废，但以警世之人汲汲于功名之会而不知利害者。圣贤岂若人哉？以讽孔子则大不然。凤兮凤兮，圣世文明之瑞物也，今当乱世而出，何如其德之衰耶？将欲开太平于万世，挽淳风于三代耶？来者不可待，往者不可追也。天下有道，圣人成能，天下无道，圣人全生。方今之时，仅免刑戮已矣，乌可有为乎哉？全生，福也。伤生，祸也。福轻于羽，殆易于举。祸重于地，胡不知避？已乎已乎，何暇临人以德也？殆乎殆乎，何必画地而趋也？迷阳迷阳，胡自昧其明以伤吾行乎？吾行郤曲，胡自枉其直以伤吾足乎？山以生木而自戕，膏以引火而自煎，桂以味辛而见伐，漆以玄泽而见割。人皆知有用之用者为天下利，而不知无用之用者之不为身害也。此篇大意，以全生免祸为主。于是方壶外史重宣此义而作乱辞：

人世说难，回也请行。匪量斯入，殆往而刑。
德荡乎名，知出乎争。未达人心，胡以韁绳？
若惟无诏，曷扬于庭？王公乘斗，而目将荧。
不信厚言，剖干杀逢。求实无已，枝攻扈兵。
内直外曲，上比而成。政多不谍，及化胡能？

回尔心斋,庸以气听。入游其樊,无感其名。
无门无毒,一宅而寓。相入则鸣,不入斯去。
耳目内通,外于心知。无地而行,靡翼而飞。
惟道集虚,瞻彼阕矣。虚室生白,吉祥止止。
万物攸化,行终羲几。叶公使齐,心甚栗之。
饮冰内热,两也生疑。天下大戒,惟命与义。
不择而安,忠孝之至。行事之情,而忘其身。
悦生恶死,匪则攸闻。言或传之,类妄实难。
无传其溢,则几乎全。忿设无由,巧言偏辞。
克核太至,不肖应之。风波易动,实丧易危。
迁令劝成,宁不殆而。何作为报,游心养中。
若为致命,虔始令终。颜阖傅储,伯玉教之。
正汝身哉,戒慎不违。形莫若就,就不欲入。
心莫若和,和不欲出。与彼婴儿,与彼无畦。
匪颠匪蹶,几则达之。伐才非美,犯顺奚宜。
养虎可则,螳螂可蚩。意有所至,爱有所遗。
无学养马,拊之不时。决衔毁首,闯尔狂驰。
处世全生,无用者奇。乞为社栎,愿学支离。
彼德之衰,凤兮凤兮!

内篇德充符第五

甚矣,形骸之足以累人也。老子有言:天下大患,为吾有身。故人间世以全生免患为贵。虽然,游于羿之彀中而不中,亦有命焉。君子知其有命,一切委之自然,而不以死生利害易乎其念。此篇寓言,王骀、申屠嘉之类,盖真能外形骸,丧耳目,独以守宗保始为事者。盖学问必进于此,然后谓之德充之符。又恐守而不化,终不能与天者游而成其大,故以忘所不忘终之。其究竟处,则顺事无情,因其自然,而不加益于有生之外,盖充养生处世而至于义之尽者也。

鲁有兀者王骀,从之游者与仲尼相若。常季问于仲尼曰:王骀,兀者也,从之游者与夫子中分鲁,立不教,坐不议,虚而往,实而归。固有不言之教,无形而心成者耶?是何人也?仲尼曰:夫子,圣人也,丘也直后而未往耳!丘将以为师,而况不若丘者乎?奚假鲁国,丘将引天下而与从之。常季曰:彼兀者也,而王先生,其与庸亦远矣。若然者,其用心亦将独若之何?仲尼曰:死生亦大矣,而不得与之变,虽天地覆坠,变将不与之遗。审乎无假而不与物迁,命物之化而守其宗也。常季曰:何谓也?仲尼曰:自其异者视之,肝胆楚越也;自其同者视之,万物皆一也。夫若然者,且不知耳目之所宜,而游心乎德之和。物视其所一而不见其所丧,视丧其足犹遗土也。常季曰:彼为己,以其知得其心,以其心得其常心。物何为最之哉?仲尼曰:人莫鉴于流水而鉴于止水。惟止能止众止。受命于地,惟松柏独也在冬夏青青;受命于天,惟舜独也正,幸能正生以正众生。夫保始之征,不惧之实,勇士一人,雄入于九军,将求名而能自要者而犹若是,而况官天地,府万物,直寓六骸,象耳目,一知之所知而心未尝死者乎?彼且择日而登假,人则从是也。彼且何肯以物为事乎?

兀当作介,与前养生主篇介者同,误袭篆书而作兀,理或然也。王骀,鲁之介者也。其人盖能遗形骸,外心知以行不言之教者。故常季问于夫子曰:王骀,立不教,坐不议,而弟子从之者半鲁国,且虚而往，实而归，充然若有所得也，乃至夫子欲引天下而从之。彼介者何人也，而胜于先生，则与庸人殆远甚矣，其用心也独若之何哉？夫子曰：彼之用心，岂常人等哉？常人不能忘己，往往牿于形体之私，悦生恶死，横起贪着，迷失真宗，去道远矣。之人也，虽死生事大而心不得与之变，虽天地覆坠，而变亦不得与之遗。遗，谓遗变于彼。何者？彼知吾身之与天地，其在道中，同为一物，幻妄不常，皆非实相。若夫所谓性体真空，性空真体，审乎无假，不受变灭，超然独存，故不与物而有迁化。既不与之迁，又焉得而与之变，又焉得而遗其变乎？不惟不随物化，又能主张万化，执其枢纽，守其根宗，故曰：命物之化而守其宗。宗，即所谓大宗师，未始有始也者之谓也。守此根宗，则能以无生有，以虚造实，法由此出，命由此立，故为命化之枢纽。古之至人，所以提挈阴阳，主持造化而不为二五之所陶铸者，率用是道。常季盖不知也，故以何谓为问。夫子曰：子知异与一乎？万化即异也，根宗即一也。自其异者而观，则肝之与胆虽在一人之身，然肝不可以为胆，胆不可以为肝，犹之楚越也。自其同者而观之，则万物与我同一根宗。既同一根宗，则六用一原，耳亦可视，目亦可听，又焉知耳目之所宜乎？不知所宜，则浑合为一，无可分异，而游心于德之和。既游于和，则不见有彼有此，有得有丧，得亦莫非一，而得未尝增，丧亦莫非一，而丧未尝减，视丧其足犹遗土也。此便是命物之化而守其宗。彼之用心若是而已，常季却道彼之为己者不过以知得心耳。盖审其无假而守其宗，是以知得心也。夫心亦人之常心耳，人皆有之，何独称最于彼哉？夫子曰：人心本同，彼固不能以独异。但彼守宗之心，定心也；人人之心，动心也。彼人莫取鉴于流水而取鉴于止水者，以水定焉故也。水定则能鉴众形,心定则能止众止,故受命于地则松柏居天下之大端。何者?冬夏青青,是松柏所以独异于众木也。受命于天,则惟舜也正。何者?幸正其生以正众生,此舜之所以独异于众人也。观此,则介者之最可知矣。正,如各正性命之正,正生即正性也,正性即守宗也,守宗即保始也。夫保始之征,如人养勇,一以无惧为主而不动心。故以一士而雄入于九军,将求名而自要者尚且如是,又况守宗正性之人,能保其未始有始之始者,其征也将不能一生死而命物化乎哉?官天地,府万物,寓六骸,象耳目,下此四字,看他奇处。官,如五帝官天下之官。府之言,聚也。言我与天地万物同出一原,性命根宗,同禀同受,散则为万,聚则为一,直寄寓此于六骸之中而以耳目为象。人皆徇象丧心,妄起知识,是以心生于物而死于物。今也一其知之所知,则心固未尝死者,此非得保始之征,有不惧之实者,孰能之哉?如是,则信乎能命物之化而生死无变于己也已。之人也,得道人也,将择日而登假矣。登,升也,假,至也,如书言陟方,道言与道合真之意。人之从彼,职是也,彼且何求于人哉?故曰:彼且何肯?肯于人,则以物为事。既无所肯,则何以物为事哉?此篇所论,守宗保始,一知之所知,而心未尝死,乃性命之要枢,而勇士一喻,尤为精确。一藏佛乘言不能尽者,今以数语该之。学者更当精研熟玩,猛于生死关头截然把断,如勇夫有不惧之实者,便可雄入九军,纵横无碍。此个理会死生学问,等闲于此发出,当时西竺之经未至,而佛法已在中国,孰谓佛者夷狄之一法哉?

申屠嘉,兀者也,而与郑子产同师于伯昏无人。子产谓申屠嘉曰:我先出则子止,子先出则我止。其明日,又与合堂同席而坐。

子产谓申屠嘉曰：我先出则子止，子先出则我止。今我将出，子可以止乎？其未耶？且子见执政而不违，子齐执政乎？申屠嘉曰：先生之门固有执政焉如此哉？子而说子之执政而后人者也。闻之曰：鉴明则尘垢不止，止则不明也。久与贤人处则无过。今子之所取大者，先生也，而犹出言若是，不亦过乎？子产曰：子既若是矣，犹与尧争善。计子之德，不足以自反耶？申屠嘉曰：自状其过，以不当亡者众；不状其过，以不当存者寡。知不可奈何而安之若命，惟有德者能之。游于羿之彀中中央者，中地也，然而不中者，命也。人以其全足笑吾不全足者众矣，我怫然而怒，而适先生之所，则废然而反。不知先生之洗我以善耶？吾与夫子游十九年矣，未尝知吾兀者也。今子与我游于形骸之内，而子索我于形骸之外，不亦过乎？子产蹴然改容更貌曰：子兀乃称！

夫申屠嘉不见己之为介而忘执政之贵，亦几乎忘己而忘物者。子产与之同师，乃有同席出入之嫌，则其所以取大于先生者，信乎未之有得也。故嘉为设尘鉴之喻，言彼心镜不明，故物欲之垢得以昏之。而子产犹欲其计德以自反，若谓不省己过而徒谪人之过者。嘉复之曰：若自状己过，则以为吾足之不当亡者众矣，不陈己过而谓吾足之不当存者几何人哉？虽然，此殆以人论而不以天论者也。故知其不可奈何而安之若命，是达乎天之说者也，惟有德者能之。夫天下之履危机而不祸者，如人之游于羿之彀中中央而不中，皆幸也，幸亦命也。人以幸而全，我以不幸而不全，有命存焉，安得不相安而反以相笑乎哉？今天下之以全足而笑吾不全足者众矣，我始也怫然而怒，是其见犹未定也。既而游先生之门，则谍然自废其形而反，不知先生之洗我心垢一至是耶？今我与先生游十有九年，而先生未知吾刖。吾与子同以心游于形骸之内,而乃索我于形骸之外,失其所以取大于先生者,而以执政后人,不亦过乎?复映前面过字。于是子产更貌改容,称谢曰:子无乃称。称,谓善于称述,盖服善而誉之之词。

鲁有兀者叔山无趾踵见仲尼。仲尼曰:子不谨,前既犯患若是矣,虽今来,何及矣?无趾曰:吾惟不知务而轻用吾身,吾是以亡足。今吾来也,犹有尊足者存,吾是以务全之也。夫天无不覆,地无不载,吾以夫子为天地,安知夫子之犹若是也!孔子曰:丘则陋矣!夫子胡不入乎?请讲以所闻。无趾出。孔子曰:弟子勉之!夫无趾,兀者也,犹务学以补前行之恶,而况全德之人乎?无趾语老聃曰:孔丘之于至人,其未耶?彼何宾宾以学子为?彼且蕲以諔诡幻怪之名闻,不知至人之以是为己桎梏耶?老聃曰:胡不使彼以死生为一条,以可不可为一贯者,解其桎梏,其可乎?无趾曰:天刑之,安可解?

夫叔山无趾知有尊足者存,故求务以全之,尊足者全,则视弃其足犹弃土耳。夫子却说他务学以补前行之恶,不知他一等人全然不在善恶上起念。本无今是,何觉前非?别求裨补,头上安头。此种学问,名教中人谈不易及,圣人亦未尝举以教人。故无趾与老聃私议之曰:夫子之于至人,其犹未耶?何宾宾恭敬以学于子为也?彼且为善救恶,汲汲焉求以善闻名于世,而不知至人方以是为己之桎梏。盖桎梏乃手足本无之物,惟被刑之人乃或有之。一有桎梏,反觉诡幻异常,故至人无己,圣人无名,其有名者,翻为桎梏。必欲解其桎梏,必须反其所见之异者而同归于一,以死生为一条,以可不可为一贯,然后可耳。一条即一贯也。以死生为一条者,未始有生，孰名为死？以可不可为一贯者，本来无是，焉得名非？如是，则善法恶法皆是幻法，善名恶名皆是诡名。此个不二法门，直是解粘去缚。本来无物，何处生尘？但天刑之人，帝县不解。何谓天刑？记云：刑者，型也。型者，成也，一成而不可易也。言性成之人根器自是如此，安可解耶？

鲁哀公问于仲尼曰：卫有恶人焉，曰哀骀它。丈夫与之处者，思而不能去也；妇人见之，请于父母曰与为人妻，宁为夫子妾者，数十而未止也。未尝有闻其唱者也，常和而已矣。无人君之位以济乎人之死，无聚禄以望人之腹，又以恶骇天下，和而不唱，知不出乎四域，且而雌雄合乎前，是必有异乎人者也。寡人召而观之，果以恶骇天下。与寡人处，不至以月数，而寡人有意乎其为人也；不至乎期年，而寡人信之。国无宰，寡人传国焉。闷然而后应，氾而若辞。寡人丑乎，卒授之国。无几何也，去寡人而行。寡人卹焉若有亡也，若无与乐是国也。是何人者也？仲尼曰：丘也尝使于楚矣，适见㹠子食于其死母者，少焉眴若，皆弃之而走，不见已焉尔，不得类焉尔。所爱其母者，非爱其形也，爱使其形者也。战而死者，其人之葬也不以翣资，刖者之屦，无为爱之，皆无其本矣。为天子之诸御，不爪翦，不穿耳，取妻者止于外，不得复使。形全犹足以为尔，而况全德之人乎？今哀骀它，未言而信，无功而亲，使人授己国，惟恐其不受也，是必才全而德不形者也。食，似。眴，瞬。翣，衫入。

恶人，丑貌人也。无位以济人之死，无禄以望人之腹，言其无富贵声势而不能利济乎人也。望，如月望之望，饱满圆足之义，用字之奇也。恶骇天下，言可惊诧也。和而不倡，不见其能首事也。知不出乎四域，不见其有远略也。而且雌雄合乎前，谓天下之人雌雄胜负皆来质成也。闷然而后应，氾然而若辞，状其无意于人国也。寡人丑乎，自媿其不若也。卹，忧也。若有亡焉，如有所失也。哀公问：彼是何人也，而能使人爱恋若此？夫子设喻以对：㹠子乳于死母之前，少焉皆弃之而走，以为目之瞬不见己也，形之僵不类己也，是有其形者不足爱，而使其形者真可爱也。战死不资翣，刖屦无人爱，是无其本者无所用，而有其本者斯可用也。知此，则它之可爱而可用者，盖必有在矣。又复设喻：天子之御，不翦爪、不穿耳以破毁其全体，新娶之人不服役以胼胝其手足，不如是不足以垂至尊之盼眥而结新昏之欢燕。彼形全者尚足以动人，而况全于其德者乎？知此，则它之所以可爱而可用者于焉取诸，决矣。然则它也，是必才全而德不形者也。才，即孟子所谓降才之才，自其赋于天者而言。德，则指其成于己者而言。不形者，一而不分之意，故下以物不能离解之。数喻，意在言外，盖文之奇者。

哀公曰：何谓才全？仲尼曰：死生、存亡、穷达、贫富、贤与不肖、毁誉、饥渴、寒暑，是事之变，命之行也，日夜相代乎前而知不能规乎其始者也，故不足滑和，不可入于灵府。使之和豫通而不失于兑，使日夜无郤而与物为春，是接而生时于心者也。是之谓才全。何谓德不形？曰：平者，水停之盛也，其可以为法也，内保之而外不荡也。德者，成和之修也。德不形者，物不能离也。哀公异日以告闵子曰：始也吾以南面而君天下，执民之纪而忧其死，吾自以为至通矣。今吾闻至人之言，恐吾无其实，轻用吾身而亡吾国。吾与孔丘非君臣也，德友而已矣！

夫才之全者，其天自定，不随物而有迁，故死生、存亡、穷达、贫富、贤不肖、毁誉、饥渴、寒暑，皆事物之变，与天运相为流行，日夜相代乎其前，方生方死，方死方生，如环无端，虽有知者，不能规乎其始。规之言，求也。然但不能规乎其始而已，不可谓之未始有始也。盖未始有始也者，混合和融，一而不分，谓之滑和，上篇所谓游心于德之和，意盖如此。故不足于滑和者，不可以入于灵府。一入灵府，则此心必受其变，而先天道朴之全体于是乎散矣。今使吾德之和豫通于死生穷达万变之中而复不失其和，故曰：不失其兑。兑即和也，豫亦和也。此便是滑和。至人所以死生无变者，不失此和而已。使日夜无郤而与物为春，郤者，不受而还之意。事物之变，日夜相代乎吾之前，知其不可奈何而安之若命，便是日夜无郤，无郤则不失其兑，不失其兑便与物为春。常人不知命运，自然不肯安受，只一郤中生出多少乖戾。彼则常见其日夜无郤，与物为春而已，是接而生时于心者也。接，谓应万变。生时于心，则时行时止，莫非天运之自然。此个和德，浑然不变于物交之感，便是全其天之所赋者，故曰才全。何谓德不形？曰：平者水停之盛也，水平故万物尽准焉。然平则内能自保，停则外不摇荡，水之平犹之德之和也。夫德者，成和之修也，德即和德，修之已而成焉者也。其曰不形者，言物不能离也。不能离，即一而不分，死生无变之意。

闉跂支离无脤说卫灵公，灵公说之，而视全人，其脰肩肩。甕㼜大瘿说齐桓公，桓公说之，而视全人，其脰肩肩。故德有所长，而形有所忘。人不忘其所忘而忘其所不忘，此谓诚忘。故圣人有所游，而知为孽，约为胶，德为接，工为商。圣人不谋，恶用知？不斫，恶用胶？无丧，恶用德？不货，恶用商？四者，天鬻也。天鬻也者，天食也。既受食于天，又恶用人？有人之形，无人之情。有人之形，故群于人；无人之情，故是非不得于身。眇乎小哉，所以属于人也；

謷乎大哉，独成其天。闉，因。脤，辰。说，去。脰，豆。长，平。恶，平。知，平。食，似。謷，遨。

闉跂，曲跂也。无脤，无臀也。甕盎大瘿之状，项瘤也。脰，颈也。肩肩，细小貌。二子丑恶之人，能使齐、卫之君说之，而反视全人之不如，所以者何？爱其德，自忘其形也。用是观之，形有所短，德有所长。所短者能使人忘之而在己若忘，是谓必见其所短。所长者能使人不忘而在己若不忘之，则必自伐其所长。能不忘其所忘而忘其所不忘，则其忘也，是谓诚忘。就忘之一字上翻出自己学问，而以圣人证之。圣人者，诚能忘所不忘者也，其心有所游也，以知识为孽子而不亲，以誓约为胶固而不用，以德惠为应接而不贵，以技能为行货而不居。何乎？圣人之心，何思也，何虑也，顺其自然而已，恶用知？未雕也，未斫也，质任自然而已，恶用胶？所得于天者浑然全具，无丧也，而恶有于德？所积于己者深藏若虚，不售也，而恶用夫商？盖有所用，则人也，而非天也。无所用，则游以天矣。游以天者，天鬻之。天鬻也者，天食也。圣人既食于天矣，而恶用乎人为也？故有人之形而无人之情。有人之形，故群于人而不能以独异。无人之情，故四者不用而是非不以得于身。然谓之无人之情，则圣人者似乎离世绝俗而不与物同春者，不知圣人之身常自谦抑，眇乎小哉，所以联属天下以成其身也，其心则謷乎大哉，浩然天游，所以成其天也。老子所谓不自大，故能成其大，意盖如此。成其天，则不惟忘其所不忘，抑且忘无可忘，而人不得以其所不忘者系之矣。

惠子谓庄子曰：人故无情乎？庄子曰：然。惠子曰：人而无情，何以谓之人？庄子曰：道与之貌，天与之形，恶得不谓之人？惠子

曰:既谓之人,恶得无情?庄子曰:是非吾所谓情也。吾所谓无情者,言人之不以好恶内伤其身,常因其自然而不益生也。惠子曰,不益生,何以有其身?庄子曰:道与之貌,天与之形,无以好恶内伤其身。今外乎子之神,劳乎子之精,倚树而吟,据槁梧而瞑。天选子之形,子以坚白鸣。选,去声。

承上无情之旨,记与惠子辩者一段作结。惠子谓庄子曰:人故无情乎哉?故,如则故而已之故,谓本来也。庄子曰:然。惠子曰:人而无情,何以谓之人?庄子曰:人之形色象貌,皆自未始有始中来,皆道与之,道与之即天与之也。有自天中道中来者,尚不得谓之人乎?惠子曰:既谓之人,恶得无情?是将欲其块然隤然如槁木如死灰而后谓之无情也,故庄子曰:非吾所谓无情也,谓不以好恶内伤其身,常因其自然而不益生之谓也。益生二字,本于老子益生曰祥,谓裨益于所生之外,而以人为参之也。惠子穷其强辩,却说人之有身亦自益生中得来。盖情欲之感亦非本有,介然而生于男女之交,人因托此而有身。今不益生,则连人亦无,故曰:不益生,何以有其身?庄子不与之辩,却以正答言:生不必益也,道与之貌,天与之形,生理本自完足,于本足中不能顺其自然,横起是非好恶,逐妄迷真,非徒无益,而又害之。今子之精神,非道与之,天与之乎?乃外乎子之神,劳乎子之精,倚树而吟,据槁梧而瞑。天选子之形,本无不足,却乃不能因其自然,与物相安于无情无事之天,徒以坚白之说哓哓然立是非同异于天下,兹不谓之益生而何哉?观惠子与庄子辩论,却于个事全未分晓,不知庄子何以与之为友?方壶外史说是篇已,于是重宣此义而作乱辞:

彼兀者骀,圣以为师。死生无易,大变不遗。

审乎无假，守宗保始。能正其生，以止众止。
游心德和，一知所知。择日登假，人则从之。
侨谓申嘉，我行子止。索人形骸，侨则过矣。
刖人鉴明，忘势忘形。匪齐执政，取大先生。
尊足者存，叔山胡足。怪尔名闻，解其桎梏。
恶骇骀它，式重寡君。允矣才全，而德不分。
滑和灵府，与物为春。日夜无郤，生时于心。
有跂有瓮，形短德长。充德之符，忘所不忘。
有人之形，无人之情。勿以好恶，而益其生。
何哉据梧，以坚白鸣？

内篇大宗师第六

大宗师，言道也。道者，自然而已，乃天所为，故老子云：天法道，道法自然。知天之所为之自然也，而不以人为参之，斯得谓知之盛矣。此篇以自然为宗，其旨意则在于以其知之所知，养其知之所不知。至于死生之变，等之为旦夜，穷达之故，信之为有命，则非真知自然之所为者，孰能与于此哉？篇中义谛，随人根器大小，各有受用。熟读此者，不惟可消贪鄙之私，而所谓性命之宗，上乘之学，亦不外是而得之矣。

知天之所为，知人之所为者，至矣！知天之所为者，天而生也；知人之所为者，以其知之所知以养其知之所不知，终其天年而不中道夭者，是知之盛也。虽然，有患。夫知有所待而后当，其所待者特未定也。庸讵知吾所谓天之非人乎，所谓人之非天乎？且有真人而后有真知。

夫天之与人，相待而成者也。天固自然矣，又必以人为合之，然后人事尽而天理见。故知天之所为，又知人之所为，斯其至矣。何谓知天之所为？知天之自然也。何谓知人之所为？知人亦未始不为天也，而尽人以合天，顺其自然，而以其所知养其所不知，终其天年而不中道夭，斯得为知之盛矣。何谓以其所知养其所不知？如人之年寿修短，吾之所不知也，天也，然吾只知缘督以为经，可以养生，可以尽年，故以其可知者尽诸已，而以其不知者付之天。然谓之养，则有涵泳从容以俟之之意。若妄有作为而至于中道夭折，则是裨益于有生之外。既不能知其所知，而又不能养其所不知，可谓知乎？虽然，有患，又下一转，言此处有病，还可商量。夫知必有所待而后当。当，谓知其当否。我今说他为知之盛，何以见得？直待终其天年，了当此生，然后见得是能以其所知养其所不知者，然后见得他为知之盛。今吾尚在眼前说话，其所待者犹未定也。未定，言未知日后何如，未见了当。讵知所谓天者非人乎，所谓人者非天乎？盖善终者天，夭折者人，此必待事之既定而后知。今尚未定，则孰知为天为人？必有真人而后有真知，初不待其有定事而后有定见也。

何谓真人？古之真人，不逆寡，不雄成，不謩士。若然者，过而弗悔，当而不自得也。若然者，登高不栗，入水不濡，入火不热，是知之能登假于道也若此。古之真人，其寝不梦，其觉无忧，其食不甘，其息深深。真人之息以踵，众人之息以喉。屈服者，其嗌言若哇。其耆欲深者，其天机浅。

真人者，知天之所为而顺其自然者也。寡，寡薄也。成，成全也。謩，谋也。士，事也，古字通用。不逆寡者，知我之适遭其薄也,故安以受之而不逆。不雄成者,知我之所取之厚也,谦以承之而不雄。不謩士,知成败之有数也,故不谋。过而弗悔,当而不自得,知得失之有命也,故不悔而不得。若然,则彼之天可谓天矣。天定者,物不足以累之,是故登高而不栗,入水而不濡,入火而不热。三者皆人情之所易危,而彼处之漠然,不以介乎其意,是盖心有所主则自然不动,以是知其知之登假于道也若此。然谓之登假,则与道合真,非徒闻见之知而已。是故其寝也不梦,其觉也无忧,其食也不甘,其息也深深,其性定之符又若此。何以其寝无梦?凡人之梦皆识神所化,真人无识也,故其寝无梦。凡人与接为构,日以心斗,故有烦恼妄想忧苦身心,真人无妄也,故其觉无忧。味乃舌尘,因尘起识,故有甘苦分别,贪爱之念从此而起;真人不贪,故其食也不甘。心有静躁,则气之出入亦随之而有浅深,真人性定于内,故息息常归于其根。踵即根也。根者,人之大中极,气所归复之处,玄家所谓命蒂是也。众人不得其养,以心使气,心躁而气亦与之俱躁,故众人之息以喉。踵息之说,乃玄家专气之要诀,所谓心息相依、神气相守、载营魄抱一,无离,其旨皆不出此。丹经万卷,言不能尽者,此老等闲一语泄破。读庄子者,安得草草看过,徒以借口谈、资笔阵耶?屈服者其嗌言若哇,与人谈论,心无定见,见无定理,一见真人,心自屈服。言,心声也,心屈则言亦与之俱屈,其有应对,嗌咽若哇。哇者,吐貌。谓其言只在喉舌间支吾调弄,吞不下,吐不出,分明状出一个屈服的样子。禅家以此机勘人,一受其勘,便见底蕴。其耆欲深者其天机浅,多欲之人易为物诱,貌言视听,自是浮浅。天机二字下得最好。机者,发动所由。凡人形生神发,皆属天机。得所养者,自是沉机不露,湛乎若渊,老子所谓微妙玄通，深不可测，符验若此。此段所论，一字一语参透，的有根宗，受用不尽。玄乎妙哉！

古之真人，不知悦生，不知恶死，其出不欣，其入不距，翛然而往，翛然而来而已矣，不忘其所始，不求其所终，受而喜之，忘而复之，是之谓不以心捐道，不以人助天，是之谓真人。

上言外物不干其心，此言死生无变于已。其出不欣，其入不距，即解上文。出，出世也。入，返造化也。二字本老子出生入死。欣，喜也。距，逆也。翛然，往来不难之貌。往即入也，来即出也。不忘其所始、不求其所终者，知其始自未始有始以来，则其终也亦归于未始有始而已，更不必求。今之求其所终者曰，吾以修为求证圣果，便是有我，有我则不能与道合真。受而喜之，受，受命而生也。忘而复之，复，复命而死也。既曰其出不欣，又口受而喜之，却不相反，盖不欣即承上不悦生而言。曰受而喜之，是言有生之后，常自欢喜快乐，初无戚戚不满之意。及其复也，亦自以寂灭为乐，而忘其为死。此便是生死无变于已。盖心一有所变，则捐道矣。道无生死而人有二心，非弃道而何？以人助天者，即老子所谓狭其所居，厌其所生，求益于有生之外者，真人只知养其自然而已矣。观此一段，则知今之畏生死而求修证者，犹落第二义，非空到也。

若然者，其心志，其容寂，其颡頯，凄然似秋，暖然似春，喜怒通四时，与物有宜而莫知其极。故圣人之用兵也，亡国而不失人心，利泽施乎万世，不为爱人。故乐通物，非圣人也；有亲，非仁也；天时，非贤也；利害不通，非君子也；行名失己，非士也；亡身不真，非役人也。若狐不偕、务光、伯夷、叔齐、箕子、胥馀、纪他、申徒狄，是役人之役，适人之适，而不自适其适者也。

夫人坚而不可夺者之谓志。其心志者，始终如一，死生不能变也。其容寂者，守静之笃，万感不能挠也。其颡頯者，广大宽平，无惨蹙也。凄然如秋，滋味冷淡也。暖然如春，意思温和也。喜怒通四时，与物有宜而不知其极，接而生时于心也。既曰喜怒通四时，则固有杀之而不怨，利之而不庸者。故圣人不得已而用兵也，亡人之国而不失人之心，泽施乎万世不为爱人。夫爱人者，乐与物通。乐与物通，非圣人也，受病在乐字上。圣人非不与物通也，但无心耳。无心，何乐之有？何谓有亲非仁？至仁无恩，不可得而亲也，故有亲非仁。何谓天时非贤？推测而知，非默契也，故天时非贤。人处利害之中，往往知利而不知害，在君子则知倚伏之几，奇正之变，故利害不通不得谓之君子。行名失己者，学求诸己，非为名也，故行名丧实者不足以为士。亡身不真者，幻妄之境，虚华之事，人皆徇之而亡其身，是谓受役于物者，故知不足以役人。若狐不偕、务光以下诸贤，是皆役人之役，适人之适而不能自适其适者。狐、胥、纪、申之事无考。然以务光辞国以自沉，夷、齐扣马而饿死，箕子披发以请囚，要皆事人之事以至于殆且辱者，其他可知，故皆不取。

古之真人，其状义而不朋，若不足而不承，与乎其觚而不坚也，张乎其虚而不华也，邴邴乎其似喜乎，崔乎其不得已乎，滀乎进我色也，与乎止我德也，厉乎其似世乎，謷乎其未可制也，连乎其似好闭也，悗乎忘其言也。以刑为体，以礼为翼，以知为时，以德为循。以刑为体者，绰乎其杀也；以礼为翼者，所以行于世也；以知为时者，不得已于事也；以德为循者，言其与有足者至于丘也，而人真以为勤行者也。

再举古之真人而极言以尽其形容。其状义而不朋者，言以义与人，而非以党乎人也。若不足而不承者，言以谦下人，而非以承乎人也。方者易割，廉者易刿，真人则与乎其觚而不坚。虚者易浮，华者少实，真人则张乎其虚而不华。与，与自然之貌。张者，大也。邴者，喜貌。崔者，下也。言真人似乎喜事，其实不得已而应之，如哀骀它闷然而后应之之意。滀乎其进我色也，滀者聚也，进我色者，言容色日见其充粹也。色则日见其进矣，而德则日见其止，止即止于至善之止，言止其所而不迁也。厉乎其似世而不可犯也，謷乎其大而不可制也，似世，谓如世人之以势自大者，二句即一意。连乎其似好闭，而机缄不可测也。悗乎其忘言，而声音不可求也。连者，检括之义。悗者，俯下之貌。以刑为体，以礼为翼，以知为时，以德为循。刑主肃杀，故以之为主，为道日损，损之又损，至于无损，故曰：绰乎其杀也。杀者，降杀之义。以礼为翼者，柔和谦退，所以辅翼人道而行于世者，故曰：所以行于世也。以知为时者，行乎其所当行，止乎其所不得不止，故曰：不得已于事也。以德为循者，循是以登假于道，与人之有足以至于丘者同，而人真以为勤行也，勤行则未免有欲速苦难。之真人，只知养其自然而已，何勤行之有哉？

故其好之也一，其弗好之也一。其一也一，其不一也一。其一，与天为徒；其不一，与人为徒。天与人不相胜也，是之谓真人。

到此方发出所以不悦生恶死之故。好即悦也，不好即恶也。所以不悦不恶者，知其一故也。一即天也，自然也。知其一，则不以人助天、以心捐道矣。所谓必有真人而后有真知者，知此而已。

死生，命也；其有夜旦之常，天也。人之有所不得与，皆物之情也。彼特以天为父，而身犹爱之，而况其卓乎？人特以有君为愈乎

己，而身犹死之，而况其真乎？

此又指言人之不能胜天处。如人之死生大数，禀于成质之后，如旦之必夜，而凡囿于气数之中者，一毫人力有所不得而与，此皆物之实理，故曰物之情也。情之言，实也。此个实理，主张于未始有物之先，所谓卓者真者，实在于是。人特以天为父，而顺父者多，顺天者少，不知父也寄体之身，而犹爱之，而况其卓焉者乎？人特以天之所子为愈乎己，而敬君者多，敬天者少，不知君也代天之身，而犹徇之，而况其真焉者乎？盖真即齐物论所谓真君，而卓焉者，则维皇上帝，超形气以独存者也。知此则知天，视君父犹为至亲至尊，盖不惟不可胜，而且不敢胜矣。不敢胜，则不敢弃之亵之，可知矣。

泉涸，鱼相处于陆，相呴以湿，相濡以沫，不如相忘于江湖。与其誉尧而非桀也，不如两忘而化其道。夫大块载我以形，劳我以生，佚我以老，息我以死，故善吾生者，乃所以善吾死也。

夫天者，君也，父也，大宗师也，道也，一也，人之不能离是也，如鱼之有水，故以鱼喻。泉涸，则鱼未免离水而陆处，虽其相呴相沫，徒劳形耳，孰与相忘于江湖者之为得乎？以况人离于道，则一者不一，而是非毁誉纷然以生。与其誉尧而非桀也，孰若两忘而化于道者之为得乎？然非谓尧不当誉而桀不当非也，自道而观，浑沦无别，何者为善，何者为不善，而可以非誉为乎？此便是其一者一，其不一者一。不惟是非毁誉当付之两忘，至于死生大变亦当忘之，而以其知养其所不知。知大块之以形载我也，而以生劳我也，以老佚我也，而以死息我也，顺其自然，而不以人力与之，此便是两忘而化于道。忘而化，便是善吾生，善吾生便是善吾死，盖死生虽不一，而其一者未尝不一也。此等议论，学人更当精心理会，所以解帝县而登解脱者,实不外是。此大藏上乘义谛也。

夫藏舟于壑,藏山于泽,谓之固矣,然而夜半有力者负之而走,昧者不知也。藏大小有宜,犹有所遁。若夫藏天下于天下而不得所遁,是恒物之大情也。特犯人之形而犹喜之,若人之形者,万化而未始有极也,其为乐可胜计耶?故圣人将游于物之所不得遁而皆存,善夭善老,善始善终,人犹效之,又况万物之所系而一化之所待乎?

夫人能两忘而化于道,则是能游于物之所不得遁者而皆存。何者?道者,物之所不得遁者也。惟道可以长存,故死生寿夭一无所变。夫藏舟于壑,藏山于泽,可谓固矣,而不知石亦可移,舟亦可解,夜半之时,强有力者以壑之舟,载泽之山,负之而走,熟睡者不觉也。是藏之虽得宜,而犹有所遁也。若夫藏天下于天下而不得其所遁,则天下之善藏也,非得恒物之情实者,孰能之哉?何谓藏天下于天下?天下不一者物,至一者理。藏天下于天下者,知其理之一也,而一以自然付之,使物各得其自然,则是以天下之理藏天下之物,而我之理又藏于天下之中,故皆不得其所遁。此便是以其一者一其不一者。盖一者,真实之理也;不一者,虚幻之形也。今人但谓形可永固,一得人身便生喜悦,藏之安富尊荣之中,狭其所居,厌其所生,若欲充其所喜之量,千变万化,未有极也,为喜可胜计耶?岂知喜不可常,乐不可极,夜半有力者来负之而走,可得谓之固耶?即此便是犹有遁处。圣人将游于物之所不得遁者,便是不以其身为身,而以道为身。惟道长存,故圣人亦与之而皆存,存则无夭无老,无始无终,寓此身于四者之中而皆称之曰善。夫圣人也,而人犹效之,又况大宗师者为万物之所系,一化之所待者乎?

一化，即万化也。大宗师执此一者以为化枢，故曰一化。

夫道，有情有信，无为无形，可传而不可受，可得而不可见，自本自根，未有天地，自古以固存，神鬼神帝，生天生地，在太极之先而不为高，在六极之下而不为深，先天地生而不为久，长于上古而不为老。狶韦氏得之，以挈天地；伏戏得之，以袭气母；维斗得之，终古不忒；日月得之，终古不息；堪坏得之，以袭昆仑；冯夷得之，以游大川；肩吾得之，以处太山；黄帝得之，以登云天；颛顼得之，以处玄宫；禺强得之，立乎北极；西王母得之，坐乎少广，莫知其始，莫知其终；彭祖得之，上及有虞，下及五伯；傅说得之，以相武丁，奄有天下，乘东维、骑箕尾而比于列星。

到此方说出，大宗师者，道也。夫有物混成，先天地生，圣人不得已而强名之曰道，无形也，无为也，而却有情有信者何？老子曰：恍兮忽，其中有物。杳兮冥，其中有精。其情甚真，其中有信。此数语者，千古论道之閟密藏也。庄子之学得之老子，直下便说有情有信。何谓有情有信？自有欲以观其徼者言之也。情者，静之动也。信者，动之符也。信之一字，更为閟密，千圣万真同此一诀，必得师传方有契悟，故曰可传。然而不可受者，谓其不可见也。既不可受、不可见矣，何以可得？曰：本来无得，既失之后，返还而归复之，方觉有得。自本自根，未有天地以固存，分明推到未始有始也者。神鬼神帝，生天生地，然后说到个有有也者。此在吾儒，则周子所谓无极是也。故在太极之先而不为高，在六极之下而不为深。六极即六合也，六极之下，即佛书中所谓风轮持之，乃九地之最深者。先天地生而不为久，长于上古而不为老，总上四句，极赞道之为物。以下言，是道也，帝不得不可以为帝，日月星斗山川不得不可以为日月星斗山川，仙真贤圣不得不可以为仙真贤圣，正如老子所谓：天得一以清，地得一以宁，神得一以灵，谷得一以盈，王侯得一以为天下贞。此段属辞比事，更觉奇特。豨韦，古之帝王。挈天地，言整齐世界也。气母二字，本老子天下有始以为天下母。袭，取而有之之义。袭气母，即老子所谓守母、食母。维斗，四维斗星。不忒者，不易其度也。日月不息，不晦其明也。堪坏，昆仑山神。冯夷，水神。黄帝得之以登云天，即今传言鼎湖上升之事。玄宫者，人君恭默思道之宫。禺强，北方之神。西王母，瑶池仙长也。少广，宫名。彭祖，年寿八百，故上及有虞，下至五霸。傅说，商之贤相。箕、尾，东维七宿星名。韩子言传说为列星，意盖本此。

南伯子葵问于女偊曰：子之年长矣，而色若孺子，何也？曰：吾闻道矣。南伯子葵曰：可得学耶？曰：恶！恶可？子非其人也。夫卜梁倚有圣人之才而无圣人之道，我有圣人之道而无圣人之才。吾欲以教之，庶几其果为圣人乎？不然，以圣人之道告圣人之才亦易矣，吾犹守而告之，三日而后能外天下；已外天下矣，吾又守之，七日而后能外物；已外物矣，吾又守之，九日而后能外生；已外生矣，而后能朝彻；朝彻而后能见独，见独而后能无古今，无古今而后能入于不死不生。杀生者不死，生生者不生。其为物，无不将也，无不迎也，无不毁也，无不成也，其名为撄宁。撄宁也者，撄而后成者也。南伯子葵曰：子独恶乎闻之？曰：闻诸副墨之子，副墨之子闻诸洛诵之孙，洛诵之孙闻之瞻明，瞻明闻之聂许，聂许闻之需役，需役闻之於讴，於讴闻之玄冥，玄冥闻之参寥，参寥闻之疑始。

上言得道，此复寓言道不易闻，尤不易传。卜梁倚有圣人之道而无圣人之才，此才字指才力而言，所以资借运量以成吾道者也。

今二氏家佥言法财两济,缺一不成,意盖如此。有其道矣,有其才矣,犹未可与也,故守之三日七日乃至九日,审其果能忘物而忘我也,然后与之。外天下与外物何别?天下远而物近,天下疏而物亲,故外天下易而外物难。外物易而外生难,外生是忘我也。忘我而后能朝彻,朝彻者,清明莹彻如平旦也。朝彻而后能见独,见独者,人不见而己独见之也。见独则无古今,无死生去来,而可与言道矣。既又自解,何以入于不生不死?盖杀生者不死,生生者不生。杀生者,心死而神活也。生生者,心活而神死也。且天下之有将迎成毁,与死生相对而贞胜,世人以心游其间,一心方将,一心迎之,一心怕毁,一心成之,憧憧往来,无有穷已,此个活泼之心乌能入于不生不死之乡?今则无不将也,无不迎也,无不毁也,无不成也,顺其自然,更无意必。若然者,其名谓之撄宁。撄,拂乱也。宁者,定义。复自解曰:撄宁也者,撄而后成者也。谓于纷纭扰乱之中而成大定。此便是不坏世相而成实相,如来所说上乘义谛,意盖如此,非与其断灭人事以求寂定然后可以成此名也。是道也,乌乎闻之?闻之副墨之子以下,皆庄子巧立名字,大是戏剧,前此未闻。副墨,文字也。洛诵,诵读也。瞻明,审视也。聂许,耳聂而心许之也。需役,耳有听,手有书,皆待役于主人者。於讴,叹美讴歌也。玄冥,有气之始。参寥,无名之始。疑始,无始之始。盖言道理得之言语文字间,而领之以心,会之以神,则己之朝彻而独见者也。此段直泄道妙,学者苟能会而悟之,则所谓命宗性祖一贯穿过,受用得力处不独以其文也。

子祀、子舆、子犁、子来四人相与语曰:孰能以无为首,以生为脊,以死为尻?孰知死生存亡之一体者,吾与之友矣。四人相视而

笑，莫逆于心，遂相与为友。俄而子舆有病，子祀往问之。曰：伟哉，夫造物者将以予为此拘拘也！曲偻发背，上有五管，颐隐于齐，肩高于顶，句赘指天，阴阳之气有沴其心。间而无事，跰𨇤而鉴于井，曰：嗟乎！夫造物者又将以予为此拘拘也！子祀曰：女恶之乎？曰：亡，予何恶？浸假而化予之左臂以为鸡，予因以求时夜；浸假而化予之右臂以为弹，予因以求鸮炙；浸假而化予之尻以为轮，以神为马，予因而乘之，岂更驾哉？且夫得者时也，失者顺也，安时而处顺，哀乐不能入也，此古之所谓县解也，而不能自解者，物有结之。且夫物不胜天久矣，吾又何恶焉？

夫道无死生，故能入于不死不生者，乃可与闻道。此下寓言，皆以发明死生无变之意。子祀、子舆、子犁、子来四人相与议论，所谓以死生为一条者。人自未始有始以来，故以无为首。从无入有，是故有有也者，故以生为脊。造化息我以死，故以死为尻。尻，尾也。有能知死生存亡首尾一体，则无悦生恶死之意矣。于是四人各相契悟，莫逆于心，遂与为友。俄而子舆有病，子祀往问之。子舆言：造物伟哉，如此大乎！我与造物原同此大，乃赋我以形，为此拘拘；又曲偻发背，上生五管，使我颐隐于齐，肩高于顶，髻指于天，阴阳沴厉之气内干我心。间尝无事，扶曳而鉴于井，见其状之偃偻，又自叹曰：嗟乎！造物者又将以予为此拘拘也。此拘拘，指病体而言。子祀曰：女恶之乎？恶是恶死。子舆曰：亡也，予何恶哉？假使造物者浸浸而化予之左臂以为鸡，则予自异物中安其常而适其适，故为鸡则求时夜，为弹则求鸮炙，为轮则予以神为马，因而乘之，化则自化，而我则有不化者存，此便是死生无变于己之意。且夫得者时也，失者顺也，得失即死生存亡，如前所谓适来，夫子时也;适去,夫子顺也。安时处顺,则不悦生,不恶死,哀乐之情不能入也,此古之所谓县解者。而不能自解者,万物之有结之也。不知此有,幻妄不常,时不可留,天不可胜。天不胜灾久矣,吾又何恶死以求胜天也哉?庄子篇篇主意只论死生,孰知人生处世,只为悦生恶死,作出多少有为之法,念念相续,以至役溺烦恼苦海,不能自脱。故此重重发出死生一条道理,欲人猛将此个悦生恶死念头一刀斩断,直下安时处顺,听其自然,便可以还造化。识此窍者,三十二篇庄子尽可置之空虚无用之地,不消山野为添注脚矣。

俄而子来有疾,喘喘然将死,其妻子环而泣之。子犁往问之,曰:叱!避!无怛化!倚其户与之语曰:伟哉造化!又将奚以汝为?将奚以汝适?以汝为鼠肝乎?以汝为虫臂乎?子来曰:父母于子,东西南北,惟命之从。阴阳于人,不翅于父母。彼近吾死而我不听,我则悍矣,彼何罪焉?夫大块载我以形,劳我以生,佚我以老,息我以死,故善吾生者,乃所以善吾死也。今大冶铸金,金踊跃曰:我且必为镆铘!大冶必以为不祥之金。今一犯人之形而曰:人耳!人耳!夫造化者必以为不祥之人。今一以天地为大炉,以造化为大冶,恶乎往而不可哉?成然寐,蘧然觉。

此段又发出所以当安当顺的道理。叱!避!无怛化,叱妻子而避之,毋以哭泣惊怛将化者之人也。将以汝奚为,将以汝奚适,言造物又不知将汝化做个甚麼,又将汝往那里去也。子来答言:去则东西南北随其所之,为则鼠肝虫臂随其所化。夫大冶铸金,金必欲为镆铘,则大冶者必以为不祥之金矣。今以天地为炉,造物为冶,陶铸百物,而我于百物之中必欲为人,则造物者宁不以予为不祥人哉?成然而寐,蘧然而觉而已矣。寐觉亦是替死生二字者。

此段议论,着实脱洒可爱。然以释氏轮回之说而观,三恶道中,的有苦趣,一犯其中,急难自脱。修行之人为求断此,是以割爱学道。今者却说惟其所命去,亦恶乎不可?不知何为理长,似难决择。今请复以父母命子、大冶铸金二喻寻求至理。金之佳者决定铸为镆铘,子之贤者必不命之粪扫,六道升沉,随其业力,果报临身,谁容捍拒?庄子也只说得他一边逍遥学问,不曾统为众生立个方便法门。正如释氏《金刚经》,佛为发大乘者说,为发最上乘者说,上根之人直下明了三界惟心,一切惟识,猛将个生生念头一刀两断,直下便得解脱,入于不生不死之乡。此庄子吃紧为人,咽喉下刀,更不为立方便法门,与人打葛藤去也。

子桑户、孟子反、子琴张三人相与友,曰:孰能相与于无相与,相为于无相为?孰能登天游雾,挠挑无极,相忘以生,无所终穷?三人相视而笑,莫逆于心,遂相与友。莫然有间,而子桑户死,未葬。孔子闻之,使子贡往侍事焉。或编曲,或鼓琴,相和而歌曰:嗟来桑户乎!嗟来桑户乎!而已反其真,而我犹为人猗!子贡趣而进曰:敢问临尸而歌,礼乎?二人相视而笑曰:是恶知礼意?子贡反以告孔子曰:彼何人者耶?修行无有而外其形骸,临尸而歌,颜色不变,无以命之。彼何人者耶?孔子曰:彼游方之外者也,而丘游方之内者也。外内不相及,而丘使女往吊之,丘则陋矣!彼方且相造物者为人,而游乎天地之一气。彼以生为附赘县疣,以死为决疣溃痈。夫若然者,又恶知死生先后之所在?假于异物,托于同体,忘其肝胆,遗其耳目,反覆终始,不知端倪,芒然彷徨乎尘垢之外,逍遥乎无为之业。彼又恶能愦愦然为世俗之礼,以观众人之耳目哉?

相与于无相与,言无心也。相为于无相为,言无为也。登云游雾,挠挑无极,言行无辙迹也。相忘以生,无所终穷,言不悦生、不恶死也。此个学问,同志者少,而三人皆莫逆于心,故相与定交。莫然有间,即无何、有顷。而子桑户死,孔子使子贡往吊之,则见子反、子张二人编曲鼓琴,相和而歌。曲即琴曲。嗟来桑户乎,乃琴曲也。返其真,谓还造化。言汝已返其真,则无心矣,无为矣,而我犹为人,则尚不免于有身有患也。猗者,叹辞。子贡不知达者之意,却以世礼绳之,故二人者相视而笑曰:是恶知礼意?盖礼之意,重在返始,故曰礼不忘其始。始,即未始有始也者。故圣人制礼,老子薄之,以为滋伪首乱。论大道者,本来无物,其见自是如此,宜非世儒之所知也。故子贡以告夫子曰:彼何人耶,而旷荡若是?君子礼以和行,不由礼,是无修也,故曰:修行无有。无以命之,谓不知唤作何等人物。孔子告之曰:是游乎方之外者也。方外、方内,即释氏所谓世法、出世法也。言彼与我,意趣不同。彼直与造物者为徒,而游于混芒一气之中,以生为寄,故有附赘县疣之譬,死则大患乃解,喻如决疣溃痈,乃称大快。既有此等意见,又恶知死生先后之所在而以哀乐为乎?且彼直谓此身幻耳,假于异物,托于同体,即《圆觉经》所谓地火水风四大假合而成幻身,及其死也,骨发齿爪归之于地,精津血液归之于水,暖气归火,动转归风,今者幻身复在何处?故忘其肝胆,遗其耳目,反覆终始,不知端倪,芒然彷徨乎尘垢之外而不知身世之何有,逍遥乎无为之业而一任来去之自然,又恶能愦愦焉以强世之礼而观示众人之耳目乎哉?

子贡曰:然则夫子何方之依?曰:丘,天之戮民也。虽然,吾与女共之。子贡曰:敢问其方?孔子曰:鱼相造乎水,人相造乎道。相造乎水者,穿池而养给;相造乎道者,无事而生定。故曰:鱼相忘

乎江湖，人相忘乎道术。子贡曰：敢问畸人？曰：畸人者，畸于人而侔于天。故曰：天之小人，人之君子；人之君子，天之小人也。

子贡一闻夫子方外方内之说，便问夫子立教何方之依。夫子自谦，丘乃天之戮民。戮民，即前上帝之县不解者。虽然，又下一转，言吾当与女共游之有方之外。子贡便问：何术而得游此？夫子曰：人之生于道也，如鱼之生于水，故曰：鱼则相造于水，人则相造于道。造之为言，生也。然穿池而养给者，不若相忘于江湖，无事而生定者，不若相忘于道术，盖彼则犹为有方，此则游于有方之外者。子贡言：如此则为独行人矣，敢问畸人？曰：畸人者，异于人而同于天，故曰：天之所谓小人，乃人中矜细行之君子也。夫以人中细行之君子为天之小人，则人中独行之人得不为天之君子乎哉？

颜回问仲尼曰：孟孙才，其母死，哭泣无涕，中心不戚，居丧不哀，无是三者，以善丧盖鲁国。固有无其实而得其名者乎？回壹怪之。仲尼曰：夫孟孙氏尽之矣，进于知矣，唯简之而不得，夫已有所简矣。孟孙氏不知所以生，不知所以死，不知就先，不知就后，若化为物，以待其所不知之化已乎？且方将化，恶知不化哉？方将不化，恶知已化哉？吾特与女其梦未始觉者耶？且彼有骇形而无损心，有旦宅而无情死。孟孙氏特觉，人哭亦哭，是自其所以乃。且也相与吾之耳矣，庸讵知吾所谓吾之乎？且汝梦为鸟而厉乎天，梦为鱼而没于渊。不识今之言者，其觉者乎，其梦者乎？造适不及笑，献笑不及排，安排而去，化乃入于寥天一。

以善丧盖鲁国者，言以善居丧之名，盖于一国也。回一怪之，一常怪之也。夫子言孟孙氏尽之矣，进于知矣。尽谓尽道，知谓知天。夫大道，本无所有，降而入于名相之中，则当芟烦就简，返于大朴。而人之情有所不得已者,夫惟简之而不得,则于不得之中而行所谓简者,今已有所简矣。谓如无哭不得,简而至于无涕;无心不得,简而至于无感;无丧服不得,简而至于无哀,所谓于世法中而行出世法者,孟孙氏其知矣。夫死生亦大矣,而彼且不知所以生,不知所以死,一意付之自然。不知所以生故不就先,不知所以死故不就后,就先则喜心生焉,就后则恶心生焉,而彼皆不知也,直与万物同化于大炉大冶中,以汝奚为,以汝奚适,皆所不知,一意安时处顺。以待所不知之化已乎者,休心灭意之谓。方且将化,顺其将化,恶复知有不化者哉?方且不化,顺其不化,恶复知有已化者哉?盖化与不化,等之梦觉。今吾与女,特梦而未觉者也,乌得以女为怪异耶?且彼之居丧也,特有骇形而无损心。有骇形者,丧之容也。无损心者,不灭性也。所以无损心者,知其有旦宅而无情死也。生犹旦也,宅犹寄也。人生直寄宅于旦,死则夜而归耳,必非实死,故无情死。情之言,实也。彼之见解若此,不奈世情,故人哭亦哭以行世法,是自其所以欲简之而不得,而已有所简也。所以乃三字亦奇,犹言乃所以如此也。且汝所以怪之者,特我见耳,故曰:且也相与吾之耳矣。吾即我也。焉知吾之所见当否何如,故曰:庸讵知吾之所谓吾之乎?且汝梦为鸟而厉乎天,梦为鱼而没于渊,如此颠倒幻境,俱在未觉之中,不可据以为实。今之所谓吾之者,其果觉语耶,梦语耶?大抵人人多是说梦。若是觉人,不复生此颠倒怪异,直将化与不化任其自然,不复更生悦恶而有损心。造适者不及笑,献笑者不及排,知自然之妙用者,人不得而参之。造适者,适意之极也。不及笑者,不暇及于笑也。献笑者,因物之可笑,适然而笑,初不暇于安排。此盖自然而然,一天之所为也。去其安排人力之私,则化而入于天矣。入于天,然后谓之游于有方之外,谓之畸于人而侔于天,谓之觉人。寥天一,即天也,道也,自然也,大宗师也,造物也。

意而子见许由,许由曰:尧何以资汝?意而子曰:尧谓我,汝必躬服仁义而明言是非。许由曰:而奚来为轵?夫尧既黥汝以仁义而劓汝以是非矣,汝将何以游夫遥荡恣睢转徙之途乎?意而子曰:虽然,吾愿游其藩。许由曰:不然。夫盲者无以与夫眉目颜色之好,瞽者无以与乎青黄黼黻之观。意而子曰:夫无庄之失其美,据梁之失其力,黄帝之忘其知,皆在炉锤之间耳。庸讵知夫造物者之不息我黥而补我劓,使我乘成以随先生耶?许由曰:噫!未可知也。我为汝言其大略:吾师乎!吾师乎!整万物而不为义,泽及万世而不为仁,长于上古而不为老,覆载天地,刻雕众形而不为巧。此所游已!

何以资汝,谓何以教汝也。躬服仁义而明言是非,乃人所为世法也。奚来为轵,轵,语助辞。言女既有先入之言于胸中,则已渍仁义之黥墨而受是非之劓伤矣,女将何以游于逍遥自在之境乎?恣睢,纵横也,转徙,变动也,即所谓挠挑无极,彷徨尘垢之意。虽然,吾愿游其藩,言夫子之道吾虽不敢窥其堂奥,愿游其藩篱。盲瞽之喻,言汝无受道之资,难以语道。无庄,美人。据梁,勇士。黄帝,神知之君。言至人有教,能使人人之失其平昔之所自有者,亦在夫子陶铸之间耳。今见夫子,安知非造物者之息我黥,补我劓,使我乘成以随先生耶?成,浑成完具之义。言昔者窍凿不全,今乃息黥补劓以事先生,则庶乎乘此以全其真纯,返其大朴。未可知者,言汝亦未见得便能如此。吾师乎吾师乎以下,是言大宗师之德,无可名言。盖尧以仁义教人,吾师则整万物而不为义,泽万世而不为仁。不为仁,不为义,即老子所谓生而不有,为而不恃,长而不宰之义。整万物者,有时销杀万物尽为整粉,但不得以义名之者,无心自然故也。长于上古而不为老者,溟溟涬涬,立于未始有始之先,而千古万古常如一日,不见其老。又且覆载天地,刻雕众形,若有工巧以制御之,而不得以巧名者,无心自然故也。吾师之德若此,此吾之所游心也,又何屑屑焉于仁义之端,是非之辩乎哉?

颜回曰:回益矣。仲尼曰:何谓也?曰:回忘仁义矣。曰:可矣,犹未也。他日复见,曰:回益矣。曰:何谓也?曰:回忘礼乐矣。曰:可矣,犹未也。他日复见,曰:回益矣。曰:何谓也?曰:回坐忘矣。仲尼蹴然曰:何谓坐忘?颜回曰:堕支体,黜聪明,离形去知,同于大通,此谓坐忘。仲尼曰:同则无好也,化则无常也。而果其贤乎?丘也请从而后也。

此段借颜子以形容造道之妙。毕竟颜子学问自博文约礼中来,然尚守而未化。曰忘仁义、忘礼乐、堕肢、黜聪、心斋、坐忘,别是庄子一段学问。如今所谓禅家者流,大率类是。又道经云忘我、忘物、忘忘,亦是此意。然又须知,此个忘字,与外道所谓顽空、断灭者,万万不侔。即是一个心普万物而无心,情顺万事而无情,乃其宗旨。此段所言仁义礼乐聪明知慧,对大道而言,皆属支离窍凿,把作不好字面看,承老子云绝圣弃知,绝仁弃义,意盖如此。读庄老者,当具别眼,不得以吾儒见解例之。

子舆与子桑友,而淋雨十日,子舆曰:子桑殆病矣。裹饭而往食之,至子桑之门,则若歌若哭,鼓琴曰:父耶?母耶?天乎?人乎?有不任其声而趋举其诗焉。子舆入,曰:子之歌诗何故若是?

曰:吾思夫使我至此极贫而弗得也。父母岂欲吾贫哉?天无私覆,地无私载,天地岂私贫我哉?求其为之者而弗得也。然而至此极者,命也夫!

一篇到此,将个造物无心作总结。子桑鼓琴,不任其声而趣举其诗,言歌不成声而其词促也。父母不欲吾贫,天地不私贫我,以此而求造物,皆属有心,所以求之而不可得。一句断煞曰:然而致此极者,命也夫。盖谓之曰命,则固有莫之为而为、莫之致而致,而非己之所与知者。所谓养其所不知者,养此而已。然必求之而弗得也,而后谓之自然,一有可求可思,非自然矣。方壶外史说是篇已,重宣此义而作乱辞:

彼天所为,莫知其然。养所不知,何人非天?
越彼真人,乃有真知。登假于道,生死无蕲。
不悦不恶,翛然往来。自适其适,容与平怀。
彼天谁子?曰大宗师。有情有信,无形无为。
得之者昌,传亦不易。独恶乎闻?远自疑始。
彼祀来者,及以琴张。旦夜生死,倚歌相羊。
子贡守礼,颜回坐忘。许由恶黥,孟孙善丧。
同于大通,化乃无常。桑户究贫,其命也夫。
养所不知,与天为徒。

内篇应帝王第七

老子云:王法天,天法道,道法自然。此篇以应帝王名者,言帝王之治天下,其与道相应如此。

齧缺问于王倪,四问而四不知。齧缺因跃而大喜,行以告蒲衣

子。蒲衣子曰:而乃今知之乎,有虞氏不及泰氏。有虞氏其犹藏仁以要人,亦得人矣,而未始出于非人。泰氏其卧徐徐,其觉于于,一以己为马,一以己为牛,其知情信,其德甚真,而未始入于非人。

啮缺四问,即前齐物论中所载者。此个知字,乃人之知识分别,凿混沌,散大朴,此为最先,故大道忌之。啮缺因王倪之不知也,从此有悟而喜。蒲衣子曰:汝今乃知之乎,有虞氏不及泰氏。有虞氏藏仁以要人,虽得人矣,而未始出于非人。非人则天也,不出于天则非无为自然可知矣。泰氏其卧徐徐,其觉于于。徐,纡徐也。于于,自得之貌。一以己为马牛者,从人呼马呼牛,更不分别也。泰氏其知道乎?道有情有信,故曰:其知情信。情信,只是个混沌未分,故其德甚真,而未始入于非人。盖使知有所入,则亦不得谓之自然矣。

肩吾见狂接舆。狂接舆曰:日中始何以语汝?曰:告我:君人者以己出经式义度人,孰敢不听而化诸?狂接舆曰:是欺德也。其于治天下也,犹涉海凿河而使蚊负山也。夫圣人之治也,治外乎?正而后行,确乎能其事者而已矣。且鸟高飞以避矰弋之害,鼷鼠深穴乎神丘之下以避熏凿之患,而曾二虫之无知?

日中始,人名,肩吾之所先见者。以己出经,经,常道也。式义,以义为程式也。度人,犹言化人。盖吾儒所谓议道自己者,接舆却以为欺德而难于化理。欺者,不实之义。言此非实德,不可以为治。然此处定有商榷,不得一以异说诬之。庄子之意,只在个无为自然,以不治治天下,其旨大率本之老子。盖大道之世,人皆相忘于道术,故无庸于治而自无不治。若有心设法以治之,则人皆以有心应之,而出于吾治之外者抑又多矣。且圣人之治天下也,为治外乎？为治内乎？治内者，治之以不治，正而后行，确乎能其事而已矣。正，谓正性。能，谓良能。言人顺性命之理而行，自然确乎有个本分之能事，不必更以经义裁之。若为置个典常法度，使人人取式而行，虽则不外乎所性之理，却不是自他性中自然流出者，故此但为治外。但治其外，则人必有出吾法制之外者，待其出而吾以律令绳之，从此便有矰弋熏凿之患惊扰天下，而天下之求以避我者抑又多矣。夫鸟鼠尚有避患之知，而百姓曾二虫之无知乎？使百姓有避患之心，天下安得而治乎？

天根游于殷阳，至蓼水之上，适遭无名人而问焉，曰：请问为天下？无名人曰：去！汝鄙人也，何问之不豫也！予方将与造物者为人，厌则又乘夫莽眇之鸟，以出六极之外，而游无何有之乡，以处旷垠之野。汝又何帠以治天下感予之心为？又复问，无名人曰：汝游心于淡，合气于漠，顺物自然而无容私焉，而天下治矣。帠，为字。

豫者，无心而顺适之谓。问之不豫，言不能适然于心，而劳劳以治天下为也。游心于淡，无扰杂也。合气于漠，无声臭也。此即所谓不显、笃恭者，故不见其有作为之迹，但顺物之自然而已，一无容私焉，则天下自治矣。今之治天下者，其受病只在容私二字。盖不能以天下养天下，而以天下养一人，不能以一人为天下，而以天下为一人，虽行仁义，可得谓之无容私乎？宜乎大道所不取也。

阳子居见老聃，曰：有人于此，向疾疆梁，物彻疏明，学道不勌，如是者，可比明王乎？老聃曰：是于圣人也，胥易技系，劳形怵心者也。且也虎豹之文来田，猨狙之便执斄之狗来藉。如是者，可比明王乎？阳子居蹵然曰：敢问明王之治？老聃曰：明王之治，功盖天下而似不自己，化贷万物而民弗恃，有莫举名，使物自喜，立乎不

测，而游于无有者也。

向疾者，敏于向道。强梁者，勇于行道。物彻者，周知物情。疏明者，疏通明达。可比明王乎，比，犹及也。胥易技系，胥者胥徒，易者更番直事，技者工技，系者居肆省功，此等人皆劳形怵心，不能自适其适者也。虎豹之皮以文而来人之田，猨狙执犬以捷而致人之藉。田，猎取也。藉，绳系也。此物之才美累身而不能自适其适者也。勤于学道而不能自适其适者，此类之谓焉耳，而可比于明王乎哉？然则敢问明王之治？夫明王者，有盖天下之功而似不自己，有贷万物之化而民弗恃，有高天下万世之名而人莫可举，常使民皞皞自喜而不知谁之所为，盖立乎不可测识之地，而游于无何有之乡者也。不测、无有，只是个无为自然，与老子生而弗有，为而不恃，长而不宰之意同。

郑有神巫曰季咸，知人之死生、存亡、祸福、寿夭，期以岁月旬日若神。郑人见之，皆弃之而走。列子见之而心醉，归以告壶子曰：始吾以夫子之道为至矣，则又有至焉者矣。壶子曰：吾与汝既其文，未既其实，而固得道与？众雌而无雄，而又奚卵焉？而以道与世亢，必信夫故人得而相汝。尝试与来，以予示之。明日，列子与之见壶子。出而谓列子曰：嘻！子之先生死矣！弗活矣！不以旬数矣！吾见怪焉，见湿灰焉。列子入，泣涕沾襟以告壶子。壶子曰：向吾示之以地文，萌乎不震不正，是殆见吾杜德机也。尝又与来。明日，又与之见壶子。出而谓列子曰：幸矣！子之先生遇我也，有瘳矣！全然有生矣！吾见其杜权矣！列子入，以告壶子。壶子曰：向吾示之以天壤，名实不入，而机发于踵，是殆见吾善者机也。尝又与来。明日，又与之见壶子。出而谓列子曰：子之先生不

齐,吾无得而相焉。试齐,且复相之。列子入,以告壶子。壶子曰:吾向示之以太冲莫胜,是殆见吾衡气机也。鲵桓之审为渊,止水之审为渊,流水之审为渊。渊有九名,此处三焉。尝又与来。明日,又与之见壶子。立未定,自失而走。壶子曰:追之!列子追之不及,反以报壶子曰:已灭矣,已失矣,吾弗及已。壶子曰:向吾示之以未始出吾宗。吾与之虚而委蛇,不知其谁何,因以为弟靡,因以为波流,故逃也。然后列子自以为未始学,而归,三年不出,为其妻爨,食豕如食人,于事无与亲,雕琢复朴,块然独以其形立,纷而封哉,一以是终。弟,颓。

又自立于不测,游于何有生下意来。盖凡心有所主,故人得以名相测之,说出壶子一段,以见圣人之所以不可测者,游于何有也。神巫善相而郑人走,畏其言之灵验也。列子未尽其实而固谓有道,则惑矣。夫卵腹于雌而朕于雄,兆呈于色而映于心,无雄则无卵矣,无心则无兆矣,子必以道自亢一世,故信乎人得而相汝也。试与之来,以我示之。则见壶子有湿灰之色,而遂以为死。湿灰者,火之将死而灰犹有气色者也。盖壶子修观,以地文示之。地文者,藏心于渊,将个生机萌于九地之下而不动,故曰:萌乎不震。不正,言不定也。曰萌则似生,不动又似死,故曰不正。是殆见吾杜德机,杜者闭义,德机即生机也。明日又来,则曰:子之先生遇我也有瘳矣。此一句写出行术人的话头,最为亲切。吾见杜权矣,权即机意。盖壶子修观,示之以天壤。天壤者,游心于虚,空诸所有,故名实不入,只有一段生气自踵而发。踵,即真人之息以踵之踵,人之大中极也,人之生气出机入机皆本于此。是殆见吾善者机也,善机亦即生机,犹言好机。明日又来,则见其容色不齐,不齐即不正之义,故待其齐而复相之。盖壶子示之以太冲莫胜。太冲莫胜与天壤、地文,皆是观名,太冲即冲漠之气,莫胜言无偏胜也。衡气机,亦即生机。衡,如执圭平衡之衡。言气机之发于衡者可见如此。而林鬳斋直以衡为平义,以为半动半静。不若以动静互融为平,方得太冲莫胜之旨。鲵桓之审为渊一段,总摄上三观而言。渊者,深昧不测之义。审者,专一执定之称。机发于踵,是鲵桓也。不震不正,是止水也。不齐,是流水也。故曰:此处三焉。他日又来,神巫立尚未定,自失而走,盖壶子示之以未始出吾宗。宗,即禅家所谓本性,道家所谓元神。未始出吾宗,即所谓未始有始也者。虚而委蛇,不知谁何,盖不惟杜机不动,连机亦无,顺化自然,委委蛇蛇,不可名状,故因以为颓靡,因以为波流,捉摸不定而走也。于是列子自悔所学之肤浅,归而三年不出。然要当知学个甚麽?学个自然也者,学个忘己、忘物而忘忘也者。故反执妻爨,不知其有妻也;食豕食如人食,不知其有己也;一切世故无与为亲,不知其有人事也。返雕归朴,块然独以形立,块然,无情无为之貌。纷而封哉,封即齐物论中所谓封畛,言尚不知有己,孰知所谓纷而封哉?一以是终,言终身以此为常也。三年不出以下,直指学问真诀,得之者受用不尽。玄乎妙哉!

无为名尸,无为谋府,无为事任,无为知主。体尽无穷而游无朕,尽其所受乎天而无见得,亦虚而已。至人之用心若镜,不将不迎,应而不藏,故能胜物而不伤。

既以立乎不测,游于无有,撰出一段壶子说话,此又发挥正意,以尽未尽之蕴。无为名尸,尸之言,主也,名者实之宾,实者名之主,不为名主,则不特无近名之心,而所以致名之实者亦遗而无有,此便是名实不人之意。无为谋府，府之言，聚也。吾儒只说得个集众思、广忠益，大道却说自然而然、何思何虑，故不为谋府。无为事任，任者，有心担当之谓。无为知主，知即主也，为知主则任事矣。大道长而不宰，故不为知主。此四无为字，是教人禁止之意。体尽无穷而游无朕者，人有为则有穷，无为则何穷之有？故体道则尽于无穷，而游心则入于无有。无朕，即无有也，无有即未始有始也者。吾自未始有始以来所受以生之理，本来无有，今既无有，却是尽其所受于天者，虽名有得，实无所得，故无见得。见，犹见在之见。佛说我于燃灯佛所，于法实无所得，意盖如此。知是则知道之本体亦虚焉尽之矣。虚的样子，如镜之照物，不将不迎，来则应之，过则不留，故曰不藏。至人之心，亦复如是，故能胜万物而不伤。胜字，平读，言能任万感也。不伤，谓不损本体。此段于长行中突起峰头而过脉不断，看他文字起伏之妙。

南海之帝为倏，北海之帝为忽，中央之帝为浑沌。倏与忽时相与遇于浑沌之地，浑沌待之甚善。倏与忽谋报浑沌之德，曰：人皆有七窍以视听食息，此独无有，尝试凿之。日凿一窍，七日而浑沌死。

上言至人能胜万物而不伤，盖以虚而应物，浑然而无窍凿之迹也，故本体不伤。莫学南海之倏、北海之忽，谋报浑沌之德，日凿一窍，七日而浑沌死，此便是有伤底样子。南海之帝，火德也。北海之帝，水德也。中央之帝，土德也。水能流，火能焰，故名之曰倏曰忽。土冲气，故名之曰浑沌。此个寓言，却是人身中法象，五行四象全入中宫，故中央之帝待之甚善。为二帝者自宜收听返视，径入虚无，混合和融，打成一片，方为报德。奈何欲以色声香味报之？

日凿一窍，使之视听食息，故七窍开而浑沌死。夫人之生也，道与之貌，天与之形，本体之真，浑然如未雕之朴。此个浑沌，人人有之，自夫形生神发之后，知诱物化，缘六根而染六尘，因六尘而起六识，于是爱憎是非，纷然互作，逐妄迷真，去道日远。《清静经》所谓：既着万物，即生贪求。既生贪求，即是烦恼。烦恼妄想，忧苦身心，流浪生死，永失真性。圣贤吃紧为人，往往立教，以返还归复为本。老子云，复归于婴儿，复归于无极，复归于朴，盖谓是也。而孟子之书亦云：大人者，不失其赤子之心。三教圣贤，同一宗旨。庄子《南华》三十二篇，篇篇皆以自然为宗，以复归于朴为主，盖所以羽翼道德之经旨。其书有玄学，亦有禅学，有世法，亦有出世法，大抵一意贯串，所谓天德王道，皆从此出。学者苟能虚心读之，久而恍然，真不觉其有手之舞之、足之蹈之者。于是方壶外史说是篇已，重宣此义而作乱辞：

啮缺四问，王倪不知。知亦无有，奚以问为？
虞不及泰，藏仁要人。于于徐徐，其德乃真。
出经式义，是曰欺德。正而行之，不立矰弋。
游心于淡，合气于冲。顺物自然，天下化中。
向疾强梁，物彻疏明。难比明王，怵心劳形。
立乎不测，游于无有。壶子渊默，神巫却走。
圣心如镜，胜物不伤。倏忽窍凿，浑沌以亡。
虚而委蛇，不迎不将。无为自然，以应帝王。

庄子副墨卷之三　恬字集

外篇骈拇第八

内篇七篇，庄子有题目之文也。其言性命道德，内圣外王，备矣。外篇则标取篇首两字，而次第编之，盖所以羽翼内篇而尽其未尽之蕴者。予尝谓，读《南华》者当熟内篇，内篇熟，则外篇杂篇，如破竹数节之后，可以迎刃而解矣。

骈拇篇以道德为正宗，而以仁义为骈附，正好与老子失道而后德，失德而后仁，失仁而后义参看。一部庄子宗旨，全在此篇。末用一句叫出予愧于道德，是以上不敢为仁义之操，而下不敢为淫僻之行，上下俱不为，则虚静恬淡寂寞无为，而道德之正、性命之情于是乎得之矣。

骈拇枝指，出乎性哉，而侈于德；附赘县疣，出乎形哉，而侈于性；多方乎仁义而用之者，列于五藏哉，而非道德之正也。是故骈于足者，连无用之肉也；枝于手者，树无用之指也；多方骈枝于五藏之情者，淫僻于仁义之行，而多方于聪明之用也。是故骈于明者，乱五色，淫文章，青黄黼黻之煌煌非乎？而离朱是已。多于聪者，乱五声，淫六律，金石、丝竹、黄钟、大吕之声非乎？而师旷是已。枝于仁者，擢德塞性以收名声，使天下簧鼓以奉不及之法非乎？而曾、史是已。骈于辩者，累瓦、结绳、窜句，游心于坚白同异之间，而敝跬誉无用之言非乎？而杨、墨是已。故此皆多骈旁枝之道，非天

下之至正也。县,玄。跬,屑。

骈,连合也。拇,足大指也。枝,岐出也。指,手左右指也。骈拇枝指,盖手足之有异相者。言骈拇枝指虽若性生,却非夫人所同得者,故曰:出乎性哉而侈于德。赘,馀肉也,疣,瘿瘤也,盖身体之有异病者。言附赘县疣生于有形之后,却非本来之所有者,故曰:出乎形哉而侈于性。侈之言,多也。谓之曰侈者,则知皆无用之物,而非吾人之正受。以譬多方乎仁义而用之者,虽曰五性感动,列于五藏以配五行,而不知其非道德之正。何者?道则原无名相,德则一而不分,所以《道德经》云:失道而后德,失德而后仁,失仁而后义。夫自道德降而仁义兴,亡羊始多岐矣。今人但谓仁义不可胜用,而不知自大道观之,等诸骈枝,均一无用。是故骈于足者连无用之肉也,枝于手者树无用之指也,多方骈枝于五藏之情者,淫僻于仁义之行而多方于聪明之用者也。古之人有行之者,自以为至矣,是故骈于明者,乱五色,淫文章,青黄黼黻之煌煌非乎,而离朱是已;多于聪者,乱五声,淫六律,金石、丝竹、黄钟、大吕之声非乎,而师旷是已。夫离朱也,师旷也,自以审音辩色为天聪明之尽矣,而不知大道之极,窈冥昏默,何音可审,何色可辩?是以善体道者,返吾视,收吾听,丧其耳,忘其目,聪明不用也,而归于朴。老子云:五音令人耳聋,五色令人目盲。理会到此,方知离朱、师旷适足阶乱,以故大道无取焉。枝于仁者,擢德塞性以收名声。擢之言,拔也。塞,如塞源之塞。言为仁者,拔其德之卓者而塞其性之流者,以此收取声闻,使天下同声附和,如鼓笙簧,曰:是人也,为法于天下,可传于后世,吾弗可及也,故曰:使天下簧鼓以奉不及之法。彼所谓枝于仁者非欤?而曾、史是已。曾、史,注:曾曰参,史曰鰌,二子忠孝之盛而仁义之则也,理或宜然。骈于辩者,滑稽如累瓦,佶屈如结绳,窜句于古人章句之中而求以自证,游心于坚白同异之间而求以自异。敝跬,即《参同》所谓敝发腐齿之意,言终身以此无用之言互相推誉。彼所谓骈于辩者非乎?而杨、墨是已。凡此皆多骈旁枝之道,而非天下之至正也,至正则道德是已。此篇所论,乃老子上德不德之疏义。儒者读之,殊觉刺眼,于此勘过,许汝抹过上头关也。

彼正正者,不失其性命之情。故合者不为骈,而枝者不为跂,长者不为有馀,短者不为不足。是故凫胫虽短,续之则忧,鹤胫虽长,断之则悲。故性长非所断,性短非所续,无所去忧也。意仁义其非人情乎?彼仁义何其多忧也! 跂,歧。

今之骈枝于仁义之行者自谓正道,而不知既曰骈矣枝矣,非正正也。彼正正者,独全其所受于天之实理,故曰:不失其性命之情。情之言,实也。性命之情,浑然天成,随赋各足,无所谓合也。故合之而不为骈,无所谓枝也。故枝之而不为跂,无所谓长与短也。故长者不见其有馀,短者不见其不足,是故凫胫短矣,不可续也,而续之则忧。鹤胫长矣,不可断也,而断之则悲。何者?性长非所断,性短非所续,假以安排补凑,则骈,则枝,则疣,则赘,而非自然,性命之情失矣。故顺性命之情者,各适其适,无所去忧焉。意,与噫同。仁义其非人情乎?彼为仁义者何其多忧也!多忧,谓畏天命、悲人穷之类。行仁义而多忧,则与断鹤续凫者无以异矣。

且夫骈于拇者,决之则泣;枝于手者,龁之则啼。二者或有馀于数,或不足于数,其于忧一也。今世之仁人,蒿目而忧世之患;不仁之人,决性命之情而饕贵富。故意仁义其非人情乎?自三代而

下者，天下何其嚣嚣也！ 饕，叨。

此复以手足起喻。见骈枝仁义者之有忧，句法与续之则忧，断之则悲者颇同，而意实不相类。盖手足之有决龁，骈枝之故招之也。使其无骈则无庸于次矣，无枝则无庸于龁矣，无决无龁，又何啼泣之有焉？是啼泣之忧，又骈枝之故贻之也。然骈者以不足于数而见忧，枝者以有馀于数而见忧，其饶乏虽不同，其为忧一也。以况为仁义者以蒿目而忧世患，不行仁义者决性命以饕富贵，其善恶虽不同，其为忧亦一也。然谓之曰忧，则必不能自适其适矣。不能自适其适者，非性命之情也，故意仁义其非人情乎。大道既降，三代而下，为仁义而忧者，天下何嚣嚣也。嚣嚣，喧杂之意。蒿目者，心有忧劳，不欲瞠视，故半闭其目，则见其睫蒙茸如蒿，故曰蒿目。蓬首、蒿目，皆词人下字之新巧，庄子以前未有也。

且夫待钩绳规矩而正者，是削其性也；待绳约胶漆而固者，是侵其德也；屈折礼乐，呴俞仁义，以慰天下之心者，此失其常然也。

又生一意，言天下自有常然，无庸以仁义绳束之。常然，即固然也。固然之道，谓之性成，不待钩绳规矩也而正者自正，不待绳约胶漆也而固者自固。圣人之于天下也，无亦顺其常然，使之各得其性焉已，胡为乎削人之性，侵人之德，屈折乎礼乐之文，呴俞乎仁义之貌，以安慰天下之心为哉？此之谓失其常然，而于所谓正正者不失其性命之情，远矣！呴俞者，妪抚之义。

天下有常然。常然者，曲者不以钩，直者不以绳，圆者不以规，方者不以矩，附离不以胶漆，约束不以纆索。故天下诱然皆生而不知其所以生，同焉皆得而不知其所以得，故古今不二，不可亏也。则仁义又奚连连如胶漆纆索而游乎道德之间为哉？使天下惑也。

纆,音墨。诱,与莠同。

若知天下有常然者乎?常然者,真常之性,浑然天成,不假安排布置而常自然。故曲者不以钩,直者不以绳,圆者不以规,方者不以矩,附离不以胶漆,约束不以纆索。纆,索之两股者。故天下诱然皆生而不知其所以生,同焉皆得而不知其所以得,是常然也,古今不二,不可亏也。亏则削其性矣,侵其德矣。既不可亏,则仁义又奚连连如胶漆纆索而游乎道德之间为哉?将使天下失其常然而颠倒生惑矣。

夫小惑易方,大惑易性。何以知其然耶?自虞氏招仁义以挠天下也,天下莫不奔命于仁义。是非以仁义易其性欤?故尝试论之:自三代以下者,天下莫不以物易其性矣。小人则以身殉利,士则以身殉名,大夫则以身殉家,圣人则以身殉天下。故此数子者,事业不同,名声异号,其于伤性以身为殉,一也。

惑之大者至于易性,譬之小惑易方。今天下非小惑也,何以知其然耶?自有虞氏招仁义以挠天下也,而天下莫不奔命于仁义。何以独举有虞?舜以匹夫居深山之中,一年成聚,二年成邑,三年成都,以至玄德升闻,帝命以位,不阶寸土而有天下,是非招仁义以挠天下而天下奔命之尤著者欤?使天下奔命于仁义,是虞氏以仁义易天下之性也。天下为仁义而易其性,圣人为易天下而自易其性。故尝试论之,三代以下,未有不为外物易性者矣。小人则以身殉利,是以利易性也;士则以身殉名,是以名易性也;大夫则以身殉家,是以家易性也;圣人则以身殉天下,是以天下易性也。此数子者,事业之清浊不同,名声之隆污异号,其于伤性而以身为殉,则一焉耳,何以异哉?

臧与谷,二人相与牧羊而俱亡其羊。问臧奚事,则挟筴读书,问谷奚事,则博塞以游。二人者,事业不同,其于亡羊,均也。伯夷死名于首阳之下,盗跖死利于东陵之上。二人者,所死不同,其于残生伤性,均也,奚必伯夷之是而盗跖之非乎?天下尽殉也,彼其所殉仁义也,则俗谓之君子,其所殉货财也,则俗谓之小人,其殉一也,则有君子焉、小人焉。若其残生损性,则盗跖亦伯夷已,又恶取君子小人于其间哉?筴,策。

又以亡羊设譬。读书、博塞,事之美恶不同,而亡羊则均。伯夷、盗跖,人之善恶不同,而伤性则一。论至于是,虽若骇观,然却有至理。盖人性上不可添一物,伯夷只为于性分上添了个为善念头,是以逊国而逃,谏伐而饿,残生伤性,与死利于东陵之上者等。佛书所谓金屑虽贵,着之眼中,何殊砂土?意盖如此。且天下之人,殉君子之名而为善,乃至论其极处,残生损性与小人同,则又何取于君子、小人之辩,而必欲殉其名也哉?甚言其不可殉外而丧真也。

且夫属其性乎仁义者,虽通如曾、史,非吾所谓臧也;属其性于五味,虽通如俞儿,非吾所谓臧也;属其性乎五声,虽通如师旷,非吾所谓聪也;属其性乎五色,虽通如离朱,非吾所谓明也。吾所谓臧,非仁义之谓也,臧于其德而已矣;吾所谓臧者,非所谓仁义之谓也,任其性命之情而已矣;吾所谓聪者,非谓其闻彼也,自闻而已矣;吾所谓明者,非谓其见彼也,自见而已矣。夫不自见而见彼,不自得而得彼者,是得人之得而不自得其得者也,适人之适而不自适其适者也。夫适人之适而不自适其适,虽盗跖与伯夷,是同为淫僻也。余愧乎道德,是以上不敢为仁义之操,而下不敢为淫僻之

行也。

末段分明指出己意。属其性乎仁义,属如属意之属,言以仁义为吾性之固有,而属其性乎仁义,虽通如曾、史,人谓之臧,而非吾所谓臧也。属其性乎五味,虽通如俞儿,人谓之臧,而非吾所谓臧也。俞儿、狄牙,能别淄、渑之水,盖古之善知味者,见《淮南子》。属其性乎五声,则师旷聪矣,吾不谓之聪。属其性乎五色,则离朱明矣,吾不谓之明。何哉?凡吾所谓臧,非仁义之谓也,臧于其德而已矣,任性命之情而已矣。盖德者,浑然天成,一而不分,乃吾人性命之正理,所谓天下有常然者。若乃骈枝于仁义之行而多方于聪明之用,则非所谓任性命之情矣。故任性命之情者,不殉外以丧真。故夫物感之交,耳目为最,任性命者非无闻见也,泯闻见而已矣。故聪者不谓其闻彼而谓其能自闻,见者不谓其见彼而谓其能自见,自闻自见者,丧其耳,忘其目,收听返视,而复归于朴也。夫不自见而见彼,不自得而得彼者,是有见于外而无见于内者也,谓之得人之得而不自得其得,适人之适而不自适其适,虽盗跖与伯夷清浊不同,其为淫僻均矣。予深愧乎道德,是以上不敢为仁义之操而下不敢为淫僻之行也。此篇所论仁义道德,与吾儒殊旨,读者当具另眼。尔时方壶外史重宣此义而作乱辞:

骈拇枝指,非性常然。骈枝仁义,天下惑焉。
小惑易方,大惑易性。虞招仁义,天下奔命。
死名死利,夷跖同筹。臧谷亡羊,何问读游?
师旷非聪,离朱非明。自见自闻,性命之情。
仁义之操,淫僻之行。愧于道德,是以不用。

外篇马蹄第九

此篇言圣人治天下之过，其意则自前篇天下有常然生下。

马，蹄可以践霜雪，毛可以御风寒，龁草饮水，翘足而陆，此马之真性也，虽有义台路寝，无所用之。及至伯乐，曰：我善治马。烧之，剔之，刻之，雒之，连之以羁䩭，编之以皁栈，马之死者十二三矣。饥之渴之，驰之骤之，整之齐之，前有橛饰之患，而后有鞭筴之威，而马之死者已过半矣。龁，核。雒，络。䩭，絷。皁，皂。

夫天下之物性有常然，自适其适者，可以养生，可以尽年，故以马设譬。言马蹄践霜雪，毛御风寒，不闲放于义台路寝也；龁草饮水，翘足而陆，不安饱于羁䩭皁栈也。自伯乐治马，而马之不能自适其适者，不死无几矣。所以然者，以损其性，故伤其年也。然则治天下者，胡为贸贸焉以损天下之性为哉？烧剔刻，以治马蹄。雒与络通，络首曰羁，络足曰䩭。皁栈，槽枥也。马衔曰橛，马缨曰饰。

陶者曰：我善治埴。圆者中规，方者中矩。匠人曰：我善治木。曲者中钩，直者应绳。夫埴、木之性，岂欲中规矩、钩绳哉？然且世世称之曰：伯乐善治马，而陶、匠善治埴、木。此亦治天下者之过也。

夫埴之就规矩，与木之就钩绳，皆非本性。是惟土木无知，使其有知，必以柔埏刻削为戕贼矣。度之马性，亦犹是也，而世犹称之曰：伯乐善治马，陶、匠善治埴、木。此亦犹治天下者过用其情以伤民性，而反谓之善治也。

吾意善治天下者不然。彼民有常性，织而衣，耕而食，是谓同

德;一而不党,命曰天放。故至德之世,其行填填,其视颠颠。当是时也,山无蹊隧,泽无舟梁,万物群生,连属其乡,禽兽成群,草木遂长,是故禽兽可系羁而游,乌鹊之巢可攀援而窥。夫至德之世,同与禽兽居,族与万物并,恶乎知君子小人哉?同乎无知,其德不离,同乎无欲,是谓素朴,素朴而民性得矣。填,田。

吾意善治天下者不然,盖善治天下者,能不拂民之常性而已。常性者,织焉而衣,耕焉而食,人人所同也,谓之同德,同则易至于比矣。然大道之行,天下为公,一而不党也,命曰天放。天放者,旷荡于天然自有之中,而己私一无所与也。其行填填,质而重也,其视颠颠,庄而宁也,皆以形容浑朴无心之意。山无蹊隧,泽无舟梁,水陆之路不通,各居其乡而自相连属,即老子所谓民至老死,不相往来者。当是时也,民无机心,不相戕贼,故禽兽可羁而游,鸟巢可攀而瞰,群然并生并育于太和之中,此尚不知其孰为同类、孰为异类也,又乌知其有君子小人哉?故同乎无知,其德不离,知则意见起而知识开,道德之所以日漓也。同乎无欲,是谓素朴,欲则奢侈生而文饰繁,大朴之所以日散也。故无知无欲而民之常性得矣,安所庸吾治哉?此篇所言至德之世,与戴记大道之行,天下为公,语意颇同,读者更当理会。此个景象,其在吾人,即赤子纯一未发时也,父母教之而知识开,犹圣人治之而真性失也。所以体道者复归于婴儿,论治者追隆于上古。

及至圣人,蹩躠为仁,踶跂为义,而天下始疑矣;澶漫为乐,摘擗为礼,而天下始分矣。故纯朴不残,孰为牺樽?白玉不毁,孰为珪璋?道德不废,安取仁义?性情不离,安用礼乐?五色不乱,孰为文采?五声不乱,孰应六律?夫残朴以为器,工匠之罪也;毁道

德以为仁义,圣人之过也。蹩,撇。躠,泄。踶,弟。澶,惮。

此言圣人治天下之过。蹩躠踶跂,字皆从足,盖勉强不安之意。澶漫,即汗漫也。摘擗,屈折手足之意。言圣人以仁义强天下而天下之心始疑,以礼乐乱天下而天下之心始分。疑与分,而大朴散矣。朴散则为器,故纯朴不残之先,孰为牺尊乎?牺尊成而纯朴残矣。白玉不毁之先,孰为珪璋乎?珪璋就而白玉毁矣。以况道德不废,安取仁义乎?性情不离,安用礼乐乎?以至文章炟而五色迷,六律作而五声混,道之所由裂也,乱之所由阶也,作者之圣俑之矣。故残朴为器,工匠之罪也,毁道德以为仁义,圣人之过也。

夫马,陆居则食草饮水,喜则交颈相靡,怒则分背相踶,马知已此矣。夫加之以衡扼,齐之以月题,而马知介倪、闉扼、鸷曼、诡衔、窃辔,故马之知而能至盗者,伯乐之罪也。夫赫胥氏之时,民居不知所为,行不知所之,含哺而嘻,鼓腹而游,民能已此矣。及至圣人屈折礼乐以匡天下之形,县跂仁义以慰天下之心,而民始踶跂好知,争归于利,不可止也,此亦圣人之过也。

又以马喻。夫马,食草饮水,饥渴之常性也,相靡相踶,喜怒之常情也。马之知,止此而已,初无所谓机心也。自伯乐治马,有机事而后马有机心。加之以衡扼,衡扼者,车上之物,所以驾马者。月题,头上额镜,如月者也。介,独也,倪,睥睨也,独立而睥睨,生心以求脱也。城曲曰闉,马颈曰扼,曲其颈以拒人,不受羁勒也。鸷,悍鸷也。曼,奔突也。诡衔者,诈受其衔。窃辔者,偷啮其辔。言马之知流于诡谲窃盗,变态百端,要皆伯乐之治使之。以况圣人之治天下,屈折礼乐以正天下之容体,县跂仁义以安天下之心志,而民始踶跂好知,争归于利而不可止。何谓好知争利?当赫胥氏之时，天下不知仁义礼乐，今则圣人教之，辨其制度，审其声音，别其等杀，意谓循此由此，人道之利也，是圣人以仁义礼乐之利诱天下，而天下归之，故曰：好知争利，圣人之过也。孰若使天下无知无利之为得哉？故同乎无知，其德不离，同乎无欲，是谓素朴，素朴而民性得矣。尔时方壶外史说是篇已，重宣此义而作乱辞：

伯乐治马，马死过半。圣人治民，民性乃乱。
民之真性，无欲无知。素朴乃得，蹩躠奚为？
道德不废，安用仁义？朴散为器，工匠之罪。
伯乐之马，诡衔窃辔。圣人之民，好知争利。
返其纯朴，赫胥之世。

外篇胠箧第十

夫圣人以圣知仁义治天下，而天下复窃圣人之圣知仁义以济其私，则圣人之治法适足以为大盗媒，故绝圣弃知，绝仁弃义，而天下治矣。篇中屡用故曰，可见段段议论皆《道德经》之疏义。局儒读之，未免骇汗，然意却精到，不可不深思也。

将为胠箧、探囊、发匮之盗而为守备，则必摄缄縢、固扃鐍，此世俗之所谓知也。然而巨盗至，则负匮、揭箧、担囊而趋，惟恐缄縢、扃鐍之不固也。然则向之所谓知者，今乃为大盗积者也。故尝试论之：世俗之所谓知者，有不为大盗积者乎？所谓圣者，有不为大盗守者乎？何以知其然耶？昔者齐国邻邑相望，鸡狗之音相闻，罔罟之所布，耒耜之所刺，方二千馀里。阖四境之内，所以立宗庙社稷、治邑屋州闾乡曲者，曷尝不法圣人哉？然而田成子一旦杀齐君而盗其国，所盗者岂独其国邪？并与其圣知之法而盗之。故田

成子有乎盗贼之名，而身处尧舜之安，小国不敢非，大国不敢诛，十二世有齐国，则是不乃窃齐国并与其圣知之法以守其盗贼之身乎？胠，祛。鐍，决。

胠，开也。探，以手取物也。发，亦开也。三者皆盗之小者。言人将欲为此辈而作防守，则必摄其缄縢，固其扃鐍。缄縢，徽纆之类。扃鐍，锁钥也。世俗之所谓知者，如此已矣。然而巨盗至，则挈之而趋，惟恐其縢鐍之弗固也。是昔为小盗防，今为巨盗积矣。故尝试论之：世俗之所谓知者，有不为大盗积者乎？所谓圣者，有不为大盗守者乎？何以知其然耶？昔齐之开国，自太公始经制立法，曷尝不法圣人？法圣人，万古一日可也。一旦田成弑其君而盗之国，岂惟盗其国哉？将并其所谓圣知之法而盗之。盖田成以私量贷公量，便是借圣人之法以济其窃国之私，然而小国不敢非，大国不敢诛，有齐国者十二世，非以縢鐍之固乎？然则圣人之法，适足以为大盗之媒耳。后世若操、莽之金縢，惠卿辈之周礼，皆挟此术，不可谓此老无见也。十二世，庄子何以知之？此三字疑后人改窜。

尝试论之：世俗之所谓至知者，有不为大盗积者乎？所谓至圣者，有不为大盗守者乎？何以知其然耶？昔者龙逢斩，比干剖，苌弘胣，子胥靡，故四子之贤而身不免乎戮。故跖之徒问于跖曰：盗亦有道乎？跖曰：何适而无有道耶？妄意室中之藏，圣也；入先，勇也；出后，义也；知可否，知也；分均，仁也。五者不备而能成大盗者，天下未之有也。由是观之，善人不得圣人之道不立，跖不得圣人之道不行。天下之善人少而不善人多，则圣人之利天下也少而害天下也多。胣，以。

又深一步说,天下所谓至知,有不为大盗积者耶?所谓至圣,有不为大盗守者耶?何以知其然也?昔龙逢、比干、苌弘、子胥,四子之忠,几乎其盛者也。彼其饰躬厉身以立天下之防,其缄縢扃鐍可谓固矣,然龙逢斩而比干诛,苌弘胣而子胥靡,则何故?盖四贤者,本欲以忠盖立节,故暴君得因其好名,而挤之曰是不忠者也,而杀之。是不惟不足为大盗防,而反为大盗劫矣。故跖尝自言行劫有道,其道即圣人所谓仁义圣知而兼之勇者也。是善人准其道以立身,盗跖亦假其道以行劫。天下善人少而恶人多,则圣人之道利天下也少,而害天下也多。盖圣道未必害,而盗跖用之适以为害耳。又四贤之见杀,亦受道之害者。桀杀关龙逢,纣杀王子比干。苌弘,周灵王贤臣。刳肠曰胣。吴王夫差杀子胥,倒地曰靡。子胥,赐剑死者。

故曰:唇竭则齿寒,鲁酒薄而邯郸围,圣人生而大盗起。掊击圣人,纵舍盗贼,而天下始治矣。夫川竭而谷虚,丘夷而渊实,圣人已死,则大盗不起,天下平而无故矣。圣人不死,大盗不止。虽重圣人而利天下,则是重利盗跖也。掊,剖。

承上章言,圣人之于大盗,虽不相为谋,然其道未始不相为用也。故圣人生而大盗起,如唇齿然,唇不与齿同生,而唇之亡者齿自寒。如鲁赵然,鲁不与赵同祸,而鲁之伐者赵自围。鲁赵事,楚宣王朝诸侯,鲁恭公后至而酒薄,楚怒而伐之,梁惠王欲击赵而畏楚援,故乘其不及援也而围赵。言由唇齿、鲁赵之事而观,则知圣人之生,大盗之俑也,盗不足责而圣人深可责矣。故掊击圣人,纵舍盗贼,而天下始治。掊击圣人者,绝圣弃知,绝仁弃义,以示天下无衅端也。故川竭则谷自虚,丘夷而渊自实,圣人已死则大盗自止矣。若使圣人不死,则盗终不可得而止。虽重以圣人治之,防之愈严则盗之愈甚,重生圣人,是重利盗跖也。盖极厌世俗之愤辞。

为之斗斛以量之,则并与斗斛而窃之;为之权衡以称之,则并与权衡而窃之;为之符玺以信之,则并与符玺而窃之;为之仁义以矫之,则并与仁义而窃之。何以知其然耶?彼窃钩者诛,窃国者为诸侯,诸侯之门而仁义存焉,则是非窃仁义圣知耶?

一法立,一奸生。斗斛、权衡、符玺之类,皆圣人所以防天下之伪而立之者也,而皆为大盗之所窃。夫窃之小者,易为人觉,故窃钩之盗,有司得以按法而加诛。若窃之大者,阴施而阳受,鬼隐而龙匿,人不得而觉之矣,故反得国而为诸侯。今之诸侯,皆窃而得国者也,其门也亦有仁义存焉。仁义非本心也,特假其名以济其贪欲之私焉耳,孟子所谓五伯假之是也。以其久假而不归,故庄子嫉之而名曰窃,如曰今之诸侯,其取之民也,犹御也之意。

故逐于大盗,揭诸侯,窃仁义并斗斛、权衡、符玺之利者,虽有轩冕之赏弗能劝,斧钺之威弗能禁。此重利盗跖而使不可禁者,是乃圣人之过也。故曰:鱼不可脱于渊,国之利器不可以示人。彼圣人者,天下之利器也,非所以明天下也。

夫大盗既窃圣人之法以得国,则人人逐于得国之利而争相盗窃,虽赏之以轩冕,威之以斧钺,终不能以禁其不为。故重利盗跖而不能禁其不为,是乃圣人之过也。盖至是而圣人赏罚天下之大权亦且几乎废矣,所以老子有言鱼不可脱于渊云云。盖鱼而得渊,则鬼隐龙匿,人不得而窥其影矣,故不可脱。脱,取而出之也。以况盗跖而得圣人之法,则阴施阳设,人不得而议其非矣。大抵圣人之法,惟圣人用之则可,本不可以明示天下。一示天下,则人得而窃之,故曰:国之利器不可示人。圣人者,天下之利器也,非所以明天下也。

故绝圣弃知,大盗乃止;擿玉毁珠,小盗不起;焚符破玺,而民朴鄙;掊斗折衡,而民不争;弹残天下之圣法,而民始可与论议。擿,掷。

此为天下遏绝乱源。绝圣弃知,绝仁弃义,本老子。又云:不贵难得之货,使民不为盗。此段分明是老子疏注。殚残,谓尽去也。尽去圣法,则民返于素朴,故始可与论道。大抵此等说话,皆不可与局士道之。若读退之原道熟者,此书不火,无几矣。

擢乱六律,烁绝竽瑟,塞瞽旷之耳,而天下始人含其聪矣。灭文章,散五采,胶离朱之目,而天下始人含其明矣。毁绝钩绳而弃规矩,攦工倕之指,而天下始人有其巧矣。故曰:大巧若拙。削曾、史之行,钳杨、墨之口,攘弃仁义,而天下之德始玄同矣。彼人含其明,则天下不铄矣;人含其聪,则天下不累矣;人含其知,则天下不惑矣;人含其德,则天下不僻矣。彼曾、史、杨、墨、师旷、工倕、离朱者,皆外立其德而以爚乱天下者也,法之所无用也。攦,列。爚,药。

承上文殚残圣法之意而备论之。擢乱者,擢取六律之管而乱其长短。铄绝,谓焚而弃之也。攦,折其指也。工倕,尧时巧人。玄同二字,出老子。不铄者,不见可欲而心不乱也。不累者,不听是非而心不动也。外立其德,言数子皆役心于外以立其德,适足以爚乱天下。爚,注云:火光销也。法之所无用,法犹佛氏所谓正法之法,言此辈人正法无用,抑末法耳。

子独不知至德之世乎?昔者容成氏、大庭氏、伯皇氏、中央氏、栗陆氏、骊畜氏、轩辕氏、赫胥氏、尊卢氏、祝融氏、伏羲氏、神农氏,

当是时也,民结绳而用之,甘其食,美其服,乐其俗,安其居,邻国相望,鸡狗之音相闻,民至老死不相往来。若此之时,则至治已。今遂至使民延颈举踵曰:某所有贤者。赢粮而趣之,则内弃其亲而外去其主之事,足迹接乎诸侯之境,车轨结乎千里之外,则是上好知之过也。上诚好知而无道,则天下大乱矣。

言古者,以见今之不然。结绳而治至不相往来,语出老子。下面分明写出季世三游之风,而归咎于上之好知。好知者,以知谋相尚也,相尚则高下相倾,长短相形,而天下日益多事矣。

何以知其然耶?夫弓弩、毕弋、机变之知多,则鸟乱于上矣;钩饵、罔罟、罾笱之知多,则鱼乱于水矣;削格、罗落、罝罘之知多,则兽乱于泽矣;知诈渐毒、颉滑坚白、解垢同异之变多,则俗惑于辩矣。故天下每每大乱,罪在于好知。罝,嗟。罘,浮。解,去声。

此段备言好知之生乱。夫人与万物,群然并育于天地间,本不相妨,但以机心生而机事起,机事起而机祸深,于是有弓弩、罾笱、罝罘之事,遂使鸟乱于上,鱼乱于水,兽乱于泽,蠕动之物咸失其性。而又缓颊之士,知诈渐毒,颉滑坚白,解垢同异,簧鼓人心,方之弓弩罾戈,其祸尤惨。天下之乱,职是之由,其罪皆坐于好知。故曰:好知而无道,则天下乱。有柄之网曰毕。削格,木栅也,捕兔鹿者用之。鸟罟谓之罗。兔罟谓之罝。罘,翻车也。

故天下皆知求其所不知而莫知求其所已知者,皆知非其所不善而莫知非其所已善者,是以大乱。故上悖日月之明,下烁山川之精,中堕四时之施,喘耎之虫,肖翘之物,莫不失其性。甚矣!夫好知之乱天下也,自三代以下者是已。舍夫种种之民而悦夫役役之佞,释夫恬淡无为而悦夫啍啍之意,啍啍已乱天下矣!喘耎,微息而动之物，蜗牛之属也。肖翘，轻飞之物，蝶蛾之属也。

何谓好知？好知者，率求其所不知而不知求其所已知者，率非其所不善而不知非其所已善者。盖求其所不知者，求以异乎人也，所已知则同乎人者也。非其所不善者，见在人之不是也，所已善则己之自以为是者也。求以立异而不知本体之本同，果于非人而不见在己之非是，正谓颉滑坚白、解垢同异之徒，杂篇所谓惠施、公孙龙日以其知与天下之辩持，持则争，争则乱，极言其祸，将使上悖日月之明，下烁山川之精，中堕四时之施，以至喘耎之虫、肖翘之物皆失其性，乖戾之气感召如此。因思圣人致中和而天地位焉，万物育焉，至德之世，鸟兽可系羁而游，巢卵可攀援而窥，只为存得此个和气者在，实理实效，自不可诬。试看三代而下至于春秋战国，何等气象？此老安得不伤今而思古也？末复总以一二语结之：舍夫种种愨实之民，而悦夫役役御人之佞，释夫恬淡无为之治，而悦夫哼哼谆复之意，不知役役哼哼求治天下而天下已乱矣。结句软美，有无穷趣味，深可咏叹。方壶外史重宣此义而作乱辞：

将为盗防，缄扃坚固。大盗者来，负之而去。

防民之道，圣知仁义。田成窃之，得国延世。

贤以道诛，跖以道昌。为利则短，为害则长。

圣人不死，大盗不止。殚残圣法，民始可议。

削灭曾史，攦塞旷工。人含其德，归于玄同。

独不知乎，至德之世。恬淡无为，天下已治。

三代而下，知诈蠭起。俗惑于辩，坚白同异。

山川消铄，日月驰悖。谁为乱阶？惟上好知。

外篇在宥第十一

夫天下不可以治治之也，以故圣人在之宥之，使各安其性命之情，而无不恬不愉之患，总之则无为其至矣。黄帝、尧、舜之仁义，三代以下之赏罚，皆足以撄人心而贾乱，以故论大道者无取焉。篇中广成、鸿蒙二段，乃治身治国之要枢，所谓以其真治身，而出其绪馀亦足以理天下者。末复自无为中翻出个不可不为者，又自不可不为者而为之以不为。此老识见全自《道德》中来，抑扬阖辟，妙意无穷，读者不可草草，最宜深味。

闻在宥天下，不闻治天下也。在之也者，恐天下之淫其性也；宥之也者，恐天下之迁其德也。天下不淫其性，不迁其德，有治天下者哉？昔尧之治天下也，使天下欣欣焉人乐其性，是不恬也。桀之治天下也，使天下瘁瘁焉人苦其性，是不愉也。夫不恬不愉，非德也。非德也而可长久者，天下无之。

在者，如如自在之义。宥者，宽放自得之义。言民有常性，为人上者，只宜在之宥之，使之自得，更不可以法制整齐之。所以在之也者，恐天下之淫其性也，宥之也者，恐天下之迁其德也。不淫其性，不迁其德，天下可无治矣，有治天下者哉？古之治天下者曰尧，率天下以仁，使天下欣欣焉人乐其性；人性上不可添一乐字，人而乐其性焉，是不恬也。古之治天下者曰桀，率天下以暴，使天下瘁瘁焉人苦其性；人性上不可添一苦字，人而苦其性焉，是不愉也。不恬不愉，非天德也。非德而能久安长治者，天下无之。尧與桀，虽不可以对论，然其失民性之常则均焉耳，犹之臧谷亡羊，无论读博也。

人大喜耶？毗于阳。大怒耶？毗于阴。阴阳并毗，四时不至，寒暑之和不成，其反伤人之形乎！使人喜怒失位，居处无常，思虑不自得，中道不成章，于是乎天下始乔诘卓鸷，而后有盗跖、曾、史之行。故举天下以赏，其善者不足，举天下以罚，其恶者不给，故天下之大，不足以赏罚。自三代以下者，匈匈焉终以赏罚为事，彼何暇安其性命之情哉？

即以喜怒作喻。人太喜则气并于阳，太怒则气并于阴，善恶之情虽则不可互论，然其伤伐天和则一焉耳。故阴阳并毗，而偏阴偏阳之疾生焉，能使四序之气不调，寒暑之和不顺，若是者，其反伤人之形乎！故一喜虽足以快心，不如无喜；一怒虽足以纾愤，不如无怒。一尧一桀虽足以治天下，不如无治。今使人喜怒失位，居处无常，思虑不自得，中道不成章者，皆治之之过也。盖全是而民之失其常性者多矣。失其常性，于是始有乔诘卓鸷，盗跖、曾、史之行接迹于天下。乔者，矫己而过于高。诘者，责人而过于密。卓者，特立而过于亢。鸷者，锄击而过于猛。四者，盗跖、曾、史具有之，是皆拂乱天常，灭裂和气，总为失真乱性之民。君人者，分为善恶，定为赏罚。举天下以赏之，然能赏于赏之所及，而不能赏于赏之所不及，故曰：其善者不足。举天下以罚之，然能罚于罚之所及，而不能罚于罚之所不及，故曰：其恶者不给。夫以善多不足赏，恶多不足罚，则是举天下之大而不足以赏罚也，奈之何？自三代而下者，匈匈焉日以赏罚为事乎？彼方趋之避之之不暇，何暇安其性命之情哉？欲安其性命之情者，置其赏罚，在之宥之，而后天下之性可得也。

而且悦明耶？是淫于色也。悦聪耶？是淫于声也。悦仁耶？

是乱于德也。悦义耶？是悖于理也。悦礼耶？是相于技也。悦乐耶？是相于淫也。悦圣耶？是相于艺也。悦知耶？是相于疵也。天下将安其性命之情，之八者，存可也，亡可也。天下将不安其性命之情，之八者，乃始脔卷伧囊而乱天下也，而天下乃始尊之惜之。甚矣天下之惑也，岂直过也而去之耶？乃斋戒以言之，跪坐以进之，鼓歌以儛之。吾若是何哉？

然而性命之情，不特为赏罚之所乱也，又且为聪明圣知仁义礼乐之所乱。何者？性命之情，恬淡朴素，清静之中不可着以一物，其有聪明圣知仁义礼乐，皆属伎俩，达天德者以为应迹，过而不留，不知者从而悦之，即此爱悦之心，反生理障。故悦明耶？是淫于色也。悦聪耶？是淫于声也。何以故？人之有声有色，本于天性，加以聪听明察，则为淫乱。悦仁耶？是乱于德也。悦义耶？是悖于理也。德者天德，理者天理，皆出自然，有心以为仁义，则为悖为乱。此皆甚言之辞，如佛经所谓金屑眼中砂，景星庆云，皆非太虚中所宜有者，亦是此意。悦礼耶？是相于技也。相之为言，助也。技，谓伎俩。悦乐耶？是相于淫也。淫，谓滋荒长乱。悦圣耶？是相于艺也。艺，谓才能。盖世有以多能为圣者。悦知耶？是相于疵也。疵谓疚病。知诈渐毒，则疵疠渐多，故曰相于疵。此八者，皆人不安其性命之情而后有此。若人安其性命之情，则此八者，存可也，亡亦可也。不安其性命之情，则此八者乃始脔卷伧囊而乱天下。脔卷者，屈曲不舒之义。伧囊，犹言抢攘，乱之意也。然而脔卷伧囊，天下不以为乱也，乃始尊之信之。甚矣天下之惑也，岂直过也而去之。过，如过而不留之过，言不但尊信一番而已，又且斋戒以言之，跪坐以进之，鼓歌以儛之，弟子以是而受于师，臣子以是而献于君父,朋友以是而交相劝勉,至于咏之叹之鼓之舞之,欣慕爱乐不能已已。夫若是矣,吾亦如之何哉?甚言其惑之不可解也。

故君子不得已而临莅天下,莫若无为。无为也,而后安其性命之情,故贵以身于为天下,则可以托天下,爱以身于为天下,则可以寄天下。故君子苟能无解其五藏,无擢其聪明,尸居而龙见,渊默而雷声,神动而天随,从容无为而万物炊累焉,吾又何暇治天下哉?

到此分明说出无为二字,乃一篇之宗旨。贵以其身二句出老子,而加二于字,亦文之奇处。以身于为天下者,以己之身为天下之身,而不以己私与之也。不以己私与之,则朴然无为而真性得矣,如此然后可以托寄天下而为之君。故君子苟能无解其五藏,无擢其聪明。解,分解也,即支离之意。五藏,五性也。擢,抽拔也。拔出聪明,以先天下,此皆有为之治。尸居而龙见者,不见而自章也。渊默而雷声者,不动而自变也。神动而天随者,无为而自成也。皆以形容至德无为之妙,而意义甚精。从容无为而万物炊累,炊累二字颇奇。累者,微尘聚也,炊者,薰而上烝之义,注云:若游尘之自动。而逍遥篇谓野马也,尘埃也,生物之以息相吹也,与此同旨。言万物同此天机,自作自息,吾惟任天之便而已,何暇于治为哉?

崔瞿问于老聃曰:不治天下,安臧人心?老聃曰:汝慎无撄人心。人心排下而进上,上下囚杀,绰约柔乎刚强,廉刿雕琢,其热焦火,其寒凝冰,其疾俛仰之间而再抚四海之外。其居也,渊而静;其动也,县而天。偾骄而不可系者,其唯人心乎?

又复撰出老子一段说话,以见人心之不可乱。盖恬淡素朴者,人之真心也。今之云云,则人之妄心也。然则心有二乎?曰:妄本无体，盖因真心挠动而后生，如水之有波浪者。然波浪息则还归本水，妄心灭则早见真心。《圆觉经疏》云：念无自性，不离本觉。本觉离念，即是真如。《金刚科仪》云：妄心尽处即菩提。宗旨同此。是知真妄不二，触境则殊。排而下，进而上，皆因境而生心者也。排，抑之也。进，引进也。言人心一或为人所排，则黯然销魂，怅然失志而下矣；少或进之，则希望高速，求益不已而上矣。上下无常，因人起倒，忧愁苦恼，日夜相煎，其系也如囚，其恐怖也如杀，将此个恬淡素朴之心化为一段儇美之态，以侧媚乎胜己之人，尽将平生廉隅方正之气雕之琢之，殆几于尽，以求容悦于世，故曰：绰约柔乎刚强，廉刿雕琢。此皆惧排希进之人，用心若此，故语其燥急则热如焦火，语其战兢则寒如凝冰，语其迅疾则一俛仰之间而再临乎四海之外，方其不动也，渊然静而已矣，其动也，则悬隔如天。县而天，如云天渊悬绝也。忿戾骄亢而不可制者，其心之谓欤？盖信乎其不可撄也已。

昔者黄帝始以仁义撄人之心，尧、舜于是乎股无胈、胫无毛以养天下之形，愁其五藏以为仁义，矜其血气以规法度。然犹有不胜也。尧于是放欢兜于崇山，投三苗于三峗，流共工于幽都，此不胜天下也。夫施及三王而天下大骇矣，下有桀跖，上有曾史，而儒墨毕起，于是乎喜怒相疑，愚知相欺，善否相非，诞信相讥，而天下衰矣，大德不同而性命烂漫矣，天下好知而百姓求竭矣。胈，跋。

昔者黄帝始以仁义撄人之心，而尧舜则之，于是股无胈、胫无毛。胈，一作绂，蔽膝也。股无绂者，薄于自奉也。胫无毛者，劳于跋涉也。愁其五脏，苦其心志也。矜其血气，束其筋骸也。尧舜之为仁义以撄人心也，可谓至矣，然犹有不率者焉，于是乎放欢兜，投三苗,流共工,以刑戮威于天下。延及三王,而天下大骇矣。何者?尧舜以刑戮施于下,而汤武以刑戮施于上,故天下大骇。故夫尧舜之勤劳与汤武之征伐,皆所以为仁义也。仁义之端一开,是以下焉者负不仁不义之名而为桀为跖,上焉者得行仁行义之名而为曾为史,以至儒者墨者各各缘此以立教,同于己者则喜之,而异于己者则怒之,有见于此则以为知,无见于彼则以为愚,以在我为善而非人之否,以在我为信而讥人之诞,彼亦一是非,此亦一是非,而玄同之德衰矣,大德不同而性命之真丧矣,天下好知而百姓之求竭矣。求竭,谓殚尽思虑,应接不暇。

于是乎釿锯制焉,绳墨杀焉,椎凿决焉。天下脊脊大乱,罪在撄人心。故贤者伏处大山嵁岩之下,而万乘之君忧栗乎庙堂之上。今世殊死者相枕也,桁杨者相推也,刑戮者相望也,而儒墨乃始离跂攘臂乎桎梏之间。意,甚矣,其无愧而不知耻也甚矣!吾未知圣知之不为桁杨椄槢也,仁义之不为桎梏凿枘也,焉知曾史之不为桀跖嚆矢也?故曰:绝圣弃知,而天下大治。釿,斤。嵁,堪。脊,籍。桁,行去。枘,锐。嚆,蒿。椄槢,接习。

圣人既不能以仁义胜天下,于是乎不得已而以刑戮威天下。若釿锯、绳墨、椎凿之类,皆所以威天下者也。圣人既以是威天下矣,于是乎天下藉藉大乱,而乱之所由生也,罪在于以仁义撄人心。故仁义穷而刑罚用,亦势之所必至者。惟其任刑以威众,是以贤者伏处大山嵁岩之下以免祸,而万乘之君孤立无辅以忧栗乎庙堂之上,而世之殊死者相枕也,桁杨者相推也,刑戮者相望也。殊死,谓事有参差不等,而该同以死断。桁杨,长械也,以施人颈中,若衣之有桁者。举世皆罹于法网之密,贤者远引高蹈,而乃有儒墨之徒离跂攘臂于桎梏之间。噫,甚矣!无愧而不知耻也!吾不知天下之祸而可以侥幸苟免为也,吾未知圣知之不为桁杨椄槢也,仁义之不为桎梏枘凿也。椄槢者,桁杨之管。枘圆凿方,皆所以制桎梏者。有桁杨则必有椄槢,制桎梏则必用枘凿,其事相须,以喻有仁义圣知则必招罪戾,儒墨之徒恐未得离跂攘臂于桎梏之间而以侥幸苟免为也。且儒墨以曾史之行自高,自谓免于刑戮而已,岂知桀跖亦复窃仁义圣知以为盗,则是曾史之行适为桀跖之资,焉知曾史又不为桀跖之嚆矢乎?嚆矢者,今之响箭,行劫者之先声也。曾史为桀跖之嚆矢,桀跖诛而曾史方攘臂焉,甚矣其无愧而不知耻也!

黄帝立为天子,十九年,令行天下,闻广成子在于空同之上,故往见之,曰:我闻吾子达于至道,敢问至道之精?吾欲取天地之精以佐五谷,以养民人,吾又欲官阴阳以遂群生,为之奈何?广成子曰:而所欲问者物之质也,而所欲官者物之残也。自而治天下,云气不待族而雨,草木不待黄而落,日月之光益以荒矣,而佞人之心翦翦者,又奚足以语至道?

撰出黄帝一段,说归道德,以见文之归宿。原来治天下只是寓言,此则《南华真经》之闷密藏也。昔者黄帝问道于广成子:吾欲取天地之精以佐五谷,以养民人,吾又欲官阴阳以遂群生。此二问甚有分晓,盖天地之精,元始之祖炁也,浑浑沌沌,一而不分,为造化之根柢,品汇之枢纽,得之则造化在手,故可以生物,可以养人。阴阳,则后天之分炁也。官,谓主宰而调燮之,使群生各遂其生性,此便是致中和的学问。合而言之,虽是一个,分而言之,前问是先天而天弗违的意思,后问是后天而奉天时的意思,不容无辨。广成子言而所欲问者物之质也,质者,犹云未散之朴;所欲官者物之残也,残者,犹云朴散之器。此老下字新奇,每每如此。广成子言:自汝治天下而元气已雕丧矣。盖黄帝始以仁义撄天下之心,天下之心既乱,则所谓素朴浑沌者不期散而自散,故云气不待族而雨,草木不待黄而落,日月之光日以益荒,而佞人之心翦翦。离披解散之气,征于阴阳,验于三光,符于草木,著于人心,有如此者,寔汝之治为之也,又何足以语至道乎?族,聚也。翦翦,便捷之貌。

黄帝退,捐天下,筑特室,席白茆,闲居三月,复往邀之。广成子南首而卧,黄帝顺下风膝行而进,再拜稽首而问曰:闻吾子达于至道,敢问:治身奈何而可以长久?广成子蹶然而起,曰:善哉问乎!来,吾语汝至道:至道之精,窈窈冥冥。至道之极,昏昏默默。无视无听,抱神以静,形将自正。必静必清,无劳汝形,无摇汝精,乃可以长生。目无所见,耳无所闻,心无所知,汝神将守形,形乃长生。

黄帝有感于至人之言,于是捐问治天下之道而问治身,所谓近里着己之学,莫要于此,故广成子起而善之。至道之精,即所谓天地之精也。老子云:窈窈冥冥,其中有精。古今论道之公案,千圣一旨,故云:至道之精,窈窈冥冥。至道之极,昏昏默默。言其迥出言语色相之表,正与窈冥之语相为表里。此在吾儒,则曰上天之载,无声无臭。其在吾人,若何而体之?要当无视无听,丧其耳,忘其目,抱神以静而已。老子曰:载营魄抱一,能无离乎?意盖如此。盖惟抱神以静,则天君泰然,百体从令,而形将自正矣。夫人心好静而欲牵之,人神好清而心扰之,故体道者必也其清乎,必也其静乎!劳汝形则不能静矣,摇汝精则不能清矣,故曰:无劳汝形,无播汝精,乃可长生。总之,目多视则精摇于目,耳多听则精摇于耳,心多知则精摇于心,故目无所视,耳无所听,心无所知,则精不摇而神自宁。神,形之主也。神守其形,而长生久视之道端在是矣。大道歌云:神一出,便收来,神返身中炁自回。如此朝朝并暮暮,自然赤子结灵胎。古今论道,只此数语,隐括无遗。妙哉!妙哉!

慎汝内,闭汝外,多知为败。我为汝遂于大明之上矣,至彼至阳之原也;为汝入于窈冥之门矣,至彼至阴之原也。天地有官,阴阳有藏,慎守汝身,物将自壮。我守其一,以处其和,故我修身千二百岁矣,而吾形未尝衰。

慎汝内,握固其精神也。闭汝外,关键其耳目也。多知为败,泯绝其思虑也。如斯而论,可谓体道之至矣。然而道有阴阳,不可不知也。吾为汝遂于大明之上矣,则见至阳其赫赫乎,而至彼至阳之原,则赫赫者发乎地。吾为汝入于窈冥之门矣,则见至阴其肃肃乎,而至彼至阴之原,则肃肃者发乎天。故太极判而两仪分,则阴主乎静,阳主乎动,而天地有官矣。阴中含阳,阳中含阴,而阴阳有藏矣。邵子云阴阳之精,互藏其宅,即此互藏之阴阳,永为吾人返还归复之枢要。故慎守汝身,慎其内而闭其外,则吾身之物将自壮矣。此物字下得不苟,即丹家所谓药物也。由是而守其一,以处其和,使彼互藏之精与吾身中之物混合为一,而后圣修之能事始毕。盖守一处和四字,又肯綮中之肯綮。林鬳斋自谓看《庄子》颇精到,到此漫尔说过,盖缘此老不曾于丹书上究心,是以茫无印证,只将《南华》作为言语文字等闲读过,大是可惜。吾今为人决破,直泄天机,亦所不恤。曰:何谓守一?老子云:得其一,万事毕。所谓一者,先天真一之炁,即所谓天地之精,互藏于阴阳之宅者也。何以守之?亦曰:慎内闭外而已。何谓处和?处和者,调阴阳气序之和也。《参同契》云：赏罚应春秋，昏明顺寒暑。又云：候视加谨密，审察调寒温。是处和也。和即丹家所谓火候也，一即丹家所谓药物也。以之修身，则形神妙而道合真矣。度千二百岁而形不衰也，宜哉！

黄帝再拜稽首曰：广成子之谓天矣！广成子曰：来，余语汝：彼其物无穷，而人皆以为终；彼其物无测，而人皆以为极。得吾道者，上为皇而下为王；失吾道者，上见光而下为土。今夫百昌皆生于土而反于土，故余将去汝，入无穷之门，以游无极之野。吾与日月参光，与天地为常。当我缗乎？远我昏乎？人其尽死，而我独存乎？

此段正答所以长生之意。盖长生久视，乃道之当然也。彼其物无穷，而人皆以为终云云，物，即《中庸》所谓为物不二之物，指道而言也。盖先天道朴，不受变灭，超形器而独存。世人不能洞晓阴阳，深达造化，却谓此生有涯，安得长世，何见之陋也！故得吾道者，上为皇而下为王。上为皇者，上德行无为之道也。下为王者，下德行有为之事也。为皇为王，只在有为无为上照出，非是实语。失吾道者，上则见光，下则为土。见光，犹生也。为土，则化而腐矣。今夫百昌皆生于土而反于土，百昌犹言百物，人但见其返也，便谓有终有极，不知是乃失道之伦，任生任死者耳，非所语于得道者也。今吾将去汝，以入无穷之门而游无极之野，与日月参光而与天地为常。盖天不变则道不变，道不变则吾之体道者亦不变。故夫万物之生化无穷无尽，有当我而来者，有远我而去者。然来者自来，吾不知其来也，去者自去，吾不知其去也，故曰：当我缗乎？远我昏乎？缗即昏意。此正发挥所以长生久视之意，诸解失之。

云将东游，过扶摇之枝而适遭鸿蒙。鸿蒙方将拊髀爵跃而游。

云将见之,倪然止,贽然立,曰:叟何人耶?叟何为此?鸿蒙拊髀爵跃不辍,对云将曰:游!云将曰:朕愿有闻也。鸿蒙仰而视云将曰:吁!云将曰:天气不和,地气郁结,六气不调,四时不节。今我愿合六气之精以育群生,为之奈何?鸿蒙拊髀爵跃掉头曰:吾弗知!吾弗知!云将不得问。又三年,东游,过有宋之野,而适遭鸿蒙。云将大喜,行趋而进曰:天忘朕耶?天忘朕耶?再拜稽首,愿闻于鸿蒙。鸿蒙曰:浮游不知所求,猖狂不知所往,游者鞅掌,以观无妄。朕又何知?云将曰:朕也自以为猖狂,而民随予所往。朕也不得已于民,今则民之放也。愿闻一言。鸿蒙曰:乱天之经,逆物之情,玄天弗成,解兽之群而鸟皆夜鸣,灾及草木,祸及昆虫。噫!治人之过也。放,倣。

前言治身,此言治天下,总以一个无知无为的意思作主,正谓道以其真治身,而出其绪馀以理天下。鸿蒙,气也。云将,云也。扶摇,风也,或曰东海神木。然皆寓言,不得指以为实。倪然,自失之貌。贽然,拱立之貌。鸿蒙对云将曰游,视云将曰吁,皞皞自得之意有出于言语文字之外者,想见此老一段胸襟活泼泼地,画出宛然。愿合六合之精以育群生,即前欲取天地之精以佐五谷,以养民人之意。夫云将之间,盖正问也,何故鸿蒙以弗知答之?曰:弗知者,正所以为鸿蒙。答弗知,正所以为正答也。不观乎浑沌死于窍凿,大朴散于雕琢,知识之开,大道之隐也。再遇再问,犹以不知答之。故曰:浮游不知所求,猖狂不知所往,游者鞅掌,以观无妄。猖狂,放佚之状。鞅掌,纷汩之貌。言物之游于大块者,若是乎纷纷汩汩,然其作止炊累,莫非真机之自动,故鸢自能飞,鱼自能跃,天真游衍,万象一如。体认真切,直是不容以丝毫知力与乎其间者,而朕又何知焉？云将言：我闻夫子猖狂之教，自以为猖狂矣，其如为民所随；既为民随，则我之一身，民之放也。放谓是则是效，朕诚不得已于民矣。愿得一言而治之。鸿蒙曰：天有常经，物有常情，顺之则气序自调，群物自生，拂而乱之，玄天弗成。玄者，于穆之义。成，即顺成之成。解禽兽之群而鸟皆夜惊，则乱经拂情之征也。何者？上古之世，人与禽兽群然而生，初无彼我，以故化化生生，咸若其性。今也解别其群，便生嫌忌，机心一动，故鸟皆夜鸣，互相讥警。乖戾之气上干，灾变祸草木而及昆虫，有心治人之过，其流祸如此。前所谓罪在撄人之心，与此同旨。

云将曰：然则吾奈何？鸿蒙曰：噫！毒哉僊僊乎！归矣！云将曰：吾遇天难，愿闻一言。鸿蒙曰：噫！心养汝徒，处无为而物自化。堕尔形体，吐尔聪明，伦与物忘，大同乎涬溟。解心释神，莫然无魂。万物云云，各复其根。各复其根而不知，浑浑沌沌，终身不离。若彼知之，乃是离之。无问其名，无窥其情，物固自生。云将曰：天降朕以德，示朕以默。躬身求之，乃今也得。再拜稽首，起辞而行。

云将见说治人之过，便问补过之方，故曰：然则吾奈何？鸿蒙言：毒哉僊僊乎，僊僊，长久之义。言治人者，自三代以下，流毒长久，不可药救矣。归矣，犹言子姑去也。云将屡问，鸿蒙不肯遽答者，以表矫俗之言未易轻语，故待其固请而后告之。心养汝徒，当作一句，诸本皆于心养处读之，而以汝徒连下，理恐未然。心养，谓涵育优游，俟其自化，即孟子所谓善养也。徒，众也。言人心撄之则乱，养之则驯，为人上者恬淡无为，治以不治，而物将自化矣。老子所谓：我无为而民自化，我无欲而民自朴，我好静而民自正。意盖如此。又恐云将疑所谓心养者谓以有心养之,一涉有心,终非自然,故下复申其义。堕其形体者,去其蹩躠踶跂之行,以杜天下之疑也。吐其聪明者,黜其颉滑解垢之变,以息天下之辩也。伦与物同,言其一味平等,不生分别,与物相忘,而大同乎溟涬。溟涬者,无气之始,无极之初先也。解心释神,莫然无魂,此个心、神二字,又当别看。解去妄心,则心养汝徒之心自正,释去识神,则抱神以静之神自宁,解心释神则莫然无魂矣。莫,即冲漠无朕之意。魂,即人之识神也。夫万物芸芸,各复其根,芸芸,众多之貌,言万物虽多,莫不各有天然自有之真,乃性命之理,人物之根极也。人人自有其根,各各复之而不自知,故浑浑沌沌,常德不离。若彼知之,是乃离之也。知,谓开其知识。知识开,则日凿一窍而浑沌死矣。故物本无名,我若不生分别而无问其名;物本无情,我若顺其常然而无关其情,则物固自复,物固自生耳。若问之窥之,则失其自生自复之理,几何而不以有心毒天下哉?柳宗元《郭橐驼传》,意盖本此。一部《南华》,始终只说个无知无为的道理,翻出多少议论。苟能得其宗旨,则虽千言万语皆是一个印板印将去矣。予尝谓看千卷丹书,不如读在宥一段。玄乎妙哉!

世俗之人,皆喜人之同乎己而恶人之异于己也。同于己而欲之,异于己而不欲者,以出乎众为心也。夫以出乎众为心者,曷尝出乎众哉?因众以宁所闻,不如众技众矣。而欲为人之国者,此揽乎三王之利而不见其患者也。此以人之国侥幸也,几何侥幸而不丧人之国乎?其存人之国也,无万分之一,而丧人之国也,一不成而万有馀丧矣。悲夫!有土者之不知也。

此下别起一段议论,与上文不相蒙,而意实相属。盖以前面许多说话，皆矫世绝俗之谈，人多以为异己，就此便说世俗之人皆喜人之同乎己而恶人之异乎己，所以喜者，其心以为己之闻见同出于众人，人不得而议我也。既同出于众人矣，则是己之闻见犹夫人也，曷尝超出于众哉？因众人之闻见以稳妥自己之闻见，则我之不如众技抑又多矣。盖古之君子有高天下之见者，必不随俗以决从违，如孔子违众而拜下，孟子不与右师言。苟有见于己之是矣，曷尝求同于世俗哉？即如今人论治，尊仁义，悦圣知，此三代有道之长也，而我必曰绝之弃之，大是骇俗。必欲因众以宁所闻，是徒揽三王之利而不见其害者也，是其见犹夫弃焉已矣。以众见而治人之国，几何不侥幸而丧人之国乎？其存国也，无万分之一，而丧人之国也，一不成而万有馀丧矣。悲夫！有土者之不知也。如知之，则必不徇众见以为是，而己之独见行矣。

夫有土者，有大物也，有大物者不可以物，物而不物，故能物物。明夫物物者之非物也，岂独治天下百姓而已哉？出入六合，游乎九州。独往独来，是谓独有。独有之人，是之谓至贵。

夫有土者有大物也，崇高莫大乎富贵，而贵为天子，富有天下，大孰有尚焉者乎？虽然，特自外物而言之耳。不曰有不物之物乎？不物之物，则道朴是也。故有大物者不可以物，物而不物者，方能物物。连用二物字，上物字虚，下物字实。物物，谓能主张纲维乎是物也。夫苟明夫物物者之非物也，则岂但可治天下百姓已哉？将提挈阴阳，主宰造化，出入六合，而游乎九州。元神默运，独往独来，至无也而实至有也，是谓独有。独有之人，是谓至贵，其视有大物者，可以同日语哉？

大人之教，若形之于影，声之于响，有问而应之，尽其所怀为天

下配,处乎无响,行乎无方,挈汝适,复之挠挠以游无端,出入无旁,与日无始,颂论形躯,合乎大同,大同而无己。无己,恶乎得有有?睹有者,昔之君子;睹无者,天地之友。

又起一头,言大人立言以教天下,若影之随物而赋形,响之随叩而应声,无情而受天下之感,其象如此。尽其所怀以配天下,配字下得最妙。配,如匹配之配,与人相合而各得其宜也。尽其所怀,即孔子无隐、叩两端而竭焉之意。处乎无响,寂以待感也。行乎无方,因人变化也。挈汝适,携天下而适道也。复之挠挠以游无端,复,来也,之,往也,言其往来自如,挠挑无极也。出入无旁者,独往独来,无所依旁也。既无端矣,焉有始耶?既无始矣,焉有终耶?曰与日无始,则悠久可知。盖大人之教,将挈天下而游之大道之中。真常而不变者,道也。与道合真,则形神为之俱妙矣。故颂论其形躯,则与大道吻合无间,故曰:合乎大同。大同,宁有我耶?故曰:大同而无己。无己,焉得有有乎?故以有为有者,睹有者也,昔之君子也。昔之君子,盖自三代以下明君圣辅而言。仁义礼乐,纪纲法度,皆自有生有则,会有变灭,故因革损益,与时推移。若睹天地万物以无为宗,则天地之友也,此非独有之人,孰能与于此哉?

贱而不可不任者,物也。卑而不可不因者,民也。匿而不可不为者,事也。粗而不可不陈者,法也。远而不可不居者,义也。亲而不可不广者,仁也。节而不可不积者,礼也。中而不可不高者,德也。一而不可不易者,道也。神而不可不为者,天也。

承上睹有、睹无之说,又恐人截然分有、无为两段,将个所谓无为者一切沦于幻空,则是大人之教为说断灭相矣。盖有无、道器,本不相离,无是有中之无,有是无中之有,佛语云我法不说断灭相。

大人立言,语上而不遗乎下,语理而不遗乎物,故物虽贱而不可不任也,民虽卑而不可不因也。物,谓统指万物之有名相者,民则专指人民而言。言万物虽贱,莫非朴散之器,圣人备物以致用,可不任乎?兆民虽卑,莫非我之一体,圣人厚下以安宅,可不因乎?事虽微暖,然皆分之所当为者,不为可乎?法虽粗迹,然皆所以显吾道者,不陈可乎?义主分别,视仁则远矣,而亦不可以不居。仁主联属,视义则亲矣,而又不可以不广。礼主节制,节则止而不过,积则加厚无已,故礼虽节而不可以不积。此皆相矫之辞,具言有为之法。佛科云:有为虽伪,弃之则功行不成。玄语云:用铅不用铅,须向铅中作。于此会而通之,方知三教圣人宗旨不殊。至于德也、道也、天也,皆形而上者,本不容于有为,然而无为之道,有作为基,不可以不为也。故德则中矣,而不可以不高也。中谓中庸。中而高焉,则日进以崇德矣。道则一矣,而不可以不易也。一,谓不分。一而易焉,则变易以从道矣。天则神矣,而不可以不为也。神,谓莫测。神而为焉,则尽人以合天矣。此亦相矫之辞,皆无为中之有为。所谓睹无,天地之友者,睹此而已。即是而观《南华》所论有、无,与吾圣学未始不同,但其矫世之谈未免为俗所骇。苟能会而通之,则不惟不相悖,而反相为用矣。

故圣人观于天而不助,成于德而不累,出于道而不谋,会于仁而不恃,薄于义而不积,应于礼而不讳,接于事而不让,齐于法而不乱,恃于民而不轻,因于物而不去。物者莫足为也,而不可不为。不明于天者,不纯于德;不通于道者,无自而可。不明于道者,悲夫! 让,一本作辞,宜细考定。

此下正言圣人有为中之无为。观于天而不助,助,助长也,不助则为而不为矣。成于德而不累,无心积累,故不期高而自高。出于道而不谋,无心变易,则应虽异而一自如。会于仁而不恃,会如会同之会,言同于仁而不居于仁也。薄于义而不积,薄者,逼近之义,言近于义而非集于义也。应于礼而不讳,讳者,拘忌之义,言节于礼而不拘于礼也。直己行事,无心规避,故曰:接于事而不让。与民画一,无心更张,故曰:齐于法而不乱。恃于民而不轻,恃即不可不因之义,而轻则轻身以徇民矣。因于物而不去,因即不可不任之意,而去则逐物而丧真矣。夫物莫可为也,而不可以不为者,应迹也。若以其不可不为也,而贪着其事,则不明于天之道矣。天者,自然而已矣。自然者,为而不为也。故不明于天者,不纯于德。德亦道也,道亦德也,不纯于德则不通于道矣。不通于道者,安往而不生贪着哉?故曰:无自而可。然所谓道者,非谓判然与物相离也,正谓周于物而不倚于物焉耳。

何谓道?有天道,有人道。无为而尊者,天道也;有为而累者,人道也。主者,天道也,臣者,人道也。天道之与人道也,相去远矣,不可不察也。

到此分明说破道字。何谓之道?有天道,有人道。天道者,无为而尊者也,自然也。人道者,有为而累者也,非自然也。累者,百为丛脞之义。即观世法,君则无为而尊矣,臣则有为而累矣,故主者天道,臣者人道。天道之与人道相去远矣,不可以不察也。人君欲体天行道,而不以无为为尊,可得谓之知道者乎?在宥一篇,自无为说到有为,复自有为而返于无为,抑扬开阖,变化无穷。末自鸿蒙、云将以下,突起三峰,断而不断,文字之妙,非言说可尽,读者宜详味之。方壶外史说是篇已,重宣此义而作乱辞:

在宥天下,恐其迁淫。不恬不愉,德乃非真。
大喜毗阳,大怒毗阴。二气乖和,其反伤人。
尧桀殊治,乱性则均。君子莅政,莫若无为。
渊默尸居,万物炊累。无撄人心,偾骄难系。
不胜而刑,天下骇异。大德不同,儒墨聿起。
离跂攘臂,为跖嚆矢。卓彼至人,绝圣弃知。
黄帝叩道,云将遇天。无知无为,物自化焉。
无为有为,为以不为。大人之教,尽其所怀。

外篇天地第十二

此篇言王者法天,天法道,道法自然,故其所论圣德圣治,一以无为自然为宗,但头绪别起,不可串为一章。中间根极性命之语,百世以俟圣人,终莫能易。末言大愚大惑,困亦可以为得,谑浪世俗,切中今时局士之病。邵子有云:敢于世上明开眼,肯向人前浪皱眉。二老千古疏放豪迈之气,于此亦可想也。

天地虽大,其化均也;万物虽多,其治一也;人卒虽众,其主君也,君原于德而成于天。故曰:玄古之君天下,无为也,天德而已矣。

夫王者法天,天法道,道法自然,故天高地下,万物散殊,自然之化,布濩流衍。天地虽大而其化则均,万物虽多而其治则一。治,谓主张纲维乎是者。然而天地主万物,人君主万民,非德无以出治,非天无以成德,故曰:人卒虽众,其主君也,君原于德而成于天。所谓天者,自然而已矣,无为而已矣。王者法天,故玄古之君天下也,无为也。惟无为也,而后谓之天德。一有作为,则为人道,而非天德矣。玄古,犹言邃古。

以道观言而天下之君正,以道观分而君臣之义明,以道观能而天下之官治,以道泛观而万物之应备。故通于天地者德也,行于万物者道也,上治人者事也,能有所艺者技也。技兼于事,事兼于义,义兼于德,德兼于道,道兼于天。

夫天德即天道也。道不能不散而为器,故凡天下之有名相者,莫非道朴之所散。故以道观言,则称谓定而人君之名正矣。以道观分,则上下位而事使之义明矣。以道观能,则大小异职而天下之官治矣。以道泛观,则无独有对而天下之应备矣。凡此者,皆自然也。故通于天地者德也,行于万物者道也,德谓性命之正,道谓当然之理,形而上焉者也。上之所以治人者事也,人之所以成能者技也,形而下焉者也。然而无上下也,无精粗也,技则兼于事矣,事则兼于义矣,义则兼于德矣,德则兼于道矣,道则兼于天矣,兼者,合而一之之义。分而两,则道器离矣。此段所论,极为精当,圣人复起,不能易也。

故曰:古之畜天下者,无欲而天下足,无为而万物化,渊静而百姓定。记曰:通于一而万事毕,无心得而鬼神服。

正结上意。通天下而皆以道观,则君自正、义自明、官自治、应自备。可见畜天下者,不须有为,法天之道焉,尽矣。天之道,无欲也,无为也,渊而静也,故无欲也而天下自足,无为也而万物自化,渊静也而百姓自定。记有之曰:通于一而万事毕,无心得而鬼神服。然则所谓一者,孰有外于道?而无心得者,又何莫而非道耶?

夫子曰:夫道,覆载万物者也,洋洋乎大哉!君子不可以不刳心焉。无为为之之谓天,无为言之之谓德,爱人利物之谓仁,不同

同之之谓大，行不崖异之谓宽，有万不同之谓富，故执德之谓纪，德成之谓立，循于道之谓备，不以物挫志之谓完。君子明于此十者，则韬乎其事心之大也，沛乎其为万物逝也。刳，枯。

以下连用二夫子曰，述其师之言，以状道体。夫道，天之所以为命者也，故洋洋乎大哉，覆载万物。君子法天以体道，不可不刳心焉。刳心者，去其知识之私，而后可以入于自然之道也。自然之道，无为为之，则谓之天矣。天何言哉？默而成之，故无为言之之谓德。爱人利物则谓之仁，不同而同则谓之大。行不崖异，则无所不容矣，是故谓之宽。有万不同，则无所不有矣，是故谓之富。君子执此则可以纲纪万化，是故谓之纪。德成则卓乎如有所立，是故谓之立。循于道则众善悉有矣，是故谓之备。不以外物累其心，则体其受而全归，是故谓之完。君子明此十者，而天下无遗理矣，故曰：韬乎其事心之大也。执大象，天下往，故沛乎其为万物逝也。逝，谓往而归之。

若然者，藏金于山，藏珠于渊，不利货财，不近贵富，不乐寿，不哀夭，不荣通，不丑穷，不拘一世之利以为己私分，不以王天下为己处显，显则明。万物一府，死生同状。

若然者，谓君子若是备此十者之德，则内重而见外之轻矣。故藏金于山，藏珠于渊，不利货财，不近贵富。至贵至富者存，而难得之货不足贵也。不乐寿，不哀夭，不荣通，不丑穷，而死生穷通处之一而化齐也。不拘一世之利以为己私分，不以王天下为己处显，富有四海而不以为富，尊为天子而不以为显，有天下而不与焉也。若夫所显则有之，其明之谓乎？明，如《中庸》著则明之明，谓光辉发越也。万物一府，言聚万物而归之大同。若夫死生之变，大矣，彼则视之旦暮然,旦亦暮也,死亦生也,何易乎心,何变于己哉?故曰同状。

夫子曰:夫道,渊乎其居也,漻乎其清也。金石不得无以鸣。故金石有声,不考不鸣。万物孰能定之?漻,留。

又述师旨以状道。夫道渊乎其居至无以鸣,皆夫子之言,下方申而言之。渊乎其居,漻乎其清,语其寂也。金石不得无以鸣,语其感也。故金石有声,不叩不鸣。金石本有能声之理,而非声声者以感之,则亦无自而鸣。而声声者,吾人之天机,自然之觉性也。即是而观,道俱两在,鸣者是道,考者是道,孰能定之?以为定在金石,不考何以不鸣?定在考者,他声当同金石。定在虚空,考之何以无声?直是未能定得。如此征问,要人深思而自得之。前内篇中所谓庸讵知吾所谓天者非人乎?所谓人者非天乎?毕竟天非人不因,人非天不成,考者非道,而所以考者则道也。

夫王德之人,素逝而耻通于事,立之本原而知通于神,故其德广。其心之出,有物采之。故形非道不生,生非德不明。存形穷生,立德明道,非王德者耶?荡荡乎,忽然出,勃然动,而万物从之乎!此谓王德之人。王,去声。

王德,以德而王天下者也。素逝以下,辞颇艰涩,今姑以意解之,谅在不远。素,朴素也。逝,先往也。言率其素履以往,常自虚静恬淡,寂寞无为,未尝沉着于有为事相之中,故曰:耻通于事。然虽耻通于事,而事至能揆,物来能应,本然之明,自不容昧,故先事而知,若鬼神然。盖其本原之天不受窍凿,自尔精明莹彻,戴记所谓清明在躬,志气如神,孔子所谓不逆不亿而常先觉者,其本原立焉耳,故曰:立之本原而知通于神。如是,则其德广矣远矣。何者?

通于事者,沉着而易障,通于神则清通而无象矣,故曰:其德广。然其所谓通者,又皆感之而后应,迫之而后起,故曰:心之出,有物采之。出谓出以应人,采谓求取于己。夫王德之人,无心于天下,而不能不应天下之感,顾其诚立明通,迥与世人强作解事者别。是知生我者道也,明我者德也。以德为明,则明之至矣。然道与德,又岂有二乎哉?原于天则谓之曰道,即立之本原也。立于己则谓之曰德,即通神之知也。存其形而能穷其生,则本原立矣。立其德而能明其道,则王德广矣。故复赞之曰:荡荡乎,忽然出,勃然动,而万物从之,盖信沛乎其为万物逝也已。

视乎冥冥,听乎无声。冥冥之中,独见晓焉;无声之中,独闻和焉。故深之又深而能物焉,神之又神而能精焉。故其与万物接也,至无而供其求,时骋而要其宿,大小、长短、修远。和,上。

又自立之本原而知通于神透下意来。盖本原者,道也。道可视乎?然冥冥尔,不可视也。道可听乎?然无声也,不可听也。虽则不可视也,而冥冥之中独见晓焉;虽则不可听也,而无声之中独闻和焉。故此独见独闻者,超乎闻见之外,而行乎闻见之中,不因有闻见而后有,不以泯闻见而遂无。深之又深,莫可测矣,而物物皆能顺应。神之又神,至无方矣,而处处发见精光。其接物也,若无所有,而采取皆能供其求,不时骋出而左右皆能逢其原。语大也而实小,语长也而实短,语修远也而实近,道之体如此。大小以下六字,即《中庸》费而隐之义,但文字奇拔耳。又修远当作远近,或作近远亦得。

黄帝游乎赤水之北,登乎昆仑之丘而南望。还归,遗其玄珠。使知索之而不得,使离朱索之而不得,使吃诟索之而不得也,乃使

象罔,象罔得之。黄帝曰:异哉,象罔乃可以得之乎! 还,旋。

设此一段,以见道非聪明言语可求,只在无心得之。玄珠者,道也。知,知识。离朱,明察也。吃诟,言辩也。象罔,无心也。无心得道,止矣,而禅宗更有上上机关:莫谓无心云是道,无心犹隔一重关。此则《清静经》所谓无无亦无者,更当理会。

尧之师曰许由,许由之师曰齧缺,齧缺之师曰王倪,王倪之师曰被衣。尧问于许由曰:齧缺可以配天乎?吾借王倪以要之。许由曰:殆哉圾乎天下!齧缺之为人也,聪明睿知,给数以敏,其性过人,而又乃以人受天。彼审乎禁过,而不知过之所由生。与之配天乎?彼且乘人而无天,方且本身而异形,方且尊知而火驰,方且为绪使,方且为物絯,方且四顾而物应,方且应众宜,方且与物化而未始有恒,夫何足以配天乎?虽然,有族有祖,可以为众父而不可以为众父父,治乱之率也,北面之祸也,南面之贼也。 数,朔。絯,核。

配天,言为君也,书曰:其配上帝。尧盖欲让天下而问齧缺于许由。圾与岌同,圾乎殆哉,言危也。缺之为人,盖恃其聪明圣知之资,窍凿浑沌,是故谓之以人受天。何者?天赋而天全之,谓之天受。天赋而人凿之,谓之人受。人受者,上帝不宜。且彼亦知闲邪以立无过之地,而不知过之所由生也。自有心,始有心为善,虽善必粗。与之以配天,彼且用其知慧,逞其辩才,以人而胜天,故曰:乘人而无天。先己而后人,故曰:本身而异形。尚知而急用,故曰:尊知而火驰。从此天下日就多事,故曰:为绪使。民受束缚,不得自如,故曰:为物絯。夫道,贵乎能静而能应,四顾而物应,非静而应者也。道贵乎无心而应物,应众宜则有心而应者也,如是则与物俱化而失其真常之性矣,故曰:物化而未始有恒。此皆有知有为之道,又何足以配天乎？虽然,又下一转,先抑而后扬,扬之而复抑,看他文字变化之妙。有族有祖,言族聚者必尊于祖,若而人者,可以为众父矣,而不可以为众父父,众父父则祖也。老子云:无名天地之始,有名万物之母。始即祖也,母即众父也。言缺之所为,不与道应。若置之有为名相之中,其才亦能首出,故可以为众父。然而去道远矣,故不可以为众父父。又且足以戡定祸乱,故曰:治乱之率也。率,谓连率。若北面之,适以祸之,南面之,适以害之耳。盖君道无为,臣承君之令而致之民,果于自用,信乎其不可也。

尧观乎华,华封人曰:嘻,圣人!请祝圣人,使圣人寿!尧曰:辞。使圣人富!尧曰:辞。使圣人多男子!尧曰:辞。封人曰:寿、富、多男子,人之所欲也。汝独不欲,何耶?尧曰:多男子则多惧,富则多事,寿则多辱。是三者,非所以养德也,故辞。封人曰:始也我以汝为圣人耶,今然君子也。天生万民,必授之职。多男子而授之职,则何惧之有?富而使人分之,则何事之有?夫圣人,鹑居而鷇食,鸟行而无彰,天下有道,则与物皆昌,天下无道,则修德就闲,千岁厌世,去而上仙,乘彼白云,至于帝乡,三患莫至,身常无殃,则何辱之有?封人去之,尧随之曰:请问。封人曰:退已!

撰此一段,以见圣人不累于物。多男子而多惧者,惧其生乱也。多富而多事者,胜心不已也。多寿而多辱者,嫌其易侮也。封人以是祝尧,可谓厚矣,而尧皆不欲之。即此不欲之心,便有意必,非自然也。故封人教以处之之道,盖行乎三物之中而脱然无累者。多男子而分之职,则分各有定而人不乱矣。富而分之众,则知足常足而心无事矣。何谓鹑居而鷇食,鸟行而无彰?鹑不择居,鷇不择食,鸟行虚空,过而无迹,皆无心自然之意。圣人处世之心,亦复如是。故天下有道,则与物俱亨,无道则修德就闲,以免浊世。如此性体闲适,不以一毫事物累乎其心,度世千岁亦不为多,纵使厌世而去,幻身虽灭,非幻不灭,乘彼白云,宾于帝乡,为玉清金阙之仙真,三患不至,身常无殃。三患,即佛氏所谓三灾,水火风也。如此,则亦何辱之有?封人,盖古所谓至人玩世而隐于下位者,然亦皆寓言耳。

尧治天下,伯成子高立为诸侯。尧授舜,舜授禹,伯成子高辞为诸侯而耕。禹往见之,则耕在野。禹趋就下风,立而问焉,曰:昔尧治天下,吾子立为诸侯。尧授舜,舜授予,而吾子辞为诸侯而耕。敢问其故何也?子高曰:昔尧治天下,不赏而民劝,不怒而民畏。今子赏罚而民且不仁,德自此衰,刑自此立,后世之乱自此始矣!夫子阖行耶?无落吾事!俋俋乎耕而不顾。俋,邑。阖,与盍同。落,荒废意。俋俋,勇壮貌。

泰初有无无,有无名;一之所起,有一而未形。物得以生谓之德;未形者有分,且然无间谓之命;留动而生物,物成生理谓之形;形体保神,各有仪则谓之性。性修反德,德至同于初,同乃虚,虚乃大。合喙鸣,喙鸣合,与天地为合。其合缗缗,若愚若昏,是谓玄德,同于大顺。

此段究极性命根宗,而示人以返还归复之要。泰初,造化之始初也。无名,即老子所谓无名,天地之始。盖老子只说到个无名而止,此老又自无名上推出个无无者。此等说话,若教儒者体勘,便硬将朱子作证己说:非太极之上复有无极矣,又安得无始之上复有无无乎?是虽穷苏、张之舌亦不能辩。看《南华》者,直须吐去旧日闻见,将此个造化根宗虚心理会。有个有,定有个无,有个无,定有个无无者以主张于溟涬之先。有自无生，无与有对，此之一有对彼一无，即彼对无之有，已自成个一了，故曰一之所起。一既起矣，宁无所谓一而未形者乎？一而未形，即上所谓无始之无无也。此个无无，物不得不可以为物。德之为言，得也，故曰：物得以生之谓德。迨夫未形者分，阴阳阖辟，往来不穷，且然无间，是则天之所以为命也，是故谓之命。诗有之曰：维天之命，于穆不已。意盖如此。造化之道，显诸仁，藏诸用，动则鼓万物之出机，故曰：留动而生物。物者，动之留寓而成形质者也。物既生矣，则造化之生理亦随物而各正。动者、植者、胎者、卵者、巨者、细者，有万不齐，其所生之理，要皆一成而不可易，故曰：留动而生物，物成生理谓之形。有形者，有形形者，而形形者则神之谓也，道家谓之元神，佛氏谓之元性，一也。保，如保合太和之保。保合此神，则其视听言动莫不各有自然之仪则，是则所谓性也，故曰：形体保神，各有仪则之谓性。故修性者贵反于德，反于德则天者全矣。德之至则同于初，初即泰初之初。同乃虚者，神返于虚也。虚则无所不容，无所不纳，故曰：虚乃大。言修性而同于初，其至德若此。然而太初无无，有心于同，终涉于有，如何可同？其要则无心自然尽之矣。故合喙而鸣，喙鸣而合，此瞉音也。胡为而鸣，胡为而合哉？无心自然而已矣。今之人所以不得如瞉音者，缘有心也，无心则与天地合德矣。与天地合德者，缗缗然，若愚若昏，老子所谓众人昭昭，我独若昏，众人察察，我独若闷，意盖如此。如是则谓之玄德，而同于大顺矣。大顺者，顺其自然，而不以己私与之也。修性返德，其道如此。

夫子问于老聃曰：有人治道，若相放，可不可，然不然。辩者有言曰：离坚白，若县寓。若是则可谓圣人乎？老聃曰：是胥易技系，

劳形怵心者也。执狸之狗成思，猨狙之便自山林来。丘，予告若而所不能闻与而所不能言：凡有首有趾、无心无耳者众，有形者与无形无状而皆存者尽无。其动止也，其死生也，其废起也，此又非其所以也。有治在人，忘乎物，忘乎天，其名为忘己。忘己之人，是之谓入于天。寓宇同。

此段措辞绘句，迥出思虑之外，所谓不食烟火语者。夫子，指孔子。治道，谓所治之道。若相放，可不可，然不然，言不苟同于众也。辩者有言曰：离坚白，若县寓。言不为异说所淆也。言众人之所见虽相似矣，而我独于众可众然之中，恐有随俗习非之病，又必求其所谓不可与不然者，如孔子所谓众好之，必察焉，众恶之，必察焉，是则可谓察理之当矣。辩者之言曰：虽不一矣，而我离析坚白，昭昭乎若揭日月而县之天宇，是则可谓析义之精矣，此皆有过人之才智者，不圣人而能之乎？不知夫子之所谓圣，乃老子之所谓胥易技系也。胥、技，皆庶人之在官者。易谓更番直事，系谓居肆计功。此皆劳心怵形，适人之适而不能自适其适者，盖始也以才艺名，而终也以才艺累矣。又如执狸之犬、便捷之猿，为人所爱，则必系之杙之，故犬以拘絷而愁思，猿自山林而就捕，乌能适其自然之性哉？若果圣人，则昏昏默默，不见游心于是非同异之间，既不以才智自见，又焉得以才智自累乎？既又名呼夫子而进之以所不能闻与所不能言者。凡有首有趾、无心无耳者众，盖有首有趾，具体而人矣，而无心无耳者众，是无知无闻也，如是则虽有形而不能践其形，一凡民耳。若有形者与无形无状者而皆存，则是能践其形者也。无形无状，则所谓上天之载，无声无臭者也，窍凿之，则不能存矣。故有能与形而皆存，则是所谓形体保神者也。如是之人，世所希有，故曰尽无。然亦岂能独异于人哉？但见众动亦动，众止亦止，众死亦死，众生亦生，众废亦废，众起亦起，非其所以者未尝不与人同，而其所以者独与人异。所以，谓形而上者，即所谓无形无状者也。所以，则因乎天者也。动止、死生、废起，则因乎物者也。治人之事者，忘乎物而因忘乎天，其名为忘己，忘己则入于天矣。入于天者，无我无人，浑然与天为一也。然既谓之忘于天矣，而又曰入于天者何？譬之善汨，忘于渊而后能入于渊也，此为圣人也已矣。

蒋闾葂见季彻曰：鲁君谓葂也曰：请受教。辞不获命。既已告矣，未知中否，请尝荐之。吾谓鲁君曰：必服恭俭，拔出公忠之属而无阿私，民孰敢不辑？季彻局局然笑曰：若夫子之言，于帝王之德，犹螳螂之怒臂以当车辙，则必不胜任矣。且若是，则其自为处危，其观台多物，将往投迹者众。蒋闾葂覤覤然惊曰：葂也汒若于夫子之所言矣。虽然，愿先生之言其风也。季彻曰：大圣之治天下也，摇荡民心，使之成教易俗，举灭其贼心而皆进其独志，若性之自为而民不知其所由然。若然者，岂兄尧舜之教民，溟涬然弟之哉？欲同乎德而心居矣。葂，免。覤，虩。汒茫同。

闾葂见季彻，因举昔之所以告鲁君者，若谓恭俭用贤而心无偏党，帝王之道不是过矣，而季彻笑其不足以当帝王之德。盖帝王之德，贵无为而贱有为。以若所为，犹人之高其观台，多其景物，以示于人，人皆悦之，往而投迹者众矣，不知乘兴而来者亦兴尽而返，游观之人讵能久乎？此意却在言外，而闾葂不知，故覤然而惊，茫然于季彻之言也，而愿闻其风。意以往投者众，则是天下之人皆来归之矣，何以反不胜任耶？于是季彻告以大圣之治。何谓摇荡其民心？民心本自荡荡广平，摇摇活泼，若草木之动摇于春风者。自圣人过为之防,撄以仁义礼乐纪纲法度,于是民始蹩躠跂踶失其本性,愈求其治而其治愈远。《易》有之曰:无妄之药,不可试也。朱子注云:既已无妄,而复药之,则反为妄而生疾矣。意正如此。故圣人顺民心之自然,摇之荡之,使之自得其性,则教由此成,俗由此易,灭其相戕相贼之心,而进其朝彻独见之志,大顺大化,若其性之自然而不知其所由。若是,则岂兄尧舜之道而弟溟涬之德哉?使民心之所欲者同于德而心始居矣。居,谓各得其所安。䖵,与虩同,《易》曰:震来虩虩。注谓蝇虎进退多惊。

子贡南游于楚,反于晋,过汉阴,见一丈人方将为圃畦,凿隧而入井,抱瓮而出灌,搰搰然用力甚多而见功寡。子贡曰:有械于此,一日浸百畦,用力甚寡而见功多。夫子不欲乎?为圃者仰而观之曰:奈何?曰:凿木为机,后重前轻,挈水若抽,数如泆汤,其名为槔。为圃者忿然作色而笑曰:吾闻之吾师,有机械者必有机事,有机事者必有机心。机心存于胸中则纯白不备,纯白不备则神生不定,神生不定者,道之所不载也。吾非不知,羞而不为也。子贡瞒然惭,俯而不能对。有问,为圃者曰:子奚为者耶?曰:孔丘之徒也。为圃者曰:子非夫博学以拟圣,于于以盖众,独弦哀歌以卖名声于天下者乎?汝方将忘汝神气,堕汝形骸,而庶几乎!而身之不能治,而何暇治天下乎?子往矣,无乏吾事!搰,苦骨。泆,逸,沸也。仰,一作印。

圃畦,圃之有界限者。井,即今之塘坳。凿隧,所以近水而酌瓮者。丈人抱瓮灌畦,可谓劳矣,而羞为子贡之械槔,以机心存焉故也。机心存,则方寸扰杂而不纯,由不纯故不白也。白,如虚室生白之白,盖本体纯粹,自然光明透彻,表里如一,而其神也定,否则日见其轇轕而已，故曰：纯白不备，则神生不定。神生，犹言神发。神不定者，不可以居道，故曰：道之所不载也。夫此机械之心，世俗之人以为巧利，同然趋之，而不知自有道者观之，方且以为丧心，方且以为害道，方且深愧而不肯为，宜乎子贡瞒然而惭，失其所以对也。有顷，而丈人问以奚为，则以孔丘之徒为对，盖将缘师以自重，若曰：知师之所为，则己之所为不言可知者。于是丈人复讥之曰：子非夫博学以拟圣，于于以盖众，独弦哀歌以卖名声于天下者耶？于于，夸诞之貌。盖众，犹云盖世。独弦哀歌，高其调以振响于天下也。既讥之矣，又复教之，忘汝神气，堕汝形骸，即堕支黜聪之意，言泯其机心而不用也。庶几，谓几于道。无乏吾事，即无落吾事之意。

子贡卑陬失色，顼顼然不自得，行三十里而后愈。其弟子曰：向之人何为者耶？夫子何故见之变容失色，终日不自反耶？曰：始吾以为天下一人耳，不知复有夫人也。吾闻之夫子：事求可，功求成，用力少，见功多者，圣人之道。今徒不然，执道者德全，德全者形全，形全者神全，神全者，圣人之道也。托生与民并行而不知其所之，汒乎淳备哉！功利机巧必忘夫人之心。若夫人者，非其志不之，非其心不为。虽以天下誉之，得其所谓，謷然不顾；以天下非之，失其所谓，傥然不受。天下之非誉无益损焉，是谓全德之人哉！我之谓风波之民。顼，旭。

卑陬，愧恧之貌。顼顼，自失之貌。不自反，言不能复其常也。天下一人，盖指夫子。事求可以下数句，非夫子之言。其在子贡未闻性道之先，货殖亿中之日，妄意窥测，以为圣人之道若是焉耳。吾意不然，圣人之道，为所当为而无计功谋利之私，使其一有求可求成之心,则枉寻直尺而利亦将自为之矣,况复计用力成功之多寡哉?故予以为是子贡之言也,而非夫子之言也。今徒不然,谓今也丈人之道独不如此。何谓执道者德全?道者,天之所以为命,人之所以为德者也,执道则天者全而不失其所以为德矣。德,在内者也,形,在外者也,内全则外不假言,故曰:德全者形全。形,神所乘也,神,形所主也,形全则神不假言,故曰:形全者神全。丈人之道,盖全神之道也。其生虽与民并行,而浮游不知所求,猖狂不知所往,则与人异,盖汒乎纯白之备哉,而所谓功利机巧必忘夫人之心矣。机心既忘,则非志不之,非心不为。虽举天下誉之,若惬于天下之口矣,而謷然不顾也;虽举天下非之,若不理于天下之口矣,而傥然不受也。夫举天下之非誉而无能益损于其中,兹不谓全德之人乎哉?而我之谓风波之民。风波,言易以动也。

反于鲁,以告孔子。孔子曰:彼假修浑沌氏之术者也。识其一,不知其二,治其内而不治其外。夫明白入素,无为复朴,体性抱神,以游世俗之间者,汝将固惊耶?且浑沌氏之术,予与汝何足以识之哉!

假修,谓假人事以修浑沌氏之术。浑沌氏,上古之君,纯乎道德者也。盖丈人抱甕灌畦而不知其劳,语之以槭橰而羞为其事,其心即上古淳质之心也,即事即道也,故曰假修。识其一不知其二者,守其纯一而不杂也。治其内而不治其外者,得乎己心而自忘乎物也。是丈人也,明白入素,无为复朴,体性抱神,以游世俗之间者也。赐之学,宜不及此,是汝将固惊之矣。且夫浑沌氏之术,予与子皆不足以识之也。其惊之也,不亦宜乎?

谆芒将东之大壑,适遇苑风于东海之滨。苑风曰:子将奚之?

曰:将之大壑。曰:奚为焉?曰:夫大壑之为物也,注焉而不满,酌焉而不竭。吾将游焉。苑风曰:夫子无意于横目之民乎?愿闻圣治。谆芒曰:圣治乎?官施而不失其宜,拔举而不失其能,毕见其情事而行其所为,行言自为而天下化。手挠顾指,四方之民,莫不俱至,此之谓圣治。

观于大壑,夫子浮海之意也,故谓之无意于横目之民。横目二字颇奇。官施而不失其宜,官无旷职也。拔举而不失其能,野无伏贤也。毕见情事而行其所为,人各纾其情实而人无浮行也。行言自为而天下化,所言所行,自为而已,无心为人,而天下自化。手挠顾指,四方之民莫不俱至,惟动丕应徯志也。圣人之治,如是而已。

愿闻德人。曰:德人者,居无思,行无虑,不藏是非美恶;四海之内共利之之为悦,共给之之为安;怊乎若婴儿之失其母也,傥乎若行而失其道也;财用有馀而不知其所自来,饮食取足而不知其所从。此谓德人之容。怊,音超。

德人者,全德之人。居无思,行无虑,言动静无心也。不藏是非美恶,即所谓不思善,不思恶者。且与天下共利以为悦,共给以为安,以身寄托于天下而不知有其身也。惟其不知有身,故超乎若婴儿之失其母,而氾氾乎不知其所依,傥乎若行而失其道也,而乘乘兮不知其所归。财用饮食馀足而不知其所从来者,无心于求,故人不见其乏,而常若至足也。全德之人,其状若此。

愿闻神人。曰:上神乘光,与形灭亡,此谓照旷。致命尽情,天地乐而万事销亡,万物复情,此之谓混冥。

上神者,神上升而日月之光反乘于下也。盖神人,旁云气,挟日月,而游乎不测之景,故能如此。使其一为躯壳所累,则又乌能倒景下视,虚明洞焕,旷荡而无垠乎?故曰:与形灭亡,是谓昭旷。道家所谓入金石无碍,步日月无影,意盖如此。何谓致命尽情?命者天之所赋,情者性之所发,致命尽情,则中致而和亦致矣,是故上下与天地同流,而物累为之尽亡也,故曰:天地乐而万事销亡。万物复情是谓混溟者,约其情,使复归于性也。盖尽情则发皆中节矣。复情则寂然不动而归于中,归于中则昏昏默默,与溟涬者等,故曰:是谓混溟。所谓修浑沌之术者,修此而已。此段语至德而归重于神,与《中庸》上天之载,无声无臭,至矣,旨亦相似。

门无鬼与赤张满稽观于武王之师,赤张满稽曰:不及有虞氏乎!故离此患也。门无鬼曰:天下均治,而有虞氏治之耶?其乱而后治之与?赤张满稽曰:天下均治之为愿,而何计以有虞氏为?有虞氏之药疡也,秃而施髢,病而求医。孝子操药以修慈父,其色燋然,圣人羞之。疡,羊。髢,替。

夫自有虞而观周武之师,则征伐之不及揖让也尚矣。虽然,有遗论也,故设无鬼、满稽一段议论,正与内篇虞不及泰同旨。离之言,罹也,作去声读。言周武之德不及虞舜,故使天下横罹此祸。稽盖欲以推尊虞舜之治,而不知虞舜周武皆乱而后治者,去至德亦远。但时之所值不同,不得尊此而薄彼也。以故无鬼诘问:天下均治,而有虞氏治之耶?抑乱而治之欤?盖天下均治,则无庸于治。凡治之云者,对乱而言也。有虞之世,虽无乱形,而人心已有乱萌矣,故虞舜藏仁要人而因以得人,是亦乱而治之之谓也。于是满稽因无鬼之言而因有所悟,言天下均治,则人人各足其所愿,而何为计有虞氏之德而以元后尊之哉?分明是乱而求治于有虞也。虽然,亦治其外焉耳已,故曰:有虞氏之药疡也。疡医者,痈疽之医,治病于外者也。夫发秃而施髢,病笃而求医,皆乱而求治者也,孰若无庸于治之为愈哉?盖无庸于治,则与天下相安于无事之天,而同修乎浑沌之术。一治之,则有心矣,有事矣,犹之孝子操药以修其慈父,其色燋然。用心非不善也,孰若子之无心与亲之无事之为愈哉?故圣人羞之。羞之者,耻其心之将日劳而事之将日烦也。

至德之世,不尚贤,不使能,上如标枝,民如野鹿,端正而不知以为义,相爱而不知以为仁,实而不知以为忠,当而不知以为信,蠢动而相使不以为赐,是故行而无迹,事而无传。

写出一段上古风气,以见有虞之不然。尧舜推贤让能,而至德之世不尚贤,不使能。何者?上古淳质无事,民不求治于君,虽有贤能,终亦无以自见,以故不尚不使。上如标枝,处高而无凌下之心。民如野鹿,放旷而无相忌之嫌。端正而已矣,不自知其为义也。相爱而已矣,不自知其为仁也。实而已矣,不自知其为忠。当而已矣,不自知其为信。蠢动之类互相役使而已矣,不自知其为恩。行无畔岸,故无迹也。事无歆羡,故无传也。斯世也,斯民也,何有于乱,而抑何求于治乎哉?

孝子不谀其亲,忠臣不谄其君,臣子之盛也。亲之所言而然,所行而善,则世俗谓之不肖子;君之所言而然,所行而善,则世俗谓之不肖臣,而不知此其必然耶?世俗之所谓然而然之,所谓善而善之,则不谓之导谀之人也。然则俗故严于亲而尊于君耶?谓己导人则勃然作色,谓己谀人则怫然作色,而终身导人也,终身谀人也。

自常情中发出一段奇论,与上文不相蒙。言臣子忠孝之盛节,只为不谄谀其君亲,使之不陷于有过。故凡有所言也而然之,凡有所行也而善之,则世俗必以为谄谀之人,而思以不肖之名加之,此其必然,无足异者,然而世俗之人又未知其必然也。故自我言之,人固不可苟同于君亲矣,尤不可苟同于世俗也。今于世俗之所谓然者而然之,世俗之所谓善者而善之,此与不肖之臣子谄谀于君亲者何异?而世俗之人喜其与己同也,更不以导谀之人目之,然则世俗之党同,顾严于亲而尊于君耶?在君亲则非之,在世俗则不非,是于必然之中而又未知其必然也。今世俗谓己为不肖之臣子,则勃然怫然作色而不肯受,乃随俗苟同,终身导人,终身谀人。在君亲则一言不肯受其名,于世俗则终身不能改其行,世俗固无定见矣,君子可容无定守耶?

合譬、饰辞,聚众也,是终始本末不相坐。垂衣裳、设采色、动容貌,以媚一世,而不自谓导谀,与夫人之为徒,通是非,而不自谓众人,愚之至也。知其愚者,非大愚也。知其惑者,非大惑也。大惑者,终身不解。大愚者,终身不灵。三人行而一人惑,所适者犹可致也,惑者少也;二人惑则劳而不至,惑者胜也。而今也以天下惑,予虽有祈向,不可得也,不亦悲夫!

合譬者,比物丑类,作为譬喻之辞,以欲人之易晓;饰辞者,不欲直遂,致为润色之辞,以使人之易听。是皆言之有枝叶者,故虽足以聚众,而终始本末多不相掩,故曰:不相坐也。之人也,垂衣服,设采色,动容貌,高自标致,以媚悦一时之学人,而不自谓之导谀,然亦岂有异于人哉?但见与夫人为徒,众是亦是,众非亦非,初无高出等夷之见,一众人耳,而不自谓之众人。此段分明讥贬一时聚徒讲学之人、惠施公孙龙子之辈务空谈而无实行者。且夫久假而不归,乌知其非有耶?故欲以愚人,而适以自愚,诚谓愚之至也已矣。知其愚,则不为彼所愚,故曰非大愚。知其惑,则不为彼所惑,故曰非大惑。其如人之不知何哉?而愚者惑者众也,故大愚则终身不解矣,大惑则终身不灵矣。药毒熏心,墨黥入骨,醉其说者,敝发腐齿而不自悟,如彼迷人四方易处。今使三人行而一人惑,迷途犹可致也。何也?惑者少也。二人惑,则劳而不至。何也?惑者胜也。又况三人俱惑乎?今天下皆惑于斯人,而予独欲有所愿往,谁与从之?又自悲已。盖深有所激而愤悱之词。

大声不入于里耳,折杨皇华则嗑然而笑。是故高言不止于众人之心,至言不出,俗言胜也,以二缶锺惑而所适不得矣。而今也以天下惑,予虽有所祈向,其庸可得耶?知其不可得也而强之,又一惑也,故莫若释之而不推。不推,谁其比忧? 缶锺,准郭本作垂踵。

大声,即大音也。大雅之音非里巷之耳所乐欲闻,故曰不入。若乃折杨皇华,则闻之莫不嗑然而笑,盖折杨皇华,里巷之俗音也。以譬高言不入于众人之心,众人之心惟俗言是好,以故至言不出。至言之晦,俗言之胜招之也。众人皆惑于俗言,而与之以至言以适于道,其不反为大惑也者几希。故三人行而二人惑,则惑者胜,以二垂踵惑而所适不得,亦势之必然也。垂踵,谓惑而不前,坐垂其足也。以况天下俱惑于俗言,予虽欲独见独往以行素履之愿,其庸可得耶?知其不可得而强人以必行,则我反为不知矣,不知又一惑也,故莫若姑舍是而勿推。推,推求也。然不推则天下无人矣,谁其与我同忧哉?比者,和同之意。盖已知天下无人而又不敢绝望于斯人,庄生忧世爱人之心有如此者。

厉之人,夜半生其子,遽取火而视之,汲汲然惟恐其似己也。

厉,恶癞也。厉人生子,惟恐其似,乃好恶之本心也。人莫不有自知之明,而大愚大惑之人乃至终身不解不灵,曾厉人之不若!

故设此譬,欲人深思而得之言意之表。此庄文之三昧,藕断丝连,似结煞而非结煞。于此悟入,保于文阵中殿后收第一功矣。

百年之木,破为牺樽,青黄而文之,其断在沟中。比牺樽于沟中之断,则美恶有间矣,其于失性,一也。跖与曾史,行义有间矣,然其失性,均也。且夫失性有五:一曰五色乱目,使目不明;二曰五声乱耳,使耳不聪;三曰五臭熏鼻,困惾中颡;四曰五味浊口,使口厉爽;五曰趣舍滑心,使性飞扬。此五者,皆生之害也,而杨墨乃始离跂自以为得,非吾所谓得也。夫得者困,可以为得乎?则鸠鸮之在于笼也,亦可以为得矣。惾,子公反。

百年之木,木之坚好者也,一则破为牺樽而文之以采色,一则断于沟中而不免于泥涂,同质异遭,美恶固有间矣,然语其失性,一也。失性,谓朽腐而失其灵气。以譬曾史盗跖,行义之清浊不同,然一则徇名,一则徇利,均失本真。盖道以全真为贵,真性失,则其馀无足论矣。既又自失真之由而枚举其端,曰色、曰声、曰臭、曰味、曰趣舍,凡夫之人贪着其事,有生之害,无过于此,故有道者去之。彼杨墨者曾不讲于复性之学,而离跂于仁义之间,趣舍滑心,不以为失而反以为得,自我言之,直困而已矣,可以为得乎哉?以困为得,则樊笼之鸠鸮抑亦可以为得矣。困惾,冲逆之意。中颡,言气味上达于颡额也。厉,乖戾也。爽,犹失也。滑,汩乱也。离跂,即马蹄篇所谓踶跂。

且夫趣舍声色以柴其内,皮弁、鹬冠、搢笏、绅修以约其外,内支盈于柴栅,外重缧缴,睆睆然在缧缴之中而自以为得,则是罪人交臂历指而虎豹在于囊槛,亦可以为得矣!栅,塞。缧,墨。缴,灼。

柴义有三,一者蕴祟,二者错乱,三者梗碍。趣舍声色,随其好恶以为取舍也。物之乱性者,声色为最。杨墨之徒,虽视穷欲者有间,然亦岂能淡然无少芥蒂于其中哉?一有之,则其蕴崇错乱,与理为梗,势所必至,故曰:趣舍声色以柴其内。外则皮弁、鹬冠、搢笏、绅修,皆儒服也。搢,执也。绅,大带之垂者。修者,长义。约其外,言其身也。支,枝拄也。盈,充塞也。言内支盈于声色之柴栅,而外缚束于衣冠之纆缴,睆然目视而不敢动。若然者,不以为困而反自以为得,则是罪人之交臂而反缚,历指而受刑,与猛兽之处囊而落槛者,抑亦可以为得矣。盖戏剧拘儒之甚词,万世之下,犹有遭其谐谑者。方壶外史说是篇已,重宣此义而作乱辞:

玄古之君,无为自然。事艺道德,乃兼于天。
得一毕万,立之本原。知通于神,天下逝焉。
道漻乎清,金石以鸣。穷牛明道,王德之人。
视乎冥冥,听乎无声。独闻独晓,神而能精。
黄帝遗珠,象罔可得。齧缺配天,南面之贼。
尧观于华,封人请祝。子高退耕,神禹让德。
泰初无无,性命祖根。德至同初,若愚若昏。
可否然咈,坚白离分。执犬成思,技胥怵心。
大圣之治,若性荡民。匪兄尧舜,而弟涬溟。
丈人灌畦,谆芒游壑。假修浑沌,入素复朴。
至德无思,上神乘光。混溟昭旷,与形销亡。
彻卑菀论,稽鄙周师。鲁犹蜋臂,虞亦疡医。
导谀苟同,天下大惑。失性离跂,困可谓得。

庄子副墨卷之四　淡字集

外篇天道第十三

此篇言帝王之道，以天地为宗，以道德为主，以自然为用，以虚静恬淡寂寞无为为道之本。本在于上，末在于下，要在于君，详在于臣，皆极醇无疵之语。尝谓《庄子》天道篇，辞理俱到，有蔚然之文，浩然之气，苍然之光。学者更当熟读。

天道运而无所积，故万物成；帝道运而无所积，故天下归；圣道运而无所积，故海内服。明于天，通于圣，六通四辟于帝王之德者，其自为也，昧然无不静者矣。圣人之静也，非曰静也善故静也，万物无足以铙心者，故静也。水静则明烛须眉，平中准，大匠取法焉。水静犹明，而况精神？圣人之心静乎！天地之鉴也，万物之镜也。

铙，挠。

维天之命，于穆不已，是天道运而无所积也，故万物于是乎成焉。圣人之德，纯亦不已，故天下归而海内服焉。帝、圣二字，似有差等。以邵子皇帝王霸言之，帝即皇也帝也，圣即王也。即是而观天地帝王之德，一而已矣。然而有运焉者，必有所以运焉者，其极则静焉立之。故明于天地帝王之德者，其自为也，昧然无不静者。昧者，混溟之义，老子云明道若昧。盖六通四辟则明也，明以暗为基，故其自为也昧然，昧则归于静矣。圣人之静也，岂以静也善而故静之哉？万物无足以挠其心，故自静也，静则定而慧生之矣。故六通四辟，明之至也。譬之水焉，静则明烛须眉，平中准，大匠取法焉。夫水静犹明也，而况精神？圣人之心静乎，是天地之鉴也，万物之镜也。天地万物皆准于心，则命由我立，法由我出，而道由我行矣。

夫虚静恬淡寂寞无为者，天地之平而道德之至，故帝王圣人休焉。休则虚，虚则实，实则伦矣。虚则静，静则动，动则得矣。静则无为，无为也则任事者责矣。无为则俞俞。俞俞者，忧患不能处，年寿长矣。夫虚静恬淡寂寞无为者，万物之本也。明此以南乡，尧之为君也；明此以北面，舜之为臣也。以此处上，帝王天子之德也；以此处下，玄圣素王之道也；以此退居而闲游，江海山林之士服；以此进为而抚世，则功大名显而天下一也。

虚静恬淡寂寞无为，此静之意义也，天地取准焉，故曰：天地之平。语道德者，畴以加此？故曰：道德之至。以故帝王圣人休焉，休，止也，如《大学》止于至善之止。止则心中无物，故曰：止则虚。虚则真空之中妙有生焉，故曰：虚则实。一实万分，而敦化者，而川流，故曰：实则伦矣。虚则静，静，无为也。静则动而无乎不为，故动则得而任事者责矣。伦，谓灿然有条。责，谓责成于己。是盖动静相生，虚实相成。天地帝王之德，一静而无为尽之矣。无为者，能静能应，常应常静，而常俞俞。俞俞也者，愉愉也。俞俞则忧患不能入，外患不戕，以故精神豫而年寿长也。又复推本而论，夫虚静恬淡寂寞无为者，万物之本也，本谓本根，言天地万物皆从虚静而生。明乎此者，则命由此立，法由此出，而道由此行矣。是故明此以南面云云，所谓动则得而任事者责，意盖如此。

静而圣，动而王，无为也而尊，朴素而天下莫能与之争美。夫

明白于天地之德者，此之谓大本大宗，与天和者也。所以均调天下，与人和者也。与人和者，谓之人乐；与天和者，谓之天乐。庄子曰：吾师乎，吾师乎！ 𩐈万物而不为戾，泽及万世而不为仁，长于上古而不为寿，覆载天地，雕刻众形而不为巧。此之谓天乐。𩐈，齏。

静而圣，内圣之德也。动而王，外王之业也。静则不动矣，而能役使群动，故无为而尊。朴素则无文矣，而至文者出，故莫与争美。故明于天地之德者，此之谓大本大宗。大本，即《中庸》所谓大本。大宗，即内篇所谓大宗师也。天和，与天为徒者也。人和，与人为徒者也。和则乐矣，故又谓之天乐、人乐。然又须知，天乐、人乐，只是个无为自然。又引平日所自言者数句来作印证，曰不为戾云云，则实未尝𩐈万物云云也，此之谓无为自然，此之谓天乐。

故曰：知天乐者，其生也天行，其死也物化，静而与阴同德，动而与阳同波。故知天乐者，无天怨，无人非，无物累，无鬼责。故曰：其动也天，其静也地，一心定而王天下；其鬼不祟，其魂不疲，一心定而万物服。言以虚静推于天地，通于万物，此之谓天乐。天乐者，圣人之心以畜天下也。

知天乐者，虚静恬淡寂寞无为，与天为徒，默与之契，非但闻见之知而已也。是故其生死动静，莫不随造化以卷舒。又此和乐之中，潇潇洒洒，一尘不挂，无怨无非，无累无责，以为鬼则不祟，以为魂则不疲，一静而已矣，一定而已矣，是故可以王天下而服万物。圣人所以畜养天下之道，如是而已。此种学问，千圣传心之秘，世出世法，莫不由此。

夫帝王之德，以天地为宗，以道德为主，以无为为常。无为也则用天下而有馀，有为也则为天下用而不足，故古之人贵夫无为

也。上无为也,下亦无为也,是下与上同德,下与上同德,则不臣。下有为也,上亦有为也,是上与下同道,上与下同道,则不主。上必无为而用天下,下必有为为天下用,此不易之道也。

此又自无为中翻出个有为者为臣道之当然。然前言明此以北面,舜之为臣也,则臣亦当无为矣。林鬳斋以为看《庄子》不得如此拘泥,非是。盖前以心而言之,此以分而言之也。若臣道虽有所为,使无虚静恬淡寂寞无为者以主之,将日见其扰杂,而庶事其用隳矣。

故古之王天下者,知虽落天地,不自虑也;辩虽雕万物,不自悦也;能虽穷海内,不自为也。天不产而万物化,地不长而万物育,帝王无为而天下功。故曰:莫神于天,莫富于地,莫大于帝王。故曰:帝王之德配天地。此乘天地,驰万物而用人群之道也。

此言古之帝王与天地同德。落,与络同,谓包络也。穷,竭也。

本在于上,末在于下,要在于主,详在于臣。三军五兵之运,德之末也;赏罚利害,五刑之辟,教之末也;礼法度数,刑名比详,治之末也;钟鼓之音,羽旄之容,乐之末也;哭泣衰絰,隆杀之服,哀之末也。此五末者,须精神之运,心术之动,然后从之者也。末学者,古人有之,而非所以先也。

又自有为无为上翻出本末二字。盖虚静恬淡寂寞无为者,道之本也。自朴散为器,则有为之法,缘是以生。故详举五者皆世法之末务,其精神心术之运则主者执之,故无为之道要在于主,有为之法详在于臣。末学者,古人有之,非帝王之所以先也。所以先,则虚静恬淡寂寞无为而已矣。

君先而臣从,父先而子从,兄先而弟从,长先而少从,男先而女

从，夫先而妇从。尊卑先后，天地之行也，故圣人取象焉。天尊地卑，神明之位也；春夏先，秋冬后，四时之序也；万物化作，萌区有状，盛衰之杀，变化之流也。夫天地至神而有尊卑先后之序，而况人道乎？宗庙尚亲，朝廷尚尊，乡党尚齿，行事尚贤，大道之序也。语道而非其序者，非其道也。语道而非其道者，安取道？

又自先字从字透下意来。言凡物有先有从，乃造化之定理。圣人取象于天地，观变于四时，体撰于万物，则见尊卑、先后、区状、盛衰皆有一定自然之序，用是而主张纲维以立人道之极，故以宗庙则尚其亲而昭穆之有序也，以朝廷则尚其尊而官职之有序也，以乡党则尚其齿而少长之有序也，以行事则尚其贤而承乘之有序也，是皆大道之自然。故语道者尚其序，道而非序，安取于道哉？发明本在于上，末在于下，要在于主，详在于臣，此段略尽。

是故古之明大道者，先明天而道德次之，道德已明而仁义次之，仁义已明而分守次之，分守已明而形名次之，形名已明而因任次之，因任已明而原省次之，原省已明而是非次之，是非已明而赏罚次之，赏罚已明而愚知处宜，贵贱履位，仁贤不肖袭情，必分其能，必由其名。以此事上，以此畜下，以此治物，以此修身，知谋不用，必归其天。此之谓太平，治之至也。

语大道者，先明于天，则本立于上矣，本立而后末学可次第举也。道之大原出于天，德则行道而有所得焉者，故天明而道德次之。仁义者，道德之分，老子云失德而后仁，失仁而后义，故道德已明而仁义次之。朴散为器，圣人用之，则为官长，故分守次之。形以成之，名以命之，故次形名。因才任使，故次因任。原，宥也，省，试也，所以别人官之能，故次原省。原省明矣，然后是非定焉，故次是非。是非明矣,然后赏罚加焉,故次赏罚。赏罚明,则愚知各得其宜,贵贱各履其位,而仁、贤、不肖各袭其情,必分其能而不敢自惜其力也,必由其名而不敢不责其实也。以此事上使下,治物修身,各安其自然之分,而知谋不用,以归于天,太平之治无以加此。此段所论,醇正无疵。九次之,亦圣人因大道之降而为之裁成。所以详责于下者,正见非所以先之意。

故书曰:有形有名。形名者,古人有之,而非所以先也。古之语大道者,五变而形名可举,九变而赏罚可言也。骤而语形名,不知其本也;骤而语赏罚,不知其始也。倒道而言,迕道而说者,人之所治也,安能治人?骤而语形名赏罚,此有知治之具,非知治之道,可用于天下,不足以用天下,此之谓辩士,一曲之人也。礼法数度,刑名比详,古人有之,此下之所以事上,非上之所以畜下也。

古之语大道者,虚静恬淡寂寞无为而已。自道而五变其说,然后及于形名,又九变其说,然后及于赏罚。故此等有为之法,古人有之,而非所以先也。先者,其本始也。非所先者,其末学也。骤而语之,倒而言之,迕而说之,皆治人者之具,非治人者之道也,故可用于天下,而不足以用天下。治人与用天下之道,虚静恬淡寂寞无为而已矣。

昔者舜问于尧曰:天王之用心何如?尧曰:吾不敖无告,不废穷民,苦死者,嘉孺子而哀妇人,此吾所以用心已。舜曰:美则美矣,而未大也。尧曰:然则何如?舜曰:天德而出宁,日月照而四时行,若昼夜之有经,云行而雨施矣。尧曰:然则胶胶扰扰乎!子,天之合也。我,人之合也。夫天地者,古之所大也,而黄帝、尧、舜之所共美也。故古之王天下者,奚为哉?天地而已矣! 敖,傲。

设舜告尧一段，以明君道之当然。盖君人之道，无为自然而已。若尧之用心，信乎胶扰而多事也。故舜嫌其未广，而以天道语之。天德出宁者，本天德以出治，而万物自宁也。天之德，无为自然而已。故日月自照，四时自行，昼夜自是其有常，云自行，雨自施，无心于物而万物自成者，天道之运而无所积也。君人之德亦如是焉，信乎其天之合而非人之合也已。

孔子西藏书于周室，子路谋曰：由闻周之征藏史有老聃者，免而归居。夫子欲藏书，则试往因焉。孔子曰：善。往见老聃，而老聃不许，于是翻十二经以说。老聃中其说，曰：太谩，愿闻其要。孔子曰：要在仁义。老聃曰：请问仁义，人之性耶？孔子曰：然。君子不仁则不成，不义则不生。仁义，真人之性也，又将奚为矣？老聃曰：请问何谓仁义？孔子曰：中心物恺，兼爱无私，此仁义之情也。老聃曰：意，几乎后言！夫兼爱，不亦迂乎？无私焉，乃私也。夫子若欲使天下无失其牧乎？则天地固有常矣，日月固有明矣，星辰固有列矣，禽兽固有群矣，树木固有立矣。夫子亦放德而行，循道而趋，已至矣，又何偈偈乎揭仁义，若击鼓而求亡子焉？意，夫子乱人之性也！说，税。意，噫。偈，居揭反。

孔子，鲁人也，西往于周，欲藏其所著之书于周室，以为一代之信史。十二经，即所藏之书也。征藏，周之藏名，其史官曰老聃者，免而家居。孔子往依焉，而聃不许，于是翻十二经以说之，翻者，反覆经旨，未尽其说，而老子嫌其太谩，谩，汗漫也，因问其要。孔子则以仁义当之。老子因问：仁义，性欤？论性，则虚静之中，湛然寂然，一物不着，所谓个里本来无字脚，空中谁敢强安名？此下所论，皆世儒之常谈，必非孔圣宗旨。庄子重言十七，特寄孔子以正之耳。不仁则不成，成，成全也。不义则不生，孟子云是集义所生者，谓发扬生气也。中心物恺，言与物同春也。兼爱属仁，无私属义。意者，叹辞。后言，犹失言也。夫物，有万不齐，物物而兼爱之，不惟势有所不及，而有心于爱，去道将益远矣，故谓之曰迂。必自谓己之无私，而一有意必，已自成私，故曰：无私焉乃私也。此二句极精极当。又复申说，夫子必欲使天下无失其养乎？则天地万物固自各顺其常，各足其性，吾惟放德而行，循道而趋，一以虚静恬淡寂寞无为主之，至矣，又胡为偈偈乎兼爱无私，行仁义于天下，若击鼓而求亡子者哉？亡子，逃子也。击鼓求逃，疑古有此俗。

士成绮见老子而问曰：吾闻夫子圣人也，吾固不辞远道而来愿见，百里重趼而不敢息。今吾观子，非圣人也，鼠壤有馀蔬而弃妹，不仁也！生熟不尽于前，而积敛无崖。老子漠然不应。士成绮明日复见，曰：昔者吾有刺于子，今吾心正却矣，何也？老子曰：夫巧知神圣之人，吾自以为脱焉。昔者子呼我牛也而谓之牛，呼我马也而谓之马。苟有其实，人与之名而不受，再受其殃。吾服也恒服，吾非以服有服。趼茧，跟厚皮也。

重趼，谓足有厚皮。百里重趼而不敢息，求见之心切，跋涉之苦忘也。鼠壤有馀蔬而弃妹，鬳斋以妹作昧，谓弃蔬于暗昧之地，似觉未妥，不若直以妹解。盖意妹氏弃蔬于鼠壤，老圣之德主于俭啬，故责其暴殄而疏弃之，成绮因讥其寡恩而不仁。生熟不尽于前而积敛无崖，亦俭啬之征验也。老圣漠然不答所以，于是成绮明日复请，言昔者有讥于夫子，正以发其请教之端，今者正尔，却然退听，安意承教，敢问何也？老圣言：巧知圣神之人，当机敏给，应答如流，吾自以为弗及焉。脱之言，失也，即不及之意。故呼牛应牛，呼马应马，所以不与人忤者，盖以吾必有其实而后人与之名，不受而再与之争，则殃之者至矣。吾之不应，正所以为应也。然此亦吾之恒服，初非作意而为之，故曰：吾服也恒服。服，如服膺之服。言我常是服此，初非有心，故曰：非以服有服。盖有服，则矜持之心胜而不出于自然矣。恒服，安而行之也。非以服有服，非勉强而行之也，犹孟子言由仁义行，非行仁义之意。此庄老脱尘奇笔，然学之亦能误人。

士成绮雁行避影，履行遂进，而问修身若何。老子曰：而容崖然，而目冲然，而颡頯然，而口阚然，而状义然，似系马而止也，动而持，发也机，察而审，知巧而睹于泰，凡以为不信。边竟有人焉，其名为窃。頯，去轨反。竟，境。

雁行避影，侧身而行也。履行遂进，踵步而前也。崖，崖异也。冲，突目而视也。頯，颡中央广而两头锐也。阚，口呿之貌。呿，祛遮反，张口也。义然，严毅之状。崖、冲、頯、阚，皆赋相之不良者，能自收敛，则亦可以自掩者。似系马而止，言止如系马，身受系而心常不定也。动而持，动则矜持而作状也。发也机，发若机栝，敏捷而巧中也。察而审，伺察而详审也。知巧而睹于泰，自恃其才能而骄慢之气可睹也。凡此十者，皆以为不信之征。边徼之外，设有此人，佥必以窃目之。夫修其身者，必虚静恬淡，退让撙节，然后暴慢之气不涉于身。以是机警之人窍凿日深，浑沌死矣，宜乎不为老圣所取也。

夫子曰：夫道，于大不终，于小不遗，故万物备。广广乎其无不容也，渊乎其不可测也。形德仁义，神之末也，非至人孰能定之？夫至人有世，不亦大乎，而不足以为之累，天下奋棅而不与之偕，审

乎无假而不与利迁，极物之真，能守其本。故外天地，遗万物，而神未尝有所困也。通乎道，合乎德，退仁义，宾礼乐，至人之心有所定矣。

夫子，老子也。有物混成，先天地生，圣人不得已而名之曰道；以其无在而无不在也，名之曰神；以其无假也，名之曰真；对末而言，名之曰本，其实一而已矣。夫是道也，大包无外，细入无伦，于大不终，于小不遗，而万物备焉。且广广乎其有容，渊渊乎其莫测，冲漠无朕之中而万象森罗已具。其曰形者、曰德者、曰仁与义者，糟粕煨烬，无非道也，但神之末耳。自非至人，其孰能定之？盖至人则存神其至矣，神之定者，一切外物不足以尚之，故有抚世之责而不足为之累，操威福之柄而心不与之偕。所以者何？审乎无假也。审乎无假，则极物之真而守其木矣，是故能外天地，遗万物，而神未尝有所困也。困，即所谓累，所谓迁，所谓与之偕者。故通于道、合于德、退仁义而宾礼乐者，此谓知本，此谓神之定也，至人之心具有所定矣。

世之所贵道者，书也。书不过语，语有贵也。语之所贵者，意也。意有所随，意之所随者，不可以言传也。而世因贵言传书，世虽贵之哉，犹不足贵也，为其贵非其贵也。故视而可见者，形与色也；听而可闻者，名与声也。悲夫，世人以形色名声为足以得彼之情。夫形色名声果不足以得彼之情，则知者不言，言自不知，而世岂识之哉？

世人皆知道之可贵，而不知是道也，视之不见，近而易求。今也偶得古人之一书，袭而藏之，视为秘典，以为道载此书。世贵道，因贵书也，不知书不过语而已。语之可贵者，意也，而意有所向，终非言语之所能传，则世亦何为乎贵言传书也哉？然则因贵道而贵书，因贵书而贵言，皆贵非其贵者也。何者？书之言，譬则人之形色名声也。谓形色名声，果足以得人之情实乎哉？形色名声果不足以得人之情实也，则知老圣所谓知者不言，言者不知。道果不在于言，而书之所可贵者亦必有在矣，然世之人岂足以识此哉？

桓公读书于堂上，轮扁斲轮于堂下，释椎凿而上，问桓公曰：敢问公之所读者，何言耶？公曰：圣人之言也。曰：圣人在乎？公曰：已死矣。曰：然则君之所读者，古人之糟魄已夫！桓公曰：寡人读书，轮人安得议之？有说则可，无说则死！轮扁曰：臣也以臣之事观之。斲轮，徐则甘而不固，疾则苦而不入，不徐不疾，得之于手而应于心，口不能言，有数存焉于其间，臣不能以喻臣之子，臣之子亦不能受之于臣，是以行年七十而老断轮。古之人与其不可传者死矣，然则君之所读者，古人之糟魄已夫！

设此轮扁一喻，正见意非言之所能传。疾徐句，准林解，意指轮笋而言。徐，宽也。疾，紧也。宽则甘滑易入而不坚，紧则苦涩坚持而难入，要在不宽不紧，自有分数存乎其间。数，犹分寸也。庄子之意，欲人离口耳，黜闻见，心领神会而得之意言象数之外，则有书无书同归影响，有言无言俱属荃蹄。若徒窃古人之绪馀，诵其言而忘其味，诚糟粕是甘，而不免为轮人之所笑矣。于是方壶外史重宣此义而作乱辞：

帝王之德，上通于天。虚静恬淡，无为自然。
明此南向，尧之为君。达本明宗，和天和人。
本在于上，末在于下。要归主君，详责臣者。
五末非先，九变次举。先后有序，太平令主。

曲士论治，倒道而行。圣臣告君，天德出宁。

孔圣藏书，昭揭仁义。老氏弃妹，成绮兴刺。

书贵载道，言岂尽意？桓公读书，轮扁设譬。

古人已徂，糟魄也夫！

外篇天运第十四

此篇所论天地帝王之道，贵无为而贱有为，重道德而轻仁义，篇篇一旨，但阖辟变化如风云之卷舒，千态万状，令人应接不暇。故予谓读庄子者，如观幻人幻物，知其为幻，则千法万法皆从一法而生，不复受其簸弄矣。

天其运乎？地其处乎？日月其争于所乎？孰主张是？孰纲维是？孰居无事推而行是？意者其有机缄而不得已耶？意者其运转而不能自止耶？云者为雨乎？雨者为云乎？孰隆施是？孰居无事淫乐而劝是？风起北方，一西一东，有上彷徨，孰嘘吸是？孰居无事而披拂是？敢问何故？

承上篇而言，重重征问造化，要人求得一个运化主宰，以立君道之准数。孰字甚有滋味。言天运于上，地处于下，日月往来争驰乎其间，是谁主张是？谁纲维是？又谁居然无事推而行是也？居无事三字最妙。盖主张纲维，犹涉有为，居无事则全漠然而无所为矣。其有机缄而不得已耶？其运转而不能自止耶？机缄二字最妙。此老明知有个机缄，故意诘问。此个机缄，直是阖密难晓，得此默运，则居然无事而化育自成。云者为雨乎？雨者为云乎？太空腾云，酿而为雨，注于川泽，川泽之气复蒸为云，升降上下，如转辘轳。又未知孰隆施是？孰居无事淫乐而劝是？隆，如蕴隆之隆。

云雨者，阴阳和气所成，故以为造化之淫乐。风起北方，一西一东，有时而上，彷徨四周。先言北方者，北方地高，阳亢而战，故多风。嘘吸，风气也。披拂，鼓动之貌。天地造化，不过日月星辰、雨风露雷而已。举数者，其馀可推也。

巫咸祒曰：来！吾语女。天有六极五常，帝王顺之则治，逆之则凶。九洛之事，治成德备，监照下土，天下载之，此谓上皇。祒，超。

如上细细征问，巫咸只以一句答之。六极五常，即《内经》所谓五运六气也，所以佐元宰而成岁功者。造化得此，则高下自奠，日月自运，风雨露雷，自滋自润，而居无事者得以成不言之化。帝王法之，故九洛之事，治成德备，监照下土，天下载之，而成无为之治。九洛，即洛书、九畴、五行、五事、八政、五纪之类。顺之则吉者，惠迪吉也。如上篇本在于上，末在于下，要在于主，详在于臣，皆顺之道而无为自然者也。

商太宰荡问仁于庄子。庄子曰：虎狼，仁也。曰：何谓也？庄子曰：父子相亲，何谓不仁？曰：请问至仁？庄子曰：至仁无亲。太宰曰：荡闻之，无亲则不爱，不爱则不孝。谓至仁不孝，可乎？庄子曰：不然。夫至仁尚矣，孝固不足以言之。此非过孝之言也，不及孝之言也。

问仁道而举不仁者以言仁，问至仁而举无亲者以言至，直是突兀奇耸，然亦有至理可想。盖虎狼虽暴，而亦知有父子之亲，可见仁无往而不存。何者？仁，天之元气也，幽阴粪壤之中，坚刚顽石之所，而元气无不从焉，无不由焉，此造物之无私也。问至仁，而曰至仁无亲者，何以故？仁至者，统天下而入于太和元气之中，不见有可爱者、有不爱者，故曰：至仁无亲。荡也以不爱不孝疑之，失其旨矣。故庄子晓之曰:至仁尚矣,孝不足以尽之也,有至仁而不及于孝者乎?故子之所言,非过于孝者之言也,乃不及于孝者之言也。盖至仁则过于孝矣,知至仁之过于孝,则知至仁之无亲,又焉得为不孝乎?大抵庄子问答,正言若反,类如此。

夫南行者至于郢,北面而不见冥山,是何也?则去之远也。故曰:以敬孝易,以爱孝难;以爱孝易,而忘亲难;忘亲易,使亲忘我难;使亲忘我易,兼忘天下难;兼忘天下易,使天下兼忘我难。夫德遗尧舜而不为也,利泽施于万世,天下莫知也,岂直太息而言仁孝乎哉?夫孝悌仁义,忠信贞廉,此皆自勉以役其德者也,不足多也。故早:至贵,国爵并焉;至富,国财并焉;至愿,名誉并焉。是以道不渝。

言仁不言孝,南之郢而北不见冥山之谓也。何者?背去之远,义不两见。故至仁则忘孝,亦理之所必至者。虽然,忘之一字岂易言哉?故曰:以敬孝易,以爱孝难。敬,谓恭敬奉持,肃其外貌。爱,谓和气愉色,本于由衷。爱孝易而忘亲难,忘亲则不识不知,不知帝力之何有,盖熙皞之民而混沌之德也,故以为难。忘亲易而使亲忘我难者,凡亲之不能忘我者,我以有心感之也,今也使亲忘我,则是我无心也,亲亦无心也,浑然化而入于无迹矣,故尤以为难。亲犹一家也,至于忘天下而使天下俱忘我焉,则忘之尽矣,非至人,其孰能之哉?故德遗尧舜而不为也,泽施万世而天下莫知也。莫知,则荡荡乎无得而名矣,岂直赞叹而言仁孝乎哉?夫孝悌仁义忠信贞廉,此八者皆一节一行之士勉为修饬以役其德者也,不足多也。故至贵在我则国爵并焉,至富在我则国财并焉,至愿在我则仁义并焉。并者,兼而有之之意,以喻至仁在我,则孝悌诸凡皆非所论。又并者,屏也。凡可屏去者皆有变灭,道则真常不变者也,故曰:惟道不渝。不可得而渝,孰得而并之哉?

北门成问于黄帝曰:帝张咸池之乐于洞庭之野,吾始闻之惧,复闻之怠,卒闻之而惑,荡荡默默,乃不自得。帝曰:女殆其然哉!吾奏之以人,征之以天,行之以礼义,建之以太清。夫至乐者,先应之以人事,顺之以天理,行之以五德,应之以自然,然后调理四时,太和万物,四时迭起,万物循生,一盛一衰,文武伦经,一清一浊,阴阳调和,流光其声,蛰虫始作,吾惊之以雷霆,其卒无尾,其始无首,一死一生,一偾一起,所常无穷,而一不可待。女故惧也。

此段备论古乐之妙。奏之以人,征之以天,行之以礼义,建之以太清,四句乃作乐之本旨。乐非人不备,而五音六律与天地之气候相为表里,故曰:奏之以人,征之以天。礼以节之则有序,义以正之则不乱,故曰:行之以礼义。太清者,声气之元,以之为主,则清浊高下由是而取节焉,故曰:建之以太清。夫大乐与天地同和,故论至乐者,必先应之以人事而顺之以天理,行之以五德而应之以自然。五德,貌、言、视、听、思也。董子所谓心和则气和,气和则形和,形和则天地之和应之矣,故能调理四时,太和万物,匡衡所谓惟天子建中和之极,此作乐之本也。且夫四时迭起,万物循生,故一盛一衰,而乐之文武伦经象之。文,阳也。武,阴也。至于一清一浊,高下相济,则如阴阳之调和,而其声流动光彩,美哉洋洋乎!又如蛰虫始振,而吾惊之以雷霆,发舒鼓舞,不能自已。至其始终相生,则如循连环,无尾无首,一死一生,一偾一起,所常无穷,而一不可待。一即一死一生、一偾一起之一。不可待,言变不可执也。惟不可执,故女闻之也始而惧。

吾又奏之以阴阳之和，烛之以日月之明。其声能短能长，能柔能刚，变化齐一，不主故常，在谷满谷，在阬满阬，涂郤守神，以物为量，其声挥绰，其名高明。是故鬼神守其幽，日月星辰行其纪。吾止之于有穷，流之于无止。子欲虑之而不能知也，望之而不能见也，逐之而不能及也，傥然立于四虚之道，倚于槁梧而吟：目知穷乎所欲见，力屈乎所欲逐，吾既不及已矣！形充空虚，乃至委蛇。女委蛇，故怠。阬，坑。郤，隙。

吾又奏之以阴阳之和，烛之以日月之明，则见动静之相生，往来之相禅，与造化无不吻合。故能短能长，类晷影之前却；能柔能刚，象气序之匀调。变化齐一，不主故常，在谷满谷，在阬满阬，声气之洋洋，流动充满，无所不届，其盛如此。涂郤守神，以物为量，其声挥绰，其名高明。涂郤，谓塞兑也。郤与隙同。守神者，宁一心志，凝然而听之，所以审音律之节奏。以物为量，量之以管，以定钟律之短长。其声挥绰，悠扬发越，绰乎其宽也。名曰高明之乐，能使鬼神安位，三辰顺轨，作乐之极功有如此者。吾止之于有穷，顺之于无止，言吾之乐不过顺阴阳声气之自然，故行乎其所当行，止乎其所不得不止。子欲思之而无所致吾思，欲望之而无所容吾见，欲逐之而无所履吾影，傥然自立于四虚之地，倚槁梧而吟。知穷乎其所欲见，力屈乎其所欲逐，所谓荡荡默默，乃不自得，意盖如此。吾既不及已矣，言子既追我弗及已矣，则其心傥然自失，丧其耳，忘其目，废其形骸，身如虚空，弛放而不收，故曰：乃至委蛇。惟委蛇，故怠也。大凡见人作为，自觉非思虑所及者，则怅然恍然，其状类此。庄子善体物情，只此数句，形容殆尽。妙矣哉！妙矣哉！

吾又奏之以无怠之声，调之以自然之命，故若混逐、丛生，林乐

而无形，布挥而不曳，幽昏而无声。动于无方，居于窈冥，或谓之死，或谓之生，或谓之实，或谓之荣，行流散徙，不主常声。世疑之，稽于圣人。圣也者，达于情而遂于命也。天机不张而五官皆备，此之谓天乐，无言而心说。故有焱氏为之颂曰：听之不闻其声，视之不见其形，充满天地，苞裹六极。女欲听之而无接焉，故惑也。乐也者，始于惧，惧故崇，吾又次之以怠，怠故遁，卒之于惑，惑故愚，愚故道，道可载而与之俱也。焱，恍入声。

既又奏之以无怠之声，振刷其精神，揭而高明。调之以自然之命者，言乐之节奏，乃天然之妙，自合如此，非有作意而为。故若混逐，若丛生。混逐，如禽兽之类。丛生，如草木之类。言乐之无相夺伦，如禽兽草木并生并育于天地之间而不相害，故林林同乐而形迹之相忘，布散挥动而牵曳之自泯，幽幽昏昏又若无声而天籁之自鸣者。故动于无方，居于窈冥，或谓之死矣，而生者续焉，或谓之实矣，而荣者继焉，行流散徙，不主故常。节奏之妙，匪夷所思，要皆自然之命。人皆疑之，稽诸圣人，以为圣人者达乐之情而顺于自然之命者也。顺自然之命，则如人天机不张而五官皆备。天机，谓元神主宰。五官皆备，言五官之司各效其职。此之谓天乐，无俟于言而心说者也。圣人之乐亦复如是。故有焱氏为之颂曰：听之不闻其声，视之不见其形，充满天地，包裹六极。此神之无在而无乎不在，无为而无乎不为者。人不得此，不足谓之天乐。乐不得此，不足谓之至乐。女欲听之，耳目无从接也，求其然而不得其所以然，故惑。故乐始于惧，惧则乐之德尊。次以怠，怠则乐之德泯。卒于惑，惑则乐之德愚。愚，谓昏昏默默，不知其然。语乐而至于愚，则几乎道矣，故可载而与之俱也。

孔子西游于卫，颜渊问师金曰：以夫子之行为奚如？师金曰：惜乎，而夫子其穷哉！颜渊曰：何也？师金曰：夫刍狗之未陈也，盛以箧衍，巾以文绣，尸祝斋戒以将之。及其已陈也，行者践其首脊，苏者取而爨之而已。将复取而盛以箧衍，巾以文绣，游居寝卧其下，彼不得梦，必且数眯焉。今而夫子亦取先王已陈刍狗，取弟子游居寝卧其下，故伐树于宋，削迹于卫，穷于商周，是非其梦耶？围于陈蔡之间，七日不火食，死生相与邻，是非其眯耶？盛，成。数眯，朔米。梦，蒙。

刍狗，祭天解厌之物。祭则弃之，礼也。若复取而尊之，则惑矣。惑则生梦、生眯。梦，谓魂识颠倒。眯，谓目睛亏避。今而夫子取先王已陈之名物，群弟子而习之，卒以取困，兹非梦眯之一征耶？

夫水行莫如用舟，而陆行莫如用车。以舟之可行于水也，而求推之于陆，则没世不行寻常。古今非水陆与？周鲁非舟车与？今蕲行周于鲁，是犹推舟于陆也，劳而无功，身必有殃。彼未知夫无方之传，应物而不穷者也。且子独不见夫桔槔者乎？引之则俯，舍之则仰。彼，人之所引，非引人也，故俯仰而不得罪于人。故夫三皇五帝之礼义法度，不矜于同而矜于治。故譬三皇五帝之礼义法度，其犹柤梨橘柚耶？其味相反而皆可于口。故礼义法度者，应时而变者也。今取猨狙而衣以周公之服，彼必龁啮挽裂，尽去而后慊。观古今之异，犹猨狙之异乎周公也。故西施病心而矉其里，其里之丑人见而美之，归亦捧心而矉其里，其里之富人见之，坚闭门而不出，贫人见之，挈妻子而去之走。彼知美矉而不知矉之所以美。惜乎，而夫子其穷哉！柤，查。柚，由去声。矉，颦。

且古今之不相及也尚矣,譬之水则宜舟,陆则宜车,反而推之,则没世而不行寻丈。以古之周道而行今之鲁国,犹推舟而之陆,其不利于行也必矣。是皆不通夫无方之传,是以应物而有穷。子不见夫桔槔者乎?用之则俯,舍之则仰,其俯其仰一听夫人,而己无所与焉,此之谓无方,以故应用无穷而俯仰无罪。三皇五帝之道法,应时而变,何必屑屑焉求其同哉?亦适治之为贵焉耳。犹之柤梨橘柚,但可于口,味之相反,当勿论也。今也必由古道,必变今俗,以求其同,岂知猨狙而衣以周公之衣,丑人而效西施之矉,吾知其情不相宜也,而势必至于相诋也。然则夫子之道之穷也,非职是之故而何哉?篇中重重譬喻,皆愤世嫉邪,极言世道不可挽回之意。盖以慨古道之难复,而哀夫子之终穷耳。若真谓帝王之道必不可行之于今,则又痴人之前不得说梦矣。

孔子行年五十有一而不闻道,乃南之沛见老聃。老聃曰:子来乎?吾闻子北方之贤者也,子亦得道乎?孔子曰:未得也。老子曰:子恶乎求之哉?曰:吾求之于度数,五年而未得。老子曰:子又恶乎求之哉?曰:吾求之于阴阳,十有二年而未得。老子曰:然。使道而可献,则人莫不献之于其君;使道而可进,则人莫不进之于其亲;使道而可以告人,则人莫不告其兄弟;使道而可以与人,则人莫不与其子孙。

度数,谓制度名数,道之形而下者。阴阳,谓天地造化,道之形而上者。此皆求之于外,故久而无得。道而可献以下数句,皆以发明道不可传之意,最为精切,非苟以骋词求胜者。

然而不可者,无他也,中无主而不止,外无正而不行。由中出者,不受于外,圣人不出;由外入者,无主于中,圣人不隐。

中无主而不止，主，谓于道的有所见；止，谓居其所而不迁。外无正而不行，正，即就有道而正焉之正，如曾子真积力久，一得夫子印证，便唯然应之。由中出者不受于外，自悟入者也。自外入者无主于中，自耳根入者也。彼既不受于外矣，则圣人何用以言聒之？若彼之无主于中者专俟外入，而圣人隐焉，彼亦何自而入道哉？故圣人不出者，为其能悟也。圣人不隐者，为其无主也。圣人之教，因材而笃也如此。

名，公器也，不可多取。仁义，先王之蘧庐也，止可一宿而不可以久处，觏而多责。古之至人，假道于仁，托宿于义，以游逍遥之墟，食于苟简之田，立于不贷之圃。逍遥，无为也；苟简，易养也；不贷，无出也。古者谓是采真之游。

何谓名，公器也，不可多取？三代而下，士皆好名，不知名乃天下公共之物，不可多取而擅之己身。若夷齐丧名于首阳之下，比干剖心于暴人之前，皆多取之累也。仁义者，先王之蘧庐，蘧庐，草舍也，言仁义譬之草舍，止可暂寓而不可以久处，等闲窥觑，则必受人之诟责。喻如以仁义自见于天下，则天下之求我者全，责我者备矣，故曰：觏而多责。是以古之至人，假道于仁，托宿于义，过而不留，不久处仁义之蘧庐，而惟游于逍遥之墟，食于苟简之田，立于不贷之圃。复自解曰：逍遥者，无为也；苟简者，易养也；不贷者，无出也。养，即女子小人难养之养。无出，谓无出息。皆虚静恬淡寂寞无为之义，故古者谓是为采真之游。

以富为是者，不能让禄；以显为是者，不能让名；亲权者，不能与人柄。操之则栗，舍之则悲，而一无所鉴以窥其所不休者，是天之戮民也。

鉴,即殷鉴不远之鉴。所不休者,谓不知止足之人。盖贪夫徇财,烈士殉名,夸者死权,往迹之当鉴者何可胜数?此不知鉴,非善保全之人也,故谓天之戮民。

怨、恩、取、与、谏、教、生、杀八者,正之器也,唯循大变而无所湮者为能用之。故曰:正者,正也。其心以为不然者,天门不开矣。

怨、恩、取、与、谏、教、生、杀八者,正人所用之器,邪曲之人不得而干之。盖正人,利害不干其心,而生死无变于己,故循大变而心无所湮。大变,谓生死大故。心无所湮者,毅然当之,一刀两段,更无湮滞也。以是人而用是器,然后不随境转,而得游于逍遥之墟。若其心以为不然者,未免有见于外而中无所主,故天门不开。天门,亦自老子天门开阖影来。天门者,灵府也。天门开,则荡荡无碍而如如自在矣。

孔子见老聃而语仁义。老聃曰:夫播糠眯目,则天地四方易位矣;蚊虻噆肤,则通昔不寐矣。夫仁义憯然,乃愦吾心,乱莫大焉。吾子使天下无失其朴,吾子亦放风而动,总德而立矣,又奚杰然若负建鼓而求亡子者耶?夫鹄不日浴而白,乌不日黔而黑,黑白之朴不足以为辩,名誉之观不足以为广。泉涸,鱼相与处于陆,相呴以湿,相濡以沫,不若相忘于江湖。播,上声。噆,匝。昔夕同。憯,惨。呴,吁。

夫净空之体,不容一物,目与肤尚然,而况吾心乎?故降道德而言仁义,未始不为心乱,不若使天下无失其朴。无失其朴者,还其混沌之天,而不以窍凿之也。且人之禀赋,皆出自然,如鹄之本白,乌之本黑,不俟染濯。若一出于自然,则其白其黑不足为辩,皆为天下纯全之朴,一有造作,则不足多矣。今号天下而曰仁人义士,不识其为自然之朴乎？为名誉之观乎？名誉之观又奚足广？泉涸,则鱼相呴以湿,相濡以沫,一何病也！道德降,则人相尊以仁,相尚以义,又何乱也！不若鱼相忘于江湖,人相忘于道德。

孔子见老聃,归,三日不谈。弟子问曰:夫子见老聃,亦将何规哉？孔子曰:吾乃今于是乎见龙。龙,合而成体,散而成章,乘乎云气而养乎阴阳。予口张而不能嗋,予又何规老聃哉？嗋胁同。

规,规而正之也。散而成章,谓神气卷舒。养乎阴阳,谓以阴阳二气自相吐纳。嗋,合也。

子贡曰:然则人固有尸居而龙见,雷声而渊默,发动如天地者乎？赐亦可得而观乎？遂以孔子声见老聃。老聃方将倨堂而应,微曰:予年运而往矣,子将何以戒我乎？子贡曰:夫三皇五帝之治天下不同,其系声名一也,而先生独以为非圣人,如何哉？老聃曰:小子少进！子何以谓不同？对曰:尧授舜,舜授禹,禹用力而汤用兵,文王顺纣而不敢逆,武王逆纣而不肯顺,故曰不同。老聃曰:小子少进,予语汝三皇五帝之治天下。黄帝之治天下,使民心一,民有其亲死不哭而民不非也。尧之治天下,使民心亲,民有为其亲杀其杀而民不非也。舜之治天下,使民心竞,民孕妇十月生子,子生五月而能言,不至乎孩而始谁,则人始有夭矣。禹之治天下,使民心变,人有心而兵有顺,杀盗非杀,人自为种而天下耳,是以天下大骇,儒墨皆起。其作始有伦,而今乎妇女,何言哉？杀,色界反。

尸居而龙见,不见而自章也。雷声而渊默,常应而常静也。发动如天地,过者化,存者神,而上下与天地同流也。此非老子不足以当之,故子贡声孔子而往见之。以孔子声者,称道孔子以为先容,欲弟子通而见之也。老子自谦,吾老矣,年驰而事去矣,子将何以教我乎？子贡平日只知祖三皇而宗五帝，熟闻老子卑浅帝王，心切疑之，首举为问。于是老子差等帝王而论，以见世道愈降愈远，黄帝以下俱为窍凿混沌，非为至治。黄帝之治天下也，使民心一。一，谓纯一。于时太朴未散，民有亲死不哭而民不非者。有骇形而无损心，有旦宅而无情死也。尧治天下，则教民亲矣。书曰：亲睦九族，平章百姓。是其征也。民有为亲杀其杀而民不非。杀其杀者，情礼独隆于其亲，而其馀皆降杀也。民不非，不以为薄也。舜之治天下也，使民心竞。竞，争竞也。盖虞帝尚贤，故能使民争，争则和气决裂，咎征之感能使孕妇十月而生子，子生五月而能言，未至于孩而辨谁何，如此开窍太早，是故有夭阏而不长者。禹之治天下也，使民心变。变，谓变其大道为公之心。盖尧舜官天下而禹独家之，且干羽之师、有扈之攻皆在禹时，上行下效，于是人有心而兵有顺。有心，谓有机械变诈之心。兵有顺者，诛其不顺以归于顺也。杀人者死而杀盗者无罪，故曰：杀盗非杀。人各私其私，互相警备，而天下皆然，故曰：自为种而天下耳。是以天下之人自相骇异，而儒墨之徒，此是彼非，横议交作。机警之心，起于家室，施于男女，早婚少娶，不循人道之常，故曰：其作始有伦，而今乎妇女。夫妇，人之大始。古人作始，自有伦序，三十而娶，二十而嫁，幼稚之女本不可责以人道，而今也不然，机警之心，偷薄之俗，不言可知矣，故曰：又何言哉？细味此章，与《礼记》大道为公一段意亦相似，但说得突兀惊人。若以平易之心读之，则固未尝异也。

余语女：三皇五帝之治天下，名曰治之，而乱莫甚焉。三皇之知，上悖日月之明，下睽山川之精，中堕四时之施。其知憯于蛎虿之尾、鲜规之兽，莫得安其性命之情者，而犹自以为圣人，不可耻

乎？其无耻也！子贡蹴蹴然立不安。蛎，例。蛎，豸，又作蠍。堕，隳。

大道无为之世，其政闷闷，其民醇醇。自三皇五帝以智治国而行察察之政，于是乎上悖日月之明，下睽山川之精，中堕四时之施。何者？日月有明而不能以照覆盆，今焉用智察察，则上悖日月之明以为明矣。山川之精居方奠位，今焉用知察察，无故而凿山，无故而濬川，则下睽乎山川之精矣。四时舒惨，气序自如，今焉用知察察，为先事之备，多未然之防，寒暑不能擅其权，生杀无以施其令，而中隳乎四时之施矣。老子云：以知治国，国之贼。是以其祸憯于蛎蛎之尾、鲜规之兽。鲜规，无考，注云小兽也，盖亦多知而害物者。夫以不安其性命之情者，而犹自以为圣，不亦可耻之甚乎？所谓性命之情，无为而已矣，自然而已矣。老子绝圣弃知，意盖如此。

孔子谓老聃曰：丘治诗书礼乐易春秋六经，自以为久矣，孰知其故矣。以奸者七十二君，论先王之道而明周召之迹，一君无所钩用。甚矣，夫人之难说也！道之难明耶？老子曰：幸矣，子之不遇治世之君也！夫六经，先王之陈迹也，岂其所以迹哉？今子之所言，犹迹也。夫迹，履之所出，而迹岂履哉？奸，干。说，税。孰与熟同。

奸，干也。钩，如易弋取之意。幸矣不遇，言遇则必为彼笑。

夫白鶂之相视，眸子不运而风化。虫，雄鸣于上风，雌应于下风而风化。类自为雌雄，故风化。性不可易，命不可变，时不可止，道不可壅。苟得于道，无自而不可；失焉者，无自而可。孔子不出，三月复见曰：丘得之矣。乌鹊孺，鱼傅沫，细要者化，有弟而兄啼。久矣夫丘不与化为人。不与化为人，安能化人？老子曰：可，丘得之矣。鶂，鹢。孺，孺。要，平。

夫以陈述而干人，宜乎其不遇也。盍亦感之以无迹乎？故引物类为喻。盖天下有以神相感者,若白鵙以目相视,眸子不运而风化是也。有以气相感者,虫,雄鸣于上风,雌应于下风而风化是也。化,谓生子。类自为雄雌而风化者,类,物名,《山海经》云:亶爰之山,有兽如狸,名曰师类。带山有乌,其状如凤,名曰奇类。皆自雄雌而生生。言风化者机动于此,神应于彼,不见其述,莫知其然,若性之不可易,命之不可变,时之不可止,而道之不可壅者。苟得此道以为感通之本,又何自而不可哉?迹则乌可以及化?于是孔子不出,静默三月,因举所得者以为对,盖亦化之出于自然者,正与上文互相发明。乌鹊孺,孺,孚而生也。鱼傅沫者,鱼不交,但仰其所吐之沫。有弟而兄啼,母孕弟而兄病也。此皆自然而然。能自然者,则与化为人。与化为人,则自然能化人矣。此意正与老子同,故老子曰:可,丘也得之。方壶外史重宣此义而作乱辞:

其在上皇,惟治顺天。孰居无事,无为自然。
上德不德,至仁忘亲。正言若反,匪荡攸闻。
洞庭张乐,北门变志。大惑似愚,道斯可契。
古今水陆,舟车异通。再陈刍狗,孔圣其穷。
道不可传,无主不止。无正不行,亶非口耳。
公器难取,蘧庐暂居。采真之游,逍遥之墟。
鹄白乌黑,无失其朴。仁义愤心,大乱乃作。
帝降而王,民乃大骇。以知治国,憯于蛎蛎。
风化斯神,陈迹非履。与化为人,某得之矣。

外篇刻意第十五

此篇言圣人之德，以养神守神作主，首尾却是一篇文字，中间连用六个故曰，末引野语结之，看他文字波澜，庄文中最近时好者。熟读详味，妙义自见。

刻意尚行，离世异俗，高论怨诽，为亢而已矣，此山谷之士、非世之人、枯槁赴渊者之所好也。语仁义忠信，恭俭推让，为修而已矣，此平世之士、教诲之人、游居学者之所好也。语大功，立大名，礼君臣，正上下，为治而已矣，此朝廷之士、尊主强国之人、致功并兼者之所好也。就薮泽，处闲旷，钓鱼闲处，无为而已矣，此江海之士、避世之人、闲暇者之所好也。吹呴呼吸，吐故纳新，熊经鸟伸，为寿而已矣，此导引之士、养形之人、彭祖寿考者之所好也。若夫不刻意而高，无仁义而修，无功名而治，无江海而闲，不导引而寿，无不忘也，无不有也，淡然无极而众美从之，此天地之道，圣人之德也。

历举五等有方之士，而归重于无方之圣人。刻，峻削也。尚，高尚也。怨，愤也。诽，讪也。枯槁赴渊，自甘寂寞而投于深山穷谷之中，若赴诸渊也。为修，修洁其身也。无不忘、无不有，即无为而无不为之意。淡然无极，言无底止也。

故曰：夫恬淡寂寞，虚无无为，此天地之平而道德之质也，故曰：圣人休。休焉则平易矣，平易则恬淡矣，平易恬淡则忧患不能入，邪气不能袭，故其德全而神不亏。

天地之平、道德之实，只是以平实二字分贴两边，无甚深义。圣人休是一句，言止也。

故曰：圣人之生也天行，其死也物化。静而与阴同德，动而与阳

同波。不为福先,不为祸始。感而后应,迫而后动,不得已而后起。去知与故,循天之理。故无天灾,无物累,无人非,无鬼责。其生若浮,其死若休,不思虑,不豫谋,光矣而不耀,信矣而不期,其寝不梦,其觉无忧,其神纯粹,其魂不罢。虚无恬淡,乃合天德。罢,皮。

如天行,默然无容心也。如物化,蜕然无所累也。与阳同波,看波字最妙,见动静相生,波平则水静。感而后应三句,正见不为福先、不为祸始。去知与故,知者,先事之谋,故者,已过之迹。去知,则无意必。去故,则无固我。光而不耀,耀,光之露也。信而不期,期,信之必也。

故曰:悲乐者,德之邪;喜怒者,道之过;好恶者,德之失。故心不忧乐,德之至也;一而不变,静之至也;无所于迕,虚之极也;不与物交,淡之至也;无所于逆,粹之至也。

此数句甚有意味。太虚之体,本自虚无恬淡,一有所动,俱属妄念。六祖教人于不思善、不思恶时认取本来面目。故一有忧乐则德分,一有变动则心扰,一有忤触则胸中有物而不得谓之虚,一与物交则征逐世情而不得谓之淡,一有拂逆则胸中有疵而不得谓之粹。迕与逆相似,但逆细而迕粗,无迕易而无逆难耳。

故曰:形劳而不休则弊,精用而不已则劳,劳则竭。水之性,不杂则清,莫动则平,郁闭而不流亦不能清,天德之象也。故曰:纯粹而不杂,静一而不变,淡而无为,动而以天行,此养神之道也。

夫众人失之于动,而圣人养之以静,固矣。然其静也,岂块然一无所为哉?有能静能应、常应常静之道焉。故以水喻。水,不杂则清,莫动则平矣。使其郁闭而不流,则虽不杂而亦不能清。何者?静中有动,动中有静,动静相生,方为合妙。此个学问,三家一旨,但言养神,则于道门更切耳。

夫有于越之剑者,柙而藏之,不敢用也,宝之至也。精神四达并流,无所不极,上际于天,下蟠于地,化育万物,不可为象,其名为同帝。纯素之道,惟神是守;守而勿失,与神为一;一之精通,合于天伦。野语有之曰:众人重利,廉士重名,贤士尚志,圣人贵精。故素也者,谓其无所与杂也;纯也者,谓其不亏其神也。能体纯素,谓之真人。

于越,吴剑也,柙而藏之,不敢轻用,宝之至也,况精神之为用乎?是精神也,四达并流,上际于天,下蟠于地,化育万物而不可为象。圣人致中和而天地自位,万物自育,皆精神之旁达也。其名为同帝,帝即所谓天载。周子云,无极之真,二五之精,妙合而凝,而人生焉。其所谓神,即无极也;其所谓精,即二五也。神,一而已矣,精则散处于五官之府而咸听命于主人,故神为主宰,精为作用,神存则精自固矣。故纯素之道,莫要于守神,守而勿失,则我即一,一即我,更无分别,一之精上通于天,则与天载吻合而无间矣。然要知一是个甚。周子曰:一故神。守神而至于我即一,则无我矣,是神也,与精相为依附,精亡则神与之俱亡,故圣人贵精。贵精者,无劳尔形,无摇尔精,不使之丧失于外也。故素也者,谓其不杂于物也;纯也者,谓其不亏其神也。能体纯素,则神存而精自固,而真常不坏之体全矣,谓之真人,不亦宜乎!尔时方壶外史为作乱辞:

圣人之德,天地之常。无乎不有,无乎不忘。
虚无恬淡,漠然无为。其德乃全,其神不亏。
纯素之道,守神为急。守而勿失,与一为一。
一之精通,合于天伦。能体纯素,谓之真人。

外篇缮性第十六

此篇亦是一片文字递递说下,以恬养知是其主意。说到世道交丧,圣人之德隐,遂将隐字生下许多意思,与孟子所性分定,大行不加,穷居不损意同,议论极醇无疵。

缮性于俗俗学以求复其初,滑欲于俗思以求致其明,谓之蔽蒙之民。古之治道者,以恬养知。生而无以知为也,谓之以知养恬。知与恬交相养,而和理出其性。夫德,和也;道,理也。德无不容,仁也;道无不理,义也;义明而物亲,忠也;中心纯实而反乎情,乐也;信行容体而顺乎文,礼也。礼乐偏行,则天下乱矣。二俗字宜省其一。

缮,修治也。滑,汩乱也。性非学不明,而俗学不可以治性;明非思不致,而俗思不可以求明。谓之俗者,对真而言。言俗学障性,俗思乱明,凡为此者,谓之蔽蒙之民。古之治道者以恬养知,此一句最好,乃缮性求明之要诀。认取知字,即本初之元性也。儒者谓之良知,佛氏谓之觉性,道家谓之元神,可以恬养之,而不可以俗学障之,俗思乱之。恬者,无为自然之义。盖能以恬养之,则一定之中自然生慧,日用之间,本体莹然,莫非真性之发越。才认得性,便属识神,已不是性,故生而无以知为。生,即周子所谓神发。无以知为者,常自混溟,韬其光而弗耀也,又谓之以知养恬,何者?用知则不能恬,无以知为,则恬者常自恬矣。即恬之时,知在恬,即知之时,恬在知,故曰:知与恬交相养,而和理出其性。和即德也,理即道也。德而无所不容,于是有仁之名;道而无所不理,于是有义之名。义明而物亲,则各尽乃心,而忠之名所由立矣。中心纯实而反其情以归于性,则乐之名所由立矣。信容体之所行,而顺其自然之节文,则礼之名所由立矣。凡此者,自和理中出,如木之有根,华实并敷,而不得谓之偏行。若礼乐而偏行,则人皆逐末忘本,狃于俗学之支离,而天下于是乎乱矣。

彼正而蒙己德,德则不冒,冒则物必失其性也。古之人,在混芒之中,与一世而得淡漠焉。当是时也,阴阳和静,鬼神不扰,四时得节,万物不伤,群生不夭,人虽有知,无所用之,此之谓至一。当是时也,莫之为而常自然。

彼正而蒙己德,德则不冒,此句难解。蒙,晦其明也。冒,盖覆之义。正,如各正性命之正。言德乃人人之所同具,以恬养之,则各正各足。蒙己德,正以恬养之也。如是,则我无加人之德,无盖世之善,天下谁不正者?谁我止者?我与天下皆相忘于无为自然之天,此大道为公之世也,故物不失其性。佛语如是灭度无量无数无边众生,实无众生得灭度者,亦蒙德而不冒之义也。古之人在混芒之中与一世而得淡漠焉者,用是道也。故当其时,天地自位,万物自育,上恬下熙,皆莫之为而常自然。

逮德下衰,及燧人、伏羲始为天下,是故顺而不一。德又下衰,及神农、黄帝始为天下,是故安而不顺。德又下衰,及唐、虞始为天下,兴治化之流,澆淳散朴,离道以善,险德以行,然后去性而从于心。心与心识,知而不足以定天下,然后附之以文,益之以博,文灭质,博溺心,然后民始惑乱,无以反其性情而复其初。由是观之,世丧道矣,道丧世矣,世与道交相丧也。道之人何由兴乎世,世亦何由兴乎道哉?道无以兴乎世,世无以兴乎道,虽圣人不在山林之中,其德隐矣。隐,故不自隐。澆,浇。

燧人以下，皆不以恬养知而有以知为者，以故品为德衰，顺而不一。不一，已失其性矣，犹顺也，再衰，则安而不顺，不顺，是以有阪泉、涿鹿之师。澆，与浇同。险德，如孔子所谓危行。去性从心，道心微而人心危也。心与心识者，从心起识，日以心斗也。知不足以定天下而又益之以文博，文则灭质，博则溺心，于是乎始有偏行之礼乐，争逐于末而忘其本，是以民始惑乱，无以反其性而复其初，盖至是而世与道交相丧矣。道丧，故道之人不能兴乎世；世丧，故世亦无以兴乎道。是虽圣人不在山林之中，而如此交丧之世道，德则既隐矣。隐，世隐之也，圣人不自隐也。不自隐，正欲以兴乎世。

古之所谓隐士者，非伏其身而弗见也，非闭其言而不出也，非藏其知而不发也，时命大谬也。当时命而大行乎天下，则反一无迹；不当时命而大穷乎天下，则深根宁极而待。此存身之道也。

此承上文而论真隐，极醇正无疵。反一无迹，恬淡自然，不见有为之迹也。根极，谓性命。

古之行身者，不以辩饰知，不以知穷天下，不以知穷德，危然处其所而反其性已，又何为哉？道固不小行，德固不小识，小识伤德，小行伤道，故曰：正己而已矣。乐全之谓得志。

行身者，此身大行于天下也。大行，则反一而无迹，故不以辩饰知，不以知穷人，不以知穷己，皆在混芒之中与一世而得淡漠焉者。危然处其所而反其性，反性即反一也。危然处其所，言无为也。无为者道也，有为则为小行而伤乎道矣。不识不知者德也，有识则为小识而伤乎德矣。有伤，则不得谓之全，故乐全此者谓之得志。

古之所谓得志者，非轩冕之谓也，谓其无以易其乐而已矣。今

之所谓得志者，轩冕之谓也。轩冕在身，非性命也，物之傥来，寄也。寄之，其来不可圉，其去不可止。故不为轩冕肆志，不为穷约趋俗，其乐彼与此同，故无忧而已矣。今寄去则不乐，由是观之，虽乐，未尝不荒也。故曰：丧己于物，失性于俗者，谓之倒置之民。圉御同。

数段递递说下，亦见文字相生之妙。傥来，适然而来也。傥然来寄之物在人，故其来不可御，其去不可留；性命之真在我，故富贵不与淫，而贫贱不与移。彼此，指穷达而言。言此乐无穷无达，在彼在此，无有加损，与寄来则乐、寄去则不乐者不同。况所乐在寄，则虽乐而未尝不荒也，孰若此乐之恬淡哉？世人不知所性之分定，而惟傥来者之是慕，未免丧己于物，失性于俗，谓之倒置之民。物我倒置，则全不知本末轻重矣。方壶外史为作乱辞：

蔽蒙之民，缮性求明。离跂俗学，荒兮未央。
以恬养知，知复养恬。恬知交养，和理出焉。
遐哉古人，与世淡漠。逮德下衰，澆淳散朴。
离道而善，险德以行。民始惑乱，去性从心。
世道交丧，圣德乃隐。兴何由兴，隐不自隐。
存身之道，深根宁极。时命大行，知不以饰。
小识伤德，小行道湮。反一无迹，得志乐全。
轩冕非性，傥来而寄。丧己于物，是谓倒置。

外篇秋水第十七

秋水篇，论大不大，论小不小，说在人又不在人，文字阖辟变化如生龙活虎。中间明理达权四字，是此老实在学问。究竟反真，亦只是个自然,无以人灭天,无以故灭命,无以得殉名,语甚醇正。下段畏匡、却楚、讥惠,皆发此意。

秋水时至,百川灌河,泾流之大,两涘渚涯之间不辨牛马,于是焉河伯欣然自喜,以为天下之美为尽在己。顺流而东,至于北海,东面而视,不见水端,于是焉河伯始旋其面目,望洋向若而叹曰:野语有之,闻道百,以为莫己若者,我之谓也。且夫我尝闻少仲尼之闻而轻伯夷之义者,始吾弗信,今我睹子之难穷也,吾非至于子之门,则殆矣,吾长见笑于大方之家。涘,俟。

夫见之大者则小为自忘,故以河伯寓言。泾,浊也。秋水时至,百川皆盈,灌于黄河,浊流泛溢,拍满两岸,故曰:泾流之大,两涘河中渚崖上有牛马,水大而岸远,不复能辨。于是河伯欣然自喜,以为广大之观尽在于己。及其北至于海,东面而望,水天混涵,茫然一色,不见水之自来,故曰不见水端。乃望洋向若而叹。若,海若,沧水之神也。闻道百,以为莫己若,言世之以少自多者,闻道仅百耳,不及万分之一,岂宜自多?世固有少仲尼之闻而轻伯夷之义者,吾始不信,而今信之。盖非睹子之难穷,则几乎局于己见,而长见笑于大方之家矣。殆矣下作一句读,更妙。孟子曰:观于海者难为水,游于圣人之门者难为言。仲尼之闻不少,伯夷之义不轻,但自大道而论,未免高上一层,进上一步。此真不可与曲士道之,惟大方之家可也。大方,犹言大道。

北海若曰:井蛙不可以语于海者,拘于虚也。夏虫不可以语于冰者,笃于时也。曲士不可以语于道者,束于教也。今尔出于崖涘,观于大海,乃知尔丑,尔将可与语大理矣。天下之水,莫大于海,万川归之,不知何时止而不盈,尾闾泄之,不知何时已而不虚,

春秋不变,水旱不知。此其过江河之流,不可为量数,而吾未尝以此自多者,自以比形于天地而受气于阴阳,吾在于天地之间,犹小石小木之在大山也。方存乎见少,又奚以自多?

夫学道者,见欲大而心欲小,见大则不以小自安,心小则不以大自负。海如此之大,而海若未尝以此自多,方且存乎见少,此望道未见之心,圣不自圣之意也。知见少,则可进于大观矣。

注中郭象一段可录:穷百川之量而悬于海,海悬于天地,则各有量也。此发辞气者,有似乎观大可以明小,寻其意则不然。夫世之所患者,不夷平等也,故质大者快然谓小者为无馀,质小者块然谓大者为至足,是以上下夸跂,俯仰自失,此乃生民之所惑也。惑者求正,正之者莫若先极其差而因其所谓。所谓大者,至足也,故秋毫无以累乎天地矣;所谓小者,无馀也,故天地无以过乎秋毫矣。然后惑者有由而反,各知其极,物安其分,逍遥者用其本步而游乎自得之场矣。此庄子之所以发德音也。若如惑之者之说,转以大小相负,则相倾者无穷矣。若夫睹大而不安其小,视少而自以为多,将奔驰于胜负之境而助天民之矜夸,岂不失乎庄生之旨哉?

计四海之在天地之间也,不似礨空之在大泽乎?计中国之在海内,不似稊米之在太仓乎?号物之数谓之万,人处一焉;今卒九州谷食之所生,舟车之所通,人处一焉。此其比万物也,不似豪末之在于马体乎?五帝之所连,三王之所争,仁人之所忧,任士之所劳,尽此矣。伯夷辞之以为名,仲尼语之以为博,此其自多也,不似尔向之自多于水乎?礨空,音垒孔。

所以存乎见少者,盖以道而观天地,则天地小矣。以天地而观一世界,则世界又小。计四海之在天地,其大泽之礨空乎?计中国之在四海之内,其太仓之稊米乎?礨空,水穴。稊米,稗米,言微之甚也。凡物之有名相者,号数有万,而人处其一;穷九州谷食之所生,舟车之所至,物类有万,而人处其一。我处一中之一人耳。以我之一,对物之万,并生并育于四海之间,不犹毫末之在马体乎?如是则益眇矣。而五帝连之,三王争之,仁人忧之,任士劳之,伯夷逊之以为名,夫子语之以为博,是奚足哉而以之自多乎?其与河伯之自多于水也,殆无以异矣。

河伯曰:然则吾大天地而小豪末,可乎?海若曰:否。夫物,量无穷,时无止,分无常,终始无故。是故大知观于远近,故小而不寡,大而不多,知量无穷。证曏今故,故摇而不闷,掇而不跂,知时无止。察乎盈虚,故得而不喜,失而不忧,知分之无常也。明乎坦涂,故生而不悦,死而不祸,知终始之不可故也。计人之所知不若其所不知,其生之时不若未生之时,以其至小求穷其至大之域,是故迷乱而不能自得也。由此观之,又何以知豪末之足以定至细之倪,又何以知天地之足以穷至大之域?曏向,明也。故,古字。

如上说到至小地位,更无进步。看他转身变换,固是文字之妙,然皆是他广大胸中流出。常人说小,便自萎蘼无摆划处,即为曲士,不解庄子所说义,故河伯欲大天地而小豪末。此个见识,便自死煞。海若为说一段道理,夫物,量无穷,时无止,分无常,终始无故。量,谓局量之大小。时,谓所值之先后。分,谓此生之得失。终始,谓死生存亡之变故。言物皆无一定而各各自足,故知者观于远近而知量之无穷,证于古今而知时之无止,察乎盈虚而知分之无常,明于坦途而知终始之无故。何以故?观远近者,以身之所在而观之,身在此则此者近而彼者远矣,身在彼则近又不得为之近也,如是则逮之未始不为近，而近亦未始不为远。以譬大小亦是一样，大亦何足多，而小亦何足寡乎？故以是而知量之无穷。证今古者，亦以身见在而证之。盖身之所处，见在为今，过去为古，古即见在之过去也，今即过去之见在也，然而后之视今，亦犹今之视昔。古不自古，何古而非今？是以遥而不闷。今无常今，有时而为古，是以掇而勿跂，以是而知时之无止。盖人之常情，从前望后，待而不得则闷，后缀乎前，追而弗及则跂，故知其无止，其妄自息。察乎造化之盈虚，则盈者造化之自息也，而盈何常盈？物固不足为之喜，虚者，造化之自消也，而虚不终虚，物亦何足为之悲？故得亦不喜，失亦不忧，知分之无常。明乎坦途，无有平而不陂，无有往而不复，则知生者物之出而往也，而往者必反，其生也何悦之有？死者物之来而归也，而屈者必伸，其死也何祸之有？不祸，谓其没吾宁而不祟，以是而知终始之不可故。故者，一定之陈迹也。言死生昼夜卒始若环，不可守以为常，故曰：不可故。不可故，便不以夭寿疑贰其心，故其生也不悦，其死也不祸。夫知物物之各足也而吾自足之，知物物之各顺也而吾自顺之，则我即道，道即我，道无方所，我亦无方所，道无执情，我亦无执情，又何天地之为大而豪末之为小乎？然而其小焉者何也？谓其不知道也。计人之所知，不若其所不知之为妙，其生之时，不若未生之时之为适。然其所不知者作麼指拟？未生之时作麼名状？今我以眇然之身而欲穷此至大之域，穷而不得，宜其迷乱而不自适也。不自适，则歉然而馁，其小宜矣。故惟知量之无穷，时之无止，分之无常，终始之无故者，则其所不知与未生之时，其道理亦不外此而得。此个学问，又自观远近，证古今，察盈虚，明坦途上体勘将来。如是则我虽豪末而不足为之小，天地虽大而不足为之大,故曰:何以知豪末之足以定至细之倪,何以知天地之足以穷至大之域。此种公案,庄子一生真实受用,不得草草看过。惟庄子与庄子乃能证此。妙哉!妙哉!

河伯曰:世之议者曰:至精无形,至大不可围。是信情乎?北海若曰:夫自细视大者不尽,自大视细者不明。夫精,小之微也,垺,大之殷也,故异便。此势之有也。夫精粗者,期于有形者也;无形者,数之所不能分也;不可围者,数之所不能穷也。可以言论者,物之粗也;可以意致者,物之精也。言之所不能论,意之所不能察致者,不期精粗焉。垺与郛同。殷,盛也。

此一转,又将大小字面换作精粗,重重入细,说向道理上去。盖至精无形,至大不可围,河伯便以此为大小之至,故有此问。信情乎,言有是实理乎?否也。不知自细视大者不尽,惟不尽,是故谓其不可围;自大视细者不明,惟不明,是故谓其无形。由是观之,大小之势异便有若然耳。然论精论粗,皆有形也。今精曰无形,非无形也,但小之微而数有所不能分耳。曰不能分、不能围,皆可言论也,可以言论则不得谓之精矣。若夫不可以言论,而但可以意致,则精矣。犹未也!若夫不可以言论而又不可以意致,则不期精粗焉。盖道无精粗,论精粗,虽精亦粗矣。此与《中庸》未章论不显之德同旨。

是故大人之行,不出乎害人,不多仁恩;动不为利,不贱门隶;货财弗争,不多辞让;事焉不借人,不多食乎力,不贱贪污;行殊乎俗,不多辟异;为在从众,不贱佞谄;世之爵禄不足以为劝,戮耻不足以为辱。知是非之不可为分,细大之不可为倪。闻曰:道人不闻,至德不得,大人无己。约分之至也。

上言至道不期精粗，此便说到大人体道之事。盖大人之心，虚静恬淡，无歆厌，无取舍，故其行也，虽不害人，而亦不以仁恩自多，其动也，虽不为利，而亦不以门隶为贱，盖门隶乃执鞭求利之人，因其可贱而贱之，非玄同也；虽不黩货而好争矣，而亦不以辞让为多；虽不借人以举事矣，而亦不以食力为贵。且人有贪污之行者亦不贱之，谓如上文所指争财、借人之类，行殊乎俗，则多有辟异之行，人皆多之，而不以为多，为在从众，则多有佞谄之心，人皆贱之，而不以为贱，世爵之不能为之劝也，世戮之不能为之辱也。如此不分是非，不辨细大，亦知玄同之德自合如此。老子所谓得者同于德，失者同于失，不可得而亲，不可得而疏，不可得而贵，不可得而贱，与此同旨。故闻之曰：道人不闻，有声闻非道人也，至德不得，有所得非上德也；大人无己，有我相非大人也。此约分之至也。约，如以约失之之约，谓收敛本分，不自大也。不自大，故能成其大。

河伯曰：若物之内，若物之外，恶至而倪贵贱？恶至而倪小大？北海若曰：以道观之，物无贵贱；以物观之，自贵而相贱；以俗观之，贵贱不在己。以差观之，因其所大而大之，则万物莫不大；因其所小而小之，则万物莫不小。知天地之为稊米也，知豪末之为丘山也，则差数睹矣。以功观之，因其所有而有之，则万物莫不有；因其所无而无之，则万物莫不无。知东西之相反而不可以相无，则功分定矣。以趣观之，因其所然而然之，则万物莫不然；因其所非而非之，则万物莫不非。知尧桀之自然而相非，则趣操睹矣。差，楚宜反。

上言大人无贵贱大小，一味玄同，河伯因问：物之内之外分明有个贵贱大小，即如孟子体有贵贱，有小大，养其小者为小人，养其大者为大人，自是一种道理，不知何以于无分别中至有分别？故曰恶至而倪贵贱云云。倪，绪之两头者，盖取以为分别之义。此个分别，俱属心识，窍凿浑沌，大非所宜，以故论大道者去之。海若答言：以道观之，物本来无贵无贱；以物自观，过为分别，故自贵而相贱，以俗观之，其贵其贱又不在己，如所谓赵孟之所贵，赵孟能贱之，如是则贵贱未始有定也。又以大小之等而言之，因其大而我大之，则更大矣；因其小而我小之，则更小矣。此处最好体贴人情。如人说某人好文字，我随众喜他，则见他篇篇句句皆是好的，又如人说某人不好，我随众恶他，则见他件件事事皆是不好的，不知他的等第原是没则量的。若我不因人之大而大之，则虽天地之大，我言宇宙在手，造化生身，则天地将不为稊米乎？不因人之小而小之，则虽豪末之微，我言芥子可纳须弥妙高山也，则豪末将不为丘山乎？知是，则物之小大亦未有定也，而差数睹矣。然则何至而倪贵贱，何至而倪小大乎？分明是不可得而分也。推之而至于有无之称、是非之辨，亦复如是。以功观之，因其所有而有之，则万物莫不有，因其所无而无之，则万物莫不无，而功之有也无也，又未始有定也。彼果有也耶？此果无也耶？知东西之相反而不可相无，则有无之功分定矣。何者？东者，西家之东，而未必东之果为东也；西者，东家之西，而未必西之果为西也。使舍东而言西，则西亦不成西矣，舍西而言东，则东亦不成东矣。故曰：相反而不可相无。喻如对无而称有，以有而形无，然后有无之名始立。若缺其一，则何所据而称有，又何所据而称无？故有无功分之不定，即此可与知矣。然曰定者，决定其为不定也。又以人之趣向观之，因其所然而然之，则万物莫不然，因其所非而非之，则万物莫不非，而是是非非又未有定也。知尧桀之仁暴自然而相非，则人之趣操睹矣。盖正人指邪人为邪,邪人亦指正人为邪,但以趣操不同而分是非。凡此皆于不分之中妄有分别,彼胜此负,卒无穷已,道之所以日丧而人心之所以日漓也。又孰知是非之不可为分,而细大之不可为倪乎?

昔者尧舜让而帝,之哙让而绝,汤武争而王,白公争而灭。由是观之,争让之礼,尧桀之行,贵贱有时,未可以为常也。梁丽可以冲城而不可以窒穴,言殊器也;麒骥骅骝一日而驰千里,捕鼠不如狸狌,言殊技也;鸱鸺夜撮蚤,察豪末,昼出瞋目而不见丘山,言殊性也。故曰:盖师是而无非,师治而无乱乎,是未明天地之理、万物之情者也,是犹师天而无地,师阴而无阳,其不可行,明矣。然且语而不舍,非愚则诬也。帝王殊禅,三代殊继。差其时、逆其俗者,谓之篡夫;当其时、顺其俗者,谓之义之徒。默默乎河伯,女恶知贵贱之门、小大之家? 瞋,嗔。禅,去声。

又设贵贱无常之喻,以明贵贱之不可倪。言让,美德也,在尧舜则为贵,而在之哙则为贱矣。争,贱名也,以白公则为贱,而在汤武则为贵矣。如是,则争让之礼、尧桀之行,贵贱有时,不可定以为常。又即物理而论,梁丽可以冲城而不可以窒穴,骅骝骐骥日驰千里而捕鼠不如狸狌,鸱鸺夜撮蚤,察秋豪而昼不见丘山,物有殊器,物有殊技,物有殊性,大有所能,小有所拙,用于此者或废于彼,何至而倪贵贱?何至而分大小?犹之天下无常是之理,然于此而或非于彼,古今无常治之世,理于前而或乱于后。若也师其是而无非,师其治而无乱乎,是不明于天地之理、万物之情者也,是犹师天而无地,师阴而无阳,其不可行也明矣。然则倪贵贱、分大小、执有方之见而不知无常之变者,何以异是?且夫贵贱,时耳,当其时则贵,失其时则贱。即帝王之禅继而观,为莽为懿亦禅继耳,岂知一差其时,一逆其俗,则人以篡夫目之,亦何取于禅继而贵之乎?默默乎河伯,恶知贵贱之为一门、小大之为一家乎?盖一门一家,信乎其不可分也。篇中意中生意,言外立言,重重照映,如国师为弈,阵势布列,而精神血脉尚未串贯,始学之流急难着眼,诸家笺解咸属朦胧,若非史氏为之圆融曲畅,则此老之意几不明于千古矣。

撮蚤,《淮南子》:鸱夜聚蚤虱而食之不失。崔本作爪,言鸺鹠夜聚人爪甲于巢中。梁丽,屋栋也。

河伯曰:然则我何为乎?何不为乎?吾辞受趣舍,吾终奈何?北海若曰:以道观之,何贵何贱,是谓反衍,无拘而志,与道大蹇。何少何多,是谓谢施,无一而行,与道参差。严乎若国之有君,其无私德;繇繇乎若祭之有社,其无私福;泛泛乎其若四方之无穷,其无所畛域;兼怀万物,其孰承翼?是谓无方。万物一齐,孰短孰长?道无终始,物有死生,不恃其成;一虚一满,不位乎其形。年不可举,时不可止;消息盈虚,终则有始。是所以语大义之方,论万物之理也。物之生也,若骤若驰,无动而不变,无时而不移。何为乎,何不为乎?夫固将自化。参,楚林反。差,楚宜反。

言既如此不生分别,则我之辞受趣舍将何适从?何为乎?何不为乎?海若答曰:以道而观,何者为贵,何者为贱?盖有贵有贱,皆世谛也。因有贵贱,则贵以临贱,贱以承贵,相倾相役,出门有碍,如何得宽?反之于道,无贵无贱,则自宽矣,故曰:是谓反衍。衍者,宽义。慎毋以世情作见,以拘尔志,与道为梗也,故曰:无拘而志,与道大蹇。如此无贵无贱,各足其足,何所自少,何所自多?如人屏谢世缘而不施者,故曰:是谓谢施。盖施则有多有少,谢而不施,则何多少之足云乎?慎毋执一而行,而与道相背驰也,故曰:

无一而行，与道参差。然曰无拘、曰无一，则无方之德也。故又为之形容，俨乎若国之有君而无私德，由由乎若祭之有社而无私福，泛泛乎若四方之无穷而无私畛域，兼怀万物，孰承翼之而无私系恋，无私则万物齐一，而长短小大皆非所论矣。夫道无终始，而物有死生，故将自其不变者而观之，若可恃以为常，自其变者而观之，则不敢恃乎其成而位乎其形。恃成，谓居其成功。位形，谓守其定位。何者？四时之序，成功者退，去而不可追者年也，流而不可止者时也，天地之化，消息盈虚，如循连环，终则有始。以是而论，则大义之方，万物之理，尽在是矣。且物之生也，若骤若驰，无有动而不变者，无有时而不移者。人居大化之中，何所执乎？何为而何不为？夫亦顺其自然之化而已矣。

河伯曰：然则何贵于道耶？北海若曰：知道者必达于理，达于理者必明于权，明于权者不以物害己。至德者，火弗能热，水弗能溺，寒暑弗能害，禽兽弗能贼。非谓其薄之也，言察乎安危，宁于祸福，谨于去就，莫之能害也。故曰：天在内，人在外，德在乎天。知天人之行，本乎天，位乎德，蹢躅而屈伸，反要而语极。蹢躅，音踯躅。

承上言，顺其自化则何物不在自化之中，然则何贵于道而必以道物身也？此一问又甚好。不知惟知道者乃能顺化，故守经行权而不失乎己，故曰：知道者必达于理，达于理者必明于权。理，谓盈虚消息之理。权，则所以善其用于不穷者也。夫人莫不有命，而惟顺受其正者乃为自化。若推而纳诸罟擭陷阱之中而莫之知避，与彼立岩墙、犯桎梏者，要皆不达权变之人，自取祸戾者也。是以圣人无死地，谓其明于权而不以物害己也。且如语至德者谓火不能热，水不能溺，寒暑不能害，禽兽不能贼，岂谓与之相薄而物不能为之害哉？言察乎安危，宁于祸福，谨于去就，而莫之能害也。故曰：天在内，人在外。在内，言主张之者。在外，言斡旋之者。德在乎天，天者理而已矣，顺乎理而达乎权，则位乎天德矣。位德，犹言立德，德立则蹢躅屈伸皆得自如。此道之要也，理之极也。道要理极，即上文所谓语大义之方，论万物之理者。说到此处，则知此老学问活泼泼地，知经知权，无固无我，此身常在大造炉中，常自逍遥快乐，又孰谓其荒唐而无当哉？

曰：何谓天？何谓人？北海若曰：牛马四足，是谓天。落马首，穿牛鼻，是谓人。故曰：无以人灭天，无以故灭命，无以得殉名。谨守而勿失，是谓反其真。落络同。

发出天、人二字，见天人相须以有成，又恐不知者以人胜天，加以安排造作之私，急为救转，无以人灭天，无以故灭命。故者，有心而为之，有心即非自然。自然之谓命，命即天也。无以得殉名，得谓己德，丧于为名者多，曰无以者，不以千金之珠弹鸟雀也。三句道理甚正，孔孟之论不过是也。

夔怜蚿，蚿怜蛇，蛇怜风，风怜目，目怜心。夔谓蚿曰：吾以一足趻踔而行，予无如矣。今子之使万足，独奈何？蚿曰：不然。子不见夫唾者乎？喷则大者如珠，小者如雾，杂而下者不可胜数也。今予动吾天机，而不知其所以然。蚿谓蛇曰：吾以众足行，而不及子之无足，何也？蛇曰：夫天机之所动，何可易耶？吾安用足哉？蛇谓风曰：予动吾脊胁而行，则有似也。今子蓬蓬然起于北海，蓬蓬然入于南海，而似无有，何也？风曰：然。予蓬蓬然而起于北海，蓬蓬然而入于南海也。然而指我则胜我，鰌我亦胜我。虽然，夫折大木、蜚大屋者，唯我能也。故以众小不胜为大胜也。为大胜者，

唯圣人能之。蚿，贤。跉，琛去声。踔，卓。鳕，秋，足践也。

夔一足，蚿百足，蛇无足，皆能自行，然犹有形似。风则无形而自行，目则不行而能至，犹以形用也。心则以神用，而古今宇宙无不周遍。说此数重，直是构思奇绝。中间喷唾之喻，尤非人思虑所及者。却就风上说出个用小胜以为大胜，正与圣人能小能大、能柔能刚者同一妙用。不说心目，便文字不板样，如半开莲花，妙悟者得之。

孔子游于匡，宋人围之数匝，而弦歌不辍。子路入见，曰：何夫子之娱也？孔子曰：来，吾语女。我讳穷久矣而不免，命也。求通久矣而不得，时也。当尧舜而天下无穷人，非知得也，当桀纣而天下无通人，非知失也，时势适然。夫水行不避蛟龙者，渔父之勇也。陆行不避兕虎者，猎夫之勇也。白刃交于前，视死若生者，烈士之勇也。知穷之有命，知通之有时，临大难而不惧者，圣人之勇也。由，处矣！吾命有所制矣！无几何，将甲者进，辞曰：以为阳虎也，故围之。今非也，请辞而退。

知得之知，去声。处，犹止也。制命，犹言造命。

公孙龙问于魏牟曰：龙少学先王之道，长而明仁义之行，合同异，离坚白，然不然，可不可，困百家之知，穷众口之辩，吾自以为至达已。今吾闻庄子之言，汒焉异之。不知论之不及与？知之弗若与？今吾无所开吾喙，敢问其方？公子牟隐几太息，仰天而笑曰：子独不闻夫埳井之蛙乎？谓东海之鳖曰：吾乐与！吾跳梁乎井干之上，入休乎缺甃之崖，赴水则接腋持颐，蹶泥则没足灭跗，还虷蟹与科斗，莫吾能若也。且夫擅一壑之水而跨跱埳井之乐，此亦至矣。夫子奚不时来入观乎？东海之鳖左足未入，而右膝已絷矣，于

是逡巡而却，告之海曰：夫千里之远不足以举其大，千仞之高不足以极其深，禹之时，十年九潦而水弗为加益，汤之时，八年七旱而崖不为加损。夫不为顷久推移，不以多少进退者，此亦东海之大乐也。于是埳井之蛙闻之，适适然惊，规规然自失也。且夫知不知是非之竟，而犹欲观于庄子之言，是犹使蚉负山、商蚷驰河也，必不胜任矣。且夫知不知论极妙之言，而自适一时之利者，是非埳井之蛙与？且彼方跐黄泉而登大皇，无南无北，奭然四解，沦于不测；无东无西，始于玄冥，反于大通。子乃规规然而求之以察，索之以辩，是直用管窥天，用锥指地也，不亦小乎？子往矣！且子独不闻夫寿陵馀子之学行于邯郸与？未得国能，又失其故行矣，直匍匐而归耳。今子不去，将忘子之故，失子之业。公孙龙口呿而不合，舌举而不下，乃逸而走。汒，茫。埳，坎。还，旋。虷，寒。跱，峙。蚷，渠。呿，怯。

汒，与茫同。埳井，坏井也。井干，井栏也。缺甃，井甃缺而成崖者。接腋持颐，蛙赴水则以两腋拍水，如接物者然。持颐，紧闭其口也。此四字分明写出一个水蛙。跗，小足也。还，回顾也。虷，水中赤虫。科斗，蟆子也。跨，行止也。絷，拘挛也。逡巡而却，小不能容，却步而退出也。十年九潦，八年七旱，看他下语活处。若他人，径谓九年水而七年旱矣。蚉，蚊虫也。商蚷，马蚿也。一时之利，谓利口也。跐，蹈也。大皇，天也。跐黄泉而登大皇，谓穷高极深也。奭，释也。四解，四达也。玄冥，溟涬之先也。大通，大道也。未丁之夫曰馀子。国能，谓彼国之所能。呿，开口也。逸，逃遁也。此与下三段无甚深旨，直训其字而已，无劳笺疏。

庄子钓于濮水，楚王使大夫二人往先焉，曰：愿以竟内累矣！庄子持竿不顾，曰：吾闻楚有神龟，死已三千岁矣。王巾笥而藏之

庙堂之上。此龟者,宁其死为留骨而贵乎?宁其生而曳尾于途中乎?二大夫曰:宁生而曳尾涂于中。庄子曰:往矣!吾将曳尾于途中。

二大夫先,为王先容也。竟,与境同,谓以四境累足下而治之。

惠子相梁,庄子往见之。或谓惠子曰:庄子来,欲代子相。于是惠子恐,搜于国中三日三夜。庄子往见之,曰:南方有鸟,其名为鵷鶵,子知之乎?夫鵷鶵发于南海而飞于北海,非梧桐不止,非练实不食,非醴泉不饮。于是鸱得腐鼠,鵷鶵过之,仰而视之曰:吓!今子欲以子之梁国而吓我耶?

鵷鶵,凤雏也。练实,竹实也。吓,怒其声,恐夺己食也。世道交情,观此可以发一长笑。庄生直为千古写出鄙夫鄙悋之态,只以一字形之。妙哉!妙哉!

庄子与惠子游于濠梁之上。庄子曰:鯈鱼出游从容,是鱼乐也。惠子曰:子非鱼,安知鱼之乐?庄子曰:子非我,安知我不知鱼之乐?惠子曰我非子,固不知子矣。子固非鱼也,子之不知鱼之乐,全矣!庄子曰:请循其本。子曰女安知鱼乐云者,既已知吾知之而问我。我知之濠上也。鯈,条。

此一段甚有辩才。子非鱼,安知鱼之乐?惠子言:子之与鱼,水陆异处,初非族类,何所从而知鱼之乐耶?庄子却借其言而复之曰:子非我也,安知我不知鱼之乐耶?惠子善辩者也,又借其言而转之曰:我固非子,我不知子固矣,然我与子犹人类也,尚以尔汝形骸之隔而不相知,何况鱼为非类乎?如是,则子之与鱼全无相知之理矣。庄子到此,方以正对曰:请循其本。言我今与子反覆辩论,取给于口,皆为枝叶之谈,非本论也。若寻其本论,已知子知我之知鱼矣,而犹问我者,正欲得所以知鱼之故。不知物理人情自是可推,我居濠之上而逍遥,则濠之下者不言可知,是以不待与鱼同类而后能知其乐也。盖庄子善通物情,故一体同观若此。后来者,若茂叔之观窗草,子厚之听驴鸣,皆得此意。方壶外史说是篇已,重宣此义而作乱辞:

百川灌河,伯也自多。观于北海,丑将奈何?
大方达观,天地稊米。人处九州,毫末马体。
至大难穷,至细莫倪。语非所尽,意岂能思?
大人无己,知分知时。一体同观,反衍谢施。
无动不变,无时不移。大义之方,何为不为?
谨于去就,察乎危安。蹢躅屈伸,达理明权。
无人灭天,无故灭命。以小不胜,而成大胜。
龙真井蛙,孔非暴虎。庄曳楚龟,惠吓梁鼠。
儵鱼出游,其乐只且。知之濠上,我固非鱼。

外篇至乐第十八

此篇教人决择至乐活身之术,皆以无为而存,将个无字推到本始。论及人物之生死变化,察其本无而同出入于一机,其有生老病死,等如四时昼夜,达命者不哀,观化者无恶,一味顺其自然,然后在我者长乐而长存也。

天下有至乐无有哉?有可以活身者无有哉?今奚为奚据?奚避奚处?奚就奚去?奚乐奚恶?夫天下之所尊者,富、贵、寿、善也;所乐者,身安、厚味、美服、好色、音声也;所下者,贫、贱、夭、恶也;所苦者,身不得安逸,口不得厚味,形不得美服,目不得好色,耳

不得音声。若不得者,则大忧以惧,其为形也亦愚哉!夫富者,苦身疾作,多积财而不得尽用,其为形也亦外矣!夫贵者,夜以继日,思虑善否,其为形也亦疏矣!人之生也,与忧俱生,寿者惛惛,久忧不死,何之苦也,其为形也亦远矣!烈士为天下见善矣,未足以活身,吾未知善之诚善耶?诚不善耶?若以为善矣,不足以活身;以为不善矣,足以活人。故曰:忠谏不听,蹲循勿争。故夫子胥争之以残其形,不争,名亦不成。诚有善无有哉?今俗之所为与其所乐,吾又未知乐之果乐耶?果不乐耶?吾观夫俗之所乐举群趣者,誙誙然如将不得已而皆曰乐者,吾未之乐也,亦未之不乐也。果有乐无有哉?吾以无为诚乐矣,又俗之所大苦也。故曰:至乐无乐,至誉无誉。誙,铿。

从上篇不以物害己透下意来,发此一段,急为天下定个至乐存身之术。二无有哉,反诘之词,言决是有也。今奚为奚据,正诘之词,与屈原卜居孰吉孰凶,何去何从,同一意旨。天下所尊者以下,言世俗有此四等,一句断杀,其为形也亦愚哉。为字,作去声读。愚者以物丧己,富者苦形勤作,类多积而不得尽用,身死则财为无用矣,其为形也不亦外乎?贵者日夜思虑善否以求安身固位,而天下有可以活身无有哉,竟不之思,则其为身也不亦疏乎?寿者负此有忧有患之身,惛惛不死,何自苦也!而犹有求为引年之术者,其为形也不亦远乎?烈士砥砺名节,视死如归,以求自见于天下,盖善矣,非善之善也,故曰:忠谏不听,则当逡巡却去,而勿与之争,此活身之道也,而子胥乃争之以自残。故夫身不争不死,名不争不成,果有善无有哉?于此当自决择可也。今世情之所趋与吾之所处大率相反,吾未知世俗之所趋果乐无有也。吾以无为为乐,诚乐矣,而世俗苦之,吾如世俗何哉?故曰:至乐无乐。世俗之所乐,真非乐也;至誉无誉,烈士之所争,真非名也。

天下是非果未可定也。虽然,无为可以定是非。至乐活身,惟无为几存。请尝试言之:天无为以之清,地无为以之宁,故两无为相合,万物皆化。芒乎芴乎,而无从出乎?芴乎芒乎,而无有象乎?万物职职,皆从无为殖。故曰:天地无为也,而无不为也。人也孰能得无为哉?芴,忽。

天下只有苦乐二种。狃于乐者,见乐而不见苦,将欲是之,无有是处,将欲非之,而彼不自以为非,故曰:天下是非果未有定也。虽然下一转语,无为可以定是非。盖无为则无所于乐,而不见其苦矣。故至乐活身者,惟无为庶几可以自存。是无为也,天以之清,地以之宁,物以之生。然又须要认得此无是个甚麼,即无名天地之始,未始有夫未始有也者。故反覆而为之詠,芒乎芴乎,象帝之先而无从出乎?盖无则真空无象矣。芴乎芒乎而无有象乎?芒,即混芒之义。芴,即沕穆之义。职职,繁殖也。天地以无为而生化万物,是天地之无为而无不为也。人也,天地之心也,焉能得无为哉?知无为,则虚静恬淡而不以苦为乐矣。

庄子妻死,惠子吊之,庄子则方箕踞鼓盆而歌。惠子曰:与人居,长子老、身死,不哭亦足矣,又鼓盆而歌,不亦甚乎?庄子曰:不然。是其始死也,我独何能无槩然?察其始而本无生,非徒无生也,而本无形,非徒无形也,而本无气,杂乎芒芴之间,变而有气,气变而有形,形变而有生,今又变而之死,是相与为春秋冬夏四时行也。人且偃然寝于巨室,而我嗷嗷然随而哭之,自以为不通乎命,故止也。长,上声。嗷,古吊反。

此段正好与内篇养生主中秦失三号，大宗师中子杞、子桑户、孟孙才等章参看。盆，瓦缶也，鼓之所以节音。无槩然，言焉能不槩然与世人同情哉？形变而有生，生，指知觉运动而言。偃，仰也。巨室，谓天地。夫庄子鼓盆，自世俗观之，直谓不近人情，害义伤教。不知此种无情学问，究竟性命者，紧要得力正在于此。一切世人皆以恩爱而生贪着，遂有种种无明烦恼，不自解脱，生死轮回，莫不由此。韩退之云，持被入省中，顾妻妾刺刺语不休，说尽世间儿女态度。庄子直为斯人截断恩爱烦恼，猛于生死关头说个无生法忍教人认取。本自无来，今亦无去，其有生死幻变不常，与寒暑晦明，同一代谢，何足关情，妄生悲喜？古之至人，利害不干于心，而生死无变于己，只是个勘得破，立得住，八风五欲煎炒不动。《金刚经》：世尊道：我昔为歌利王极恶无道君。割截肢体，丁尔时无有我相、人相、众生相、寿者相，以故不生瞋恨，方于忍辱波罗蜜中保有进步。吾儒中若曾子易箦、子路结缨，亦是他学问真实受用。自身尚然，何况外身而观化者？此处庄生犹为惠子俯就两句曰：当其始死，我亦何能无槩然？以为不达于命故止也，犹为方便说法，直恐惊倒惠子。若使二子针芥相投，直须说个：我尚无我，涕从何出？读庄子者不于此处着眼，何处着眼？不于此处认取学问，何处寻学问做？方壶外史急为拈出，为庄生立此一段公案。庄子死妻，令天下万世人都来证道，又却是外史老婆心切也。谛听！谛听！急为提撕，早迟八刻。何故？无情说法无情受，拟议商量总不堪。

支离叔与滑介叔观于冥伯之丘，昆仑之墟，黄帝之所休。俄而柳生其左肘，其意蹶蹶然恶之。支离叔曰：子恶之乎？滑介叔曰：亡，予何恶？生者假借也。假之而生，生者尘垢也。死生为昼夜。

且吾与子观化而化及我,我又何恶焉?滑,骨。蹶,圭去声。

柳,疡也,味意柳多拥肿,故以为疡疖之喻。假借,即佛经所谓地水风火四大假合。生者尘垢也,解见末条。此段郭象注好:先示有情,然后寻至理以遣之。若云我本无情,故能无忧,则夫有情者遂自绝于远旷之域而迷困于忧乐之境矣。

庄子之楚,见空髑髅,髐然有形。撽以马棰,因而问之曰:夫子贪生失理而为此乎?将子有亡国之事、斧钺之诛而为此乎?将子有不善之行,愧遗父母妻子之丑而为此乎?将子有冻馁之患而为此乎?将子之春秋故及此乎?于是语卒,援髑髅枕而卧。夜半,髑髅见梦曰:子之谈者似辩士。诸子所言,皆生人之累也,死则无此矣。子欲闻死之说乎?庄子曰:然。髑髅曰:死,无君于上,无臣于下,亦无四时之事,从然以天地为春秋,虽南面王乐不能过也。庄子不信,曰:吾使司命复生子形,为子骨肉肌肤,反子父母、妻子、闾里、知识,子欲之乎?髑髅深矉蹙頞曰:吾安能弃南面王乐而复为人间之劳乎?髑髅,独楼。髐,哓。撽,窍。

此自老子天下大患,为吾有身,自吾无身,复有何患上撰出一段寓言,直是戏剧。若真谓庄子有生死欣厌之心,则又痴人说梦矣。

颜渊东之齐,孔子有忧色。子贡下席而问曰:小子敢问:回东之齐,夫子有忧色,何耶?孔子曰:善哉女问!昔者管子有言,丘甚善之,曰:褚小者不可以怀大,绠短者不可以汲深。夫若是者,以为命有所成而形有所适也,夫不可损益。吾恐回与齐侯言尧、舜、黄帝之道,而重以燧人、神农之言,彼将内求于己而不得,不得则惑,人惑则死。

人惑则死，言人既惑于我之言，则将谓我将不利于彼国，而罪我者至矣。盖借颜子以危当时之游士。褚，布袋也。绠，井绳也。喻齐侯短小之见，不可以大道说之。

且女独不闻耶？昔者海鸟止于鲁郊，鲁侯御而觞之于庙，奏九韶以为乐，具太牢以为膳。鸟乃眩视忧悲，不敢食一脔，不敢饮一杯，三日而死。此以己养养鸟也，非以鸟养养鸟也。夫以鸟养养鸟者，宜栖之深林，游之坛陆，浮之江湖，食之鳍鲦，随行列而止，委蛇而处。彼唯人言之恶闻，奚以夫譊譊为乎？御，迓。脔，里转反。食，嗣。鳍鲦，秋条。行，杭。委蛇，萎移。

以鸟设喻，谓齐侯不可以尧舜黄帝之道说之。若战争攻守之事、富强之术，则彼将乐闻矣。

咸池九韶之乐，张之洞庭之野，鸟闻之而飞，兽闻之而走，鱼闻之而下入，人卒闻之，相与还而观之。鱼处水而生，人处水而死。彼必相与异，其好恶故异也。故先圣不一其能，不同其事。名止于实，义设于适，是之谓条达而福持。

夫物有殊性，人亦宜然。齐侯之不可说以大道者，其好恶异也。古之圣人，不一人之能，不同人之事，知其命有所成而形有所适，不可同且一也。故求实于名，设义于适。因名以求实，则无不量而入之嫌矣；因适以陈义，则无求而不得之惑矣。两者条达，则持福常在于己，乌有人惑则死之患哉？

列子行食于道从，见百岁髑髅，攓蓬而指之曰：唯予与女知而未尝死、未尝生也。若果养乎？予果欢乎？种有几，得水则为䰟，得水土之际则为蛙蠙之衣，生于陵屯则为陵舄，陵舄得郁栖则为乌足，乌足之根为蛴螬，其叶为蝴蝶。蝴蝶，胥也，化而为虫，生于灶

下,其状若脱,其名为鸲掇。鸲掇千日为鸟,其名为干鱼骨。干鱼骨之沫为斯弥,斯弥为食醯,颐辂生乎食醯。黄軦生乎九猷,瞀芮生乎腐蠸,羊奚比乎不箰久竹生青宁,青宁生程,程生马,马生人,人又反入于机。万物皆出于机,皆入于机。攓,蹇。𧄍,继。鸲,劬。乾,干。瞀,茂。蠸,权欢二音。比,去。

攓,扶也。言髑髅没于蓬蒿之中,列子扶其蓬而指之曰:惟予与女知之之道乎?而固未尝死也,察其本始,而亦未尝生也。既未尝生,则不当以养为期;既未尝死,又何以灭为乐乎?故曰:若果以予为养乎?予果以女为欢乎?如此悦生悦死,皆属妄念。予与若同在大造炉冶中,鼠肝虫臂任其自化。举其化生,凡有几种。先自湿化者而言,得水为𧄍。何以故?水为五行之初先,芒芴之间,变而有气,此气一动,变而有形,未免有所假借而后生。上文所谓生者假借也。假而后生,生者尘埃也。大地尘埃,为息所吹,浮游水上,尘尘相牵,如丝如缕,其名为𧄍。盖水苔欲生之先,河中多有此朕。其在水上之际,两岸之旁,水得土气,渐凝渐厚,遂有体质,其色沉绿,名为蛙蠙之衣,是曰青苔。渐渐近土,生于陵屯,化为陵舄。陵舄,车前草名也,多生岸旁,又名泽舄,其性利水。陵舄而得郁栖,化为乌足。郁栖,粪壤也。乌足亦草名,其根化为蛴螬,而叶为蝴蝶。蝴蝶,胥之别名也。盖草化为虫,质多蠕弱。又生于田夫野灶之下者,得火之气,化而为虫,无皮无壳,其状若脱,名为鸲掇。鸲掇伏土千日,化而为鸟,其名干鱼骨。此一化自乌足来者最为强健。而干鱼骨之沫化为斯弥,斯弥化为食醯。食醯者,蠛蠓也,喜酸而聚醯,故曰食醯。食醯虽小,而自气血中来,亦能以形相感,多见此虫相尾而飞于空中。故食醯生颐辂,颐辂生九猷,九猷生黄蜺,黄蜺生腐蠸,腐蠸生瞀芮,递递相生,皆虫类也。或不作递生说者亦得。大率此虫无考,注书到此,类皆阁笔,乃知阿难夙世惟愿多闻,晋室张华虚传博洽。羊奚比乎不箰久竹,羊奚,亦草名,根如芜菁,疑即药草中所谓羊蹄根者。比,合也。其根若连于久不生笱之竹,则生青宁。青宁,亦虫名。青宁生程,程生马,马生人,郭注以为俗本多误,亦夏五传疑之盛心也,而林鬳斋注直谓人、马皆草名,如马齿、人参之类,不知何本?又谓庄子故为诡怪之名,万世之下,受其愚弄,看他不破。审是,则《南华》为愚弄天下之书矣。我不愚弄天下人,不敢以此言而诬先哲。曰:然则何解?曰:愚意直谓程生马,马生人耳。曰:繁气而生人类,可乎?曰:二五之妙,微而渐著,转而愈灵,人虽至贵,不应于海滨空寂之处忽然而生。如宋儒之臆说者,未免有所假借,借则不借于物而谁借乎?史臣谓元之始祖胎于狼鹿,此其一征。盖造化之始,生物而至于生人,则灵秀备矣,若是马齿、人参,则不过庶草中之一品,造化到此便了,直是无所归宿。观人又反入于机一句,是人参反入于机,可乎?分明说造化到生人住了,不消假借而生,径自以形相禅,相生相死,相死相生,反入大造机中,所谓火传也,不知其尽也。其下复曰万物皆出于机,皆入于机,正见人与万物本同一气,生长归复,皆出自然。因指髑髅,等闲发此一段,要人认取天机。养乎?乐乎?何容心哉?顺其自化可也。方壶外史重宣此义而作乱辞:

至乐活身,无为乐真。以苦为乐,匪我思存。

达命不哀,观化奚恶?大累有生,无复何虑?

形有所适,命有所成。鸟非人养,鱼不陆生。

攓蓬指髑,予诲女知。欢乎养乎,出入一机。

庄子副墨卷之五　寂字集

外篇达生第十九

此篇多庄子杂著，中间所论藏神守气，愈譬愈精，做学问者不可不熟读此篇，惜史氏疏不能尽。

达生之情者，不务生之所无以为；达命之情者，不务知之所无奈何。养形必先之物，物有馀而形不养者有之矣；有生必先无离形，形不离而生亡者有之矣。生之来不能却，其去不能止，悲夫！世之人以为养形足以存生，而养形果不足以存生，则世奚足为哉？虽不足为而不可不为者，其为不免矣。夫欲免为形者，莫如弃世。弃世则无累，无累则正平，正平则与彼更生，更生则几矣。事奚足弃而生奚足遗？弃事则形不劳，遗生则精不亏。夫形全精复，与天为一。天地者，万物之父母也，合则成体，散则成始。形精不亏，是谓能移。精而又精，反以相天。

情，实也。无以为，犹言无用为此。夫人莫不知生之当养，而一有徇物之心，非养也。故惟达生之情者，则虚静恬淡寂寞无为，竟不务其无以为者以为养。夫人莫不知命之当安，而一有侥幸之心，非安也。故惟达命之情者，则顺其自然，而不务其知之无可奈何者以幸免。何者？尝试论之：养生必先于养形，养形必先于备物。或富贵而夭折，则物有馀而形不养者有之矣。有形则有生，生与形不相离也，而吾生也有涯，则形不离而生亡者有之矣。生也者,形之所以为形者也。生之来不能却,生之去不可挽,悲夫!此形若传舍耳。世人但谓养形足以存生,而养形之果不足以存生也,则尚奚以备物致养为哉?然虽不足为也,而有不可不为者在焉。不可不为,则其为不免矣。焉有不免于为而得免于累者乎?何者?有身则有求,有求则有苦,故朝夕则思饔飧,寒暑则思裘葛,俯仰则思事畜,交际则思往来,亦人世之所不废者。欲免为形之累,则莫如弃世。弃世者,断缘简事,损之又损,而不以世情为念也。夫弃世者,必虚静,必恬淡,必寂寞无为,而后与道相应,如是则无累,如是则正平,如是则与彼更生,如是则几矣。何者?世人生生之厚,故不正不平,生而动之死地。今也无累而正平,则一个虚静恬淡寂寞无为,造化便死他不得,更得个活身的道理,故曰:则更生、则几。事奚足弃而生奚足遗?此一句是问辞。复自答云:弃事则形不劳,恐劳其形,故弃其事也。遗生则精不亏,恐摇其精,故遗其生也。遗生,即老子所谓不厚其生,不益其生之谓。精不亏则精复矣,形不劳则形全矣。天地之所以长久,不过形全而精不亏耳。常清常宁,是形之全也;常顺常健,是精之固也。今也精复而形全,宁不与天为一乎?何者?天地与我本同一气,如父母然。气合则聚而成形,天之未始不为人也;散则返于无始,人又未始不为天也。虽曰成体,而亏体者多;虽曰成始,而返始者鲜矣。故惟形精不亏之人,乃能入无出有而生变化,喻如以火传薪,薪虽尽而火莫之能穷,故曰:是谓能移。能移,则与天为一矣。精之又精,则不惟合天,而反以相天。相天,犹儒言赞化,道言宇宙在手,万化生身也。人而反以相天,则圣修之能事毕矣。此段所论,甚有至理,不得草草读过。

子列子问关尹曰:至人潜行不窒,蹈火不熟,行乎万物之上而

不栗。请问何以至此？关尹曰：是纯气之守也，非知巧果敢之列。居，予语女。凡有貌象声色者，皆物也，物何以相远？夫奚足以至乎先？是色而已。则物之造乎不形而止乎无所化，夫得是而穷之者，物焉得而止焉？彼得处乎不淫之度，而藏乎无端之纪，游乎万物之所终始，壹其性，养其气，合其德，以通乎物之所造。夫若是者，其天守全，其神无郤，物奚自入焉？知，智。郤，隙。

潜行不窒，入金石无碍也。蹈火不热，跨火不焦也。行乎万物之上，乘云气，挟日月，蹑虚凌空而游宴自如也。盖至人纯守元气而成身外之身，故能如此。若但以声色象貌而言，则亦物而已，物则不通，何以悬绝若此而足以至乎其先乎？先，即未始有物之先，造物之始炁正在于此。故惟纯气之守者乃能以真摄真，而成出有入无之妙用。若是色象而已，则又何能至是乎哉？夫物有造乎不形而止乎无所化者，得而穷之，则孰得而御焉？不形，即所谓无声无臭者。无所化，则所谓未始有物焉者。至人之所守，守此而已。守之之道，惟处身乎不淫之度，而藏神乎无端之纪，以游乎万物之所终始，壹其性，养其气，合其德，以通乎物之所造而已。淫，佚乐也。处身乎不淫之度者，虚静恬淡，寂寞无为。常藏此神于渊默之地，动静不能倪其介，鬼神不能测其机，故曰：无端之纪。即此无端之纪，是谓造化之根柢，品汇之枢纽，出入之机，莫不由此，故曰：游万物之终始。壹其性，养其气，致虚之极，守静之笃，神气子母抱一无离，合其德以通于天。合者，一而不分之义。天者，物之所由以造者也。德通于天，则天者全而神无所郤矣，物焉得而窒之？火焉得而热之？万物之上又焉得而栗之也哉？

夫醉者之坠车，虽疾不死。骨节与人同而犯害与人异，其神全

也。乘亦不知也，坠亦不知也，死生惊惧不入乎其胸中，是故遻物而不慴。彼得全于酒而犹若是，而况得全于天乎？圣人藏于天，故莫之能伤也。遻，悟。慴，折。

若不观乎醉人乎？坠车，病矣而不死。骨节与人同而犯害与人异者，其神全也。盖醉人醉矣，彼时乘亦不知，坠亦不知，死生惊惧不入乎胸中，是故虽迕于物而不慴，以神全故气全，气全故虽病而不死。彼神全于酒者尚然，而况神全于天者乎？天只是个虚静恬淡寂寞无为，圣人藏神，正藏于此。然前曰守气，此曰藏神，藏神正所以守气也。

复雠者不折镆干，虽有忮心者不怨飘瓦，是以天下平均。故无攻战之乱，无杀戮之形者，由此道也。不开人之天，而开天之天。开天者德生，开人者贼生。不厌其天，不忽于人，民几乎以其真。

刃杀人乎？操刃者杀人乎？复雠不折镆干，仇在人而不在物也。忮心不怨飘瓦，亦复如是。言此者，见无心者之不取忤于世也。使人人皆如镆干、飘瓦之无心，则天下平矣，何有战攻杀戮之惨乎？修道者知无心自然之妙也，是以不开人之天而开天之天。开天之天者，虚静恬淡，明其自然之理也。开人之天者，妄起知识，凿其混沌之窍也。故开天者德生，开人者贼生。德，谓全其天德之真。贼，谓加以人为之害。天以此理善吾生，而吾贼之，则自绝于天矣。吾得此理以为生，而不能全之，则自轻乎人矣。不厌乎天，不忽于人，将不几返于真乎？此亦自上文圣人藏神于天上透下意来，别作一段为是。

仲尼适楚，出于林中，见痀偻者承蜩，犹掇之也。仲尼曰：子巧乎！有道耶？曰：我有道也。五六月，累丸二而不坠，则失者锱铢；

累三而不坠,则失者十一;累五而不坠,犹掇之也。吾处身也,若橛株拘;吾执臂也,若槁木之枝。虽天地之大,万物之多,而唯蜩翼之知。吾不反不侧,不以万物易蜩之翼,何为而不得?孔子顾谓弟子曰:用志不分,乃凝于神,其痀偻丈人之谓乎!痀偻,伛缕。橛,掘。

痀偻,曲背人也。蜩,小蝉也。以竿黏蝉曰承。掇,手取也。累弹丸于竿首,至二至五而不坠,则神定而视审,从可知矣。以是审定持竿,故能承蜩而不失。又当承蜩之时,外体欲直,内志欲宁,身如株橛之拘,臂如槁木之枝,心一于蜩而不知蜩之外复有他物。盖虽小技而亦有妙理。则尝问之黏物者,彼言最忌手颤,竿头摇动则物惊而走。总之,凝定而详审,可以得志于物矣。其语意正与此同。孔子闻其言而喜其有近于道也,谓弟子曰:用志不分,乃凝于神,痀偻丈人之谓乎!引此以明藏神守气之用。

颜渊问仲尼曰:吾尝济乎觞深之渊,津人操舟若神。吾问焉曰:操舟可学耶?曰:可。善游者数能。若乃夫没人,则未尝见舟而便操之也。吾问焉而不吾告,敢问何谓也?仲尼曰:善游者数能,忘水也。若乃夫汝人之未尝见舟而便操之也,彼视渊若陵,视舟之覆犹其车却也。覆却万方陈乎前而不得入其舍,恶往而不暇?以瓦注者巧,以钩注者惮,以黄金注者殙,其巧一也,而有所矜则重外也。凡外重者内拙。数,朔。殙,昏。

此亦用志不分之喻。觞深,至深之渊也。游,浮于上也。没,汩于下也。游人犹知有水,但与之相忘耳。汩人则不见有水,如处平陆,故汩人不待见舟,便自能操,犹云不习,无不利也。不入乎舍,言利害不入乎心。暇,幽闲也。注,射而赌物也。钩,带钩也。殙,与涽同。矜者,怜惜之意。有所矜惮,则志分矣,故重外者内拙,言拙于用也,与巧字对。

田开之见周威公,威公曰:吾闻祝肾学生,吾子与祝肾游,亦何闻焉?田开之曰:开之操拔彗以侍门庭,亦何闻于夫子?威公曰:田子无让,寡人愿闻之。开之曰:闻之夫子曰:善养生者,若牧羊然,视其后者而鞭之。威公曰:何谓也?田开之曰:鲁有单豹者,岩居而水饮,不与民共利,行年七十而犹有婴儿之色,不幸遇饿虎,饿虎杀而食之。有张毅者,高门县薄,无不走也,行年四十而有内热之病以死。豹养其内而虎食其外,毅养其外而病攻其内,此二子者,皆不鞭其后者也。仲尼曰:无入而藏,无出而阳,柴立其中央,三者若得,其名必极。肾,脤。县,玄。

拔彗者,拔连茹之草以为彗,谦言已不过师门粪扫之人,何得有所闻乎?养生如牧羊,择其后者而鞭之,盖以羊性刚狠悦草,不鞭其后则必有亡失之患,喻如养生者必须顾首顾尾,谨始虑终,世出世法,莫不如此。若径情直行而无戒备之意,随风披靡而无恬退之守,则内伤外患,在所不免,故引二子以为不鞭其后之戒。大抵养生者必知乎道,知道者必达于理,达理者必明乎权,故引孔子之言以为律令:无入而藏,无出而阳,柴立其中央。盖入而藏则有心于止而无心于行矣,出而阳则有见于动而无见于静矣。岂知至人之道,卷舒无定,动静惟时,无心而立其中央。柴者,无心之义。出无心于出也,入无心于入也,中亦无心于中也,三者俱得,而人之道至矣,名为至人,不亦宜乎?故曰:其名必极。极之言,至也。高门,大家也。县薄,谓悬帷薄于门首,闾阎之小户也。

夫畏涂者,十杀一人,则父子兄弟相戒也,必盛卒徒而后敢出焉,不亦知乎?人之所取畏者,衽席之上,饮食之间,而不知为之戒

者，过也！

饮食男女，人之大欲存焉。宴安鸩毒，不可怀也。其如人不知戒何哉？噫！民不畏威，大威至矣！

祝宗人玄端以临牢筴，说彘曰，汝奚恶死？吾将三月豢汝，十日戒，三日斋，借白茅，加汝肩尻乎雕俎之上，则汝为之乎？为彘谋曰，不如食以糠糟而错之牢筴之中。自为谋，则苟生有轩冕之尊，死得于腞楯之上，聚偻之中，则为之。为彘谋则去之，自为谋则取之，所异彘者何也？筴，策。说，税。豢，患。尻，九羔反。腞，篆。

祝宗人，祭祀之官。玄端，礼服。牢筴，豕栅也。谷食曰豢。豕尾曰尻。错，舍置也。腞楯，案之有缕文者。聚偻，筐筥也。言使生有富贵之享，而死或身被戮辱，陈之腞楯之上，置之聚偻之中，亦甘心焉。统上二喻，皆为以物害己者设。所异彘者何也一句，诘得甚软美，令人有深省处。

桓公田于泽，管仲御，见鬼焉。公抚管仲之手曰：仲父何见？对曰：臣无所见。公反，诶诒为病，数日不出。齐士有皇子告敖者曰：公则自伤，鬼恶能伤公？夫忿滀之气，散而不反则为不足，上而不下则使人善怒，下而不上则使人善忘，不上不下、中身当心则为病。桓公曰：然则有鬼乎？曰：有。沈有履，灶有髻。户内之烦壤，雷霆处之；东北方之下者，倍阿鲑蠪跃之；西北方之下者，则泆阳处之。水有罔象，丘有峷，山有夔，野有彷徨，泽有委蛇。公曰：请问委蛇之状何如？皇子曰：委蛇，其大如毂，其长如辕，紫衣而朱冠。其为物也，恶闻雷车之声，则捧其首而立。见之者殆乎霸。桓公辴然而笑曰：此寡人之所见者也。于是正衣冠与之坐，不终日而不知病之去也。诶，熙。诒，怡。恶，乌。滀，畜。髻，诘。鲑，蛙鞋二音。蠪，聋。

辴，轸。

诶诒，倦怠失魂之貌。忿滀，郁结也。沈，水污也。烦壤，户内粪扫之馀积也。履、髻、雷霆，皆鬼名也。倍阿鲑蠪，东北方下之鬼名。泆阳，西北方下之鬼名也。盖鬼性暧昧，其在户内，则择幽暗之所而蹲踞于地下。又至阴之气弥漫周匝，化为鬼物，寄于人间，沟灶户隅，水丘山泽，何地无之？亦理之无足异者，不可谓子不语怪而废之。考郭注，诸鬼皆有形状：髻，状如美女而衣赤衣；倍阿，状如小儿，长尺四，黑衣赤帻大冠，带剑持戟；泆阳，豹头马尾；罔象，状如小儿，黑色赤爪，大耳长臂；峷，状如狗而有角，文身五采；夔，状如鼓而一足；徬皇，如蛇两头而文五采；委蛇，则皇子所言者。桓公所见，未必是此，而欲霸之心，则公素所蓄积，故一闻此言，则辴然而笑，瞿然而起，长驾远驭之心，席卷并吞之气，翕然勃然，何病不已？何祟不消？若皇子，可谓善解人意者矣。又按，桓公万乘之君，田而见鬼，其心真有不能释然者，故诶诒而病，皇子谓其自伤，诚是也，急为解之。若说无鬼，彼已见矣，多多说个在在处处皆有鬼物，猛将他心中所至愿者微以一句挑动，曰：见之者殆乎霸。于是桓公便与坐谈，不终日而不知病之去已。此个意思，分明迎合桓公，与他发个先兆以诳一时，焉得不喜而笑？英雄豪杰，一语投机，便肝胆相照。见非真见，兆非真兆，特欲鼓舞一时之人心而成霸业耳，岂知九合之功成此一语！外史看庄子到此，亦发一笑，真见英雄欺人，又长一番识见。

纪渻子为王养斗鸡。十日而问：鸡已乎？曰：未也，方虚骄而恃气。十日又问，曰：未也，犹应向景。十日又问，曰：未也，犹疾视而盛气。十日又问，曰：几矣，鸡虽有鸣者，已无变矣，望之似木鸡

矣,其德全矣。异鸡无敢应者,反走矣。渻,省。

此亦凝神守气之喻。已乎,言已可用乎?虚骄,昂头傲视之状,见而欲斗也。犹应向影,未见而寻斗也。疾视而盛气,虽不斗而欲斗之意未忘也。又十日而似木鸡,则神凝而气全矣,故应者反走,望风而溃。古之立大德、养大勇者,未始不自凝神守气中来,而又不可以轻试,必须养之又养,以待其全,然后动无不利,故承蜩而至于累五,养鸡而至于逾月。此等说话,真可印证学问。尝观佛乘所言,得阿耨多罗三藐三菩提者,动经百千万亿那由他数。若乃十二神符方成药化,九年面壁,乃证真空,圣神之能事,岂一朝一夕之所能至哉!禅林有云:若还生摘下,到底不馨香。此不可与躁士道之,佩韦者可也。

孔子观于吕梁,县水三十仞,流沫四十里,鼋鼍鱼鳖之所不能游也。见一丈夫游之,以为有苦而欲死也,使弟子并流而拯之。数百步而出,被发行歌而游于塘下。孔子从而问焉,曰:吾以子为鬼,察子则人也。请问蹈水有道乎?曰:亡,吾无道。吾始乎故,长乎性,成乎命。与齐俱入,与汩俱出,从水之道而不为私焉。此吾之所以蹈之也。孔子曰:何谓始乎故、长乎性、成乎命?曰:吾生于陵而安于陵,故也。长于水而安于水,性也。不知吾所以然而然,命也。县,玄。并,傍。长,去声。

此与汩人操舟之喻颇同。苦,病苦也。并流,沿流而救之也。水之旋入者为齐,水之涌出者为汩。言水自有常行之道,若从之以出没而不以己私与之,可以得志。生于陵而安于陵,长于水而安于水,只看一安字,皆顺其自然而不知所以然,便是素位而行,无入而不自得之意。此于行险中等闲发出一个居易学问,妙哉!妙哉!

梓庆削木为鐻,鐻成,见者惊犹鬼神。鲁侯见而问焉,曰:子何术以为焉?对曰:臣工人,何术之有?虽然,有一焉。臣将为鐻,未尝敢以耗气也,必齐以静心。齐三日,而不敢怀庆赏爵禄;齐五日,不敢怀非誉巧拙;齐七日,辄然忘吾有四枝形体也。当是时也,无公朝,其巧专而外滑消。然后入山林,观天性,形躯至矣,然后成见鐻,然后加手焉,不然则已,则以天合天。器之所以疑神者,其是欤? 鐻,据。见,现。

鐻,钟鼓之县,两端多有刻镂。惊若鬼神者,疑其精巧非人所成也。盖工人亦知凝神守气之道,而又不敢以轻试,必待五日、七日,堕其支体,黜其聪明,然后内巧专而外滑消,又观山林有自然象形之木如成鐻然者,然后加手,取而削之,是谓物各付物,虽曰加以人为,而不知皆出于自然,故曰:以天合天。器之所以疑神者正在于此。与上从水之道而不为私,亦是一意。

东野稷以御见庄公,进退中绳,左右旋中规。庄公以为文弗过也,使之钩百而反。颜阖遇之,入见曰:稷之马将败。公密而不应。少焉,果败而反。公曰:子何以知之?曰:其马力竭矣,而犹求焉,故曰败。

中绳,言直也。中规,言圆也。文弗过,言虽组织之文,不过如是。使之钩,使之圆而驱之,以百为度。稷盖承命而驱,故败而无罪。求,犹责也。夫精神为用大矣,太用之则竭。造父不穷马力,盖有见也。稷虽善御,而以百钩责马,可乎?故败。

工倕旋而盖规矩,指与物化而不以心稽,故其灵台一而不桎。 倕,垂。

此言纯熟自然之妙。看他论一化字,便是圣学所谓从心不逾者。工倕制器不用规矩,只以手旋物上,自圆而成规。曰矩者,具言成文耳。彼时指与物化,全不留心,故曰不以心稽。虽不以心稽,而心亦未尝不在,但一而不受其桎耳。使其用志一分,则虽熟而亦不能成规矣。大抵学问,最怕分心,又怕有心,分心则杂而不精,有心则物而不化,故一而不桎者乃能入妙。看庄子到纯熟处,字字句句皆为奥旨。

忘足,屦之适也。忘要,带之适也。知忘是非,心之适也。不内变,不外从,事会之适也。始乎适而未尝不适者,忘适之适也。要,腰。

上说一个化字,此又说个忘字,忘则入于化矣。故物物非难,而忘物为难。然非谓其与物相绝而后谓之忘也,不离于物而与之相适,则自忘矣。故屦适则忘足,带适则忘要,心适则忘是非,境适则忘内外,适之时义大矣！然而有所适,有所不适,非适也。故始于适而未尝不适者,斯则忘适之适。忘适之适,而后能入于化矣。此是学问进到极处,与前所谓忘与适,大是径庭。何者？适于足者未必适于要,适于顺者未必适于逆,故惟忘适之适,则自无所不适矣,此便是君子无入而不自得之意。然又须知适与忘自有先后,如人适我意,与之相处,久自忘形,然犹有拣择去取。无物不可,无物不忘,方为妙耳。

有孙休者,踵门而诧子扁庆子曰:休居乡不见谓不修,临难不见谓不勇,然而田园不遇岁,事君不遇世,宾于乡里,逐于州郡,则何罪乎天哉？休恶遇此命也？扁子曰:子独不闻夫至人之自行耶？忘其肝胆,遗其耳目,芒然彷徨乎尘垢之外,逍遥乎无事之业,是谓为而不恃,长而不宰。今汝饰知以惊愚,修身以明污,昭昭乎若揭

日月而行也。汝得全而形躯,具而九窍,无中道夭于聋盲跛蹇而比于人数,亦幸矣,又何暇乎天之怨哉!子往矣!孙子出,扁子入,坐有间,仰天而叹。弟子问曰:先生何为叹乎?扁子曰:向者休来,吾告之以至人之德,吾恐其惊而遂至于惑也。弟子曰:不然。孙子之所言是耶?先生之所言非耶?非固不能惑是。孙子所言非耶?先生所言是耶?彼固惑而来矣,又奚罪焉?扁子曰:不然。昔者有鸟止于鲁郊,鲁君悦之,为具太牢以飨之,奏九韶以乐之。鸟乃始忧悲眩视,不敢饮食。此之谓以己养养鸟也。若夫以鸟养养鸟者,宜栖之深林,浮之江湖,食之以委蛇,则平陆而已矣。今休,款启寡闻之民也,吾告以至人之德,譬之若载鼷以车马,乐鴳以钟鼓也,彼又恶能无惊乎哉!宾,摈。恶,乌。

诧,谓以异事告于子扁。宾,摈弃也,忘其肝胆,遗其耳目,堕支黜聪之意。尘垢之外,虚静恬淡之境也。无事之业,寂寞无为之道也。为而不恃,长而不宰,虽为而为之以不为也。彼固惑而来,言彼固怀惑而来,非先生惑之也。食之以委蛇,言使之从容自得而食也。款,孔也,启,开也,言所见者小也。鼷鼠斥鴳,亦借小物以鄙之。方壶外史说是篇已,重宣此义而作乱辞:

备物养形,将欲生之。达生之情,奚以养为?
欲免于为,莫如弃世。与彼更生,正平无累。
形全精复,与天一焉。精而又精,反以相天。
至人不伤,纯气之守。如彼堕车,得全于酒。
虽有飘瓦,不忮忮心。开天之天,几以其真。
道可学斯,用志不分。承蜩犹掇,操舟若神。
闻之养生,方诸牧羊。随鞭其后,无出而阳。

畏途孔迩，衽席干戈。人自为谋，异毳者何？

霸愈泽鬼，雄走木鸡。削鐻有术，蹈水无私。

灵台勿桎，马力难穷。忘适之适，至德之行。

外篇山木第二十

此篇所论全身免患之道，最为详悉，正好与内篇人间世参看。其要只在虚己顺时，而去其自贤之心。熟读此者，可以经世务矣。

庄子行于山中，见大木，枝叶盛茂，伐木者止其旁而不取也。问其故，曰：无所可用。庄子曰：此木以不材得终其天年。夫子出于山，舍于故人之家。故人喜，命竖子杀雁而烹之。竖子请曰：其一能鸣，其一不能鸣，请奚杀？主人曰：杀不能鸣者。明日，弟子问于庄子曰：昨日山中之木以不材得终其天年，今主人之雁以不材死，先生将何处？庄子笑曰：周将处夫材与不材之间。材与不材之间，似之而非也，故未免乎累。若夫乘道德而浮游则不然，无誉无訾，一龙一蛇，与时俱化而无肯专为，一上一下，以和为量，浮游乎万物之祖，物物而不物于物，则胡可得而累耶？此神农、黄帝之法则也。若夫万物之贵、人伦之传则不然，合则离，成则毁，廉则挫，尊则议，有为则亏，贤则谋，不肖则欺，胡可得而必乎哉？悲夫！弟子志之，其惟道德之乡乎！

此言处世之道，正好与内篇人间世参看。言木以不材而得全，雁以不鸣而见杀，如此木雁无凭，将何所处？吾将处乎材与不材之间。何谓材与不材之间？盖吾有材而不自见，则人既不得以无材弃我，而又不得以有材忌我，以此混世而求自免，是亦似矣。虽然，非道也，故不免于累。何者？谓其有心也。无心则无累矣。故惟乘道德而浮游者则不然,无誉无訾,一龙一蛇,与时俱化,而无肯专为。何以故?大道本无物我,世人不知,妄有分别,同我则誉,异我则訾,是非蜂起,而道德因之以日漓。故惟乘道德而浮游者,不起意见,不立人我,尚不知其孰为可誉也,而何有于訾?故曰:无誉无訾。今人但知用则为龙,不用则蛇耳,不知用舍者时也,时无常在,孰专为龙乎?孰专为蛇乎?上下者,位也,位无常居,孰常在上乎?孰常在下乎?如是,则可龙可蛇,可上可下,自和其光,相与斯世斯民同游于混沌之天,而未始有名,未始有畛,故曰:游乎万物之祖。祖,则所谓无名之始,能物物而不物于物者。既不物于物矣,又焉累于物哉?此上古有道之君,神农、黄帝之法则也。若今之世则不然,自以己身为万物之贵,则贵己而贱物矣;自以其道为人伦之传,则以上而临下矣。人我既立,意见互起,不均不和之变由是而生。合则势大,是故有从而离之者;成则功高,是故有从而毁之者;廉则太露,是故有从而挫之者;尊则招权,是故有从而议之者;有为则功成,是故有从而亏之者;贤则多知,是故有从而谋之者;不肖则愚,是故有从而欺之者。材则如木,不材则如雁,均之乎不能以自免,然则才与不才之间求以自免,又胡可得而必乎哉?悲夫!弟子志之,其唯道德之乡乎!盖深悼世道之难为,而欲其皈心于道德也。

市南宜僚见鲁侯,鲁侯有忧色。市南子曰:君有忧色,何也?鲁侯曰:吾学先王之道,修先君之业,吾敬鬼尊贤,亲而行之,无须臾离居,然不免夫患,吾是以忧。市南子曰:君之除患之术浅矣!夫丰狐文狸,栖于山林,伏于岩穴,静也;夜行昼居,戒也;虽饥渴隐约,犹且胥疏于江湖之上而求食焉,定也。然且不免于罔罗机辟之患,是何罪之有哉?其皮为之灾也。今鲁国独非君之皮耶?吾愿

君刳形去皮，洒心去欲，而游于无人之野。洒，洗。

此意亦与上同，通篇作个隔靴搔痒说话，等闲在狐狸身上发出个静、戒、定学问，可见此老句句寓言，皆是说道。狐狸以皮毛而致灾，君以鲁国而生忧，是皆有生之累。故愿君刳形去皮以净其外，洒心去欲以净其内，而又游于无人之野，茕然孑然，将使内不见己，外不见人，天下之大，解脱无过于此，又何外累之足患哉！原庄老之意，只是劝人皈心道德，净裸裸的，赤洒洒的，全然不以世累为心，便是圣人有天下而不与的心事。或谓宗社为重，如何教他轻将鲁国弃了？不知论割其至爱而弃其祸胎，则人人有张狸皮，人人有个鲁国，得之言意之表可也。

南越有邑焉，名为建德之国。其民愚而朴，少私而寡欲；知作而不知藏，与而不求其报；不知义之所适，不知礼之所将；猖狂妄行，乃蹈乎大方；其生可乐，其死可葬。吾愿君去国捐俗，与道相辅而行。

南越建德之国与下大莫皆是寓言。其国也，虚静恬淡，寂寞无为，故其民俗若此。不知藏，无私蓄也；不求报，无人我也；不知义，无分别也；不知礼，无往来也；猖狂妄行，蹈乎大方，从心所欲不逾矩也。道者，物之所以终始，故可生可葬。去国而捐俗，则自与道相依。捐俗二字最妙。俗者，世俗一切有为法也。捐之又捐，则无为矣。

君曰：彼其道远而险，又有江山，我无舟车，奈何？市南子曰：君无形倨，无留居，以为君车。君曰：彼其道幽远而无人，吾谁与为邻？吾无粮，我无食，安得而至焉？市南子曰：少君之费，寡君之欲，虽无粮而乃足。君其涉于江而浮于海，望之而不见其崖，愈往

而不知其所穷，送君者自崖而反，君自此远矣。

又为孱弱之夫沉溺爱河不即解脱者加一鞭策。盖有志学道者，直须放步而前，百尺竿头，回顾不得。人无车则困，无粮则饥，皆为形骸所累。若能外其形骸，寡其嗜欲，则出王游衍，坦然由之而无疑，故曰：无倨傲尔形，无留恋尔居，则无车之车行矣；少君之私，寡君之欲，则无粮之粮足矣。此便是游于逍遥之墟，食于苟简之田，立于不贷之圃。从此涉江浮海，溯流穷源，愈造则愈深，愈往则愈远，将立乎不测而游于无始，往日聪明知虑，一时废尽，譬彼送行之人，到崖而反。君自此芒乎独行，入于寥天，去人远矣。去人远，则与道为邻，尚何离索之足患哉！尝谓庄子善体物情，等闲发出送行二句，宛然离情别思，渭城朝雨之词不是过也。

故有人者累，见有于人者忧。故尧非有人，非见有于人也。吾愿去君之累，除君之忧，而独与道游于大莫之国。方舟而济于河，有虚船来触舟，虽有惼心之人不怒。有一人在其上，则呼张歙之，一呼而不闻，再呼而不闻，于是三呼耶，则必以恶声随之。向也不怒而今也怒，向也虚而今也实。人能虚己以游世，其孰能害之？惼，褊。歙，翕。

有人，谓有国。见有于人，谓以小事大，以弱事强。因劝之去国，而举让国者以见例。大莫，即广莫。如上语意既足，又将虚己游世立譬作结。虚己游世，即所谓无心应世也。知此，则所言无人之野、建德之国真是去人不远，鲁君真可策励而行之。

北宫奢为卫灵公赋敛以为钟，为坛乎郭门之外，三月而成上下之县。王子庆忌见而问曰：子何术之设？奢曰：一之间无敢设也。奢闻之：既雕既琢，复归于朴。侗乎其无识，傥乎其怠疑，萃乎芒

乎，其送往而迎来，来者勿禁，往者勿止，从其强梁，随其曲傅，因其自穷，故朝夕赋敛而毫毛不挫，而况有大途者乎？县，玄。傅，附。

敛民之财以铸钟，宜乎朝受命而夕趋事也，乃三月而成上下之县，一何迟乎！故王子见疑，以为将设何术，盖恐藏仁以要人，如所谓厚施得众之意者。故北宫谓言：吾自一乃心志之外，何敢更设他术？盖人之生理，本自完具，加以雕琢，则纯朴散矣。以此雕琢之术，生于其心则害于其事，发于其事则害于其政。吾将于既雕既琢之馀而求以复归之，故侗乎其无知而无识也，傥乎其若怠而若疑也，芒乎萃乎，来者勿禁，而往者勿止也，从其强梁而不罪其背我者，随其曲傅而不私其附我者，因其力之所自尽而不强其所不堪者，如是一任物之自然而已无容心焉，故朝夕赋敛而毫毛不挫于吾心，不挫则常应而常静矣。夫北宫奢未为知道，而其行事乃如此矣，而况道德之有于身者乎？大途，犹言大道。

孔子围于陈蔡之间，七日不火食。太公任往吊之，曰：子几死乎？曰：然。子恶死乎？曰：然。任曰：予尝言不死之道。东海有鸟焉，其名曰意怠。其为鸟也，翂翂翐翐，而似无能，引援而飞，迫胁而栖，进不敢为前，退不敢为后，食不敢先尝，必取其绪，是故其行列不斥，而人卒不得害，是以免于患。直木先伐，甘井先竭。子其意者饰知以惊愚，修身以明污，昭昭乎如揭日月而行，故不免也。昔吾闻之大成之人曰：自伐者无功，功成者隳，名成者亏。孰能去功与名而还与众人？道流而不明，居得行而不名处，纯纯常常，乃比于狂，削迹捐势，不为功名，是故无责于人，人亦无责焉。至人不闻，子何喜哉？孔子曰：善哉！辞其交游，去其弟子，逃于大泽，衣裘褐，食杼栗，入兽不乱群，入鸟不乱行。鸟兽不恶，而况人乎？杼，序。行,杭。

意怠,玄鸟也。翂翂翐翐,不能奋飞之貌。引援、迫胁,逐队而傍人也。不斥,犹言不多。盖鸟既不大,而行复不多,故人不得以矰弋加之,而卒免于患。直木先伐,甘井先竭,言以才自见,鲜不自贻其戚者。去功与名而还于众人,还,推以与人也,如是则有而不居矣。不居者,道也。夫道,流而不明,古今昼夜,逝者如斯,默以运之而已,未尝自明其为道,此道之所以为妙也。体道者居得行而不名处,则几矣。得行,谓得志而行。名处,即以功名自见自伐之意。纯,纯一也。常,平常也。言纯一其心而平常其行,与猖狂不知所之者同,故曰:乃比于狂。削迹者,杜门扫轨,无辙环之迹也。捐势者,不事王侯,无游说之行也。如此,则不为天下立功,不为万世立名,无所求备于人,故人亦不得以备善责之。此至人之行,不求闻达,泯然无迹者之所为也。至人无闻也,而子抑何以闻为喜哉?于是夫子辞其交游,去其弟子,而逃之大泽之中,不华盲目之文而衣裘褐,不珍爽口之味而食杼栗,不起分别之心而乱鸟兽之群,一味虚己之心,与列子食豕食如人食者意同。夫鸟兽,异类也,尚不恶之,况于人乎?不恶人,人不恶之矣。此重言孔子而借以喻道之诃。若夫子,真不肯逃大泽而群鸟兽者。

孔子问子桑雽曰:吾再逐于鲁,伐树于宋,削迹于卫,穷于商周,围于陈蔡之间。吾犯此数患,亲交益疏,徒友益散,何与?子桑雽曰:子独不闻假人之亡与?林回弃千金之璧,负赤子而趋。或曰:为其布与?赤子之布寡矣。为其累与?赤子之累多矣。弃千金之璧,负赤子而趋,何也?林回曰:彼以利合,此以天属也。夫以利合者,迫穷祸患害,相弃也。以天属者,迫穷祸患害,相收也。夫

相收之与相弃亦远矣。且君子之交淡若水，小人之交甘如醴，君子淡以亲，小人甘以绝。彼无故以合者，则无故以离。孔子曰：敬闻命矣！徐行翔佯而归，绝学捐书，弟子无挹于前，其爱益加进。雽，户。

假，一作殷。亡，谓亡命。布，泉布也。言假人林回出亡，捐璧负子。原其初意，若谓赤子可市，则赤子之布寡于千金；若以千金之璧为累，则赤子之累多于金璧。今而捐璧负子，盖以天合者难离，而利合者有时而弃也。当其迫穷祸患害之秋，其势不能以两全，则利合者不得专其爱矣。以喻弟子之所以相依者，要皆一时醴交利合之徒，是以常则相聚，其聚也，非天属也，无故而合耳。无故而合者，亦无故而离，复何怪乎亲交之益疏而徒友之益散乎？夫子于是绝学捐书，淡然去其汗漫之交，不复与弟子虚为揖让于其前。虚文去，则真意流，便是其属也以天，其淡也若水，宜乎感以无心而爱益加进也。

异日，桑雽又曰：舜之将死，真冷禹曰：汝戒之哉！形莫若缘，情莫若率。缘则不离，率则不劳。不离不劳，则不求文以待形。不求文以待形，固不待物。冷，泠。

真冷二字，讹书也，吾意当作其命。缘者，因缘依附之意。率，真率也。形莫若缘者，不敢高抗于人，而恭敬退让，若有所推也。盖至让则无文，真率则简便，故不求文以待形，而俯仰自无不得。既不求文矣，又何假于物哉？物，即所谓名以命之，器以别之者。

庄子衣大布而补之，正緳系履而过魏王。魏王曰：何先生之惫耶？庄子曰：贫也，非惫也。士有道德不能行，惫也；衣弊履穿，贫也，非惫也，此所谓非遭时也。王独不见夫腾猨乎？其得柟梓豫章

也，揽蔓其枝而王长其间，虽羿、逢蒙不能眄睨也；及其得柘棘枳枸之间也，危行侧视，振动悼栗，此筋骨非有加急而不柔也，处势不便未足以逞其能也。今处昏上乱相之间而欲无惫，奚可得耶？此比干之见剖心，征也夫！縻，絜。惫，败。眄，面。枸，矩。

大布，粗布也。正縻，结带也。履弊而加以绳缚，故曰系履。惫，病困也。言衣弊履穿，直贫耳，未及言惫也。若夫道德之士，遭遇非时，处乎昏君乱相之间，进退维谷，不能自逞，欲其无惫，讵可得耶？故以腾猨设譬。揽蔓者，揽其枝而蟠结之，如蔓之附木者然。王长，言精神雄壮也。柘棘枳枸，木之有刺者。言猨得势则腾骧，失便则拘急。士之遭际穷通异致有如此者。语其惫甚，则比干剖心，其征也夫！言比干，举重以该轻也。

孔子穷于陈蔡之间，七日不火食，左据槁木，右击槁枝，而歌焱氏之风，有其具而无其数，有其声而无宫角，木声与人声，犁然有当于人之心。颜回端拱还目而窥之。仲尼恐其广己而造大也，爱己而造哀也，曰：回，无受天损易，无受人益难，无始而非卒也，人与天一也。夫今之歌者其谁乎？还，旋。

以槁枝击槁木，故曰有具。无节奏音响，故曰无数。犁，开判也。端拱，则头容直矣，不能瞠视，故转其睛而环视之。造，至也。广，推广也。言推己而或至于大，则推己者过矣；爱己而或至于哀，则爱己者过矣。于是为发天人损益始终一贯之理，急为定个歌者之谁。谁，即齐物论中，所谓怒者其谁之谁。能知此谁，则知谁为受者，谁不受者。征求到底，将见无有受者，无不受者，而在我之天定矣。然非颜子，不足以语此。

回曰：敢问无受天损易？仲尼曰：饥渴寒暑，穷桎不行，天地之

行也,运物之泄也,言与之偕逝之谓也,为人臣者不敢去之。执臣之道犹若是,而况乎所以待天乎?何谓无受人益难?仲尼曰:始用四达,爵禄并至而不穷,物之所利,乃非己也,吾命有在外者也。君子不为盗,贤人不为窃,吾若取之,何哉?故曰:鸟莫如鷾鸸,目之所不宜处,不给视,虽落其实,弃之而走。其畏人也,而袭诸人间社稷存焉尔。何谓无始而非卒?仲尼曰:化其万物而不知其禅之者,焉知其所终?焉知其所始?正而待之而已耳。何谓人与天一耶?仲尼曰:有人,天也。有天,亦天也。人之不能有天,性也。圣人晏然体逝而终矣。

又借颜回发问,逐句而晰其蒙。何谓天损?饥渴寒暑,穷桎之困,皆天所以损我者,不知是天地之行而运物之泄也。运物,谓造物。天地行而造物泄,则消息盈虚,一损一益,反覆相寻,吾惟顺化而与之偕逝,如臣子之听命于君,直易易耳,故曰:无受天损易。何谓人益?始用四达,始用谓始进也,四达谓四达而不悖,言始而进步,便自顺利,爵禄并至,无有穷已,受益如此,可谓极矣。不知此外来之益耳,与己无干,故曰:物之所利,乃非己也。吾命虽有在外者也,君子不谓命也。苟为不知内外轻重之分,而歆羡于傥寄之物,非其有而取之,其不为盗为窃也者几希。君子不为盗也,贤者不为窃也,而吾安焉取之?何哉?多取则多患,益之未已,而击之者至矣。以若所为,殆异于鸟之所以自处者矣。鸟之轻眇莫如鷾鸸,鷾鸸即意怠也,目所不宜之处则不视,口所难食之实则弃之,虽畏人而反袭诸人间之堂上。盖以人间堂上,社稷之神居焉,神德好生,故托诸明神以祈人之不害。此鷾鸸存身之知也,而人反不如,何哉?故曰:无受人益难。何谓无始而非卒?盖卒即始也,一气相禅,终始无穷,而万物之化,莫不由之。故或益之而损,或损之而益,莫知其终也,莫知其始也。莫知其始,是故不可以先迎,莫知其终,是故不可以预待,吾何心哉?正以待之,顺其自化而已耳。何谓人与天一?盖人亦天也,天亦天也,无天则无人,故曰:有人,天也。然而天之所以为天,又必有居无事者以为之主宰,故曰:有天,亦天也。有人有天,犹所谓立人之道、立天之道云尔。有人,天也,而人之不能有天,则何故哉?只在性分上有了加损,是以不能顺其自化,往往至于以人而灭天,以故而灭命,故人不能以有天。圣人之学,惟晏然体逝,而圣修之能事毕矣。逝,即逝者如斯之逝,乃造物之所以为卒始者。体其逝,则何人非天,何天非人,而自不受夫外来之损益矣。

庄周游于雕陵之樊,睹一异鹊自南方来者,翼广七尺,目大运寸,感周之颡而集于栗林。庄周曰:此何鸟哉,翼殷不逝,目大不睹?褰裳躩步,执弹而留之,睹一蝉,方得美荫而忘其身,螳螂执翳而搏之,见得而忘其形,异鹊从而利之,见利而忘其真。庄周怵然曰:噫!物固相累,二类相召也。捐弹而反走,虞人逐而谇之。庄周反入,三月不庭。蔺且从而问之:夫子何为顷间甚不庭乎?庄周曰:吾守形而忘身,观于浊水而迷于清渊。且吾闻诸夫子曰:入其俗,从其俗。今吾游于雕陵而忘吾身,异鹊感吾颡,游于栗林而忘真,栗林虞人以吾为戮,吾所以不庭也。且,疽。

夫物无大小,有所逐则有所忘。蝉得美荫而忘其身,蝉之忘也;螳螂执翳利蝉而忘其形,螳螂之忘也;异鹊从而利之,乃至感人之颡,不睹不逝,异鹊之忘也;庄子又从而利之,挟弹以入栗林,而不知有虞人之禁,又庄子之忘也,是皆足以为累物忘真之戒。二类相召者,言蝉召螳螂,螳螂召鹊,今鹊复召我矣。庄子于是翻然有悔,三月不庭,以寓闭阁思过之意。因门人之问而告之曰:吾为守形之学久矣,一旦轻忘其身,以弹鹊之故而遭虞人之谇。且闻之也,入其俗,从其俗,岂不知栗林之有禁乎?见物忘身,违俗犯禁,自取戮辱,亦固宜焉耳。三月不庭,盖言悔也。感颡,谓平颡而过。殷,大也。翳,螂之斧也。谇,骂语也。

阳子之宋,宿于逆旅。逆旅人有妾二人,其一人美,其一人恶,恶者贵而美者贱。阳子问其故。逆旅小子对曰:其美者自美,吾不知其美也。其恶者自恶,吾不知其恶也。阳子曰:弟子记之,行贤而去自贤之行,安往而不爱哉?

夫贱美贵恶,岂人情哉?物固有相召耳。盖美者自美,则有骄妬之心,吾固不知其美也;恶者自恶,则有退让之意,吾固不知其恶也。呜呼!逆旅小子可谓友德而不荒于色者矣。既又为美者谋,使其行贤而去自贤之行,则安往而不爱哉?而惜乎美者之不能也。小子识之,无往非道也,无往非学也。乱曰:

将欲全生,木雁无凭。祈免乎累,道德是乘。
无誉无訾,浮游上下。一龙一蛇,与时俱化。
刳形去皮,洒心去欲。无人之野,建德之国。
涉江浮海,乘彼虚舟。无车无粮,虚己以游。
侗乎无识,傥乎怠疑。毫毛不挫,朝夕赋敛。
辞其交游,无责于人。捐势削迹,鸟兽可群。
天属斯亲,捐璧负子。无以利合,而甘如醴。
形莫若缘,情莫若率。亶不求文,奚以待物?
士有道德,时不与行。腾猨失便,莫逞其能。

无受天损，无受人益。何人非天，无始非卒。

圣人晏然，体逝而终。正以待之，与时偕行。

栗林忘身，虞人戮焉。何美何恶，去其自贤。

外篇田子方第二十一

此篇多有精密之语，正好与内篇大宗师参看。

田子方侍坐于魏文侯，数称谿工。文侯曰：谿工，子之师耶？子方曰：非也，无择之里人也。称道数当，故无择称之。文侯曰：然则子无师耶？子方曰：有。曰：子之师谁耶？子方曰：东郭顺子。文侯曰：然则夫子何故未尝称之？子方曰：其为人也真，人貌而天，虚缘而葆真，清而容物。物无道，正容以悟之，使人之意也消。无择何足以称之！子方出，文侯傥然，终日不言。召前立臣而语之曰：远矣，全德之君子！始吾以圣知之言、仁义之行为至矣，吾闻子方之师，吾形解而不欲动，口钳而不欲言，吾所学者真土梗耳！夫魏真为我累耳！

称道数当，谓与论道理，往往当于人心。其为人也真，真，谓质任自然。人貌而天，谓貌虽人而心则天也。虚缘，虚己而顺物也。葆真，虚静以养真也。清者或不足于容物，而彼则能容。人无道，则不待言语，惟正容以悟之，而彼不肖之心自消。顺子之行若此，盖所谓荡荡乎无得而名焉者，宜乎子方之难于言而不称也。文侯一聆其言，傥然自失，解形钳口，深愧所学之粗浅，盖欲师其全德而刬其形皮，直以势分之荣为身累耳，故曰：魏真我累！解形钳口，写出傥然自失之意，甚真切。庄子善体物情，类如此。

温伯雪子适齐，舍于鲁。鲁人有请见之者，温伯雪子曰：不可。

吾闻中国之君子，明乎礼义而陋于知人心，吾不欲见也。至于齐，反舍于鲁，是人也又请见。温伯雪子曰：往也蕲见我，今也又蕲见我，是必有以振我也。出而见客，入而叹。明日见客，又入而叹。其仆曰：每见之客也，必入而叹，何耶？曰：吾固告子矣，中国之民，明乎礼义而陋乎知人心。昔之见我者，进退一成规一成矩，从容一若龙一若虎，其谏我也似子，其道我也似父，是以叹也。仲尼见之而不言。子路曰：吾子欲见温伯雪子久矣，见之而不言，何耶？仲尼曰：夫若人者，目击而道存矣，亦不可以容声矣。蕲，祈。

明乎礼义而陋于知人心，言习于末学而昧于本体。彼其进退成规矩，从容成文章，谏道有法则，而不知抑末也，本之则无，是以叹耳。目击而道存，不可以容声，谓不待言说，只以目相视而意已喻矣。

颜渊问于仲尼曰：夫子步亦步，夫子趋亦趋，夫子驰亦驰，夫子奔逸绝尘而回瞠若乎后矣。夫子曰：回，何谓耶？曰：夫子步亦步也，夫子言亦言也；夫子趋亦趋也，夫子辩亦辩也；夫子驰亦驰也，夫子言道，回亦言道也；及奔逸绝尘而回瞠若乎后者，夫子不言而信，不比而周，无器而民蹈乎前，而不知所以然而已矣。仲尼曰：恶！可不察欤？夫哀莫大于心死，而人死亦次之。日出东方而入于西极，万物莫不比方，有目有趾者待是而后成功，是出则存，是入则亡。万物亦然，有待也而死，有待也而生。吾一受其成形，而不化以待尽，效物而动，日夜无隙，而不知其所终。薰然其成形知命，不能规乎其前丘，以是日徂。吾终身与女交一臂而失之，可不哀与？女殆著乎吾所以著也。彼已尽矣，而女求之以为有，是求马于唐肆也。吾服女也甚忘，女服吾也亦甚忘。虽然，女奚患焉？虽忘

乎故吾，吾有不忘者存。瞠，撑。比，去声。

步、趋、驰，皆就马而喻。夫子步亦步，是夫子言而回亦尝言也；趋亦趋，是夫子辩而回亦尝辩也；夫子驰亦驰，是夫子言道而回亦尝言道也。然而大可为也，化不可为也。夫子奔逸绝尘而回瞠若乎其后者，言夫子不言而信，不比而周，无器而民蹈乎其前，不知其所以为然而然也。不言而信者，不期于人信而人信之也；不比而周者，不期于人亲而人亲之也；无器而民蹈乎其前者，无名与位而民自归之也。此夫子之神化也，而回不知其所以然，故瞠若乎其后。瞠若，谓直目而视也。不知此个所以然者，乃圣人所存之神，不疾而自速，不行而自至者。故夫子急为提醒曰：恶！可不察与？察，谓密察此心之存否。盖人之有心，如天之有日，晓出于东，暮落于西，而凡有目有趾者莫不待是以成其功。故是出则存，存，谓动而作也；是入则亡，亡，谓休而息也。造化亦然，故万物莫不有待也而死，有待也而生。待，谓待个所以然者，乃自然之觉性，吾人之慧日也。自吾一受其成形，即为躯壳所累，不能化以待尽，损之又损以返于虚，感物而动，牿之反覆，日夜无隙，而将不知其所终。薰然其成形，知有命矣，而又不能规乎其前丘。丘，土之高者。规，取则之义。规乎前丘者，高山仰止，景行行止也。前修往哲皆能不亡所待以生之物，今也迷头舍父，迷失真宗，日夜无隙以滨于死，是终身与汝交一臂而失之，诚可哀矣。此哀莫大于心死，而身死亦次之者也。交臂而失，犹言对面不相识也。与汝交臂，即指有待以生之物。且汝殆欲著乎吾之所以著者乎？汝，又指回而言。著者，显明之义。所以著，又指所待以生之物。言彼虽显著于日用之间，而其所以然者则虚无之尽，有不可以色相形声求者。故彼已尽矣，汝惟不知化以待尽,固求之以为有,是求马于唐肆也。肆者,市马之地。唐者,无壁之屋。求马于肆,见肆而不见马;求道于有,见有而不见道。如上之言亦言、辩亦辩、言道亦言道,是皆以有求我者,宜乎瞠若于绝尘之后而不可追也。且吾尝语汝堕其支体,黜其聪明,汝亦尝拳拳而服膺矣,是吾服汝也甚忘,而汝服吾也亦甚忘。甚忘之与求有也,则相去远矣。世人之学,只知徇生执有,说着忘字,便茫无着脚,反起虚无之叹。虽然,忘亦何患?虽忘乎故吾,而吾自有不忘者存。盖故吾即求有之吾,而不忘者即吾所待以生之物也。

孔子见老聃,老聃新沐,方将被发而干,慹然似非人。孔子便而待之,少焉见曰:某也眩与?其信然与?向者先生形体掘若槁木,似遗物离人而立于独也。老聃曰:吾游心于物之初。孔子曰:何谓耶?曰:心困焉而不能知,口辟焉而不能言。尝为女议乎其将,至阴肃肃,至阳赫赫,肃肃出乎天,赫赫发乎地,两者交通成和而物生焉。或为之纪而莫见其形,消息满虚,一晦一明,日改月化,日有所为而莫见其功;生有所乎萌,死有所乎归,始终相反乎无端而莫知乎其所穷。非是也,且孰为之宗?慹,蔷。见,现。离,去。为,去。

慹者,不动之貌。似非人,嗒然似丧其耦也。老子言,吾游心于未始有物之先,是以如此。尝为汝议乎其将,将者,且然未必之义,谦词也。言未始有物之初,浑芒一气耳。气有阴阳,而阴阳之生也则互为其根,故至阴肃肃,而肃肃者出乎天,至阳赫赫,而赫赫者发乎地,阳升阴降,两者交通成和而万物生焉。其或有为之纪者乎?而吾不见其形。纪,即所谓无极之真,超乎色相形声之表者。虽则不可见,而其消息盈虚之运,则一明一晦为日月之推迁,一死一生为万物之终始。非是也，而且孰为之宗乎？是，即指为之纪者。宗，即内篇所谓大宗师。

孔子曰：请问游是。老聃曰：夫得是，至美至乐也。得至美而游乎至乐，谓之至人。孔子曰：愿闻其方。曰：草食之兽不疾易薮，水生之虫不疾易水，行少变而不失其大常也，喜怒哀乐不入于胸次。夫天下也者，万物之所一也。得其所一而同焉，则四肢百体将为尘垢，而死生终始将为昼夜，而莫之能滑，而况得丧祸福之所介乎？弃隶者若弃泥涂，知身贵于隶也。贵在于我而不失于变，且万化而未始有极也，夫孰足以患心？已为道者解乎此。乐，洛。滑，汩。

疾之言，恶也。所以不恶变易者，盖以薮无异草，泽无异水，地则少变，而大常者自在也。夫人莫不有大常，知大常者，喜怒哀乐不入乎其胸次。是大常也，天下万物一焉者也。得其一，则真常者在我矣。故四肢百骸，尘垢也，死生终始，昼夜也，是皆变代不常之物。知其有大常者在，则皆不足以累心，以故易之而不疾，而况得失祸福之介然者乎？是故弃隶若弃泥涂，隶，谓天下之以势分相属者。盖常在我，不常在隶，常在我则我贵，不常在隶则万化而未始有极也，夫孰足以动吾心乎？为道者解此而已。解此，则得至美而游至乐，天下孰加焉？

孔子曰：夫子德配天地，而犹假至言以修心。古之君子，孰能说焉？老聃曰：不然。夫水之于汋也无为，而才自然矣。至人之于也德，不修而物不能离焉。若天之自高，地之自厚，日月之自明，夫何修焉？孔子出，以告颜回曰：丘之于道也，其犹醯鸡与？微夫子之发吾覆也，吾不知天地之大全也。说，脱。汋，酌。

此种学问，无修无证，假以言语补助，皆落荃蹄，故复发此一段。盖天地之德,无为自然而已,天自高,地自厚,日月自照临,川泽汋之而自润,是何假于修习而能之哉?故至人之于德也,不修而物不能离。不能离,言能物物也。或问不修之义,曰:不修乃所以为真修也。学如元凯方成癖,文似相如始类俳。独立孔门无一事,只输颜氏得心斋。堕而支体,黜而聪明,又何修之有哉?醯鸡,醋中蠛蠓。发覆,谓启蒙。

庄子见鲁哀公,哀公曰:鲁多儒士,少为先生方者。庄子曰:鲁少儒。哀公曰:举鲁国而儒服,何为少乎?庄子曰:周闻之,儒者冠圜冠者知天时,履句屦者知地形,缓佩玦者事至而断。君子有其道者未必为其服也,为其服者未必知其道也。公固以为不然,何不号于国中曰:无此道而为此服者,其罪死!于是哀公号之,五日而鲁国无敢儒服者,独有一丈夫儒服而立乎公门。公即召而问以国事,千转万变而不穷。庄子曰:以鲁国而儒者一人耳,可谓多乎? 句,矩。断,丁乱反。

按:庄子与魏惠王同时,去鲁哀百二十年,安得相见而论儒服?此云尔者,特寓言耳。一丈夫,孔子也。

百里奚爵禄不入于心,故饭牛而牛肥,使秦穆公忘其贱,与之政也。有虞氏死生不入于心,故足以动人。宋元君将画图,众史皆至,受揖而立,舐笔和墨,在外者半。有一史后至者,儃儃然不趋,受揖不立,因之舍。公使人视之,则解衣槃礴,羸。君曰:可矣,是真画者也! 舐,神纸反。儃,但。

以下错举数事,备言无心感人之妙。百里饭牛,自适已事而已,原无干禄之心,故饭牛而牛肥,所谓一之外无敢设者,故牛皆得以自适其性而肥壮异常。有虞氏死生不入于其心,则指父顽母嚚,常欲杀舜而言。动人，指成邑、成都及师锡底豫也。儃儃，舒闲之貌。槃礴，箕踞也。羸与裸同。盖善画者，神闲气定，意在笔先，先君占而善之，可谓知画者矣。

文王观于臧，见一丈夫钓，而其钓莫钓，非持其钓有钓者也，常钓也。文王欲举而授之政，而恐大臣父兄之弗安也；欲终而释之，而不忍百姓之无天也。于是旦而属诸大夫曰：昔者寡人梦见良人，黑色而頔，乘驳马而偏朱蹄，号曰：寓而政于臧丈人，庶几乎民有瘳乎？诸大夫蹵然曰：先君王也。文王曰：然则卜之？诸大夫曰：先君之命，王其无他，又何卜焉？遂迎臧丈人而授之政。典法无更，偏令无出。三年，文王观于国，则列士坏植散群，长官者不成德，斔斛不敢入于四境。列士坏植散群，则尚同也；长官者不成德，则同务也；斔斛不敢入于四境，则诸侯无二心也。文王于是焉以为太师，北面而问曰：政可以及天下乎？臧丈人昧然而不应，泛然而辞，朝令而夜遁，终身无闻。莫钓，疑是莫钩。頔，髯。斔，庾。坏，怪。

臧丈人，太公望也。一连下六钓字，文亦奇。言此丈人钓矣，而其钓也不钓，盖非持其钓而以钓为有事者也，常常如此持竿自适而已。百姓无天，言生民无主也。号，命之也。瘳，治也。其无他，言当遵先王之命，不可更生他疑也。典法无更，无变令也。偏令无出，无专令也。坏植散群，无偏党也。长官不成德，不居功也。斔斛不入四境，不怀疑也。斔与庾同。太公之政如此，信乎足以及天下矣。然有心以及天下，非自然也，故太公因其问而遁之，盖恐不知顺天命之自然，而一以有心为之，则损德多矣。

颜渊问于仲尼曰：文王其犹未耶？又何以梦为乎？仲尼曰：默，汝无言！夫文王尽之也，而又何论刺焉？彼直以循斯须也。

回之问亦是。夫至人无梦,况有心为梦耶?夫子于此有难于为言者,但曰:文王至德也,可轻论耶?彼直以循人情于斯须耳。盖循情以用人,乃圣人之大权,而下不敢以议上,又臣子之盛节也。

列御寇为伯昏无人射,引之盈贯,措杯水其肘上,发之,适矢复沓,方矢复寓。当是时,犹象人也。伯昏无人曰:是射之射,非不射之射也。尝与汝登高山,履危石,临百仞之渊,若能射乎?于是无人遂登高山,履危石,临百仞之渊,背逡巡,足二分垂在外,揖御寇而进之。御寇伏地,汗流至踵。伯昏无人曰:夫至人者,上窥青天,下潜黄泉,挥斥八极,神气不变。今汝怵然有恂目之志,尔于中也殆矣夫! 恂,一作眴。

贯,镝也。引弓满镝,射之法也。沓,重也。言前矢适去而后矢复搭,搭者方发而后来之矢复寓于弦上。如此敏捷如神,而徐观其身,则如木偶然,故曰象人。是则可谓射之射矣,而非不射之射者何?能以巧用而不以神用也。若与登高履危而临乎百仞之渊,则神怯而不能矣。盖以平日不曾讲得养神守气之学,一履艰险,便自退却,不得受用,即为死生有变于己。所以北宫黝之养勇,直到不肤挠目逃处,方能胜人。故观伯昏无人登高山,履危石,下临百仞之渊,逡巡其背,一分躧实,二分履虚,揖御寇而进之,是何等手段!自非神王而气专,乌能若是乎哉?故知至人上窥青天,下潜黄泉,挥而斥之八极之外,神气不变,非强之也,中有养焉耳。尝观虚弱之人,夜则梦飞堕地,则骇汗浃背,此便是神气怯细之征。古之人多以梦寐卜所学之浅深。若乃猨舞竿头,鱼潜水底,山头建塔,水面架楼,此辈工匠,有何神气?只缘平日习惯危机,便成绝技。此个惯习,亦是他神在此处存,气在此处守,若移之他处,却又不能，所以但为偏术小巧，与列子之射同论。至人则虽未尝历试诸艰，然一神定而万事毕矣。然是定也，岂易言哉！

肩吾问于孙叔敖曰：子三为令尹而不荣华，三去之而无忧色。吾始也疑子，今视子之鼻间栩栩然，子之用心独奈何？孙叔敖曰：吾何以过人哉？吾以其来不可却也，其去不可止也，吾以为得失之非我也，而无忧色而已矣。我何以过人哉？且不知其在彼乎？其在我乎？其在彼耶？亡乎我。在我耶？亡乎彼。方将踌躇，方将四顾，何暇知乎人贵人贱哉？仲尼闻之曰：古之真人，知者不得说，美人不得滥，盗人不得劫，伏戏、黄帝不得友。死生亦大矣，而无变乎己，况爵禄乎？若然者，其神经乎大山而无介，入乎渊泉而不濡，处卑细而不惫，充满天地，既以与人，己愈有。戏，义。

栩栩，鼻踵息而不粗也。孙叔敖亦几乎知道者，观其言，知来去之无常，知得失之非我，而又审其轻重两在之权。若果重在令尹，则我无与；果重在我，则令尹无与，既然两不相干，夫复何生欣戚？方将为之踌躇，为之四顾，审乎无假，以求所谓不可得而贵，不可得而贱者，何暇论夫人贵人贱哉？既以与人，己愈有一句，出老子。

楚王与凡君坐，少焉，楚王左右曰凡亡者三。凡君曰：凡之亡也，不足以丧吾存。夫凡之亡不足以丧吾存，则楚之存不足以存存。由是观之，则凡未始亡而楚未始存也。

君子所性，虽大行不加焉，穷居不损焉，凡虽亡矣，而不足以丧吾存，此凡君见道之言也。由是观之，凡亡不足以丧存，楚未亡，宁足以存存乎？凡固未尝亡，而楚固未尝存也。凡未尝亡，虽亡何害？楚未尝存，虽存奚益？明乎内外轻重之辨者，当不以身外之物

为欣戚矣。方壶外史说是篇已,作乱辞:

逖矣顺子,虚缘葆真。至哉温伯,目击道存。
回也步趋,夫子绝尘。故吾可忘,无死其心。
聃游物初,敦兮若朴。得此大常,洵美且乐。
肃肃者阴,赫赫者阳。交通成和,生此百昌。
莫见其形,莫知所穷。且也非是,孰为之宗?
至德不修,奚假言说?无为自然,天地日月。
夫子发覆,号鲁一人。百里饭牛,无心得君。
画史解衣,宋君善之。丈人持钓,文王得师。
御寇引矢,伯昏履危。神用者王,小技安施?
得令匪荣,失凡奚恶?审其存亡,任彼来去。

外篇知北游第二十二

此篇所论道妙,断言语,绝名相,混溟晦昧,迥出思议之表。读《南华》者,知北游最为肯綮,从此悟入,则大乘法藏皆可迎刃而解矣。

知北游于玄水之上,登隐弅之丘,而适遭无为谓焉。知谓无为谓曰:予欲有问乎若,何思何虑则知道?何处何服则安道?何从何道则得道?三问而无为谓不答也。非不答,不知答也。知不得问,反于白水之南,登狐阕之上,而睹狂屈焉。知以之言也问乎狂屈。狂屈曰:唉!予知之,将语若。中欲言而忘其所欲言。知不得问,反于帝宫,见黄帝而问焉。黄帝曰:无思无虑始知道,无处无服始安道,无从无道始得道。知问黄帝曰:我与若知之,彼与彼不知也,其孰是耶?黄帝曰:彼无为谓真是也,狂屈似之,我与汝终不近也。

夫知者不言，言者不知，故圣人行不言之教。弅，纷。唉，乌来。处，上声。

知与无为谓、狂屈，皆假名也。道之为物也，无名无相，无有知者，无不知者，故不可以思虑知；无有安者，无不安者，故不可以服而安；无有得者，无不得者，故不可以从而得。知之问，所谓无风起浪，头上安头，故无为谓不答。此机正与佛典世尊不答外道之问者同。昔有外道问佛：不问有言，不问无言。世尊良久，外道赞叹作礼而去。阿难却问：外道得何道理赞叹而去？佛言：如良马见鞭，追风千里。今无为谓之不答也，庄老急为提点两句，非不答也，不知答也。此意却又明显。若使知答，则是堕于疑网，落于言荃，起于知识，生于见解，而去道益远矣。北游者却不解此，复往问于狂屈，狂屈谓予知之，欲言而忘其所以言。此一答虽若近似，却不能使之路绝道断，犹为引犬上堂而逐之。及见黄帝而问焉，则已大泄天机矣。而知复问三者孰是，岂知知者未必为真知，而不知者正所以为知耶？故黄帝曰：彼无为谓真是也，狂屈似之，我与若终不近也，所以老子之言曰，知者不言，言者不知，故圣人行不言之教。以上说话，分明是庄子撰出，以为此三言之疏义。大抵此种不言的学问，要人直下领悟，拟议即差，商推即乖。又使说透天机，谈尽玄妙，自耳根入者终无受用。禅家往往以此勘人，一击粉碎。有问如何是西来意者，德山、临济之徒非喝即棒，直是绝人之路，断人之道，使人迷闷莫前，久之各各自有透悟。昔南泉斩猫，举示赵州，赵州脱却草履，头顶而出，南泉却说：使赵州当机，恰救得此猫在。于此荐得，方知圣人行不言之教者，其旨深，其意远，等闲不得拈示，直令自悟可也。

道不可致,德不可至,仁可为也,义可亏也,礼相伪也,故曰:失道而后德,失德而后仁,失仁而后义,失义而后礼,礼者道之华而乱之首也。故曰:为道者日损,损之又损之,以至于无为,无为而无不为也。今已为物也,欲复归根,不亦难乎!其易也,其唯大人乎?相,去。易,异。

此亦老子注疏。儒者皆谓学以致道,不知道者无为而常自然,不可致也。儒者皆谓圣人至德,不知德本纯纯全全,人人具足,有何不至而有至之名?故曰:德不可至。道德之下而有仁义。仁犹近也,为之可也。义则过于分别,去道远矣,亏之可也。礼则相助为伪而已。故曰:失道而后德,失德而后仁,失仁而后义,失义而后礼,礼者道之华而乱之始也。夫为道者,虚静恬淡寂寞无为而已矣,奚取于是而为之也?故曰:为道者日损,损之又损,以至于无为,则道德几矣。今已朴散而为器矣,复欲归根,不亦难乎?归根,谓返于道德。其易也,唯大人。大人也,损之又损也,无为也。

生也死之徒,死也生之始,孰知其纪?人之生,气之聚也,聚则为生,散则为死。若生死为徒,吾又何患?故万物一也。其所美者为神奇,其所恶者为臭腐,臭腐复化为神奇,神奇复化为臭腐,故曰:通天下一气耳,圣人故贵一。

造化之机,成功者退,将来者进,而万物之生之死莫不出入乎此机,故方生方死,方死方生,而不知其孰纲维是。其气之聚散为之乎?盖盈天地之间,只是浑芒一气,以息相吹,如野马絪緼,有所附丽,则尘尘相聚而物生,散则复归于气而物死,喻如沤因浪发,冰自寒凝,散则复归于水。知生死之为一气耳,则任其陶冶,夫复何患?今人但以生为神奇也而美之,死为臭腐也而恶之,大非也。岂知神奇化为臭腐，臭腐复为神奇，反覆相因，无有穷已，何美可歆？何恶可厌？在圣人则处之一如，不起分别，所贵乎一者，以通天下万物皆一气也。一气，则火传也，不知其尽也。

知谓黄帝曰：吾问无为谓，无为谓不应我，非不我应，不知应我也。吾问狂屈，狂屈中欲告我而不我告，非不我告，中欲告而忘之也。今予问乎若，若知之，奚故不近？黄帝曰：彼其真是也，以其不知也。此其似之也，以其忘之也。予与若终不近也，以其知之也。狂屈闻之，以黄帝为知言。

此即章首之说，义更明白，无劳笺解。

天地有大美而不言，四时有明法而不议，万物有成理而不说。圣人者，原天地之美而达万物之理，是故至人无为，大圣不作，观于天地之谓也。今彼神明至精，与彼百化物，已死生方圆，莫知其根也，扁然而万物，自古以固存。

凡人有大美则言之，而天地有大美而不言；有法则议之，而四时有明法而不议；有理则说之，而万物有成理而不说。大美，犹言大功。成法，谓节候气序。成理，谓各有成性。不言、不议、不说者，无为而常自然也。圣人原天地之变，达万物之理，故亦以无为而成妙用，故曰：至人无为，大圣不作，观于天地而效法焉耳。今彼神明至精，与彼百化之物，生死万变，方圆异象，莫有知其根者，但见神奇化为臭腐，臭腐复化神奇，翩然万物而无物之不有，自古固存而无时之不然，所谓万古此天地则万古此造化，万古此造化则万古此人物，而求其所谓根则不可得而知。非不可得而知也，冲漠无朕，超于色相形声之外，夫固无所容吾知也。既无所容吾知矣，何所容吾言哉？何所容吾议哉？何所容吾说哉？圣人所以行不言之教,成无为之化者,观此而已。渊乎微哉!

六合为巨,未离其内。秋毫为小,待之成体。天下莫不浮沉,终身不故。阴阳四时运行,各得其序。惛然若亡而存,油然不形而神,万物畜而不知。此之谓本根,可以观于天矣。

承上,遂指本根。盖本根者道也,道无往而不在,故六合虽大而此道不离于其内,秋毫为小而其体必待而后成,万物得此则浮沉上下,日新又新而不已,造化得此,则阴阳四时各得其序而不忒,惛然若亡也而实存,油然不形也而自神,万物自生自畜自养自育而不知谁之所为。以是观天,则天之所以为天居然可知矣。圣人以之而行不言之教,成无为之化也,有以哉!

齧缺问道乎被衣,被衣曰:若正汝形,一汝视,天和将至;摄汝知,一汝度,神将来舍。德将为汝美,道将为汝居,汝瞳焉如新生之犊而无求其故。言未卒,齧缺睡寐。被衣大说,行歌而去之,曰:形若槁骸,心若死灰,真其实知,不以故自持,媒媒晦晦,无心而不可与谋。彼何人哉! 媒,昧。说,悦。

正汝形,身不妄动也,一汝视,目不妄视也,如是则专气致柔而天和将自至矣。摄汝知,不起思虑也,一汝度,出入以度也,如是则心不外驰而神将来舍矣。将见德为汝美,道为汝居,汝于此时瞳瞳焉如新生之犊而不得其心之所以如此,形容有道者无心之状,老氏所谓如婴儿之未孩,意盖如此。故齧缺因被衣之言,莫逆于心,无所疑问,直下收听返视,凝神内守,不觉相对而睡寐。此个景象,直是相悦以解,无心之甚,故被衣大悦,行歌而去之。真其实知,言此人真是实知此理,故质任自然,不循师弟子旧套而以故自持。媒媒,即昧昧也。彼何人哉,乃几于道而能若此!叹之深,美之至也。

舜问乎丞曰:道可得而有乎?曰:汝身非汝有也,汝何得有夫道?舜曰:吾身非吾有也,孰有之哉?曰:是天地之委形也。生非汝有,是天地之委和也。性命非汝有,是天地之委顺也。孙子非汝有,是天地之委蜕也。故行不知所往,处不知所持,食不知所味,天地之强阳气也,又胡可得而有耶?

委,积聚也。夫人,地火风水四大假合而有此身,故曰:身非汝有,天地之委形。阴阳二五,交通成和,而后始有生气,故曰:生亦非汝有,天地之委和。既生,则有性命,而二五之妙顺则成人,故曰:性命非汝有,天地之委顺。形形相禅,无有穷尽,故孙子非汝有,天地之委蜕。其行也,孰往之?其处也,孰持之?其饭食也,孰味之?天地之强阳气也。强阳,即健动之义,天地以之而生物者。夫举吾之身而皆非吾之所有,则今者幻身复在何处,又胡得而私有夫道耶?盖知身之非我有,则贪着此身以为有常者妄矣,知道非我有,则执着此道以为有得者妄矣。细味此语,不惟可以消人鄙吝之私,而佛氏所谓人法双忘,乃成空到者,其义亦可想矣。

孔子问于老聃曰:今日晏间,敢问至道。老聃曰:汝斋戒,疏瀹而心,澡雪而精神,掊击而知。夫道,窅然难言哉!将为汝言其崖略,夫昭昭生于冥冥,有伦生于无形,精神生于道,形本生于精,而万物以形相生,故九窍者胎生,八窍者卵生,其来无迹,其往无崖,无门无房,四达之皇皇也。邀于此者,四枝强,思虑恂达,耳目聪明,其用心不劳而应物无方。天不得不高,地不得不广,日月不得不行,万物不得不昌,此其道与!间,闲。知,去。窅,窈。

疏瀹而心,通其滞也。澡雪而精神,涤其旧也。掊击而知,去其识也。窅然,深奥之义。崖,边际也。略,粗略也。夫上天之载,无声无臭，至无也而至有生焉，至虚也而至实形焉，故曰：昭昭生于冥冥，有偷生于无形。精神生于道，形本生于精，何以故？无极之真，二五之精，妙合而凝，而人生焉；其所谓神，即无极之真也，其所谓精，则二五之精也；知精神之生于道，则知性之所自出矣，知形本之生于精，则知命之所由立矣。上下二精字，要有分晓。盖精神之精，即道家所谓先天之精，清通而无象者也，形本之精，即《易》系所谓男女媾精之精，有气而有质者也。万物皆以形形相禅而生，故胎生卵生，总为生类。既生矣，则不能以无死，然而其来也不知何所来，其去也不知何所止，无门无房，而死生来去四达之皇皇也，道之物物有如此者。人能邀而得之，则肢体强健，思虑恂达，耳目聪明，莫非道妙之显发，是故其用心也不劳，而应物也无方。道德有于身，而符征见于外，理之自然，无足异者。是道也，天不得则不高，地不得则不广，日月不得则不行，万物不得则不昌，而况于人乎？信乎其不可不邀而得之也。

且夫博之不必知，辩之不必慧，圣人以断之矣。若夫益之而不加益，损之而不加损者，圣人之所保也。渊渊乎其若海，魏魏乎其终则复始也，运量万物而不匮，则君子之道，彼其外与？万物皆往资焉而不匮，此其道与！魏，平声。

今之求道者，类博之以知，辩之以慧，而不知知慧之开，道之凿也，闻见之多，理之障也，以故圣人断之。老子曰：绝圣弃知。盖斯道之妙，不在辩博，一言以尽之曰：冥冥而已。虽则冥冥，而实为昭昭之本。故出而生万有也，举世益之而不能为之益，入而归于无也，举世损之而不能为之损，此则圣人之所保者。保，如佛语保任此事，终不虚也之保。渊乎若海，言其莫测也。魏乎终则复始，言其无端也。是道也,洋洋乎发育万物,不得君子以为之运量,则造化几无全功。运量者,裁成辅相以成物曲之利者也。是道虽贯乎物之中,而又有行乎物之外者,故曰:君子之道,彼其外与!若夫资之以生,资之以始,亘宇宙而不见其终穷,则天地自然之道,物之所以为本根者也。此段补出天非人不成,意更周匝。

中国有人焉,非阴非阳,处于天地之间,直且为人,将反于宗。自本观之,生者,喑醷物也,虽有寿夭,相去几何?须臾之说也,奚足以为尧桀之是非? 喑,荫。醷,意。

中国有人焉,谓至人也。非阴非阳,言其出乎二五陶铸之外。直且为人,谓其形直人而已。将反于宗,游于物初也。反于宗,则其德与冥冥者合矣。若自其宗而观之,非惟无形,抑且无生,非惟无生,抑且无气。气动而有生,生者气之聚也,如人之有喑醷者然,故曰:生者喑醷物也。虽有寿夭,相去几何?同归于散而已。人生百年,直须臾耳,何足是尧非桀,哓哓焉于须臾之顷乎?盖尧桀终有是非,游心物初者直且与之相忘耳。

果蓏有理,人伦虽难,所以相齿。圣人遭之而不违,过之而不守。调而应之,德也;偶而应之,道也。帝之所兴,王之所起也。

木实曰果,草实曰蓏。言果蓏之物虽微,而其卑高之相亚,大小之相缀,亦自有理而不乱。人道之大,虽难与果蓏比伦,然其所以相齿之序,则固未尝有异。故观果蓏之出于自然,则人道从可知矣,是以圣人遭之而不违,过之而不守。遭之而不违者,如父子之无所解,君臣之无所逃,圣人处此,亦惟尽所当尽而已。然过矣而化,未尝苦节以为贞,盖亦顺其自然,而不加以一毫人为之私。常人则贪着其事,臀困株守,不自解脱者抑又多矣。调而应之,德也,调谓调和，善处为之而有以为者也，德也。偶而应之，则无心为之者也，道也。盖知其自然，而一以无心处之，则虽为之而无以为矣。帝之所兴，王之所起，世出世法，莫不由此。

人生天地之间，若白驹之过郤，忽然而已。注然勃然，莫不出焉，油然漻然，莫不入焉，已化而生，又化而死，生物哀之，人类悲之。解其天弢，堕其天袠，纷乎宛乎，魂魄将往，乃身从之，乃大归乎！郤隙同。漻，流。弢，韬。堕，隳。

却、隙，古通用。白驹，隙中之光影也。言人生岁月直如隙驹，注然勃然出者，油然漻然入，出则生也，入则死也，已化而生，又化而死。其死也，则为生物所哀，其在人也，则为同类所悲。而其哀也悲也，死者不得而知也，在彼则以为解其天弢而隳其天袠云尔。囊弓曰弢，囊衣曰袠。盖人之有躯壳，如物之有弢袠者然，一受其成形，即为躯壳所累；解而堕之，彼方适然自以为快，又如旅人之赴家，此其大归焉耳。天下有归而不乐者乎？而我噭噭然从而号之，何为者哉？

不形之形，形之不形，是人之所同知也，非将至之所务也，此众人之所同论也。彼至则不论，论则不至，明见无值。辩不若默，道不可闻，闻不若塞，此之谓大得。

形者，色身也，幻相也，假合者也。不形者，法身也，实相也，无假者也。《圆觉经》云：幻身灭故，幻根亦灭；幻根灭故，幻尘亦灭；幻尘灭故，幻灭亦灭；幻灭灭故，非幻不灭。以是而论，亦众人之所同知，然却非将至者之所务。何者？至则不论，论则不至，若待拟议商量，犹为梦中说梦，故道不可见。若使相遇而后见，犹有二也，故曰：明见无值。道不可辩，辩不若默，道不可闻，闻不若塞。默焉塞焉,黜去见闻辩说之支离,则于道得矣。

东郭子问于庄子曰:所谓道,恶乎在?庄子曰:无所不在。东郭子曰:期而后可。庄子曰:在蝼蚁。曰:何其下耶?曰:在稊稗。曰:何其愈下耶?曰:在瓦甓。曰:何其愈甚耶?曰:在屎溺。东郭子不应。庄子曰:夫子之问也,固不及质正获之问于监市,履豨也,每下愈况。屎,兮。溺,去声。豨,喜。

夫道无不在,问道者每每求之于高速,则非矣。故庄子因东郭之问而以每下者答之,欲其知糟粕煨烬无非至教,所谓洒扫应对与精义入神,贯通只一理,而东郭不知也。于是庄子晓之曰:夫子之问也,固不及取正于正获之问监市乎?履豨愈下,则比况愈明。豨,大豕也。履,以足蹴之也。盖豨之肥瘠,蹴其臀则自可知。臀,物之底也,故以为下。正,司市之官。获,其名也。监市,犹今之当行者。

汝惟莫必,无乎逃物。至道若是,大言亦然。周、遍、咸三者,异名同实,其指一也。尝相与游乎无何有之宫,同合而论无所终穷乎?尝相与无为乎?淡而静乎?漠而清乎?调而间乎?寥已吾志,无往焉而不知其所至,去而来不知其所止。吾已往来焉而不知其所终,彷徨乎冯闳,大知入焉而不知其所穷。冯,凭。间,闲。

必,期必也,因有期而后可之问,故曰:汝惟莫必,谓不必指定道在何处,则天下岂有逃乎物而得谓之道者乎?毕竟道之与器,两不相离,故至道若是,至言亦然。周、遍与咸,三字何异?其指一而已矣。终日说玄说妙,却与糟粕煨烬何殊?虽然,我以其言言道,子以其问问道,言与问皆非道也。将更与子进上一步,游乎无何有之宫,同合而论无所终穷之学乎!同合,则我既无说,子乃无闻。无为乎?淡而静乎?漠而清乎?调而闲乎?寥远哉,吾之志也!

远则似有所往而实无所往,无所往也故不知其所至,无往则湛然常住矣。其有去来,则适来时也,适去顺也,安其时,处其顺,而不知其所止。盖一有所止,则知去而不知来,或知来而不知去,皆为贪着,而非自然。故吾已往来焉,而不知究竟之何似,则是以有为为应迹,以无住为自然,彷徨乎冯于闲旷之野,入于大知之中而不知其所穷,所谓与子游乎无何有之宫,同合而论无所终穷者,意盖如此。大知,犹言大道。

物物者与物无际,而物有际者,所谓物际者也。不际之际,际之不际者也。谓盈虚衰杀,彼为盈虚非盈虚,彼为衰杀非衰杀,彼为本末非本末,彼为积散非积散也。

物物者,道也。道无在而无不在,故与物无际。际,谓边际。有际则谓之物,故曰:物有际者,斯谓物际。道则不际之际,然非离此物而别谓之道也,特际之不际者耳。所谓际者,谓盈虚也,衰杀也,皆有两边。道,则谓彼为盈虚也而非盈虚,谓彼为衰杀也而非衰杀,谓彼为本末也而非本末,谓彼为积散也而非积散。张子所谓两在,故不测,意盖指此。

妸荷甘与神农同学于老龙吉。神农隐几阖户昼瞑,妸荷甘日中奓户而入,曰:老龙死矣!神农隐几拥杖而起,嚗然放杖而笑,曰:天知予僻陋慢訑,故弃予而死。已矣夫子!无所发予之狂言而死矣夫!弇堈吊闻之,曰:夫体道者,天下之君子所系焉。今于道,秋毫之端万分未得处一焉,而犹知藏其狂言而死,又况夫体道者乎?视之于无形,听之于无声,于人之论者,谓之冥冥,所以论道而非道也。妸,阿。弇,奄。堈,冈。奓,车上声。嚗,剥。訑,诞。

奓,开也。天者,推尊老龙之词。无所发予之狂言,言无复以大言振我也。秋毫之端万不得一,言神农未为知道,犹知夫子之藏其狂言。即此藏之一字,便是知者不言。体道者有见于此,是以昏昏默默,收吾之视也而视于无形,返吾之听也而听于无声。若与人论道而谓之曰冥冥,直言荃耳,冥冥,岂为道耶?盖道而可以冥冥名,则道又可名矣。

于是泰清问乎无穷曰:子知道乎?无穷曰:吾不知。又问乎无为,无为曰:吾知道。曰:子之知道,亦有数乎?曰:有。曰:其数若何?无为曰:吾知道之可以贵,可以贱,可以约,可以散,此吾所以知道之数也。泰清以之言也问乎无始曰:若是,则无穷之弗知与无为之知,孰是而孰非乎?无始曰:不知深矣,知之浅矣。弗知内矣,知之外矣。于是泰清中而叹曰:弗知乃知乎!知乃不知乎!孰知不知之知?无始曰:道不可闻,闻而非也;道不可见,见而非也;道不可言,言而非也。知形形之不形乎,道不当名。无始曰:有问道而应之者,不知道也。虽问道者,亦未闻道。道无问,问无应。无问问之,是问穷也;无应应之,是无内也。以无内待问穷,若是者,外不观乎宇宙,内不知乎太初,是以不过乎昆仑,不游乎太虚。

此段亦自上透下。大意谓不知乃知,知乃不知。泰清问道于无穷,无穷以不知答之,是矣。既又问于无为,则为失问。无为自以为知而举其数,不知道无名数,凡可举可陈,皆外也,而非内也,外而非内,则浅之乎其言道矣。大抵道不可言,言之则非;道不可闻,闻之则非;道不可见,见之则非,道不可形,形之则非;道不可名,名之则非;道不可问,问之则非;道不可答,答之则非。故无始重重扫净,直到不知地位,而后始为究竟。昆仑,山之最高者,不过乎此,则不能挟日月、凌倒景而游乎太虚,以喻无内而待问穷者。

光曜问乎无有曰:夫子有乎?其无有乎?光曜不得问,而孰视其状貌,窅然空然,终日视之而不见,听之而不闻,搏之而不得也。光曜曰:至矣,其孰能至此乎?予能有无矣,而未能无无也。及为无有矣,何从至此哉?

能有无矣,而未能无无,以道经参之,是所空既无而未到无无亦无也,所以尚落无之一边。既落于无,无复为有,及其为无所有,则清净之中着了一物,何从而得窅然空然,不见不闻乎哉?大抵性体真空,加一无字不得,加一无无不得,佛语所谓:如剥蕉然,直至层层俱尽,而后始为空到。妙哉!妙哉!

大马之捶钩者,年八十矣,而不失豪芒。大马曰:子巧舆?有道与?曰:臣有守也。臣之年二十而好捶钩,于物无视也,非钩无察也。是用之者假不用者也,以长得其用,而况乎无不用者乎?物孰不资焉?

大马,大司马也。钩,剑名。捶,锻也。言大司马之属有善捶钩者,老而精绝,无毫芒之失。臣有守也,守即所谓纯气之守。非钩无察,察即所谓唯蜩翼之知。如此用志不分,是皆假不用者以为用之,是以长得其用。盖用者技也,不用者神也,神则无所不用,况小技乎?万事万物莫不资焉。

冉求问于仲尼曰:未有天地可知耶?仲尼曰:可。古犹今也。冉求失问而退。明日复见,曰:昔者吾问,未有天地可知乎?夫子曰:可。古犹今也。昔日吾昭然,今日吾昧然,敢问何谓也?仲尼曰:昔之昭然也,神者先受之;今之昧然也,且又为不神者求耶?无古无今,无始无终,未有子孙而有子孙,可乎?冉求未对。仲尼曰:已矣,未应矣!

未有天地之先,在人则为思虑未起、鬼神莫知之时,本不可以致吾思、容吾喙者。冉求骤然以是为问,盖有难于为言者,而夫子直曰可知,盖亦因今推古而姑以是为证,欲冉求之自悟焉耳。盖今日之今即往日之古,未有有今而无古者,即是而观,有天地即今也,未有天地即古也,使其无古,则亦做今不出矣。此夫子于难言之中而姑发其可言之端,而冉求未喻也。明日复见,谓昔也昭然,今也昧然,敢问何故?想其一问之初,略觉有些领悟,久则愈思愈塞。夫子为语其故:昔之昭然者,是汝初问之时,胸中廓然无物,方尔虚心受教,神者受之,故虚灵之天稍觉透露,譬之云破月映。顷之,落了言荃,添了见解,虚灵之天反生理障,是为不神者求之之故。为字,去声。道家原说,此神不是思虑神,此个不神,最能遮障本体,故令昧然。既又为状未有天地之先空相,如此前言古犹今也,此却分明说出无古无今、无始无终、无子无孙。试将太极图来参看,太极圈中阴阳分对,相待而生,静极而勤,动极复静,便是古今始终;下五行、男女、万事、万物,便是子孙;最上一圈空寂无有,便是无古无今、无始无终、未有天地之先的空相。此中若加求索,将无作有,便不是未有天地之先。所以先儒说:才说性,便已不是性。又谓求中于喜怒哀乐未发之先不得,盖亦有见于此。而冉求未对,毕竟难悟,再加思索,则去之愈远。故夫子曰:已矣,未应矣!犹言罢了,不消对了!此个已矣,未应,真是好!绝了思虑,罢了言说,一直造到未有天地之先,是真脱悟。如其未悟,已矣未对,不起见解,他日自有恍然处。所以告子不得于言,勿求于心,便缘此以得心之不动。此一机要,等闲拈以示人,适遭疑贬,儒者却说问之弗知弗措也,辩之弗明弗措也,如何罢得?不知夫子直为钝根者说个下学之事。若是上根,一闻千悟,纵有未悟,亦不肯于耳根上去讨分晓,何以问辩为哉?

不以生生死,不以死死生。死生有待耶?皆有所一体。有先天地生者物耶?物物者非物,物出不得先物也,犹其有物也。犹其有物也无已,圣人之爱人也,终无已者,亦乃取于是者也。

承上意,遂撰出此段。盖死生事大,吾人真实受用,正在于此。然须要知得,适来,时也,适去,顺也,安时而处顺,死生不能易也。今之学老氏者,但以生为可求,益生厚生,裨益于有常之外,不知灭为幻灭,生亦幻生,以生生死,终未离幻。唯知道者以生死为旦莫,适去顺也,死则已耳,故不更求所以生者以生其死。今之学释氏者,但知生灭灭已,寂灭为乐,一切捐弃有为之法,不知落于顽空,沦于断灭,槁木死灰,无有是处。唯知道者,以其知之所知养其知之所不知,而不灭生事以死其生。所以然者,盖以死生有时,吾人则当顺以待之。当生之时,本体在生,不当更作死观。当死之时,本体在死,不当更作生想。此之谓顺化。又此死生变化,皆属后天形质。有先天地而生之物耶?故物物者非物,自物出者有生有死,不得谓之先天地。先天地者,无生死、古今、终始之谓也。夫天地间之有物也,犹人性空中之有物也,有物则生生无已。即是而观,圣人之爱人无已者,亦其性空之中添了爱缘,故令辗转相续不绝。此个圣人还有意必固我,亦大道之所不取。

颜渊问乎仲尼曰:回尝闻诸夫子:无有所将,无有所迎。回敢问其游?仲尼曰:古之人外化而内不化,今之人内化而外不化。与物化者,一不化者也。安化?安不化?安与之相靡?必与之莫多。

将者,承奉之义,迎者,邀致之义,皆应物之涉于有迹者。回问：无将无迎，何以得游此无心之天乎？古之人，外化而内不化。外化者，应感无迹也。内不化者，不与物迁也。然亦必有个不化者存，然后能化物，如人胸中必有个不淫不移者在，然后能轻富贵；必有个不忧不惧者在，然后能一死生。故曰：与物化者，一不化者也。安化？、安不化？二句是诘辞，言安所化乎？安所不化乎？安与之相靡相顺而俱化乎？必与之莫多，其一不化者乎？莫多，即一不化者。此解外史以意测之，当得如此，诸解直是无谓。

狶韦氏之囿，黄帝之圃，有虞氏之宫，汤武之室。君子之人，若儒墨者师，故以是非相齏也，而况今之人乎？圣人处物不伤物。不伤物者，物亦不能伤也。唯无所伤者，为能与人相将迎。齏，齎。

古之人若狶韦、黄帝、有虞、汤、武，数圣之学皆能自成一家，故曰囿圃宫室。与彼儒墨之中抗颜称师者，皆不能与物俱化，但见是是非非互相溷浊，何况今人，抑何怪其然乎？故唯圣人善处万物而不伤。惟不伤物也，故物亦不能伤。不伤者，与物俱化，相忘于是非同异之辩而两不相齏也。惟无所伤者，然后能将迎焉。毕竟将之以无将，迎之以无迎，无将无迎，此谓将迎也已。

山林与？皋壤与？使我欣欣然而乐与？乐未毕也，哀又继之。哀乐之来，吾不能御，其去弗能止，悲夫！世人直为物逆旅耳。夫知遇而不知所不遇，知能能而不能所不能。无知无能者，固人所不免也。夫务免乎人之所不免者，岂不亦悲哉！至言去言，至为去为。齐知之所知，则浅矣。

夫人游乎山林皋壤之间，既自欣然而乐矣，感今伤昔，则又不能无哀，所谓情随事迁，感慨系之，故旷然怡情之中，而又有泫然泣下者存。哀乐之来，吾不能御，其去也，吾不能止，悲夫！何无定情之若是耶？溯其生哀生乐之由，良以吾身直万物之逆旅，万物常在而吾身不常，以故喜其相值而又悲其不能留，诚无益哉！今人但知今日之遇，而不知他日之不遇，但知今日之能游能乐，而不知他日之不能，是不达于无常之说者也夫！是无知无能者，固人之所不免也。今务免夫人之所不能免者，庸可得乎？为计日拙，为心日劳，又自悲已。所以至言不落于荃蹄，至为不牵于世故，顺其自化，听其自然。必欲齐其知之所知，而不能养其所不知，则其知亦浅矣。方壶外史说是篇已，重宣此义而作乱辞：

北游三问，无为不知。帝也弗近，狂者似之。
言者不知，知者不言。不言之教，圣人贵焉。
道不可致，仁或可为。德不可至，义则可亏。
损之又损，其惟大人。能以散朴，而归于根。
生也死徒，死兮生始。臭腐神奇，孰知其纪？
一气所通，油然聚散。生死为徒，吾复何患？
成理不说，大美不言。至人无为，达观于天。
被衣论道，齧缺睡寐。彼何人哉，媒晦若是？
道非身有，窅固难名。以彼昭昭，生于冥冥。
万物皆往，资焉不匮。博不必知，辩不必慧。
须臾夭寿，奚以是非？解弢堕袠，及此大归。
形之不形，论者不至。际之不际，非即非离。
窅然光曜，藏矣老龙。何哉无内，以待问穷。
履豨可喻，捶钩作程。每下愈况，有守斯精。
未有天地，古今可求。无有将迎，回也请游。
无知无能，人固不免。齐知所知，所知则浅。

庄子副墨卷之六　寞字集

杂篇庚桑楚第二十三

杂篇,庄子杂著也,章句有长有短,总之则推本道德,为老子一经之疏注。此篇中有苦心极力之语,大类张子正蒙,疑庄子平生绪言缀拾于内外二篇之后者。其不可解处,诸家率多影响,然已为外史氏窥破八分矣,尚俟后也。

老聃之役有庚桑楚者,偏得老聃之道,以北居畏垒之山。其臣之画然知者去之,其妾之挈然仁者远之,拥肿之与居,鞅掌之为使。居三年,畏垒大壤。畏垒之民相与言曰:庚桑子之始来,吾洒然异之。今吾日计之而不足,岁计之而有馀。庶几其圣人乎!胡不相与尸而祝之、社而稷之乎?庚桑子闻之,南面而不释然。弟子异之。庚桑子曰:弟子何异于予?夫春气发而百草生,正得秋而万宝成。夫春与秋,岂无得而然哉?大道已行矣。吾闻至人尸居环堵之室,而百姓猖狂不知所往。今以畏垒之细民而窃窃焉欲俎豆予于贤人之间,我其杓之人耶?吾是以不释于老聃之言。

役,执弟子之役者也。庚桑,姓。楚,名。偏得,谓独得其道。臣、妾,指左右之事楚者而言。画然知,以经画为知者也。挈然仁,以挈度为仁者也。盖老圣绝仁弃知,故学其道者,一皆远而去之。拥肿、鞅掌,皆朴而无能之貌。壤,犹治也,一作大穰,以为岁登者近之。洒然异之,言见其胸次洒洒,有异常人。日计不足,岁计有馀者，言其无小利，亦无近功，而久则方见其有益也。尸祝、社稷，严敬之至也。畏垒之民，盖欲尊之为君。庚桑子闻之，南面而不释然，则以天道春生秋成，有大美而不言，所以得而然者，大道行之也。道则无为而常自然，故天地不尸其功而化自忘焉。至人与道为体，故尸居环堵之室，虚静恬淡，寂寞无为，而百姓猖狂焉不知所往。不知所往者，率其性之自然而无方无隅，是乃所以为道也。今也畏垒之细民窃窃焉欲俎豆予于贤人之间，是我必也为浅夫小人有以自见，故使民尊我敬我若此，吾愧有负于师教，是以不能释然也。俎豆字，自尸祝中来。杓之人，以喻褊浅。

弟子曰：不然。夫寻常之沟，巨鱼无所还其体，而鲵鳝为之制；步仞之丘陵，巨兽无所隐其躯，而孽狐为之祥。且夫尊贤授能，先善与利，自古尧舜以然，而况畏垒之民乎？夫子亦听矣！庚桑子曰：小子来！夫函车之兽，介而离山，则不免于罔罟之患；吞舟之鱼，砀而失水，则蚁能苦之。故鸟兽不厌高，鱼鳖不厌深。夫全其形生之人，藏其身也，不厌深眇而已矣。且夫二子者，又何足以称扬哉？是其于辨也，将妄凿垣墙而殖蓬蒿也。简发而栉，数米而炊，窃窃乎又何足以济世哉？举贤则民相轧，任知则民相盗。之数物者，不足以厚民。民之于利甚勤，子有杀父，臣有杀君，正昼为盗，日中穴阫。吾语女：大乱之本必生于尧舜之间，其末存乎千世之后，千世之后，其必有人与人相食者也。还，旋。

八尺曰寻，倍寻曰常。六尺曰步，七尺曰仞。祥，妖孽也。无所还，无所隐，言巨者不至也，喻如褊小之地，大贤不居，则小人得以恣纵而为非。故尊贤授能以善利天下，尧舜之世盖已然矣。夫尧舜大圣尚不能以一人治天下，而犹必假于贤能，况畏垒之细民乎？

今畏垒之尊先生也,其亦望治之心有所不能自已者,先生盍亦听之,而胡以不怿为哉?于是庚桑复即前喻,深为譬说。言鱼兽赋形愈大,则取祸愈速,故函车之兽与吞舟之鱼,独行离山则罟网罹之,荡而失水则蝼蚁苦之。以故深居简出,自托于高深者,物之所以自全也。况全其形生之人而知反不逮此乎?且夫尊贤授能,善利天下,则尧舜之事大道者,又何足称乎?垣墙不可凿,凿之则浑朴者伤,蓬蒿不可植,植之则生类者乱。尧舜之远于道也,其辨若此。又如简发而栉,数米而炊,斗筲之量,何示弗广耶?故举贤则民皆以贤相轧矣,任知则民皆以知相盗矣。相轧则相争,相盗则相残,不知以善利先天下而适以大乱倡天下,民之趋利也甚勤,况可得而先乎?利在子先则后其父,利在臣先则后其君,于是子有弃父之心,臣有叛君之行,取天下之所谓名器者而分裂之,于日中正昼之间,恬不知畏,是大乱之本萌于尧舜之时,而大坏极弊于千世之后。论其世,特隐而未见耳。或谓庄老之言过于激亢,天下有人与人相食者,不观之众暴寡,强凌弱,知罔愚与吮民之膏血者乎?则又甚矣。

南荣趎蹙然正坐曰:若趎之年者已长矣,将恶乎托业以及此言耶?庚桑子曰:全汝形,抱汝生,无使汝思虑营营。若此三年,则可以及此言也。南荣趎曰:目之与形,吾不知其异也,而盲者不能自见;耳之与形,吾不知其异也,而聋者不能自闻;心之与形,吾不知其异也,而狂者不能自得。形之与形亦辟矣,而物或间之耶,欲相求而不能相得?今谓趎曰:全汝形,抱汝生,勿使汝思虑营营。趎勉闻道达耳矣。庚桑子曰:辞尽矣。曰奔蜂不能化藿蠋,越鸡不能伏鹄卵,鲁鸡固能矣。鸡之与鸡,其德非不同也,有能与不能者,其

才固有巨小也。今吾才小,不足以化子。子胡不南见老子?趎,畴。蠋,蜀。

南荣趎,庚桑弟子也。恶乎托业以及此言,言我将何所学而能到此乎?全汝形者,谓体其受而不亏。抱汝生者,谓守其性而不离。无使而思虑营营者,谓去其知识而不凿。如此积久而纯,乃几于道,故曰:三年而后,可以及此。南荣一闻其言,自愧开悟之晚,乃复于师曰:夫天下无异目也,而盲者乃不能见,天下无异耳也,而聋者乃不能闻,天下无异心也,而狂者乃不能得。今吾之形与人之形可谓相近矣,宜其无盲聋与狂之病,乃为物欲所间耶,欲相求而不相得?是则践形惟肖之学,趎盖不能无歉焉。今夫子教我全形抱生之说,勉而闻之,道已达于吾耳矣。达耳,即所谓自耳根入者。自耳根入者,终未浑融,恶可以及化?故庚桑子曰:夫我之教子也,其辞则已尽矣,尔之不能化也,以吾鼓铸之力微焉耳,故曰:奔蜂不能化藿蠋。奔蜂,小蜂也。藿蠋,豆间大青虫也。盖闻蜾蠃能祝螟蛉而化之,似其才力相当也。奔蜂藿蠋能之乎哉?越鸡不伏鹄卵,亦复如是。子盍南见老子乎?往见我师,庶乎目击道存,有不言而自喻者矣。

南荣趎裹粮,七日七夜至老子之所。老子曰:子自楚之所来乎?南荣趎曰:唯。老子曰:子何与人偕来之众也?南荣趎瞿然顾其后。老子曰:子不知吾所谓乎?南荣趎俯而惭,仰而叹,曰:今者吾忘吾答,因失吾问。老子曰:何谓也?南荣趎曰:不知乎?人谓我朱疑衍,或趎字。**愚。知乎?反愁我躯。不仁则害人,仁则反愁我身。不义则伤彼,义则反愁我己。安逃此而可?此三言者,趎之所患也。愿因楚而问之。老子曰:向吾见若眉睫之间,吾因以得汝**

矣。今汝又言,而信之。若规规然若丧父母,揭竿而求诸海也。汝亡人哉,惘惘乎!汝欲反汝情性而无由入,可怜哉!

子何与人偕来之众,言何子与人来归之众乎?非谓南荣率众而来也。盖庚桑推尊其师,凡有疑而未化之人,皆令南见老子,故老圣因南荣之续来而发是语。南荣不察其旨,却谓己未尝率众而来,故瞿然而顾其后。忘吾答,失吾问,只此便见南荣身分。老子曰:子不知吾所谓乎?所谓,即指平日所言绝圣弃知,绝仁弃义之语。绝知则人谓我愚,任知则反为身累,以至绝仁则恐至于害人,绝义则恐至于伤彼。绝之不可,不绝不可,故尝以三言为患。不知绝圣弃知,绝仁弃义,则反于虚静恬淡寂寞无为矣,又焉得有不知不仁不义之足患乎?趎之芒也若此,故老圣见眉睫而知,因言而决,为发大慈悯,故言:汝规规然若丧父母,揭竿而求诸海,其失所天也若此,真亡人哉!欲反汝情性而无由入,正谓迷头弃父,佛语所谓可怜愍者。求诸海者,广求之义,非谓求之海中也。

南荣趎请入就舍,召其所好,去其所恶。十日自愁,复见老子。老子曰:汝自洒濯孰哉?郁郁乎,然而其中津津乎犹有恶也。夫外韄者不可繁而捉,将内揵;内韄者不可缪而捉,将外揵;外内韄者,道德不能持,而况放道而行者乎?韄,获。揵,蹇。孰熟同。

请入就舍,假先生之馆舍而卒业也。召,求也。求其所好,即欲反其情性之意。所恶,即指所绝所弃之事。十日自愁者,困于其心,求得而未得也。汝自洒濯孰哉,是老子问词,言子洒濯身心功夫还熟也未?但见郁乎其愁,其中津津乎犹有恶也。郁而有恶,则是胸中尚未洒然。直至愁无可愁,召无可召,求无可求,而后始为纯熟。此段细密功夫,奈何责以十日?此南荣趎之所以欲速而不逮也。于是老子因其复见也而告之曰:夫人之学也,其要则内外两忘尽之矣。凡人内有所桎则谓之内韄,外有所桎则谓之外韄。韄者,以皮束物之称。言人之心贵乎虚静恬淡,一接于物,而不能过而不留,则夺于攻取,心受外韄而繁矣。就此憧憧烦扰之中寻求本体,其如物拒于中,内者已实,故内揵而不开;一动于欲而不能与化俱徂,则思虑营营,心受内韄而缪矣,就此绸缪萦结之中寻求本体,其如已涉于感,外缘难断,故外揵而难解。捉者,寻求之义。揵者,牢关之义。此等新奇之语,如霞外杂俎,必非食烟火者之所能道。内外韄者,道德不能持,言内外交韄,则虽道德有于身者尚不能以自持,况遵道而行者乎？要知道德有于身,则洒濯已熟,自无所韄,此殆其设言耳。

南荣趎曰:里人有病,里人问之,病者能言其病,然其病病者,犹未病也。若趎之闻大道,譬犹饮药而加病也。趎愿闻卫生之经而已矣。老子曰:卫生之经,能抱一乎？能勿失乎？能无卜筮而知吉凶乎？能止乎？能已乎？能舍诸人而求诸己乎？能翛然乎？能侗然乎？能儿子乎？儿子终日嗥而嗌不嗄,和之至也;终日握而手不掜,共其德也;终日视而目不瞚,偏不在外也。行不知所之,居不知所为,与物委蛇而同其波,是卫生之经已。嗄,沙去。掜,艺。瞚,瞬。

里人问病,病者能自言其状,是其病犹未甚也,喻言已能自状,其病尚浅,缘此病自十日自愁上得来,所谓无病而灸者。若再闻夫子之言,愈自惊疑,是犹饮药而反加病。今不敢复进于是矣,所愿得卫生之常法而已矣,此正佛经所谓愿乐小法者。不知卫生之经非道德不能也,故老子难之曰:能抱一乎？能勿失乎？二句即《道德经》所谓载营魄抱一,能无离乎之意。能无卜筮而知吉凶乎？此个吉凶，即《道德经》所谓福兮祸所倚，祸兮福所伏，正复为奇，善复为妖者，本不待于卜筮而后知。若民之迷，日固久矣，故以此发问，欲其有以自审。能止乎？知止也。能已乎？知足也。能舍诸人而求诸己乎？急于自治而不暇于及人也。能翛然乎？无所累也。能侗然乎？无所知也。能儿子乎？专气致柔如婴儿也。此皆返朴还淳之道。至如儿子，则其德厚矣。故以下遂言，儿子终日嗥而嗌不嗄，气之和也；终日握而手不掜，德之共也；终日视而目不瞬，精之专也。长哭曰嗥，声哑曰嗄，卷手曰握，抚手曰掜，目动曰瞬，一而不分曰共，精有所移曰偏。行不知所之，居不知所为，言无心也。与物委蛇而同其波，随顺而无忤也。含德之厚，比于赤子，则卫生之经，孰有外于此哉？

南荣趎曰：然则是至人之德已乎？曰：非也，是乃所谓冰解冻释者。夫至人者，相与交食乎地而交乐乎天，不以人物利害相撄，不相与为怪，不相与为谋，不相与为事，翛然而往，侗然而来，是谓卫生之经也。

至人之德，无能所，去执着，浑然无迹。如上数个能字，便是佛经所谓能所，道经所谓执着。譬则冰已解矣，冻已释矣，中间渣滓尚未浑化，安得竟到澄然湛然地位？所以南荣问：是至人之德已乎？而老子曰：非也。若论至人，则上德不德，相与斯世斯人交食乎地，交乐乎天，但见人食亦食，人乐亦乐，食乐皆与人同，而不受利害，不立诡异，不与谋事，翛然而往，侗然而来，则与人异。此卫生之经，在至人者如此而已。较之前言，则所谓安排而去，化乃入于寥天一者。

曰：然则是至乎？曰：未也。吾固告汝曰：能儿子乎？儿子动

不知所为,行不知所之,身若槁木之枝而心若死灰。若是者,祸亦不至,福亦不来。祸福无有,恶有人灾也?

然则若是至乎?谓我之学当至是已乎?曰未也,言尚未到此。吾固告汝曰:能儿子乎?只槁尔之形,灰尔之心,如儿子之动不知所为,行不知所之,则祸亦不至,福亦不来,而人灾可免,是汝卫生常道。此段学问,即佛乘中所谓二乘做死心功夫者,尚有捉摸,亦趎之身分所易及者。此处林鬳斋解,皆不得其旨。

宇泰定者,发乎天光。发乎天光者,人见其人,人有修者,乃今有恒。有恒者,人舍之,天助之。人之所舍,谓之天民;天之所助,谓之天子。

以下皆庄子杂著。宇,心宇也。泰定者,泰然而定。定则生慧矣,故发乎天光。天光者,谓于事物之来,不逆不亿而自然先觉,故谓之曰天。人但见其人耳,而不知其即天也。修而得此,则常德不离矣,故曰:乃今有恒。人舍,谓人之所归。舍,训曰止。

学者,学其所不能学也;行者,行其所不能行也;辩者,辩其所不能辩也。知止乎其所不能知,至矣。若有不即是者,天钧败之。

夫人皆有能、有不能,于其所不能者而勉之,则人事尽矣。故学其所不能学,则其学也进;行其所不能行,则其行也卓;辩其所不能辩,则其辩也精。至于知,则不必知其所不能知。盖人知所不能知,则天也。吾人则当以其所知,养其所不知,斯得为知之盛。故止其所不能知,至矣。不即是者,是逆天也,必为天钧败之。败,犹弃也。天钧,犹言鸿钧。盖不即是,则故作误为而侥幸于其所难必者抑又多矣。

备物以将形,藏不虞以生心,敬中以达彼,若是而万恶至者,皆

天也，而非人也，不足以滑成，不可内于灵台。灵台者有持，而不知其所持而不可持者也。内，纳。

将之为言，奉也。言人备物以奉其身，思患豫防，常恐其有不测之事，而又敬而无失，与人恭而有礼，宜乎足以自全。若是而众恶交至者，则天也，而非人之所致。正如伯牛之疾，颜子之夭，皆非人之所能知，又何足以滑吾之盛德而内吾之灵台乎？夫灵台者有持，有持，犹言有主。而不知其所持而有所不可持者，毕竟无主则虚，一有所主，则必不能以其所知养其所不知，而烦恼障碍皆从此起矣。

不见其诚己而发，每发而不当，业入而不舍，每更为失。

夫人必有诸中，而后发诸外，故君子修辞立其诚，然后言而有中。今也不见其诚己而发，但见每发而不当于事理之情实。不当于事理之情实，则亦妄发而已。痛自改悔，舍其旧而图其新，可也。今也业入而不能舍，业入，谓业已入于不诚不信之中，而又屡屡更变以自掩饰，不知转更转失，所谓过而不改，是谓过矣，耻过作非者，往往如是。读庄子者，宁不惕然？

为不善乎显明之中者，人得而诛之；为不善乎幽闲之中者，鬼得而诛之。明乎人、明乎鬼者，然后能独行。

人诛，谓刑罚。鬼诛，谓夺其魄而益之疚。独行，谓独修于人所不见之地。

券内者，行乎无名；券外者，志乎期费。行乎无名者，唯庸有光；志乎期费者，唯贾人也，人见其跂，犹之魁然。与物穷者，物人焉；与物且者，其身之不能容，焉能容人？不能容人者无亲，无亲者尽人。

券内外，即老子所谓左右契也。盖券内者，藏券于内，券外者，行券于外。主人券藏于内，而券之中主人无名焉，故曰：券内者，行乎无名。虽则无名，而实大声宏，人皆仰之，譬则君子之学，专务于内，不为名誉，而其为道也暗然而日章，故曰：行乎无名者，惟庸有光。若券外者，则志于求人之费而已，期费，则贾人之事也，盗夸之徒也，人见其跂而高也，以为渠魁，不知一贾人耳，何足尚哉？大抵良贾则深藏若虚，盛德则容貌若愚，君子之与物也，深自俭约，不为侈大，如寒士然，是之谓与物穷者。然虚则能容，谦乃受益，故物莫不入焉。若与物苟且，漫然而来者汗然而去，在学者则为道听涂说之人，此尚不能自容一身，安能广受众人也？夫无容人之量者，人将离之，故无亲。无亲，则与物睽绝，而尽人之类皆不能与之为徒，其病源正在一个务外好高而悦于近利耳，可不戒哉！

兵莫憯于志，镆铘为下；寇莫大于阴阳，无所逃于天地之间。非阴阳贼之，心则使之也。

此言几微之害。盖人有一念不谨而贻终身之忧者，故兵莫憯于志。嗔忿之心甚能自戕，比之镆铘，其祸尤惨，无能避者，故镆铘为下。寇莫大于阴阳，衽席之间干戈生焉，然而阴阳，男女无所逃于天地之间。阴阳岂能贼人？心贪则自贼耳。知此，则人当惩忿窒欲，持其志，养其心，而不使有自失之悔可也。

道，通其分也，其成也，毁也。所恶乎分者，其分也以备；所以恶乎备者，其有以备。故出而不反，见其鬼；出而得是，谓是死；灭而有实，鬼之一也。以有形者象无形者而定矣。

此准物理而论造化。道者，先天道朴。分，谓分阴分阳。成毁，谓盈虚消息。言一气周流，初无间断，而道实通乎其间。既毁矣，于是贞元会合，绝后再苏，所谓无平不陂，无往不复，物理人事，莫不皆然。其不能不分者，以备故分也。老子曰，朴散为器，复归于朴，则分而不分，斯无恶矣，其如有以备何？故曰：所恶于分者，其分也以备；所恶于备者，其有以备。有以备者，居其备也。有以备，则其理其势不得不分，而成毁变灭皆入于定数而不可逃。圣人知其如此，以故生而不有，为而不恃，长而不宰，功成而不居，是谓无备则无分，无分则无成无毁，故能劫外独存，而长久之道端在于此。大抵造化物理，出者贵反。出而不反，鬼道也，死道也。若乃灭而有实，然后为鬼之得一者耳，鬼神得一则灵。不反，则罥挂轮纲，永失真性，何从而得一哉？有形谓物理，无形谓造化，故以有形者象无形者，而论斯定矣。

出无本，入无窍，有实而无乎处，有长而无乎本剽，有所出而无窍者有实。有实而无乎处者，宇也。有长而无乎本剽者，宙也。有乎生，有乎死，有乎出，有乎入。出入无见其形，是谓天门。剽，甫小反，末也。长，上声。

此言造化之妙。出，生出也。入，死而归也。言造化之显藏，默运于无声无臭之表，而不见其迹，莫知其然，故其出也无本，其入也无窍。非无本也，非无窍也，但无方所之可求耳，故曰：有实而不见其处。故将自其变者而观之，亘古亘今有长矣，而无乎本剽；自其不变者而观之，无门无旁无窍矣，而有乎实理。有实而无处，上下四方一如也；有长而无本末，往古来今一如也；实有乎生，实有乎死，实有乎出，实有乎入，幻相实相一如也。然而不见其形也，而出入生死由是焉，是以谓之天门。天则虚无自然而已矣，谁能不由此门乎？何莫非由斯道也？故下文见意。

天门者,无有也,万物出乎无有。有不能以有为有,必出乎无有,而无有一无有,圣人藏乎是。

老子云:天地万物生于有,有生于无。而无有之先又复有无无者焉,即齐物论中所谓未始有无也者是也。圣人有见于此,故藏神乎是。盖惟藏,则虚静寂寞,而万有之根基于是乎立矣。

古之人,其知有所至矣。恶乎至?有以为未始有物者,至矣尽矣,弗可以加矣。其次以为有物矣,将以生为丧也,以死为反也,是以分已。其次曰始无有,既而有生,生俄而死;以无有为首,以生为体,以死为尻。孰知死生有无之一守者,吾与之为友。是三者虽异,公族也。昭、景也,著戴也,甲氏也,著封也,非一也。

未始有物者,无死生,无终始,溟溟涬涬而已,此在太极未分之先。其次则言有物,有物则方生方死,方始方终,故以生为丧,以死为反。丧,谓亡失于外。反,返其真也。齐物论云弱丧而不知归,亦是此意。盖至是而浑沦之体判矣,故曰:是以分已。又其次者则言始而无有,既而有生,生俄而死,是以无有为首,以有生为体,以死为尻。尻,尾也,物之终也。孰知有无死生之一守者,吾与之为友,是既知其分又知其一者也。三者之言,虽次第不同,而皆未离于宗,譬则楚之公族,昭氏也,景氏也,以戴而著者也,甲氏也,以封而著者也。戴,谓人所推戴。三氏虽分,本之则一公族而已,非一也,而亦何尝不一哉!

有生,黬也,披然曰移是。尝言移是,非所言也。虽然,不可知者也。腊者之有膍胲,可散而不可散也。观室者周于寝庙,又适其偃焉。为是举移是。请尝言移是,是以生为本,以知为师,因以乘是非;果有名实,因以己为质;使人以为己节,因以死偿节。若然

者，以用为知，以不用为愚，以彻为名，以穷为辱。移是，今之人也，是蜩与鷽鸠同于同也。黬，于咸反。䏶，毗。胲，古来反。二散字，上上声，下去声。

此章鄙人之见小，而广以一体同观之义。言有生，聚气耳，如釜底烟气聚而成黶。既云聚气，则凡同类者，举相似也，何得妄有分别？今披然而曰移是，非所言也。披然，解散之貌。移，即孟子所谓居移气，养移体之移，谓变其常也。夫人自有常耳，而尝言移是，岂言之当乎？虽然，亦有移者，则时之所遭，人不可知也。取诸其譬，如腊祭之有䏶胲，有可散，有不可散者，故以为可移而不可移之喻。䏶，牛之百叶也。足指曰胲。二散字，上作上声读，下作去声读，其义自明。可散，谓散置于鼎俎之间。不可散，谓分散于人也。又如室之有庙、有寝、有偃，观室者遍而造之，则见其移祖于庙，移憩于寝，移溲于偃，偃，屏厕也。以为有卑高贵贱之分，为是举移是，而不知䏶胲一体也，庙偃一地也。今人但见其可移耳，而不见其有不可移者在，故尝言移是，非所言也。请尝言移是，是以有生者为本，而以其所知者为师，因乘之以生是非。以生为本者，谓以己作主，知己之贵则贱人，知己之知则愚人，知己之荣则辱人，是皆以知为师而乘是非者。用是因实求名，循名责实，谓果有名实，莫不以己为质，而使人皆取节焉。以己为质，即以有生为本之义。质，如义以为质之质。节，准则也。夫以知为师，便以生是非；果有名实，便以己为质；使人节己，便以死偿节，直至钟鸣漏尽，而犹不悟本来之无我，人心之移，一至于此。今人少有得志，便谓今非昔比，常将我身作主，要使人人承奉于我，山林游戏，行尚辟人，索居闲处，尚御冠服，得非以死偿节之谓乎？若然者，是以己之用者为知,而以人之不用者为愚,以己之通者为荣,而以人之穷者为辱。古之达人不作是观。言移是者,今之人也,是蜩与鸒鸠同一自足于枋榆之下者也,何见之小哉!夫惟蜩与鸒鸠乃同一见,而我又与之同,故曰同其同,鄙亦甚矣。此条不知从前诸老作何见解?

蹍市人之足,则辞以放骜,兄则以妪,大亲则已矣。故曰:至礼有不人,至义不物,至知不谋,至仁无亲,至信辟金。蹍,女展反。

蹍,踏也。踏市人之足,则辞谢以放骜。兄踏弟足,则以气而嘘,妪拊之而已,无庸谢也。若父母踏子之足,则并与妪拊而忘之,故曰:大亲则已矣。夫蹍足而辞谢,礼也,礼以相伪。至礼则质任自然,不见人我而生逊让,故知亲之已矣,真至礼也。至义则不待物物裁制而皆得其宜。至知则自然先觉而已,故至知不谋。至仁则无所不爱而已,故至仁无亲。至信则不待金玉以为质,故至信辟金。此皆因至礼不人而绪及之者。

彻志之勃,解心之谬,去德之累,达道之塞。贵富显严名利六者,勃志也。容动色理气意六者,谬心也。恶欲喜怒哀乐六者,累德也。去就取予知能六者,塞道也。此四六者不荡胸中则正,正则静,静则明,明则虚,虚则无为而无不为也。

彻,撤而去之也。勃,悖乱也。谬与缪同。塞,障碍也。君子之志也,则当志于道德,一有富贵严显名利之心,则夺于外诱,而吾之志因以乱矣。容,身相也。动,举四体而言。色,容色也。理,言之文也。气,则兼声与色而言之。意,思虑也。六者在心,则绸缪纠结,不能自解,故曰心谬。德者,浑沦不分之谓。淆之以情,则窍凿多矣,故足以为德之累。道则虚无自然而已,无去就,无取予,无知能,有之,则适足以障道。此四六者,不荡于胸中则胸中正。正,如各正性命之正，言适得吾体也。正，则攻取不得而夺之。故正则静，静则定而生慧矣，故静则明，明则表里莹然，渣滓浑化而虚矣，虚则恬然淡然寂然寞然，而一无所为矣。然无为也而无不为也，万变不足为之挠，岂复为四六所累哉？

道者，德之钦也，生者，德之光也，性者，生之质也，性之动，谓之为，为之伪，谓之失。

天下莫不尊道而贵德，故道者为德之钦。降本流末，人物乃生，生则品物咸章，而光辉发越矣，故生者为德之光。有生者，有生生者，故性者为生之质。率性而动，则百为出焉，故性之动谓之为。为而根于性，则虽为而实无所为矣，加之以人则伪，伪则失。失，即老子所谓失道、失德、失仁、失义之失。庄子分明是老子疏注。

知者接也，知者谟也。知者之所不知，犹睨也。动以不得已之谓德，动无非我之谓治，名相反而实相顺也。

知者，与物为构而生。谟，谋谟，谋生于意识。德性之知则不如是，盖德性之知有所不知，如赤子之睨然视物而不起于分别，其有所动，又皆不得已而后动者，故不得已而动谓之德，动无非我谓之治。我，即释氏所谓真我。治，谓五官效职，百体从令。此便是性之动者，是皆出于自然，而不以一毫人为参之。德与我皆在内，动与治皆在外，其名若相反而实则相顺者也。相顺，谓外皆顺于内。

羿工乎中微而拙乎使人无己誉，圣人工乎天而拙乎人。夫工乎天而俍乎人者，唯全人能之。俍良同。

羿巧于中的而拙乎使人无己誉，谓其有以自见也，圣人亦然。若工于天而又假乎人，唯全人能之。全人者，至人也。至人无己，至人无名。

惟虫能虫，惟虫能天。全人恶天？恶人之天？而况吾天乎人乎？恶，乌。

能，即孟子所谓良能。物有万不齐，皆谓之虫。惟虫能虫，谓能不失其本性也，如鸢之飞，鱼之跃，觳之鸣，马牛之蹄啮，皆能自率其天性而不失其为虫，故曰：惟虫能虫，惟虫能天。然虫而谓之能天者，进物而言之也。人则一天而已，况全人乎？若全人，则不知何者为天，何者为人，故曰：全人恶天。且天之未始不为人，人亦未始不为天，知天人之为一体者，自尔不生分别。此尚不知人之能天，而况天之在我者乎？故曰：恶人之天，而况吾天乎人乎。何相异也？若使其知我之能天，则终有我见，斯不得谓之全人矣。全人，即至人也，至人无己。

一雀适羿，羿必得之，威也；以天下为之笼，则雀无所逃。是故汤以庖人笼伊尹，秦穆公以五羊之皮笼百里奚。是故非以其所好笼之而可得者，无有也。介者拸画，外非誉也；胥靡登高而不惧，遗死生也。拸，与纸反。

羿必得雀，威力使然也，故有力者得人。虽然，亦必因其所好，可笼而致也，如伊尹、百里奚有志于霸王之业，然后汤与穆公得而有之。若使胸中洒洒，一尘不挂，乌得而有之哉？介者拸华美而弗饰，外毁誉也；胥靡登危险而不惧，遗死生也。彼二子者非其人也，乌得不为所笼哉？介，兀者。胥靡，刑徒人也。画，画衣也。拸者，弃意。

夫复謵不魄而忘人，忘人，因以为天人矣。故敬之而不喜，侮之而不怒者，唯同乎天和者为然。出怒不怒，则怒出于不怒矣；出

为无为，则为出于无为矣。欲静则平气，欲神则顺心，有为也欲当，则缘于不得已。不得已之类，圣人之道。复謵，与服习同。

复謵，犹言服习。夫人不能忘情于人，于是始有馈遗，不馈而忘人，则无人之情矣。有人之形，无人之情，非天人乎？无人情者，敬而不喜，侮而不怒，无喜无怒，同乎天和。天和者，自然之冲气，人得之以为生者。然非无喜无怒也，谓出怒而不怒也。出怒不怒，则怒出于不怒矣。此个不怒，乃未发之中，在未怒之先者，常能养得此中，然后发而皆中。出怒如此，出喜可知，其有为也亦然。故出为无为，则为出于无为矣。无为非块然也，不得已而应之，虽为犹不为也。故欲静则须平其气，欲神则须顺其心，欲有为而得其当，则必缘于不得已。欲静二句，起下之词。平气者，谓调息而后归于静也。欲神则顺心者，心无物忤，然后存神而应妙，以喻有为而欲当者则必缘于不得已。不得已者，自然也，天也，圣人之道类是也。于是方壶外史为作乱辞：

庚桑居垒，匪杓之人。南面不释，奈此细民。
鸟不厌高，鱼不厌深。藏之深眇，乃全其身。
贤能善利，奚足以济？乱首唐虞，末流千世。
南趎托业，庚桑尽辞。南见老子，三患生疑。
十日自愁，内外兼韄。饮药加病，卫生而足。
能抱一乎，能儿子乎？槁形灰心，莫知所图。
宇泰定者，发乎天光。止所不知，天钧弗伤。
敬中达外，备物将形。人不胜天，奚以滑成？
不诚而发，每更为失。明惧人非，幽虞鬼责。
券内无名，物则入之。贾人期费，人见其跂。

兵憯于志，寇大于心。道通成毁，所恶于分。
无本无窍，出入天门。藏心无有，美厥灵根。
有生者黬，移是则非。蜩鸠也哉，胡见之微？
蹍足辞骜，大亲则已。至礼不文，至人无己。
四六不荡，归于静明。无为无失，惟德之钦。
惟虫能虫，惟雀可笼。不馈忘人，天和乃同。

杂篇徐无鬼第二十四

此篇多有隐晦难解之语，如层峦叠嶂，争奇献怪，游涉此者，甚可新人耳目，长人意见。读庄子到此，不得草草，三复愈有深味。

徐无鬼因女商见魏武侯，武侯劳之曰：先生病矣！苦于山林之劳，故乃肯见于寡人。徐无鬼曰：我则劳于君，君有何劳于我？君将盈嗜欲，长好恶，则性命之情病矣；君将黜嗜欲，掔好恶，则耳目病矣。我将劳君，君有何劳于我？武侯超然不对。少焉，徐无鬼曰：尝语君吾相狗也。下之质，执饱而止，是狸德也；中之质，若视日；上之质，若亡其一。吾相狗又不若吾相马也。直者中绳，曲者中钩，方者中矩，圆者中规，是国马也，而未若天下马也。天下马有成材，若恤若失，若丧其一，若是者，超轶绝尘，不知其所。武侯大悦而笑。掔，苦田反。劳，去声。长，上声。轶，逸。

夫山林之士，虚静恬淡寂寞无为，各安其性命之情，自适其适而已，无所病苦，安所取劳哉？而武侯则固劳之，故无鬼借其意而反之曰：我则有劳于君。盖君将盈嗜欲，滋好恶，则逐物丧真而内者病矣，黜而去之，则耳无所闻，目无所见而外者病矣，内外交病，君之可劳莫甚焉。而武侯超然未有以对也。少焉，无鬼语之以相狗焉，盖因论狗马，而相士之道实寓言表。狗之下者执饱而止，执饱，谓以搏执求饱，得饱则止，是狸德也，不可用也。中之质若视日，视日者，蒿其目，其心若有思乎，然神已专于内矣。上之质若亡其一，盖并其思而亡之，嗒然如南郭子綦之丧耦，浩子养鸡所谓望之如木鸡者，盖亦类是。盖执饱者见可欲而动，精神发露，一试便休，此喻士之无养者。视日，则似有所养矣，是故可以迫之而动也。若亡其一，则全不欲试者也。全不欲试者，然后能大有所试。孟子言：人有不为也，而后可以有为。准之相马，亦复如是。夫国马者，方圆曲直，动合矩度，即国士也。若夫天下马者，若恤若失，若亡其一，恤與失者，惛惛闷闷，全无发扬厉蹈之意。庄老立论，主意只在凝神守气，千言一旨。吾儒所谓不专一则不能直遂，不翕聚则不能发散，只为有见于此。武侯一闻此言，大悦而笑，笑不笑，一时则不可知，然著书者直是自信，具耳目者可以相悦而解耳。

徐无鬼出，女商曰：先生独何以说吾君乎？吾所以说吾君者，横说之则以诗书礼乐，从说之则以金板六弢，奉事而大有功者不可为数，而吾君未尝启齿。今先生何以说吾君，使吾君说若此乎？徐无鬼曰：吾直告之吾相狗马耳。女商曰：若是乎？曰：子不闻夫越之流人乎？去国数日，见其所知而喜；去国旬月，见所尝见于国中者喜；及期年也，见似人者而喜矣。不亦去人愈久，思人滋深乎？夫逃虚空者，藜藋柱乎鼪鼬之径，踉位其空，闻人足音跫然而喜矣，而况乎昆弟亲戚之謦欬其侧者乎？久矣夫，莫以真人之言謦欬吾君之侧乎！横说、从说，二音税，徐如字。藋，徒吊反。鼪鼬，生由。欬，苦爱反。踉，郎。跫，曲恭反。

夫诗书礼乐之文，与金板六弢之略，文则可以经邦，武则可以戡乱,故曰奉事而大有功者。而君未尝说之者何?盖以腐儒之空谈与策士之勦说,人主厌闻久矣。今也一闻狗马之论,无所因袭,独见之言,以之相士则得士,以之养心则得心,诚哉其为真人之言、空谷之謦欬也,焉得不跫然而喜、大说而笑乎?虚空,即空谷也。柱,塞也。鼪鼬之径,山蹊之间,鼪鼬所由之处也,而藜藋塞之,荒凉可知。踉,欲行貌。位,处也。言行行且止之时,偶闻足音,已自不胜其喜,况又闻亲戚昆弟之謦欬乎侧,其喜又殆有甚焉者。此段曲体物情,以喻武侯久不闻人言,今又幸得闻至言,分明讥笑魏国无人,而前之所说,从横捭阖,皆非人言也。

徐无鬼见武侯,武侯曰:先生居山林,食芧栗,厌葱韭,以宾寡人,久矣夫!今老耶?其欲干酒肉之味耶?其寡人亦有社稷之福耶?徐无鬼曰:无鬼生于贫贱,未尝敢饮食君之酒肉,将来劳君也。君曰:何哉,奚劳寡人?曰:劳君之神与形。武侯曰:何谓耶?徐无鬼曰:天地之养也一,登高不可以为长,居下不可以为短。君独为万乘之主,以苦一国之民,以养耳目鼻口,夫神者不自许也。夫神者,好和而恶奸。夫奸,病也,故劳之。唯君所病之,何也?

言先生老矣,若就寡人之养而来,则当备酒肉之味以奉先生,若有意于寡人,则相与以图社稷之福。于是无鬼又就养之一字生下意来,言君勿谓万乘之养与匹夫不同,凡天地之养一也,其以为万乘、匹夫者,所处异焉耳,犹之登高居下者然。夫物有各足,登高不能长,居下不能短也,而君独以为高为长,而苦短者下者之民,竣其膏血,以养在己之耳目口鼻,自以为得矣,而不知己之神不自许也。夫神也者,虚静恬淡寂寞无为,和之至也,故好和而恶奸。奸之为言,乱也。今以声色臭味之尘,荫其六根,贼其天和,不谓之病而何？夫是数者，皆有生之养所不能免，人则不病也，而君独病之，何哉？于此深思而自得之，则知老子所谓生而动之死地者，以其生生之厚，而益生曰祥之旨，可以引伸而得之矣。

武侯曰：欲见先生久矣！吾欲爱民而为义偃兵，其可乎？徐无鬼曰：不可。爱民，害民之始也；为义偃兵，造兵之本也。君自此为之，则殆不成。凡成美，恶器也。君虽为仁义，几且伪哉！形固造形，成固有伐，变固外战。君亦必无盛鹤列于丽谯之间，无徒骥于锱坛之官，无藏逆于得，无以巧胜人，无以谋胜人，无以战胜人。夫杀人之士民，兼人之土地，以养吾私与吾神者，其战不知孰善？胜之恶乎在？君若勿已矣，修胸中之诚，以应天地之情而勿撄。夫民死已脱矣，君将恶用夫偃兵哉？

此下正言图谋社稷之福。爱民，仁也。偃兵，义也。仁义以为国，无不可者，而无鬼则以为不可者，谓其为之以有心也。何者？有心爱民，则姑息之政行焉，是虽曰爱之，而其实害之也，故曰：爱民者，害民之始。有心偃兵，则警备之防弛焉，是虽曰偃之，而适以造之也，故曰：偃兵者，造兵之本。大抵天下事，最不可以有心为之。若自此为之以有心，则虽足以成仁义之美名，而不知反为不成之始。故成美，恶器也，弗成可也，又况成之以有心乎？有心，则虽为仁义，而且几于伪矣，君得无伪乎哉？盖当时之诸侯，多有假借仁义之名以求济其贪欲之私者，故无鬼言此以警之。何谓成美恶器？凡造化物理，成之于先者，必亏于后，故始于治，常卒乎乱。至人深达化权，故一以无名之朴镇之，而不以成美自居。夫形固有造形者，无形则无造矣；成固有伐之者，无成则无伐矣；变固有外战者，心平则争息矣。是盖不为祸首，不为事先，无心顺应，修胸中之诚而勿撄，则既无害民之端，又无造兵之本，所以为得。君亦必无盛鹤列于丽谯之间，徒骥于锱坛之宫。丽谯，宫楼名。鹤列，陈兵也。徒，步卒也。骥，骑射也。锱坛之宫，社稷之地也。夫严肃之所，自合清虚，神明之舍，本宜靖谧，以况心本无生，忽然起念，则是鹤列于丽谯之间，徒骥于锱坛之宫，失常之变，莫此为甚。原其爱民偃兵之初心，不过藏仁要人以为强国之计，是谓藏逆于得，以智为谋，以巧取胜，以战天下于才术仁义之中，以兼人之土地，而杀人之士民，收其子女玉帛，以养吾耳目口鼻之私，以快吾神，而不知吾神受内战之伤亦已多矣。如是，则所获不能补其所亡，所得不能济其所伤，其战也，果孰为胜？胜安在乎？君若勿已矣，勿已，即无已之意，谓欲已之而不止，则莫若修吾之诚以应天地之情，而勿与物撄。修吾之诚，则绝去仁义之几伪者，一味虚静恬淡寂寞无为，自然与天地之实理相应，而凡事物之去来顺逆，自然各适其适而不相撄乱。夫民命生死皆悬于君之一念，如是不与物撄，则无心变外战之患，而民之死脱矣，又何惧夫兵之为害而以偃兵为哉？盖直说到个行无行，攘无臂，仍无兵的地位，非至德，其孰能与于此？

黄帝将见大隗于具茨之山，方明为御，昌寓骖乘，张若、謵朋前马，昆阍、滑稽后车，至于襄城之野，七圣皆迷，无所问途。遇牧马童子，问途焉，曰：若知具茨之山乎？曰：然。若知大隗所存乎？曰：然。黄帝曰：异哉小童！非徒知具茨之山，又知大隗之所存。请问为天下。小童曰：夫为天下者，亦若此而已矣，又奚事焉？予少而自游于六合之内，予适有瞀病，有长者教予曰：若乘日之车而游于襄城之野。今予病少痊，予又且复游于六合之外。夫为天下亦若此而已矣。予又奚事焉？黄帝曰：夫为天下者，则诚非吾子之

事。虽然，请问为天下。小童辞。黄帝又问，小童曰：夫为天下者，亦奚以异乎牧马者哉？亦去其害马者而已矣。黄帝再拜稽首，称天师而退。瞀，茂。隗，魏。

方明、昌寓、张若、謵朋、昆阍、滑稽兼帝为七圣，皆寓言也。大隗，即大道也。两亦若此而已矣，皆指牧马而言。少而自游于六合之内，言予少有知觉，便自游于有方之内，与物为构，渐觉瞀昧，长者教予乘彼方升未艾之日车，游诸襄城之野，无物可见，障碍少除，今又且复游乎六合之外，喻彼学问无尽，进得一步又有一步，透得一层更有一层。黄帝见童子之言，知其非凡，固请问为天下之道。为天下，亦是寓言，老子所谓将欲取天下而为之，吾知其不得已。盖为天下，即治身也。童子大朴未雕，无事返还归复，故曰：为天下者，诚非童子之事。虽然，有道存焉，敢问为天下之道而已。小童曰：夫为天下者，奚以异于牧吾马哉？啮草饮水，顺其自然，去其所以害吾马者而已。今于百姓日用之中，而去其所以害吾身者，则治身之道岂复有馀蕴哉！于是黄帝稽首再拜曰：天人也，真吾师也。作礼而退。

知士无思虑之变则不乐，辩士无谈说之序则不乐，察士无凌谇之事则不乐，皆囿于物者也。谇，信。

夫人情乐于自见而喜于有所试，故知士无思虑之变，辩士无谈说之序，察士无凌谇之事，则己之才一无所试而不能以自见，故不乐，然皆为物所囿者也。至人则虚静恬淡寂寞无为，奚乐奚不乐哉？凌，凌轹也。谇，如今之谇语。

招世之士兴朝，中民之士荣官，筋力之士矜难，勇敢之士奋患，兵革之士乐战，枯槁之士宿名，法律之士广治，礼乐之士敬容，仁义

之士贵际。中，去声。难，平声。

招世者，招摇于世以自见者也，其人也，砥砺名节，卓然兴起于朝廷之上。中民之士，务求得民之心者也。荣官，谓以官守为荣。筋力之士，则孟贲、乌获之徒也。矜难，谓胜人之所难胜，举人之所难举。勇敢之士，聂政、荆轲之类也。奋患，谓自奋于忧患之中，而威武有所不能屈。兵革之士，士之急功者也，故得战而乐。枯槁之士，士之苦节者也，故得名而止。法律之士，法家者流也。广治，谓广其治世之具。礼乐之士，缝掖、章甫之辈也。敬容，谓饬其动作之容。仁义之士，居天下之广居，行天下之大道者也，不得志则不能与民由之，故贵在际时。言士之品不同，而志之所存各异，然皆非尊道而贵德者，特有方之士云耳，非至人也。

农夫无草莱之士则不比，商贾无市井之士则不比。庶人有旦莫之业则劝，百工有器械之巧则壮。

比，即比周之意。草莱之士，辟除草莱以自封植者也。农夫秉耒耜以求食者，故非此人不比。市井之士，招集商贾之人也，故商贾非市井之士不比。庶人有常居之业则旦暮劝，百工有一艺之精则精神王。通前后所论，皆易于物者。

钱财不积则贪者忧，权势不尤则夸者悲，势物之徒乐变。

贪夫所重在积，故钱财不积则贪者忧。夸者所贵在权，故权势不甚则夸者悲。物谓物力，势即权势，总上二者而言。乐变，谓喜于更张以自夸耀。此去虚静恬淡寂寞无为者，何啻天壤。

遭时有所用，不能无为也，此皆顺比于岁，不物于易者也。驰其形性，潜之万物，终身不反，悲夫！

夫出为无为，则为出于不为，圣人不能违时，遭时之我用而不能以无为者,顺也。比于岁功,当春而生,当夏而长,当秋而杀,当冬而藏,物则有变有易,而化工元气则有不物于易者存,此便是出为无为之意。若夫外驰其形,内驰其性,汩没于万物之中,而终身无所归复,此则所谓物于易者,逐于末而丧其真,悲夫!细味此,亦前数条之结语。

庄子曰:射者非前期而中,谓之善射,天下皆羿也,可乎?惠子曰:可。庄子曰:天下非有公是也,而各是其所是,天下皆尧也,可乎?惠子曰:可。庄子曰:然则儒、墨、杨、秉,与夫子为五,果孰是耶?或者若鲁遽者耶?其弟子曰:我得夫子之道矣,吾能冬爨鼎而夏造冰矣!鲁遽曰:是直以阳召阳,以阴召阴,非吾所谓道也。吾示子乎吾道。于是乎为之调瑟,废一于堂,废一于室,鼓宫宫动,鼓角角动,音律同矣。夫或改调,一弦于五音无当也,鼓之,二十五弦皆动,未始异于声,而音之君已。且若是者耶?

夫射者以鹄为期,故射必中鹄而后始见其为巧。若非有前期,则凡舍矢者皆云善射,而天下皆羿矣,而可乎哉?以喻天下必有公理以为是非之准的。若非有公是,而各是其是,则人人皆尧矣,而可乎?而惠子均谓之曰可,此便是惠子强辩,要与庄子相反处。于是庄子诘之曰:若不论公是而但各是其是,则设以儒、墨、杨、秉四人合夫子而五,相与上下其议论,学既不同,论当各别,使无公是者以正之,则未知果孰为是也?或者若鲁遽耶?遽之弟子曰:我得夫子之道矣,吾能冬爨鼎而夏履冰。鲁遽曰:非吾所谓道也,是直以阳召阳,以阴召阴耳。盖冬至阳生,阳生则人皆喜热,故爨鼎而无燥渴之烦,夏至阴生,阴生则人皆喜冷,故履冰而无栗烈之患。吾之道则不然,吾将示之,乃为之调瑟。盖鲁遽捏怪,因其弟子之无识,而故以此诳之。废一于堂,废一于室,废者,废其两瑟之柱而使之调不成声也。瑟既废矣,我却从外命之鼓宫,则堂上室中之弟子自然移其柱而调宫;命之鼓角,则堂上室中之弟子自然移其柱而调角;又或改调,一弦于五音不合也,则堂上室中二十五弦一时齐动,必使其声未始有异,而后音之君已。君即柱也。已,止也。如此隔壁而调,音响相应,如合符节,大是奇特,不知非关己有道术,彼自知音,彼自移柱,有不期同而自同者,故此亦是死法,与彼召阴召阳者,夫何以异?而遽也以之夸示弟子,无亦各是其是,而未知其果孰为是者耶?杨,杨朱也。秉,公孙龙名。

惠子曰:今夫儒、墨、杨、秉,且方与我以辩,相拂以辞,相镇以声,而未始吾非也,则奚若矣?庄子曰:齐人蹢子于宋者,其命阍也不以完,其求鈃锺也以束缚,其求唐子也而未始出域,有遗类矣。夫楚人寄而蹢阍者,夜半于无人之时而与舟人斗,未始离于岑而足以造于怨也。鈃,刑。

相拂以辞,谓抗其辞以相诤也。相镇以声,谓厉其声以相压也。言儒、墨、杨、秉之徒,与我相辩若此,而卒屈服于我,未始吾非,则吾之是何如耶?不知道以无诤为贵,相抗相镇非道也,无有是处。庄子且不说破,直连举三事作譬,用以戏剧惠子。齐人蹢子于宋以为阍,其命阍也不以完。盖古者以刖守门,故子欲为阍,则必蹢之而不欲其完。至求鈃锺,则束之缚之,惟恐缺坏而不完。夫在己子则不欲其完,而在锺也则必责其完,自恕于己而求备于物,惠子之与人辩也,亦复如是。又有求唐子者,唐,亡也,子已亡失,则当远求他郡,今乃求不出境,终亦遗失而已,故曰:有遗类矣。求唐子者,将求而出域乎?将不求而出域乎?又楚人寄而蹢阍,夜半逃归,足未离岸而即与舟人相斗,斗可得乎?吾恐夜半无人之时,必为舟人所挤,适足造怨而已。为蹢阍者,将斗而造怨乎?将不斗而求容乎?此时此地分明斗不去矣。今惠子守其一说,而不知深究精微,远讨训典,与求亡而不出域者何异?然其说终不能行也,则亦夜半斗舟之蹢子耳,不亦诚可笑哉!末篇言惠施日以其知与天下之辩持,说而不休,多而无已,犹以为寡,益之以怪,以反人为实,以胜人为名,则惠子之为人可知矣。又按:求唐、斗舟二喻,深可紬绎,一则喻其失之也远,一则笑其虽夜半无人亦将斗不去也。庄子之文善于戏剧,此类可见。

庄子送葬,过惠子之墓,顾谓从者曰:郢人垩漫其鼻端若蝇翼,使匠石斲之。匠石运斤成风,听而斲之,尽垩而鼻不伤,郢人立不失容。宋元君闻之,召匠石曰:尝试为寡人为之。匠石曰:臣则尝能斲之。虽然,臣之质死久矣!自夫子之死也,吾无以为质矣,吾无与言之矣。垩,乌路反。

垩,白泥也。漫其鼻端如蝇翼,言薄之甚也。鼻端固难斲,而垩薄又为难之尤难者,乃匠石运斤如风,垩尽去而鼻不伤,匠石之技可谓精绝矣。然非有立不失容之郢人,则匠亦无所施其巧者。是郢人者,匠石之质也。质,如绘工以素为质之质。此喻必有惠子之强辩,然后我得以其说穷之。自惠子死,则天下无与我相持者,而我亦无与之言矣。盖惠子真是木强,说他不倒,如郢人之立不失容者,若一折便倒,则何俟多言?今天下之为惠子者岂少哉?独使至人费词以穷之,难矣!难矣!

管仲有病,桓公问之曰:仲父之病病矣,可不谓云至于大病,则寡人恶乎属国而可?管仲曰:公谁欲与?公曰:鲍叔牙。曰:不可。

其为人洁廉善士也，其于不己若者不比之，又一闻人之过，终身不忘。使之治国，上且钩乎君，下且逆乎民。其得罪于君也，将弗久矣！公曰：然则孰可？对曰：勿已，则隰朋可。其为人也，上忘而下畔，愧不若皇帝，而哀不己若者。以德分人谓之圣，以财分人谓之贤。以贤临人，未有得人者也；以贤下人，未有不得人者也。其于国有不闻也，其于家有不见也。勿已，则隰朋可。

病病，言病甚也。可不谓云至于大病，犹云：设有不讳，至于大故，则寡人何以托国？公之意，盖已属意于叔牙，而仲则固谓之不可。牙之为人，洁廉善士也，廉洁之人，率多峻峭，而无休休有容之度，故善不已若者不比，一闻人过则终身不忘。相臣之道，受国之不祥，含人之垢，纳人之污，惟恐先己而后人也。今也以若人而托之国，彼必将以皦皦之行，上钩其君以致声誉，而下强人以所难，强则逆下，逆则无与无辅，吾恐不久将得罪于君矣。勿已，则隰朋可。隰朋之为人也，上忘而下畔，正言若反，故此等言语，大能警俗。上忘者，忘其势分之荣也。下畔者，使人忘我，若畔而去之也。皇者，修夫道者也。帝者，修夫德者也。人有不由于道德，则是不若于皇帝矣，故愧之。使人人皆由于道德者己之心也，不若于己心者则矜之。分人以德谓之圣，朋其圣人也；分人以财谓之贤，朋其贤人也；以贤下人则得人，朋其下人者也。之人也，于国有不闻也，于家有不见也，漠然而无为，寂然而无名，是隰朋之行也，故以之属国而可。

吴王浮于江，登乎狙之山。众狙见之，恂然弃而走，逃于深蓁。有一狙焉，委蛇攫抓，见巧乎王。王射之敏，给搏捷矢。王命相者趋射之，狙执死。王顾谓其友颜不疑曰：之狙也，伐其巧，恃其便以敖予，以至此极也。戒之哉！嗟乎！无以汝色骄人哉！颜不疑归而师

董梧,以锄其色,去乐辞显,三年而国人称之。攫,具缚反。抓,素报反。

委蛇,自得之貌。攫抓,便捷之状。见巧,以巧自见也。王射之敏,使疾射之也。射之者疾,而狙之搏其捷矢者亦甚给,狙之能若此,宜乎足以自全,而不知适以速其死。故王命左右相者趋射之,狙执死。王顾颜不疑而戒之曰:惟此狙伐其巧,恃其便以骄予,故至此极也。嗟乎,汝无以色骄人哉!色字所包甚广,富贵则有骄泰之色,贤劳则有矜夸之色,施予则有恩德之色,尊上则有傲慢之色,是皆内无所养,故不能忘己而忘物,取祸速戾,正在于此。不疑一闻其君之戒,亲贤友善,锄去在己旧习之荒秽,深自贬损,去乐辞显,三年而国人称之。嗟嗟!颜不疑可谓勇于从善者矣。

南伯子綦隐几而坐,仰天而嘘。颜成子入见曰:夫子,物之尤也。形固可使若槁骸,心固可使若死灰乎?曰:吾尝居山穴之中矣,当是时也,田禾一睹我,而齐国之众三贺之。我必先之,彼固知之;我必卖之,彼固鬻之。若我而不有之,彼恶得而知之?若我而不卖之,彼恶得而鬻之?嗟乎!我悲人之自丧者,吾又悲夫悲人者,吾又悲夫悲人之悲者,其后而日远矣。

物之尤,言夫子于人物之中称之为最,而灰心槁形若此,亦将何以自见耶?子綦言,我固不欲其自见也。盖昔者居于山穴之中,齐侯田禾一来睹我,而国人三贺。三贺者,贺其得贤也。是我必有以自见,如人之鬻物者然,是以闻名而来。名之所由著,实之所由丧也。吾尝悲夫人之自丧者,人皆明于责人而暗于责己;吾又悲夫悲人者,知悲人之悲而不悲己之悲,则所以自治者疏矣;吾又悲夫悲人之悲者,其后乃日远矣,始觉所造之进也。

仲尼之楚,楚王觞之,孙叔敖执爵而立,市南宜僚受酒而祭曰:

古之人乎！于此言已。曰：丘也闻不言之言矣，未之尝言，于此乎言之。市南宜僚弄丸而两家之难解，孙叔敖甘寝秉羽而郢人投兵。丘愿有喙三尺。彼之谓不道之道，此之谓不言之辩。故德总乎道之所一，而言休乎知之所不知，至矣。

古人于此言矣，言古人饮酒，于此率多以言陈善纳诲，盖启夫子有言之教。而夫子则言：吾闻圣人有不言之教，而吾未尝语人，今则于此语之。夫宜僚弄丸而难解，叔敖寝羽而投兵，乃知天下之事，无心于为者得之，丘亦何言之有哉？愿有喙三尺而已矣。凡鸟喙长者多不能言，如鹳鹤之类。夫子之言止此。庄子断之曰：彼之谓不道之道，此之谓不言之辩。彼之，谓二子是也；此之，谓夫子是也。夫太上立德，其次立言，德而总乎道之所一，言而止于知之所不知，至矣。而今之为德者曰仁曰义，则不能总乎道之所一也；今之言者高论广谈于六合之外，则不能休其所不知也，谓之何哉？

道之所一者，德不能同也；知之所不能知者，辩不能举也。名若儒墨而凶矣。

承上绪论，道者，先天道朴，一而不分，失道而后德，于是始有四端万善之名，要皆有心为之，而去自然者远矣，故曰：德不能同。知既非人之所能知，则虽有强辩，而亦不能举之以示人，故曰：辩不能举。今之以儒墨名者，类同其所不能同，举其所不能举，曰：吾斯之谓道也，斯之谓知也。岂不裂道畔知而以其学术祸天下哉！故曰：而凶矣。

故海不辞东流，大之至也。圣人并包天地，泽及天下，而不知其谁氏，是故生无爵，死无谥，实不聚，名不立，此之谓大人。

海不择众流，无所不纳，而后为大之至。大人兼包天地，润泽万物而不知其谁何。一海也，荡荡乎，民无能名焉，故生无爵而死无谥，实不聚而名不立，大之难名也如此。

狗不以善吠为良，人不以善言为贤，而况为大乎？夫为大不足以为大，而况为德乎？夫大备矣莫若天地，然奚求焉而大备矣？知大备者，无求，无失，无弃，不以物易己也。反己而不穷，循古而不摩，大人之诚。

善言，即今之所谓能辩者，人尚不以为贤，而况许之为大乎哉？盖大无名相，迥出言语思议之表，不可为也，有心为之则不足以为大矣。夫为大尚不足以为大，而况为德乎哉？德，则指仁义圣知而言。大则道也，德则道之降焉者也。为德，则所谓下德执德而德非其德矣，其可谓德乎哉？夫大则备矣，大备者莫若天地，然天地奚求焉而大备也？无心自然而已矣。知大备者，无求也，无失也，无弃也。何者？性分之中，万物皆备，何假于外而曰求？何所遗忘而曰失？何可舍置而曰弃？是故知大备者，不以物丧己，反之于身而各足也，循乎邃古而不摩也，此大人之诚也。诚，即释氏所谓实际理地。大人之大，大于是而已。

子綦有八子，陈诸前，召九方歅曰：为我相吾子，孰为祥？九方歅曰：梱也为祥。子綦瞿然喜曰：奚若？曰：梱也，将与国君同食，以终其身。子綦索然出涕曰：吾子何为以至于是极也？九方歅曰：夫与国君同食，泽及三族，而况父母乎？今夫子闻之而泣，是御福也。子则祥矣，父则不祥。子綦曰：歅，汝何足以识之，而梱祥耶？尽于酒肉入于鼻口矣，而何足以知其所自来？吾未尝为牧而牂生于奥，未尝好田而鹑生于宎，若勿怪，何耶？吾所与吾子游者，游于天地。吾与之邀乐于天，吾与之邀食于地；吾不与之为事，不与之为谋，不与之为怪；

吾与之乘天地之诚而不以物与之相撄,吾与之一委蛇而不与之为事所宜,今也然有世俗之偿焉。凡有怪征者,必有怪行,殆乎!非我与吾子之罪,几天与之也!吾是以泣也。无几何而使梱之于燕,盗得之于道,全而鬻之则难,不若刖之则易,于是乎刖而鬻之于齐,适当渠公之街,终身食肉而终。歎,因。宎,夭。梱,困。

夫非望之福,有道之忧也,惟知者能深知之。梱有国君同食之相,常人方自庆幸,而子綦则固忧之,何者?谓其非所致而致也。古之人积功累仁,如禹稷之躬稼,大王之迁豳,莫不有深厚之泽及于天下万世,而后子孙阴受其福,是谓牧也而牂生,田也而禽获,有所自来,无足怪者。且夫尽酒肉之香味入于鼻口而不知其所自来,宁无怪耶?今吾之于世也,淡然漠然,一无所为,邀乐于天,邀食于地,即所居之位,乐日用之常,不与之为事功,不与之为谋虑,不与之为怪异,乘天地之自然而不与物相撄乱,委委蛇蛇,不见其有宜人之事,而天乃以世俗之福偿之,何耶?殆怪征也。非我之致,其天与之而不能逃焉者乎?此便是老子所谓祸兮福所倚,福兮祸所伏,正复为奇,善复为妖。惟有道者知之而不处焉。未几而梱为盗获,刖之而鬻于齐,为蹢阍者,食肉之相果验,而怪征之说,信不诬矣。牂,牝羊也。室西南曰奥,西北为宎。渠公,注:屠者也。当其街,故常有肉食。

齧缺遇许由,曰:子将奚之?曰:将逃尧。曰:奚谓耶?曰:夫尧,畜畜然仁,吾恐其为天下笑,后世其人与人相食与?夫民不难聚也,爱之则亲,利之则至,誉之则劝,致其所恶则散。爱利出乎仁义,捐仁义者寡,利仁义者众。夫仁义之行,唯且无诚,且假夫禽贪者器,是以一人之断制利天下,譬之犹一覕也。夫尧知贤人之利天

下也，而不知其贼天下也。夫惟外乎贤者知之矣。觌，薄结反。

夫圣人之为仁义，非以利天下也，而其究也，适为开利之端，盖仁义则不能不爱利乎斯人。而天下之人，爱之则亲，利之则至，凡其亲爱我者，皆其利赖我者也。是天下之利仁义者多，而捐仁义者寡。捐仁义者，与之相忘而不知帝力之何有者也，是在隆古则然，而今则利之者众矣。以利相悦者，利尽则散，宁能保其后之不人相食耶？夫使仁义而以诚实行之，则虽无心于感人，而人之应之也尚不能已，又况煦煦焉畜畜焉有心为之？惟且无诚，则贪我之仁义而来者可胜言哉！贪禽者本无厌心，假之以器，则愈贪而愈无厌矣。器，谓网罟罾弋之类。民之利赖于上者亦本无厌心，招之以仁义，则亦愈贪而愈无厌矣。以仁义为利，是犹以一人之斲制利天下，譬之一觌也。觌，注训曰：割。言工人以刀斧斲制物料，非不称利于一觌之顷，然一觌则朴散为器，生意斩然矣，此便是利中之害。仁义亦然。夫尧知贤人之仁义足以利天下，而不知适以贼天下，唯高出贤人一等者知之，其他则未免惊其耳目，骇其见闻。齧缺之所以逃尧者，意见如此。

有暖姝者，有濡需者，有卷娄者。所谓暖姝者，学一先生之言，则暖暖姝姝而私自悦也，自以为足矣，而未知未始有物也，是以谓暖姝者也。濡需者，豕虱是也，择疏鬣自以为广宫大囿，奎蹄曲隈，乳间股脚，自以为安室利处，不知屠者之一旦鼓臂，布草，操烟火，而己与豕俱焦也。此以域进，此以域退，此其所谓濡需者也。卷娄者，舜也。羊肉不慕蚁，蚁慕羊肉，羊肉羶也。舜有羶行，百姓悦之，故三徙成都，至邓之墟而十有万家。尧闻舜之贤，举之童土之地，曰：冀得其来之泽。舜举乎童土之地，年齿长矣，聪明衰矣，而

不得休归，所谓卷娄者也。娄，窭。

暖姝、濡需、卷娄六字，叶音成文。暖，柔貌。姝，妖貌也。学一先生之言，则暖暖姝姝，既以自媚，而因以媚人，不知虚静之中未始有物，居然着此，翻成理障，所以老圣有绝学无忧之训，语上乘者诚不当以外入者而自足也。濡需者，喻诸豕虱，择豕之疏鬣而栖之，自以为广宫大囿，奎蹄曲隈，乳间股脚，自以为安室利处。不知屠者一旦屠其豕，燎其毛，则将与之俱焦也。人之托身于权豪富贵之门，而一旦与之同祸者，何以异此？故曰：由此域而进者，亦由此域而退，此之谓濡需也。卷娄者，则舜是也。夫肉必羶也，而后蚁聚之。舜所居，三徙而成都，是舜之行必羶矣，尧故举之童土之地。童土，即童山，山不生草木曰童，则陋之甚也。尧之举舜也，曰：冀其方来之泽，可以保我子孙黎民而已。而舜反为所苦，盖自三十登庸之后，年齿日长，耳目聪明之用日衰，犹不得归息，而日兢业于万几之烦，此所谓卷娄者也。三等人品，虽有清浊高下之不同，以言乎不安性命之情，则其失均也。

是以神人恶众至，众至则不比，不比则不利也。故无所甚亲，无所甚疏，抱德炀和，以顺天下，此谓真人。

承上言，神人恶众至，众至，谓众人所归。人各异情，最难得其和同，故以尧舜之世不能无庸违、方命之徒，待其不和而思以处之，则所损多矣，故不利。莫若无心于天下，而无所甚亲，无所甚疏，抱德养和，以顺天下之来去，庶乎得以全吾之真，此之谓真人。然真人即神人也，以其无假故曰真，以其不测故曰神耳。

于蚁弃知，于鱼得计，于羊弃意。以目视目，以耳听耳，以心复心。若然者，其平也绳，其变也循。古之真人，以天代之，不以人入

天。古之真人,得之也生,失之也死;得之也死,失之也生。

于蚁三句皆隐语,叶韵成文,亦自奇特,表真人之忘情也。蚁虽甚微,而犹有慕羶之知,是不能忘情于物也,故于蚁则弃其知。若鱼之相忘于江湖,则为计得矣。于羊弃意,羊以气羶而聚蚁,人以美行而致人,亦羶意也,弃其意则无羶行矣。如此与物相忘,将使目忘乎色,而所视者惟目;耳忘乎声,而所听者惟耳;心忘乎识,而所复者惟心。复字最妙,《易》卦所谓敦复。抱德炀和之学盖如此。若然者,则不见物我有不平之处,而其平也如绳,不见事相有失常之变,而其变也若循。古之真人,一天而已,故曰:以天代之。不以人入天者,无为自然而不以己与之也。是故古之真人生亦得,死亦得,方生之时得在生,即死之时得在死,直是无死、无生、无得、无失,此便是其平也绳,其变也循。无生死则无生灭,无得失则无增减。此个不二法门,等闲道出,妙哉,妙哉!真人游之矣。

药也其实,堇也,桔梗也,鸡壅也,豕零也,是时为帝者也,何可胜言!胜,升。

承上文言,即以药喻其实征矣。堇毒而梗浮,鸡补而零利,当其用也,则各为帝君。为帝,则用之者得,而不用者失矣。然亦岂有常帝乎哉?即举数品,其他不可胜言,是可以观死生得失之故矣。所以如绳而如循者,意盖如此。堇,乌头也。鸡壅,即本草所谓芡实。豕零,即猪苓,韩子所谓进之豨苓者是。

句践也以甲楯三千栖于会稽,唯种也能知亡之所以存,唯种也不知其身之所以愁。故曰:鸱目有所适,鹤胫有所节,解之也悲。

以下数段,皆庄子杂著。绪言越王句践困栖于会稽之山,大夫种能于越亡之中而知越之所以存,故能为句践报吴以成兴复之功。

而其既也，反以自杀其身，是知越之所以存而不知身之所以愁，明于谋国而暗于保身。何哉？人固无全知也。故曰：鸱枭夜能撮蚤而昼不见太山，目有所适也；鹤胫长而解之则悲，足有所节也。节者，止而不过之意。

故曰：风之过，河也有损焉；日之过，河也有损焉。请只风与日相与守河，而河以为未始其攖也，恃源而往者也。

风日之过，皆以三字为句。河也有损，谓枯竭其流也。然此三者日与相守而河未尝其攖乱者，以水有源本故也。苟为无本，其涸也可立而待也。

故水之守土也审，影之守人也审，物之守物也审。

水得土则相守而不流，故曰守土也审。审，犹定也。影之长短反侧一视乎人，故守人也审。物则各以气类相守，如磁石吸铁、狸犬守鼠、阳燧取火、方诸取水，要皆一定而不移，故曰物之守物也审。知其审则守其审，而天下无不安之分矣。

故目之于明也殆，耳之于聪也殆，心之于殉也殆，凡能于其府也殆。殆之成也不给改，祸之长也兹萃，其反也缘功，其果也待久。而人以为己实，不亦悲乎！故有亡国戮民无已，不知问是也。

目之于明也殆，五色令人目盲也。耳之于聪也殆，五声令人耳聋也。心之于殉也殆，鉴于浊水而迷于清渊也。不特是也，凡一有所能者，皆足以殆吾之府。吾之府，虚静淡漠，不容一有伎俩，释家以能所为障碍，障碍非殆乎？及其未殆而改之，可也；殆成，将不及改而祸日滋萃矣。然物岂能殆人哉？人自取之耳，故曰：其反也缘功。反，即殆意。缘功者，由人自取以为功能，故不觉其徇象而至于丧心。而殆之成也，又非一朝一夕之故，故曰：其果也待久。然我虽曰殆，而人更不以为殆也，以为吾实当有是耳，如有目则曰吾当视色，有耳则曰吾当听声，有心则曰吾当与接为构。如云好勇、好货、好世俗之乐，皆天理之所有而人情之所不能无者，何殆之有？其为是言也，是以殆成祸萃，亡国戮民而无已。国指吾身，民则指吾身中之所有者而言。精太用则竭，气太用则耗，神太用则罢，戮民无已者，则其国必亡。不知问是者，谓不曾讲求于是，是以坐视其亡而莫之救也。

故足之于地也践，虽践，恃其所不蹍而后善博也；人之于知也少，虽少，恃其所不知而后知天之所谓也。知大一，知大阴，知大目，知大均，知大方，知大信，知大定，至矣！大一通之，大阴解之，大目视之，大均缘之，大方体之，大信稽之，大定恃之。

夫足必取践于地，而不践之地，践者取资焉，故恃其有不蹍之地而后行者能致远。使以容足之外皆为无用，必欲削而去之，其何以放步而前，以收善博之功耶？以譬人之知物，所知几何，亦恃其有所不知者，而后知大之所谓。有所不知，谓心领神会而有出于见解之外者。知天之所谓者，知其有大一也，知其有大阴也，知其有大目也，知其有大均也，知其有大方也，知其有大信也，知其有大定也。此等名目，皆庄子所自命。大一者浑沦未判之谓也，大阴者至静无感之谓也，大目则分而有名矣，大均者同而不殊，大方者广而不御，大信则其中有信之信也，大定则以止众止之止也，是皆天之所谓，至矣！尽矣！无复有馀蕴矣。于大一则通之，通之也者，未始有物之先，可以潜孚而不可以思虑求，故曰通。于大阴则解之，解之也者，至静无感之时，可以心融而不可以名相得，故曰解。大目则可以容吾视矣，大均则可缘而求矣，大方则可兼而体矣，大信则可稽其方动之期，大定则可执其有常之柄,知天之所谓者,盖如此。

尽有天,循有照,冥有枢,始有彼。则其解之者似不解之者,其知之也似不知之也,不知而后知之。

从上补下意来,人皆谓天不可知,一应委弃人事,而不知人事之能尽,即天也。天理人事,何相远哉?故曰:人事尽乃见其有天,循自然乃见其有照。照,谓知照。冥有枢,枢,谓主张纲维之者,是在冥漠之中,有非见闻之所能及。始有彼,始即未始有始之始,彼即齐物论中所谓非彼无我之彼。盖始之彼,即冥冥之枢也。照也者,照此者也。然我虽知之解之矣,而以闻见思虑为大非也,故其解之也似不解之也,其知之也似不知之也,斯得谓之知之至者。毕竟是知耶?不知耶?解耶?不解耶?如何理会?咦!称娘作母从他唤,认母原来不是娘。

其问之也,不可以有崖,而不可以无崖。颉滑有实,古今不代,而不可以亏,则可不谓有大扬榷乎?阖不亦问是已,奚惑然为?以不惑解惑,复于不惑,是尚大不惑。阖盍同。

又为初机立个方便法门,设欲讲求此理,则不可以有崖,而又不可以无崖,盖大方似无崖,而大定又似乎有崖,如释氏所谓空而不空,不空而空。如此理会,故见其颉也,又见其滑也。颉,谓升降上下。滑,谓流动旋转。然其颉也实颉,其滑也实滑,所谓化育流行,上下昭著,莫非此理之实,自古及今,以阅众甫,更无代易,亦无亏损,于此不可有大商榷乎?盍亦问是而已,奚以惑然为哉?以此不惑之实理,解我妄惑之邪见,而复归于实际而不惑,夫是之谓大不惑也。盖问则自外而入,与不知而知、不解而解者,何啻天壤。但下学钝根者,非问则无门可入耳。方壶外史说是篇已,为作乱辞：

伟哉无鬼，空谷足音。发其謦欬，以劳寡君。
狗马有相，若亡若丧。守气凝神，万物同状。
厉民以养，万乘之主。好和恶奸，神不自许。
爱人偃兵，乱始攸生。仁义几伪，孰与修诚。
七圣迷途，问诸牧者。童子何知，去其害马。
遭时有为，顺比于岁。出为无为，奚以贵际？
鲁遽调瑟，蹢子斗舟。何哉强辩，惠也其俦。
匠石运斤，郢人质我。桓公属国，隰朋而可。
射狙设戒，隐几生悲。自伐则祸，自见非宜。
弄丸解难，寝羽投兵。有喙三尺，天下太平。
德知所总，言止其穷。善言非贤，儒墨而凶。
綦泣子祥，缺逃主圣。骇此怪征，嗤彼伪行。
暖姝濡需，及以卷娄。人品则异，灭性何殊？
于蚁弃知，于羊弃意。抱德炀和，于鱼得计。
以目视目，以心复心。其平也绳，其变也循。
风日守河，未始其撄。役心守物，祸长殆成。
冥兮有枢，始焉有彼。知以不知，不解而解。
颉滑有实，古今不亏。盍亦问是，奚惑然为？

杂篇则阳第二十五

此篇多有精到之语，却与内篇何异？

则阳游于楚，夷节言之于王，王未之见，夷节归。彭阳见王果曰：夫子何不谭我于王？王果曰：我不若公阅休。彭阳曰：公阅休奚为者

耶？曰：冬则擉鳖于江，夏则休乎山樊。有过而问者，曰：此予宅也。夫夷节已不能，而况我乎？吾又不若夷节。夫夷节之为人也，无德而有知，不自许，以之神其交，固颠冥乎富贵之地，非相助以德，相助消也。夫冻者假衣于春，暍者反冬乎冷风。夫楚王之为人也，形尊而严，其于罪也，无赦如虎，非佞人正德，其孰能挠焉？故圣人，其穷也，使家人忘其贫；其达也，使王公忘爵禄而化卑。其于物也，与之为娱矣；其于人也，乐物之通而保己焉，故或不言而饮人以和，与人并立而使人化。父子之宜，彼其乎归居而一间其所施，其于人心者若是其远也，故曰待公阅休。擉，触捉二音。暍，谒。间，闲。

则阳，彭姓，名阳，欲因夷节以见楚王，弗果见而夷节归，复因王果以求见。王果曰：我不若公孙阅休。休，楚之贤人也。冬则擉鳖于江，夏则休乎山樊，有过而问之，则曰：此予宅也。言予之所安若此。盖公阅以恬退为事，而则阳嗜进不已，故王果称道其贤，意欲使之自悟。曰：是人也，夷节已不能及矣，而况于我乎？然我不惟让德阅休，抑且难比夷节。节之为人也，虽无恬退之德，而有干进之智，若苟不以气节自许，而与之滑和以神其交，则其气味之所薰，必将颠倒昏昧于富贵之地，非徒无益，实相损也，故曰：非相助以德，相助消也。夫冻者假衣于春，暍者反冬乎冷风，言人苦冻而无衣，则暴于春阳而自暖；伤暑而成暍，则披于冷风而自寒。人有不足之病者，非造化不足以移之，圣人之化人亦犹是也。请言楚王之为人也，其自处也严而峻，其处人也刻而猛，非有辩才正德，谁能动之？佞人下正德二字，甚有分晓，盖当时之人以佞为贤，加以正德，则为有用之才而不邪，言楚王凶暴，必非常人之所能化。故惟圣人有善世之用，进退隐见无所不宜，是故其穷也，能使家人忘其贫;而其达也,能使王公忘其贵。其与物也,乐与之群而无有乎猜忌之心;于人也,乐人之通而无有乎自失之意;其和气之所薰蒸,有不饮而自醉,并立而自化者。其于乡于国有如此者。彼其归而居乎家,则父子以正,恩义以笃,从容暇豫,而一闻其所施,有雝雝之美而无嗃嗃之厉,即此幽闲之心与彼人心之躁竞者,何啻天壤。故曰:其于人心若是其远也。于稽其德,则公阅休其人也。待此人而与之以见楚王,则彼必有以上化其君,下助于友矣。之人也,岂予之所能及哉?章内二不若词语,婉媚可讽。

圣人达绸缪,周尽一体矣,而不知其然,性也。复命摇作而以天为师,人则从而命之也。

此言圣人尽性致命之学。圣人以天地万物为一体,故其达绸缪以尽一体之爱者,似乎有心,而不知其出于天性之自然,非有所勉焉而为之也。夫性,根极于命者也,尽性则致命矣。故圣人复命摇作而以天为师,摇作,即动作之义。天,普万物而无心,圣人师天,亦爱周万物而无情,是谓天师。以天为师,则圣人者,天之徒也,谓圣人为天可也,而犹曰人者,因其有形而命之也。其实圣人也,天也,一也。

忧乎知,而所行恒无几,时其有止也,若之何?

承上言圣人师天,庸人师心,故尝忧乎知之所不及者,以百年而作万年之计,不知百年之中所行几何。我方欲行而时其有止,时,即所谓生死之期。时其止矣,我将若之何哉?不若师天而顺应之为得也。

生而美者,人与之鉴,不告则不知其美于人也。若知之,若不知之,若闻之,若不闻之,其可喜也终无已,人之好之亦无已,性也。

圣人之爱人也，人与之名，不告则不知其爱人也。若知之，若不知之，若闻之，若不闻之，其爱人也终无已，人之安之亦无已，性也。

有生而美者，不自知其美也，人与之鉴，又为之告，知若不知也，闻若不闻也，然而其美也不以不知不闻而遂失，故其可喜也终无已，而人之好之也亦无已，此皆自然而然，故曰性也。以喻圣人爱人，亦不自知其能爱人也，人与之名，又为之告，而圣人知若不知，闻若不闻，其爱人也终无已，而人之安之也亦无已。大抵天下事，总有能所，有能所则非自然矣。此因上文师天之说而绪及之。

旧国旧都，望之畅然。虽使丘陵草木之缗，入之者十九，犹之畅然，况见见闻闻者也？以十仞之台县众间者也。县，玄。

夫人之情，莫不喜于得见闻而还旧观，故旧国旧都，望之无不畅然。虽使丘陵高下，草木缗合，入之者十忘其九，犹之畅然，而况见如所见、闻如所闻者乎？喻诸其畅，犹以十仞之台而县众间者也。十仞，台之至高者，台高则无所蔽亏而音声四达。众间，即合止柷敔，笙镛以间之间。所闻所见若此，则一时耳目何如哉？当必有异常者矣。以况闻知者不若见知之为真，影响形似者不若心领神会之为切也。

冉相氏得其环中以随成，与物无终无始，无几无时。日与物化者，一不化者也，阖尝舍之？

环中，虚净无物之处，真空之本体也。得此以随万物之成，则无始无终，无几无时。日与物化，而彼一不化者以为之枢纽，盍亦尝舍是乎？舍之言，止也，止于其所则能止众止矣。冉相氏，古之圣君。

夫师天而不得师天，与物皆殉，其以为事也若之何？夫圣人未

始有天，未始有人，未始有始，未始有物，与世偕行而不替，所行之备而不洫，其合之也若之何？

夫人皆曰，吾复命摇作以天为师矣，而不得师天，与物皆殉，则其为事也，若之何哉？盖师天者，无心而顺应之谓也；殉物者，有情而私感之谓也。殉物，则不得谓之师天矣。夫师天者，未始有天也。既未始有天矣，安得有人？非惟未始有天，抑且未始有始。既未始有始矣，安得有物？是师天者，师其未始有而已矣，是之谓得其环中以应无穷，故与世偕行而不替，所行之备而不洫。替之言，废也。洫，如老洫之洫，言奸而深也。所行之备，言任汝千变万化，皆是顺应而不深洫。如此，则既不绝乎物，而又不殉乎物，正与天地之心普万物而无心者吻合而无间，此圣人之善于师天也。欲求合于圣人也，若之何其合之哉？意则见下。

汤得其司御，门尹登恒为之傅之，从师而不囿，得其随成；为之司其名，之名、嬴法，得其两见。仲尼之尽虑，为之傅之。容成氏曰：除日无岁，无内无外。

汤武者，反之而成圣者也，故以汤立教。汤得其司御，司御，犹云司牧。言天以汤为君，而又命门尹登恒以主教民之职，此人当是伊尹，恒字疑作衡。言汤为司御，尹登阿衡治之教之，一顺众人之所欲，而未始合围以驱人之必从，故曰：从师而不囿。斯亦可谓得其随成之道者矣。其曰为之司御，名焉而已，汤不愿得之也。何者？之名也，嬴法也，两见也。嬴法，犹老子所谓馀食赘行。盖以大道无名，名相一立，则天下皆殉名而求，相率而为疣赘之行。名则有是非，名则有美恶，名则有生灭。高下相倾，长短相形，皆自名始，天下皆落于两见之中，故曰：得其两见。所以仲尼立万世之教，为之尽虑以傅之,尽虑者,举天下而入于何思何虑之中,无意必固我之地。思虑尚无,何况名相?一尚不立,安有两见?所以容成氏有言:除日则无岁矣,无内则无外矣,无思虑则无名相矣,是谓得其环中。师天而不与物殉,皆尽虑之道也。篇中错举成汤、仲尼,一则反之之圣,一则集大成之圣,意亦精到。

魏莹与田侯牟约,田侯牟背之,魏莹怒,将使人刺之。犀首闻而耻之,曰:君为万乘之君也,而以匹夫从雠。衍请授甲二十万,为君攻之,虏其人民,系其牛马,使其君内热发于背,然后拔其国。忌也出走,然后抶其背,折其脊。季子闻而耻之,曰:筑十仞之城,城者既十仞矣,则又坏之,此胥靡之所苦也。今兵不起七年矣,此王之基也。衍,乱人,不可听也。华子闻而丑之,曰:善言伐齐者,乱人也。善言勿伐者,亦乱人也。谓伐之与不伐乱人也者,又乱人也。君曰:然则若何?曰:君求其道而已矣。抶,秩。

魏使刺齐,以万乘之君而为盗贼之事,故犀首耻之,而愿为之战攻。犀首,官名,衍其名也。忌而出走,言畏忌而走也。抶,击也。抶背折脊,犹言扼吭拊背之意。魏固非齐敌也,而犀首敢为夸大之言,以故季子耻之。耻之者,耻其邀无实之虚功,而坏垂成之实绩也,故以筑城为喻。言筑城十仞,既已成矣,而又从而坏之,则必贻其苦于胥靡。胥靡者,城旦舂也。今魏已休养七年矣,罢兵息民,此致王之基而垂成之绩也,而今复坏之,何哉?故曰:衍,乱人,不可听也。夫季子之言善矣,而华子丑之者何?谓其犹有功利之心,而不知求其道也。道则无人我,无恩怨,无大小强弱,而战争攻守之事,皆不在所论矣。

惠子闻之而见戴晋人。晋人曰:有所谓蜗者,君知之乎?曰:

然。有国于蜗之左角者曰触氏,有国于蜗之右角者曰蛮氏,时相与争地而战,伏尸数万,逐北旬有五日而后反。君曰:噫!其虚言与?曰:臣请为君实之。君以意在四方上下有穷乎?君曰:无穷。曰:知游心于无穷,而反于通达之国,若存若亡乎?君曰:然。曰:通达之中有魏,于魏中有梁,于梁中有王,王与蛮氏有辨乎?君曰:无辨。客出,而君惝然若有亡也。客出,惠子见。君曰:客,大人也,圣人不足以当之。惠子曰:夫吹管也,犹有嗃也;吹剑首者,吷而已矣。尧舜,人之所誉也;道尧舜于戴晋人之前,譬犹一吷也。嗃,嚣,又涸。吷,血。惝,敞。

王不知道,故惠子以戴晋人见,谕之以道。夫梁自视者大,不自量力,故晋人设为极小之喻以剧之。蜗,蜗牛也。蜗牛固小,而左右二角之触蛮,则小之又小矣。以俗眼观者,无小不大,以道眼观者,无大不小,天下一蜗也,梁国一蛮也,奚以辨哉?知游心于无穷而反于通达之国,则道之本乡在是矣。于无穷无极无人无我之乡而忽起触蛮之斗,何其微哉!宜君之惝然若有所亡也。客出,而惠子以大人诵晋人,复为设譬,吹管者犹有嗃也,吹剑首则吷而已矣。何故?管孔小,犹以形气相戛而有声;若剑首之环,吹之则吷然过矣,不得有声也。今道圣人于大人之前,则圣者将失其为圣,安得有声乎哉?夫以揖逊之尧舜尚不能以有声,而况斗争之蛮触乎?大晋人,正以小梁国也。

孔子之楚,舍于蚁丘之浆。其邻有夫妻臣妾登极者。子路曰:是稯稯何为者耶?仲尼曰:是圣人仆也。是自埋于民,自藏于畔,其声销,其志无穷,其口虽言,其心未尝言,方且与世违而心不屑与之俱,是陆沉者也,是其市南宜僚耶?子路请往召之。孔子曰:已矣!彼知

丘之着于己也，知丘之适楚也，以丘为必使楚王之召己也，彼且以丘为佞人也。夫若然者，其于佞人也羞闻其言，而况亲见其身乎？而何以为存？子路往视之，其室虚矣。稯，总。极，屋极。登极犹云。

蚁丘，地名。蚁丘之浆，蚁丘之卖浆者家也。邻有夫妻为人臣妾而与人登极者，登极，乘屋也。稯稯，发乱不整之貌。子路见此稯稯者状貌必异，故问于夫子，而夫子曰，是谓圣人仆，言其有圣德而隐于仆隶之中。故曰：自埋于民，自藏于畔，其声虽陨而心则无穷焉，其口虽言而心则尝默焉，方且与世违而不屑与彼龌龊者俱，是陆而沉者也。藏于畔，谓不南面而为君，不北面而为臣，又不与主人分庭抗礼而为客，惟自藏于左右两畔而供臣妾之役于他人。曰埋曰藏，深言其不自见也。陆而沉者，言其当见而反隐。盖登极者，亦丈人沮溺之徒，夫子以市南宜僚当之。前言宜僚弄丸而两家之难解，注：以僚楚之勇士，楚白公将作乱，使人召僚，僚不应，胁之以剑，弄丸如故，后白公杀令尹子西，而难不及僚，其人必有以自守而不慕夫人爵之荣者，故夫子以之而律是人。子路请往召之，盖欲使见夫子以寓汲引之意，而夫子则曰：已矣！彼亦知丘之知彼也，往见楚王，必将属王召之矣，是则以丘为佞。有德者之远佞人也，惟恐其影响之不幽，而况肯我见乎？将无以存为而去矣。子路往视之，则其室已虚。虚其室者，挈妻子而去之也。其绝人逃世有如此者，夫子何以取焉？谓其不自圣、不自见，而有几于道也。

长梧封人问子牢曰：君为政焉勿卤莽，治民焉勿灭裂。昔余为禾，耕而卤莽之，则其实亦卤莽而报余；芸而灭裂之，其实亦灭裂而报余。余来年变齐，深其耕而熟耰之，其禾繁以滋，予终年厌飧。庄子闻之曰：今人之治其形，理其心，多有似封人之所谓遁其天，离

其性，灭其情，亡其神，以众为故。卤莽其性者，欲恶之孽，为性萑苇蒹葭，始萌以扶吾形，寻擢吾性，并溃、漏、发，不择所出，漂疽疥痈、内热、溲膏是也。萑，丸。

卤莽，土块大而草根盛也；灭裂，灭善类而地肤坼也，皆耕耨不善之病。来年变齐，谓尽易旧岁之法，而其报卒倍于常，终岁饱食。封人盖以治田喻政，庄子却借其言以明治身之道，言今之人治其形，理其心，亦多有似于封人之所谓，遁其天者，遁其自然之天也。离其性者，离其无生之性也。灭其情者，灭其顺应之情也。亡其神者，亡其尽虑之神也。以众为故，作一句读，意见下。卤莽其性者，克治功疏，物欲交杂，虚静之中，忽起欲恶。欲恶之孽为性萑苇蒹葭，始萌以扶吾形，寻擢吾性，萑苇蒹葭，皆芦属。扶之言，助也。言其性地荒秽，众欲丛生以扶吾形，则耳目口鼻充满色尘，寻擢吾性离其本位，于是百病交攻，是故有溃者、漏者、发者。溃谓内溃，漏则诸窍不收，发则拥肿脓血。漂疽疥痈，则发也；内热，则溃也；溲膏，则漏也。盖性得其养则形神与之俱妙，失其养则形神与之俱病，理之自然，无足异者。此便是卤莽之报。

柏矩学于老聃，曰：请之天下游。老聃曰：已矣！天下犹是也。又请之，老聃曰：汝将何始？曰：始于齐。至齐，见辜人焉，推而强之，解朝服而幕之，号天而哭之，曰：子乎子乎！天下有大菑，子独先离之，莫为盗，莫为杀人。荣辱立然后睹所病，货财聚然后睹所争。今立人之所病，聚人之所争，穷困人之身使无休时，欲无至此，得乎？强，上。号，平。离，去。

夫欲穷则病作，民穷则盗起，治国治身之道，则虚静恬淡寂寞无为，均贵之矣。柏矩学老聃之道，至齐而游，重有感于辜人之事，为之呼天而哭之曰：嗟乎！天下自此不复见太平矣！天下有大菑，而子独先罹之，无乃为盗乎哉！无乃杀人乎哉！所以致此，有由也。荣辱立然后睹所病，货财聚然后睹所争。何以故？太古淳质之时，民不知有荣辱，自圣人立之章服以荣之，置之刑辟以辱之，于是乎天下之病于荣者有骄恣之失，病于辱者罹幽囚之苦，是民之多病，圣人致之也。货财不聚之时，饥求饱，弃民不知有争夺，自圣人用天之道，分地之利，以聚货财，于是乎争禄于朝，争地于野，农有兼并之心，士无推让之行，而民之有争，又圣人致之也。故争而不已必盗，盗而不已必杀。欲无至此，先遏乱源。今也立人之所病者，聚人之所争者，以操天下之大柄，以谓吾可以此而赏罚利益乎天下，不知天下之病者争者日甚一日，以就穷困而无休时，欲其不盗不杀，庸可得乎？信乎虚静恬淡寂寞无为者之为得也。

古之君人者，以得为在民，以失为在己；以正为在民，以枉为在己，故一形有失其形者，退而自责。今则不然，匿为物而愚不识，大为难而罪不敢，重为任而罚不胜，远其途而诛不至。民知力竭则以伪继之，日出多伪，士民安取不伪？夫力不足则伪，知不足则欺，财不足则盗。盗窃之行，于谁责而可乎？

通前总是一意，作为柏矩之言亦得。古之人君，动必责己，以为民本得也而我悮之使有失，民本正也而我矫之使有枉，举天下有一物之失其则者，皆退而反诸己，如云一夫不获，时予之辜，万方有罪，罪在朕躬。古之人其不敢罔民有如此者。今则不然，匿为物而愚不识，匿为物者，匿其情以为物也，物，即所谓物采、物轨之类，岂不知其无用？但以愚彼不识之人，如以黄叶而止儿啼，得其啼止便了，不论其有用无用也。大为难而罪不敢，重其任而罚不胜，天下有难为之事,难胜之任,今也曾不量人之才,曾不恤人之私,竭其忠,尽其情,为子便欲其死孝,为臣便欲其死忠,临敌便欲其死斗,事必欲求其可,功必欲求其成,如是则天下之人谁敢向前,谁能胜任?因其不敢不胜而加以罪罚,是人之有罪,我陷之也。远其途而诛不至,至,如朝聘会同之期。古者天子巡狩,诸侯各朝于方岳,盖以道途纡远,恐有后至之愆。今也省方之典不行,故远其途,而诛人之不至,则可乎?是以人人竭知殚力,犹恐不足以避诛,则以巧伪继之,盖以为人上者日出多伪,其下安所取则而不以伪应之哉?凡伪生于不足,力不足以胜上之任则伪,知不足以供上之用则欺,财不足以应上之需则盗。伪也,欺也,盗也,皆生于不足之故,而民之所以不足,非自不足也,其所由来者谁耶?故欺伪窃盗之行,必于谁责而可?信乎在人上者有所不得辞也。

蘧伯玉行年六十而六十化,未尝不始于是之而卒诎之以非也。未知今之所谓是之非五十九非也?

夫圣人之进德也无已,蘧伯玉行年五十而知四十九年之非,知有是非,犹未化也;行年六十而六十化,化则无是非矣,是知六十而化,则六十者是,而五十九年亦非也。凡人之行,其始未尝不自以为是,而卒讪之以非者,盖是在事初,非在觉后,今又安知六十之所谓化者,非五十九年之非耶?自觉其化,所觉亦非,如何究竟?曰:化无可化,忘无可忘,觉无可觉,无无可无,方为空到。此段文有拙中之巧,学庄子者要须识得。

万物有乎生而莫见其根,有乎出而莫见其门。人皆尊其知之所知,而莫知恃其知之所不知而后知,可不谓大疑乎?已乎已乎,且无所逃。此所谓然与?然乎!

万物有个无名之始，既曰无矣，则其生也不见其根，其出也不见其门。非无门无根也，但虚寂而有所不可觉耳。故人皆尊其知之所知，而莫知恃其知之所不知而后知，可不谓大疑乎？知之所知者，如有目则能视，有耳则能听，有口则能言，有身则能动，人皆尊之，而不知有超于形体之外者以主张纲维乎其间，是谓知之所不知，是必恃之而后能知也。此而不知，不尊于此而反尊于彼，可不谓大惑乎哉！已乎已乎，谁能逃此而独为知乎？《阴符经》云，人知其神之神，而不知不神之所以神，意盖如此。既又自诘之云：然与？而复应之曰：然乎！始则自审，而终则自决，亦庄文之奇者。

仲尼问于太史大弢、伯常骞、狶韦曰：夫卫灵公饮酒湛乐，不听国家之政，田猎毕弋，不应诸侯之际，其所以为灵公者何耶？大弢曰：是因是也。伯常骞曰：夫灵公有妻三人，同滥而浴。史鳝奉御，而进所搏币而扶翼。其慢若彼之甚也，见贤人若此其肃也，是其所以为灵公也。狶韦曰：夫灵公也死，卜葬于故墓不吉，卜葬于沙丘而吉。掘之数仞，得石椁焉，洗而视之，有铭焉，曰：不凭其子，灵公夺而埋之。夫灵公之为灵也久矣，之二人何足以识之？湛，耽。

天下有称实之名，有无实之名，有前定之名。即举卫灵公之得谥者而观，太史大弢以为因是，言灵之谥本无意义，但因众人之是而是之，因是，与齐物论所谓因是者其意颇同，此无实之名也。伯常骞又举一端，谓于男女滥浴之时，而犹知有礼贤之敬，是人欲横流之中，而良知之天犹有觉悟，夫是以谓之曰灵，此称实之名也。狶韦则言，公之葬沙丘也，下有石椁焉，洗而读其铭曰：不凭其子孙，灵公夺而埋之。则公之得为灵也，不待于身殁之后而已预定于地下之铭矣。此之谓预定之名也。毕戈者，田猎之器。不应诸侯之际,言与诸侯无交际也。进所搏币而扶翼,谓于滥浴之时,史鱼进御,公恐贤者见之,故进所搏之币,扶而翼其左右以自蔽也。不凭其子,谓此地子孙不足凭借,将有灵公夺葬。盖古人多有谶词,地下之铭是也。

少知问于太公调曰:何谓丘里之言?太公调曰:丘里者,合十姓百名而以为风俗也。合异以为同,散同以为异。今指马之百体而不得马,而马系于前者,立其百体而谓之马也。是故丘山积卑而为高,江河合水而为大,大人合并而为公。是以自外入者,有主而不执;由中出者,有正而不距。四时殊气,天不赐,故岁成;五官殊职,君不私,故国治;文武大人不赐,故德备;万物殊理,道不私,故无名。无名故无为,无为而无不为。时有终始,世有变化。祸福淳淳,至有所拂者而有所宜;自殉殊面,有所正者有所差。比于大泽,百材皆度;观乎大山,木石同坛。此之谓丘里之言。

夫天下事物虽有万殊,而理无二致,得其理而言之,则统之有宗,会之有元,虽异而不得谓之异矣,是之谓丘里之言。丘里者,合十姓百名以为风俗者也。或合异以为同,或散同而成异,异乃同中之异,同为异中之同。譬之马相,散为百体,立为一体,散则其异,而立则其同也。然而百体无马,立为一体然后称马,正喻异不见道,合而为同,方始见道。积水成河,积土成山,异者不合,则同者不显,会道之言,亦复如是。所以大人之言,贵乎合并,万事万物总归一原,而后谓之天下之公言,公言者,丘里之言也。夫既合并天下以为公言,则自不当有执拒之意。何以故?自外入者,有主而不执;自内出者,有正而不拒。何以故?自外入者,听言者也;自内出者,立言者也。听人之言,吾心虽有所主,而不可执定一己之见;立言垂训，吾心虽有取正，而不可距逆他人之意。盖以理无定在，有所执之距之，则终有我见，不得合异而归之同矣。载观诸天，四时殊气，于穆者运之，天不以为恩也而岁自成；五官殊职，端拱者主之，君不以为私也而国自治；大人文以经邦，武以戡乱，大人不自以为功也而贞顺之德备；万物殊理，而道生之畜之，不自以为私也，故无名无为而无不为。此便是不执不拒的样子。所以不可执不可拒者，盖以时有终始，世有变化，而事之祸福淳淳焉流行反覆，互相倚伏，有所拂于彼者而或宜于此，若一以我见自殉，执而拒之，则事理之变无穷，诚如人面，千态万状，面面各殊，有所正者必有所差，岂能使之一一尽同于己乎？须知同中有异，不可一作同想，异必归同，不可一作异想；同不在己，异不在己，不可一作己想。比之大泽，百材皆度，观于大山，木石同坛。百材非异乎？而同度于大泽之中。木石非异乎？而同萃于大山之上。则同中有异，而异之未始不归于同也，居可知矣。此之谓丘里之言。此段专辟同异两见，只以不执不拒作主，转譬转精，却与内篇何异？

少知曰：然则谓之道，足乎？太公调曰：不然。今计物之数，不止于万物而期曰万物者，以数之多者号而读之也。是故天地者形之大者也，阴阳者气之大者也。道者为之公，因其大以号而读之可也。已有之矣，乃将得比哉？则若以斯辩，譬犹狗马，其不及远矣。

承上，少知问：同中有异，异而卒归于同者，便谓之曰道，足乎？太公调曰：不可，道本无名，不可以同异名也。今为设喻，天下皆言万物，而物之数不止于万，其曰万者，不过以其数之多号而读之耳。是故天地者形之大者也，阴阳者气之大者也，而道为之公。故在天地亦可以言道，在阴阳亦可以言道，因其大，以道之名号而读之可也。以喻在同者亦可以言道，在异者亦可以言道，道为之公，故随在皆可号而读之。其实道无名相，非言同言异者之所能尽。今既已有同异之名矣，乃将得比于道哉？以斯而辩，其犹狗马之大小，其不相及远矣。

少知曰：四方之内，六合之里，万物之所生恶起？太公调曰：阴阳相照，相盖相治，四时相代，相生相杀。欲恶去就，于是桥起；雌雄片合，于是庸有。安危相易，祸福相生，缓急相摩，聚散以成。此名实之可纪，精微之可志也。随序之相理，桥运之相使，穷则反，终则始，此物之所有。言之所尽，知之所至，极物而已。睹道之人，不随其所废，不原其所起，此议之所止。桥，居表反。片，判。

少知又问：万物之所生，从何而起？于是公调为从起处说起，太极既判，阴阳乃分，县象著明莫大乎日月，《参同契》所谓穷神以知化，阳往则阴来，辐辏而轮转，出入更卷舒，是故有相照者，阴阳之精互藏其宅，是故有相盖者，盖之为言，藏也，阴主翕受，阳主施与，是故有相治者。四时之气，生克嗣续，循环不穷，是故有相代、有相生、有相杀者。此时万物莫不乘此气机以出入，万物既生，则万事万化一时同起，故生则有情，有情则欲恶去就于是桥起，雌雄片合于是常有。桥起，即突然而起之义。片合，犹言分合。既有情矣，则不能无事，故安危、祸福、缓急、聚散，相易相生，以摩以成。此名实之可纪而精微之可志者也，而皆不外乎阴阳。故随序之相理，桥运之相使，穷则反，终则始，造化如此，物理亦然，故曰：此物之所有，乘气机以出入者也。随序、桥运四字甚新，而义亦精密。随序即循序也，循序即有所理而不乱，故曰相理。桥者，有升有降，故谓气运为桥运，屈伸相感，若或使之，故曰相使。故论道者，言之所尽,尽此而已,知之所至,至此而已,故曰:极物而止。然以言言道,以知知道,非实睹道者也,故亲道之人,不随其所废,不原其所起。盖道无名相,无名相,安有废起?分明提上一步,说到个未始有始也者,此处方为究竟,故曰:此议之所止。

少知曰:季真之莫为,接子之或使,二家之议,孰正于其情,孰偏于其理?太公调曰:鸡鸣犬吠,是人之所知。虽有大知,不能以言读其所自化,又不能以意其所将为。斯而析之,精至于无伦,大至于不可围。或之使,莫之为,未免于物而终以为过。

季真、接子,二人名。莫为、或使,二人各持之一说也。少知问:两家之议,孰当于其情?孰偏于其理?太公调言:造化之妙难言哉!非若鸡鸣犬吠,为人所易知。虽有大知,不能以言读其所自化,又不能以意见臆其所将为。若将此理精而析之,小至于无伦,大至于不可御,岂彼二人之说所能尽乎?或之使、莫之为,是论物而非以论道也。论物则未免为物所囿,而终有失言之过矣。

或使则实,莫为则虚。有名有实,是物之居;无名无实,在物之虚。可言可意,言而愈疏。

何故言有过咎?盖言或使,则明明说有个主使之者,太说实了;言莫为,则全是偶然聚散,适然生死,太说虚了。此二家岂无影响?但都只说得造化一边。何者?造化未尝使物,物自乘气机以出入耳。故说莫为,虽或近是,但不曾说有个莫为之者;说或使,又似物物而雕琢之。大抵天下无道外之物,而道未尝倚于物也,故张子云:天地无心而成化。定性书云:天地之常,以其心普万物而无心。普物即是实,无心即是虚,合而言之,方为精确。故有名有实者,是物之居也。名实,犹言名相。居,谓一定而不移。若无名无实者,在物之虚。老子云:有之以为利,无之以为用。此个虚寂,却是道之本体。万物之生,莫不以虚实相乘而正性命,是以有无边见,类皆失之。此个天机,视之不可见,听之不可闻,搏之不可得。可意可言,则愈言之而愈远矣,季真、接子之谓也。

未生不可忌,已死不可阻,死生非远也,理不可睹。或之使,莫之为,疑之所假。吾观之本,其往无穷;吾求之末,其来无止。无穷无止,言之无也,与物同理;或使莫为,言之本也,与物终始。道不可有,有不可无。道之为名,所假而行。或使莫为,在物一曲,夫胡为于大方?言而足,则终日言之而尽道;言而不足,则终日言而尽物。道,物之极,言默不足以载。非言非默,议其有极。

且物乘气机以出入,其出曰生,其入曰死,其生也不可禁忌,其死也不可阻遏。一生一死,只在目前,非甚远也,而其理不可观。故曰或使,曰莫为,皆疑情也。一为疑之所假,是以或失则实,或失则虚,终落边见。以我观之,其本也往而无穷,其末也来而无止,只在一个无穷无止上定得造化,全是一段虚无自然。万物得之,与之同理,故往亦无所穷,来亦无所止。以是知造化之妙,说无则得,说莫为或使则不得。何者?言莫为或使者,其立言之本旨,始终要在物上见道,不知睹道之人不随其所废,不缘其所起,曾不提起一步,只说虚无自然,自是无过。所以者何?道不可有,有则沉着于名相,又自有上说归于无,则有无俱落边见,故曰:道不可有,有不可无。若究而言之,则道上安不得一字,说无犹是赘语,说道宁非假名?况或使莫为,在物一边说者,又胡足以与大方乎?故言而足,则终日言之而所言者尽是道;言而不足,则终日言之而所言者尽是物。足,即上文所谓正于其情,偏于其理者。结意正以答少知两家之问。又恐人落于言荃,只在有言无言上理会,急扫一句:道,物之极,言默不足以载。载,如经以载道之载。既不要有言,又不要无言,然则如何而可?在非言非默上,自有极处。此段大类禅语,故予尝言:《南华经》,中国之佛经也。林鬳斋似识此意,注引佛语:如我按指,海印发光;似汝举心,尘劳先起。又曰:我为法王,于法自在。盖言造道之人,说亦是,不说亦是;汝未造道,说得是,也不是。他亦看得透彻。方壶外史说是篇已,重宣此义而作乱辞:

何谓夷节,让德阅休。相助而消,奚以为谋?
圣达绸缪,周至一体。复命摇作,师天而已。
忧而用知,所行几多。时其有止,将若之何?
亶美亶爱,告亦芒若。实见实闻,仞台县乐。
冉得环中,随物之成。汤得尹傅,司御其名。
哄哄者谁,蜗角之触。稷稷者谁,圣德之仆。
离性灭情,兼葭乃生。聚货立名,杀盗横行。
失不在民,得奚在己?日出多伪,盗窃攸起。
惟彼圣修,进德无期。六十而化,五九犹非。
不知而知,将无大惑。弗灵而灵,预定于卜。
丘里之言,合并为公。不执不距,奚以异同?
四方六合,物生乌起?不随不缘,议之所止。
或使则实,莫为则虚。可言可意,言而愈疏。
胡为大方,在物一曲。议其有极,非言非默。

庄子副墨卷之七　无字集

杂篇外物第二十六

外物不可必，故龙逢诛，比干戮，箕子狂，恶来死，桀纣亡。人主莫不欲其臣之忠，而忠未必信，故伍员流于江，苌弘死于蜀，藏其血三年而化为碧。人亲莫不欲其子之孝，而孝未必爱，故孝己忧而曾参悲。

大意谓外来之祸，不惟恶者不能免，而善者亦未必能免，不惟不忠不孝者不能免，而忠者孝者亦未必能免，故均谓之曰：外物不可必。大抵天下只理数二字。在常理则曰，积善馀庆，积恶馀殃，此其所可必者，而不知所遭之不偶，则有数存焉。补此一段，正以见吾人当为其所当为，而不可必其所难必。关龙逢，桀臣。箕子、比干、恶来，皆纣臣。子胥，吴臣，被戮，里以鸱夷之皮，沉之于江。苌弘，周灵王时臣，被放归蜀，刳肠而死，蜀人哀之，藏其血于地，三年化为碧玉。孝己，殷高宗之子，逐于后母；曾参，为父芸瓜，误断其根，大杖几死，故以为有忧悲之事。

木与木相摩则然，金与火相守则流，阴阳错行则天地大絯，于是乎有雷有霆，水中有火，乃焚大槐。絯，骇。

此论造化五行，暗影人事。五行之气，惟火最烈。《参同契》云木火同侣，火阴根阳，寄位于木，因动而发，反伤其母，故木与木相摩则然，《阴符经》云火生于木，祸发必克是也。即虽金性至坚，与火相守亦为所烁。若使阴阳错杂,其气郁而不伸,则雷击霆奋,水中起火,乃焚大槐。槐者,东方之木,老而生火,在人身则所谓龙雷之火难以直折是已。火之为害如此,意则见下。

有甚忧两陷而无所逃,螴蜳不得成,心若县于天地之间,慰暋沈屯,利害相摩,生火甚多,众人焚和,月固不胜火,于是乎有僓然而道尽。螴蜳,音陈淳。县,玄。暋,昏。僓,颓。

所以修真体道之人,虚静恬淡寂寞无为,五志之火一时俱伏,是故有利害不干于心而生死无变于己者。不知道者,则不耐世故,甚忧两陷于利害之中无所逃遁,螴螴蜳蜳,坐亦不安,睡又不宁,若将此心县于天地之间,郁暋屯邅,不自解脱,利害相摩,生火甚多,焚其天和,于是乎有阴阳之患,以其不知外物之不可必而交战于利害之场,故自焚若此。故道人养和,众人焚和。焚者,煎熬之义。月固不胜火,月字下得奇。月者,水也,水不胜火,即医家所谓水不能胜五火之意。又解月古篆文,肉字也,言血肉之躯不胜熬烁,于是乎有僓然而道尽者。僓,衰毙之义。道,谓生道。道尽,则形神与之俱尽矣。与上连为一章,发此一段,于人有大利益。欲人静消心火,自处恬淡无为之乡,然后尽其天年而不中道夭折,盖救世之仁也。佛经法华火宅之喻,可与参看。

庄周家贫,故往贷粟于监河侯。监河侯曰:诺。我将得邑金,将贷子三百金,可乎?庄周忿然作色曰:周昨来,有中道而呼者。周顾视车辙,中有鲋鱼焉。周问之曰:鲋鱼来,子何为者耶?对曰:我,东海之波臣也。君岂有升斗之水而活我哉?周曰:诺,我且南游吴越之王,激西江之水而迎子,可乎?鲋鱼忿然作色曰:吾失我常与,我无所处。吾得升斗之水然活耳,君乃言此,曾不如早索我

于枯鱼之肆。

生事萧疏,穷途仗友,仁者当亟恤之,乃复为此纡缓不急之谈,友道之薄,莫此为甚。笔记于此,见世俗之益偷也。常与,指水而言。波臣二字奇。

任公子为大钩巨缁,五十犗以为饵,蹲乎会稽,投竿东海,旦旦而钓,期年而不得鱼。已而大鱼食之,牵巨缁,錎没而下,惊扬而奋鬐,白波若山,海水震荡,声侔鬼神,惮赫千里。任公子得若鱼,离而腊之,自淛河以东,苍梧以北,莫不厌若鱼者,已而后世辁才讽说之徒皆惊而相告也。夫揭竿累,趋灌渎,守鲵鲋,其于得大鱼难矣。饰小说以干县令,其于大达亦远矣。是以未尝闻任氏之风俗,其不可与经于世亦远矣。犗,界。錎,陷。腊,昔。淛,浙。辁,权。县,玄。

喻言有大抱负者必有大设施,有大设施者必有大成就。巨缁,大黑绳也。犗,犍牛也。离,剖之也。干肉曰腊。淛,读曰制。厌,饱饫也。辁才,小才也。累,小绳也。灌渎,田中灌水之渎。鲵、鲋,皆小鱼。县令,县赏令以待言者。一段文气跌宕,与巨鱼争雄,摛文之士允宜熟读。

儒以诗礼发冢。大儒胪传曰:东方作矣,事之何若?小儒曰:未解裙襦,口中有珠。诗固有之曰:青青之麦,生于陵陂。生不布施,死何含珠为?接其须,擪其顪,儒以金椎控其颐,徐别其颊,无伤口中珠。擪,压。顪,岁。别,编去。

此段戏剧世儒无实得而专以剽窃古人为事者。盖古人即地下之陈死人也,古人所言,即陈人所含之珠也。小儒者,大儒之弟子。自上语下曰胪。言大儒呼小儒而语之曰:东方作矣,相与从事若何?事即暗指发冢之事。小儒言:未须解其裙襦,口中有珠在焉。又引诗为证。诗有之曰青青之麦,生于陵陂,兴也。生不布施,死何含珠?言人生前不知重义乐施,死犹秘其金珠以为地下含铜臭之夫,鄙吝若此。以下云云,相与计议取珠之法。唇上曰须,颐下曰颟,口旁曰颐,颐旁曰颊。接,撮也。擪,以手按之也。控,别开也。夫儒以诗礼名家,而所以教其弟子者,不过日夜剽窃古人之绪馀,斯不谓之盗儒乎哉?此段寓言,意亦奇特。凡为儒者读之,皆当泚颡。

老莱子之弟子出薪,遇仲尼,反以告曰:有人于彼,修上而趋下,末偻而后耳,视若营四海,不知其谁氏之子?老莱子曰:是丘也,召而来。仲尼至。曰:丘,去汝躬矜与汝容知,斯为君子矣。仲尼揖而退,蹙然改容而问曰:业可得进乎?老莱子曰:夫不忍一世之伤而骜万世之患,抑固窭耶?亡其略有弗及耶?惠以欢为骜,终身之丑,中民之行进焉耳,相引以名,相结以隐。与其誉尧而非桀,不若两忘而闭其所誉。反无非伤也,动无非邪也。圣人踌躇以兴事,以每成功,奈之何其载焉?终矜尔。趋,促。骜,傲。

修上,上长也。趋下,下促也。末偻,背微偻也。后耳,耳帖脑后也。目若营四海,蒿目而忧当世之患也。矜,矜持也。容,动容也。知,思虑也。老莱之教,即前所谓离形去智之意。业可得进,言夫子之道可得而学乎?莱谓夫子,汝不忍一世之伤而骜然放心于万世之患,盖一时之伤乃政教之下衰,而万世之祸则学术不明之过也。汝之穷,其固然耶?抑其经略有所不及耶?夫以恩惠结人之欢心而骜然自得者,丑行也,中民之行进焉耳,非大道所取也。何者?至人无恩,至人无名,至人无私。若相惠以欢,相引以名,相结以隐,皆中民之行。结以隐,谓以心腹相结。当时之君,不忍一世之伤者莫若尧,而坐至一世之伤者莫若桀,人皆知之,往往是尧而非桀,是为大道生是非也。故与其誉尧而非桀,不若两忘而闭其所誉。岂不以尧桀终有是非,而我不生毁誉,不起憎爱,浑然与善恶相忘,然后与道相应。今之人皆曰吾将反斯世于唐虞之盛,而不知反之无非伤也;皆曰吾将鼓舞振作乎一世之民,而不知动之无非邪也。何者?为其有心也,不若虚静恬淡寂寞无为,与天下相安于无事之天。设有所为,欲为而为之以不为,故踌躇以兴事,而往往见其成功。今汝也,奈何哉不忍一世之伤而以天下之事自任哉?终见其矜持费力焉耳。此等说话,儒者直谓其与接舆、沮溺、丈人之见同科。然以至理而论,有心做事者,亦做不出甚事,不得例以习见非之。

宋元君夜半而梦人被发窥阿门,曰:予自宰路之渊,予为清江使河伯之所,渔者余且得予。元君觉,使人占之,曰:此神龟也。君曰:渔者有余且乎?左右曰:有。君曰:令余且会朝。明日,余且朝。君曰:渔何得?对曰:且之网得白龟焉,箕圜五尺。君曰:献若之龟。龟至,君再欲杀之,再欲活之,心疑,卜之,曰:杀龟以卜,吉。乃刳龟,七十二钻而无遗筴。仲尼曰:神龟能见梦于元君而不能避余且之网,知能七十二钻而无遗筴,不能避刳肠之患。如是,则知有所困,神有所不及也。余且,豫趋。筴,策。

阿门,曲侧之门。宰路,渊名。龟为清江之神,使于河伯之所,为渔者余且所得,故见梦以求脱,而卒不能脱者,龟有数也。数定,则虽有神知不能移。故有所困、有所不及者,盖囿于数也。神知根于有生之前,数定于有生之后。老子曰:自吾无身,复有何患?外其身则不囿于数矣。

虽有至知,万人谋之。鱼不畏网而畏鹈鹕。去小知而大知明,

去善而自善矣。

虽有至知,亦须毕举群策而后为谋允臧,盖用知则自私,自私则有情识,有机变,人斯畏而避之矣。故鱼网虽密,鱼不畏也。鹈鹕所食几何,鱼反畏之者何?网无情而鹈鹕有情也。圣人能与天下相安者,亦无情顺应而已。故去小知则大知明,去其善则自善。今之人见小知以自贤,其亦未闻道耶?

婴儿生,无石师而能言,与能言者处也。

石,疑作所。言熏习之移人有如此者。

惠子谓庄子曰:子言无用。庄子曰:知无用而始可与言用矣。夫地非不广且大也,人之所用容足耳,然则厕足而垫之致黄泉,人尚有用乎?惠子曰:无用。庄子曰:然则无用之为用亦明矣。厕,侧。垫,店。

夫至理之言,无可拣择,故碎拱璧则尘尘是玉,折沉檀则片片皆香。顾言之所该者无穷,而人之所用者有限,以不尽用而遂谓其无用,则非矣。彼天地亦大矣,人之用天地者几何?即以步履而论,则容足之外皆为无用,以为无用侧足而掘之至于黄泉,尚有用乎?毕竟是无用也,故惠子亦曰无用。不知地虽无用,而所以助吾之足者实多,若以为无用而废之,不使容足之外更有馀地,则将日见其狭隘而不能行矣。知此,则无用之用得非天下之大用乎?前云足也践,恃其所不蹍,亦是此意。

庄子曰:人有能游,且得不游乎?人而不能游,且得游乎?夫流遁之志,决绝之行,噫!其非至知厚德之任与?覆坠而不反,火驰而不顾,虽相与为君臣,时也,易世而无以相贱。故曰至人不留行焉。夫尊古而卑今,学者之流也。且以狶韦氏之流观今之世,夫

孰能不波？唯至人乃能游于世而不僻，顺于人而不失己。彼教不学，承意不彼。

游，即首篇所谓逍遥游之游。言人之志趣各有不同，有生而能游者，且得不游乎？有生而不能游者，且得游乎？生而游者，胸次洒洒，一尘不挂，虽未尝遍迹于有方之外，而此心直与天地万物上下同流，且得不游乎哉？不能游者，根尘太重，罥挂世网，昌黎所谓持被入省中，顾婢子语剌剌不休，虽与之游，安得而游乎哉？大抵世缘难断，私欲易牵，流遁之志、决绝之行，乃至知厚德之所任，常人不能也。夫堕物者，谁不反顾？火逸者希不顾家。若也覆堕而不反，火驰而不顾，则是真有流遁之志、决绝之行者。是人也，而后可以与游。今之不能者，只为于世缘上看得不透，遇富贵则贪富贵，遇功名则恋功名，不知虽有南面之尊、北面之荣，一时相与以为君臣，极其际遇，而易世之后无以相贱也，直等耳。贵己而贱人，先己而后人，何为者哉？以故至人之行不留于此，直将等为浮云，视为傥来，有天下而不与焉。又学者多尊古而卑今，大非也。古今，逝波耳，上溯豨韦，下及今世，前浪后浪也，后之视今犹今之视昔，是古而非今，得乎？至知之人达观若此，是以游于世而不僻于行，顺于人而不失乎己，直将乾坤世界剧为戏场，古今旦莫逝为流浪，挫其锐，解其纷，和其光，同其尘，与彼所谓世教者虽不屑屑焉学之，然亦承其意而不彼。彼者，外词。不彼，言不外之也。何者？世出世法原无两件，有所拣择去取，则非游于世而不僻，顺于人而不失者矣。即是而观，先生之所谓游者，定非绝物忘世之学，有随顺而不自失者在焉，此所以为至知厚德也。

目彻为明，耳彻为聪，鼻彻为颤，口彻为甘，心彻为知，知彻为

德。凡道不欲壅,壅则哽,哽而不止则跈,跈则众害生。物之有知者恃息,其不殷,非天之罪。天之穿之,日夜无降,人顾塞其窦。颤,鸇。哽,耿。跈,蹍。

夫目蔽于色则不明,耳乱于声则不聪,鼻夺于香则不颤,口嗛于味则不甘,心起于识则不知,知有分别,非德知也。是皆夫人六根所起之六尘,必须彻而净之,然后能复其本然之灵觉。然六根门头,头头是障,须下几个彻字,实则一了百当,一处彻则处处皆彻矣。所以道不欲壅,不彻则自为外物所壅,如人之哽者,哽而不已则跈,跈则众害生之。跈,足陷泥淖之迹也。言人之虚灵既为物所壅塞,则将陷于物欲之中不能自拔,而众欲交攻,其有存焉者寡矣。夫物之有生,恃此生息之理,而今之存焉者寡,则生息微眇而不盛。其不盛,非天之罪也,天之穿之者日夜无降,人顾自塞其窦耳。盖此段灵光,人人透露,有耳自聪,有目自明,乃天所穿,日夜无止,譬则室之有窦,日光自穿,人顾自塞其窦,乃光明亏蔽而不见耳。此段文颇艰涩难解,然以意逆之,理当如此。

胞有重阆,心有天游。室无虚空则妇姑勃溪,心无天游则六凿相攘。大林丘山之善于人也,亦神者不胜。溪,奚。

此言虚之为用。胞,人身脬膜也。重阆,空旷之地,所以行气者。人身如此,人心亦然。故清净之中一物不着,常与太虚相为游衍,故曰:心有天游。于室亦然。故室有虚空,然后长幼尊卑各遂其私,各得其所。无空虚,则妇姑勃溪。勃,怒争也。溪,亦空意。以况人心而无天游,则六凿攘夺,终无宁已。六凿,即六贼之义,命字之奇也。既为六贼所攘,则吾所谓元神者不胜其扰,欲求幽静之地以自安,故大林丘山一见即以为善,谓其少得以自憩耳。所以学道之人常须静养。《清静经》云:人神好清而心扰之,人心好静而欲牵之。常能遣其欲而心自静,澄其心而神自清,自然六欲不生,三毒消灭。虚静天师大道歌云:要得身中神不出,莫向灵台留一物。物在心中神不清,耗散真精损筋骨。《道德经》云:致虚极,守静笃,万物并作,吾以观其复。修真之诀,无出乎此,亦足以相发明矣。

德溢乎名,名溢乎暴,谋稽乎誸,知出乎争,柴生乎守,官事果乎众宜。誸,弦。

溢者,过也。名胜则实衰,故德溢乎名。而名之所以溢者,谓其不能自藏而有心于暴白也,故溢。谋稽于誸,誸者,急义,御下弦急,则人思以知巧当之,故谋用是稽。知出乎争,彼此争胜,故人各用知。柴生乎守,守即守而不化之守,执滞于物,故柴塞于胸中而与物为梗。官事果乎众宜,果,结果也,又核实也,众宜,谓众情称便,此亦庄子漫事。

春雨日时,草木怒生,铫鎒于是乎始修,草木之到植者过半而不知其然。铫,七遥反。鎒,乃豆反。

日时,谓以时日而雨。有雨有暘,与久阴者不同,草木得之勃然而生。怒生二字甚奇。于是乎农人始修铫鎒之器,草木之到植者过半,到植,注云:谓更生也。言草木皆蘖芽于种,发条于根,而移接之类太多,更不知其所以然者。可见万类只是一气周流贯彻,有所附丽则自然生长。知一气之相禅,则同气者可以相求,而神仙大药所谓同类易施功者,亦略可识矣。

静然可以补病,眥搣可以休老,宁可以止遽。虽然,若是劳者之务也,非佚者之所,未尝遇而问焉。眥搣,恣灭。

病者,焚和所致。凡人有病,只求一真静,则火自降,水自升,真气自复,邪气自退,药饵之补皆第二义,故曰:静然可以补病。眥𡟭,犹云翦灭。翦来男女声色之欲,则老境自是康豫,故曰:眥𡟭可以休老。宁可以止遽,事若急遽,一以安静镇之,则一止可以止众止,而事无不理矣。虽然,若是劳者之务也,非佚者之所也。所,如所其无逸之所。盖病而补静,补亦晚矣,佚人则不待病而先居于静。老而眥灭,灭亦迟矣,佚人则不待老而先证于灭。遽而止宁,止亦殆矣,佚人则不待遽而先安于止。故劳者之务,佚者未尝过而问焉。

圣人之所以駴天下,神人未尝过而问焉。贤人所以駴世,圣人未尝过而问焉。君子所以駴国,贤人未尝过而问焉。小人所以合时,君子未尝过而问焉。駴,戒。

承上而言,劳者之务,佚者不问,则圣人之事,神人不问可知,贤人之事,圣人不问可知,君子之事,贤人不问,小人之事,君子不问,又可知矣。駴,与骇同,谓改百姓之观听也。圣人之所以骇世,无过仁义而已,贤人君子则愈失愈下,故其所以骇世者,不过修饰乎礼乐文物之具,小人则权谋术数而已。道不同不相为谋,是故有过而不问者。问,讲求之意。

演门有亲死者,以善毁爵为官师,其党人毁而死者半。尧与许由天下,许由逃之;汤与务光,务光怒之;纪他闻之,帅弟子而踆于窾水,诸侯吊之。三年,申徒狄因以踣河。踆,存。

演门,地名。有亲死而哭之哀者,上之人以为善毁,爵之而为官师,其党慕之,毁而死者过半。不得爵而反以丧其生,则好名之过也。若乃许由避尧,纪他闻之而踆窾,务光赴渊,申徒狄因之而自沉,何为者哉?则二子俑之也。名也者,非圣人之所贵也,故至人无名,人不得而慕之焉。

荃者所以在鱼，得鱼而忘荃。蹄者所以在兔，得兔而忘蹄。言者所以在意，得意而忘言。吾安得夫忘言之人而与之言哉？

荃，鱼笱也，蹄，兔罝也，在道则为言说之喻，得其意则言说可忘。上乘之学，不自外入，专一自家理会，有脱然处，则有言无言皆成荃蹄。得是人而与之言，庶可以行不言之教矣。方壶外史说是篇已，为作乱辞：

外不可必，玉石俱焚。忠遭剖戮，孝亦忧辛。
利害相摩，生火实多。甚忧两陷，以焚其和。
任公钓鱼，庄生活鲋。大器晚成，而友弗顾。
东方作矣，事之何如？蚩彼大儒，窃此含珠。
去汝躬矜，与汝容知。非誉两忘，踌躇兴事。
知有所困，神龟则刳。至言无用，画地以趋。
游而不僻，顺而不失。心有天游，六凿不入。
道不欲壅，窦不欲塞。凡彼有知，恃此生息。
春雨日时，草木生之。到植强半，而然莫知。
老因灭休，病以静补。劳者务之，非佚之所。
神不谋圣，圣不问贤。小人所合，君子耻焉。
演门善毁，由光洁身。慕名者累，胡死而踆。
得意忘言，得鱼忘荃。安得斯人，吾与之言？

杂篇寓言第二十七

寓言十九，重言十七，卮言日出，和以天倪。寓言十九，借外论之。亲父不为其子媒，亲父誉之不若非其父者也。非吾罪也，人之罪也。与己同则应，不与己同则反。同于己为是之，异于己为非

之。重言十七，所以已言也，是为耆艾。年先矣，而无经纬本末以期年耆者，是非先也。人而无以先人，无人道也。人而无人道，是之谓陈人。卮言日出，和以天倪，因以曼衍，所以穷年。不言则齐，齐与言不齐，言与齐不齐也，故曰无言。言无言，终身言未尝言，终身不言未尝不言。有自也而可，有自也而不可，有自也而然，有自也而不然。恶乎然？然于然。恶乎不然？不然于不然。恶乎可？可于可。恶乎不可？不可于不可。物固有所然，物固有所可，无物不然，无物不可。非卮言日出，和以天倪，孰得其久？万物皆种也，以不同形相禅，始卒若环，莫得其伦，是谓天均。天均者，天倪也。
曼，万。种，上。

此篇先生自叙立言之意。言我此书之中，寓言者十九，重言者十七，卮言则日日出之。寓言者，谓己之言未能直证，往往借外物以相比论。彼亲父不能为子媒者，以亲父之誉之不若非其父者之誉之也。人不信其父而信非其父者之言，则我之借外而论，其亦不得已焉，而姑有所托以启人之信者乎！此非我之罪也，不信我者之罪也。又凡人之情，直喜其与己同而恶其与己异，同则是之，异则非之，是以是非同异卒莫有定，故吾以重言止之。重言十七，所以止言也。重言者，借重古人以为质，如人有闻见而取正于耆艾者然。虽然，年先矣，而经纬本末漫无所知，徒以年称，非所先也。年本先而曰无所先者，谓其不知立人之道也，不知人道则亦陈人而已，陈人即古诗所谓陈死人。陈死人，何重之有？卮言者，卮酒之言，和理而出，却非世俗卮酒间谑浪笑傲争论是非之言，曼曼衍衍，尽可以消岁月。夫理本至齐，而人则各执其所见，于是乎是非同异纷然不齐，因其不齐而吾复以言齐之，则我之所言之齐与彼之所言之不齐皆成不齐。何者？彼我之见原自不齐，故不若不言以待其自齐。不言者，非钳其口而不言也，不争是非，不论同异，虽言之而未尝有言也，故曰：终身言未尝言，终身不言未尝不言。终身言者，无心而任天理之便，即和以天倪之谓也。既曰卮言日出，和以天倪，则终身言之而未尝言矣。若夫是非同异之辨，则实未尝言也，虽未尝言矣，而岂缄默不言之谓哉？夫天下之可与不可，然与不然，皆有自也。恶乎然乎？然于我之然也。恶乎不然乎？不然于我之不然也。可与不可，亦复如是。物固有所然者，物固有所可者，无物不然，无物不可，则天下之论齐矣。何者？物各有理，惟不以己之独见主张是非，而徐观万物自然之理，则见物物皆有然者、可者，一一随而顺之，则是非自泯。夫人既不能以无言，自非卮言日出，和以天倪，且孰得而久乎？久，谓定论不易。又自物理而论，胎卵湿化，物种有万，虽或不齐，皆自无始以来一气而生，始终循环，莫能得其比拟，要皆以气聚而生，气散而死，于不齐之中而有至齐者在焉，是谓天均。天均者，天倪也。卮言之所出，和是而已。和，如和羹之和，和字于卮字上下得最有情。

庄子谓惠子曰：孔子行年六十而六十化，始时所是，卒而非之。未知今之所谓是之非五十九非也？惠子曰：孔子勤志服知也。庄子曰：孔子谢之矣，而其未之尝言。孔子云：夫受才乎大本，复灵以生。鸣而当律，言而当法。利义陈乎前，而好恶是非直服人之口而已矣。使人乃以心服而不敢蘁立，定天下之定。已乎，已乎！吾且不得及彼乎！蘁，悟。

勤志，即敏求之意。服知，谓行其所知。惠子亦据吾夫子之所自许者而信其如是。庄子言：夫子六十而化，则已谢是矣。因引夫子之言受才乎大本，受才即降才之才，大本犹太初也。复灵以生，谓人莫不复此灵觉之性以有生。若鸣而当律，言而当法，利义陈于前，而好恶是非皆合其宜，夫固灵性之所显发。然以言教者，直服人之口而已，恶可以及化？夫子则能使人心悦诚服而不敢迕立，是谓以一止而止众止，非盛德至善，何以致此？宜庄子深叹其弗及也。盖庄子与惠子语，犹觉有辨，夫子则未见有与之辨者。此尚不能得其口服，何况于心？以之自愧，所以愧惠子也。

曾子再仕而心再化，曰：吾及亲仕，三釜而心乐。后仕，三千锺而不洎，吾心悲。弟子问于仲尼曰：若参者，可谓无所县其罪乎？曰：既已县矣，夫无所县者可以有哀乎？彼视三釜三千锺，如观雀蚉蝱相过乎前也。观，作鹳。县，玄。

再化，谓心化于禄也。洎，与及相映。不洎，谓厚禄不及于其亲。无所县其罪，谓无所县其忘亲之罪。夫子言，曾子虽无所县其罪，而已有所县于禄矣。何则？无所县者，可以有哀乎？彼无所县者，其视釜钟之禄若鹳雀与畜蝱之过吾前也，何大何小，任其来去，而亦何足以撄吾念哉？故因其哀而知其心有所县，因其县而知其心有所化，必进此一步，然后爵禄不入于其心，而胸次洒洒，一尘为之不挂矣。

颜成子游谓东郭子綦曰：自吾闻子之言，一年而野，二年而从，三年而通，四年而物，五年而来，六年而鬼入，七年而天成，八年而不知死、不知生，九年而大妙。

夫道者，虚静恬淡寂寞无为，然无为也而无不为，无不为则天矣，故发颜成子游一段说话。言吾自闻子綦夫子之言，一年之中，去其机械变诈之心，还于朴野。二年而从，从，谓随顺众志，不起爱憎取舍。

三年而通，通者，无人无我，比从更进一步。四年而物，物者，如槁木，如死灰，不起丝毫情识，一味寂灭。五年而来，来者，幻灭灭故，非幻不灭，如往之有来。六年而鬼入，七年而天成，鬼入，谓与鬼神同其屈伸；天成，谓与天同其造化。学而至于天成，则不当复有进步，然又有个未始有天，未始有人，未始有物，未始有始也者，故八年九年工夫愈细，不知有死，不知有生，乃入于妙，入于大妙则与道合真矣。此段学问，岂可以岁月而计？此但言其渐次云耳。

生有为，死也。劝公，以其死也，有自也；而生阳也，无自也。而果然乎？恶乎其所适？恶乎其所不适？

此自上文不知有生，不知有死上透下意来，以生死而论有为无为。言人生则不能无为，如富贵则有富贵之为，贫贱则有贫贱之为，死则同归于无为而已，故曰：生有为也，死也。劝公，公之为言，同也。下一劝字，劝人灰心灭意以还造化。人皆以生为乐，以死为悲，急为劝慰，要人解其天弢，堕其天袠，同证寂灭，以返吾真。夫人皆以其死也有自也，而不知其生阳也无自也。死也有自，谓自有形而返于无形，始见其有，倏见其无，故含情之类不能无悲，而不知溯其生阳之始，实无所自，如是则其始也，亦返其无所自者而已。而果然乎？而，汝也。言汝果以为然乎？以为然，则恶乎其所适，恶乎其所不适，而生欣戚于其中耶？适者，快适之意。

天有历数，地有人据，吾恶乎求之？莫知其所终，若之何其无命也？莫知其所始，若之何其有命也？有以相应也，若之何其无鬼也？无以相应也，若之何其有鬼耶？

此以造化之不可知者反覆征问。言天则有历数矣，地则有人据矣，吾恶乎求之？历数，谓日月星辰之数，甘石巫氏之书是也。

人据,谓据人耳目闻见之所及者,禹贡、图经、地理之类是也。夫天地文理似乎有定,然以其故求之,又不尽然。夫理必有终,而今则莫知其所终,莫知其终则必有始终相生者以主乎其间,若之何其无命耶?而溯之无始,则莫知其始,全然不见其端倪,又乌得而谓之有命耶?盖命则实有,而曰不得谓之有者,所以遣去执有之病。造化之妙,有屈有伸,鬼神乃气机之屈伸往来者,故曰:有以相应,若之何其无鬼?然而未必尽然。如善者未必福,恶者未必祸,仁者不尽寿,暴者不尽夭,又似无以相应者,若之何其有鬼耶?造化之妙,其不可知者若此。吾人则当以其所知养其所不知,信其有而不敢蔑其无,又知其无而不敢执其有,则世出世法不外是而得之矣。

众罔两问于景曰:若向也俯而今也仰,向也括而今也披发,向也坐而今也起,向也行而今也止,何也?景曰:叟叟也,奚稍问也!予有而不知其所以。予,蜩甲也,蛇蜕也,似之而非也。火与日,吾屯也;阴与夜,吾代也。彼,吾所以有待耶,而况乎以有待者乎?彼来则我与之来,彼往则我与之往,彼强阳则我与之强阳。强阳者,又何以有问乎?景,影。

此一段与内篇齐物论颇同,但添上火日之喻,更觉新奇。叟叟,景称罔两之词。稍问,犹云末论。言我之俯仰行止皆有所待,而叟独不知其所以耳。予则蜩之甲也,蛇之蜕也,又似之而实非。盖甲与蜕,一离于形则不相联属,无复俯仰行止之相肖。又吾之与形,其离其合,亦自有时。火与日,吾屯也,屯谓聚而有景。若阴而无日,与夜而无火,吾则代而去之。彼形也,非吾所以有待者耶?然彼亦不能自主,必有所以使之如此者。夫彼之不能自主者尚为我之所待,而况主张有待之造化者将独不为彼之所待乎?彼来则我与之而俱来，彼往则我与之而俱往，彼健动则我与之俱健动，此个造化又是自然而然，而人不知其所以然者，又何以有问乎？三彼字，即齐物论中非彼无我之彼。有疑则须问，不消疑，又何问之有乎？盖罔两问景，正欲求得所以之故，而景答之如此，则信乎可以无疑矣。

阳子居南之沛，老聃西游于秦。邀于郊，至于梁而遇老子。老子中道仰天而叹曰：始以汝为可教，今不可也。阳子居不答。至舍，进盥漱巾栉，脱屦户外，膝行而前，曰：向者弟子欲请夫子，夫子行不闲，是以不敢。今闲矣，请问其故？老子曰：而睢睢盱盱，而谁与居？太白若辱，盛德若不足。阳子居蹵然变容曰：敬闻命矣。其往也，舍者迎将，其家公执席，妻执巾栉，舍者避席，炀者避灶。其反也，舍者与之争席矣。盱，虚。

睢睢盱盱，矜持不自在之貌。而谁与居，言人将畏而去之。太白二句见《道德经》。辱者，耻而自藏之义。太白者，明于道德之人，若不足，不自满也。老圣之教如此。于是阳子去其矜持，深自昧晦，忘形混世，归来而舍者与之争席，此便是列子见壶子，归为妻执爨，食豕食如人食之意。道言和光同尘，挫锐解纷，正是此意。方壶外史篇卒复为乱辞：

寓言十九，重言十七。和以天倪，卮言日出。
父不媒子，陈不先人。不言而齐，和此天均。
勤志服知，夫子则谢。情悬釜锺，恶可及化？
进觉前非，德与年造。鬼入天成，及此大妙。
生死奚自，鬼命有无。彼强阳者，何以问乎？
太白若辱，盛德不足。去汝睢盱，舍者争席。

杂篇让王第二十八

让王以下数篇,眉山苏长公以为非庄子所作。看此老读庄子甚仔细,其着眼处只在语意背驰。既言不以天下之故而伤其生,何故却将赴渊枯槁之士续记其后?或谓葆真则一生或重于太山,立节则一死或轻于鸿毛。然一节一行又非大道所取,终是不可曲解。予直谓后人窜入者,断自舜让北人无择以下三条。若盗跖以下,则驳杂肤浅,尤为易见。

尧以天下让许由,许由不受。又让于子州支父,子州支父曰:以我为天子,犹之可也。虽然,我适有幽忧之病,方且治之,未暇治天下也。夫天下至重也,而不以害其生,又况他物乎?惟无以天下为者,可以托天下也。

幽忧,谓心有隐疾。此个隐疾,总在为物所累上。治之之方,虚静恬淡寂寞无为而已矣。

舜让天下于子州支伯,子州支伯曰:予适有幽忧之病,方且治之,未暇治天下也。故天下大器也,而不以易生,此有道者之所以异乎俗者也。

上言不以重务而伤吾生,此言不以外物而易吾生,总重养生上,所以为道德之书。

舜以天下让善卷,善卷曰:予立于宇宙之中,冬日衣皮毛,夏日衣葛絺,春耕种,形足以劳动,秋收敛,身足以休食,日出而作,日入而息,逍遥于天地之间,而心意自得,吾何以天下为哉?悲夫,子之不知予也!遂不受。于是去而入山,莫知其处。衣,去。

舜以天下让其友石户之农,石户之农曰:卷卷乎,后之为人,葆

力之士也。以舜之德为未至也。于是夫负妻戴携子以入于海，终身不反也。卷，权。

卷卷，动劳之貌。葆力，谓穷力以养人，非以德者，故德为未至，德则虚静恬淡寂寞无为而已矣。

舜让数条，总记一处，不应以后复记北人无择一条，故断北人条为窜入得。

大王亶父居邠，狄人攻之。事之以皮帛而不受，事之以犬马而不受，事之以珠玉而不受。狄人之所求者，土地也。大王亶父曰：与人之兄居而杀其弟，与人之父居而杀其子，吾不忍也。子皆勉居矣。为吾臣与为狄人臣，奚以异？且吾闻之，不以其所用养害所养。因杖筴而去之。民相连而从之，遂成国于岐山之下。夫大王亶父可谓能尊生矣。能尊生者，虽贵富，不以养伤身，虽贫贱，不以利累形。今世之人居高官尊爵者，皆重失之。见利轻亡其身，岂不惑哉！

大王事，与孟子所言者同，而意则殊旨。孟子谓不争土地以害人，此则断其为尊生之故，故不以身外之物而争驰于利害之场。议论却甚正，真可以药鄙夫患得患失之病。此种学问，人人煞有用处。

越人三世弑其君，王子搜患之，逃乎丹穴。而越国无君，求王子搜不得，从之丹穴。王子搜不肯出，越人薰之以艾，乘以王舆。王子搜援绥登车，仰天而呼曰：君乎！君乎！独不可以舍我乎？王子搜非恶为君也，恶为君之患也。若王子搜者，可谓不以国伤生矣。此固越人之所欲得为君也。呼，去。

所谓无以天下为者，可以托天下。

韩魏相与争侵地，子华子见昭僖侯，昭僖侯有忧色。子华子曰：今使天下书铭于君之前，书之言曰：左手攫之则左手废，右手攫之则右手废，然而攫之者必有天下。君能攫之乎？昭僖侯曰：寡人不攫也。子华子曰：甚善！自是观之，两臂重于天下也，身亦重于两臂。韩之轻于天下亦远矣，今之所争者其轻于韩又远，君固愁身伤生以忧戚不得也。僖侯曰，善哉！教寡人者众矣，未尝得闻此言也。子华子者可谓知轻重矣。

铭，誓约也。攫，攘而取之也。废，断而去之也。攫其铭而可以有天下，忧断臂者且不攫之。何则？臂重而天下轻也。韩轻于天下，而障之所争又轻于韩，乃以其故而愁身伤生，是亦重于失一臂矣。为至轻而伤至重，可不谓惑乎？宜韩僖闻之而称善也。

鲁君闻颜阖得道之人也，使人以币先焉。颜阖守陋闾，苴布之衣，而自饭牛。鲁君之使者至，颜阖自对之。使者曰：此颜阖之家与？颜阖对曰：此阖之家也。使者致币。颜阖对曰：恐听者谬而遗使者罪，不若审之。使者还，反审之，复来求之，则不得已。故若颜阖者，真恶富贵也。饭，上。遗，去。

苴布，粗布之衣。还，与旋同。

故曰：道之真以治身，其绪馀以为国家，其土苴以治天下。由此观之，帝王之功，圣人之馀事也，非所以完身养生也。今世俗之君子，多危身弃生以殉物，岂不悲哉！土，敕雅反。苴，侧雅反。

此数语，庄子自为之词，常人亦说不出。道者，虚静恬淡寂寞无为，其真也，故以其真治身，其绪馀土苴则皆有为之法，故圣人用之以治天下国家。帝王之功，圣人之馀事，所谓糠粃糟粕陶铸尧舜者。土苴，粪草也。

凡圣人之动作也，必察其所以之与其所以为。今且有人于此，以隋侯之珠弹千仞之雀，世必笑之。是何也？则其所用者重而所要者轻也。夫生者，岂特隋侯之重哉！要，平。

所以之，谓心之所往。所以为，谓事之所为。如人意在得雀，则虽以珠弹而不顾，世人笑之，而彼不以为非也，其所以者之差也。凡事之得失，起于一念，几微之际，可不审哉！

子列子穷，容貌有饥色。客有言之于郑子阳者，曰：列御寇，盖有好之士也，居君之国而穷，君无乃为不好士乎？郑子阳即令官遗之粟。子列子见使者，再拜而辞。使者去，子列子入，其妻望之而拊心曰：妾闻为有道者之妻子，皆得佚乐。今有饥色，君过而遗先生食，先生不受，岂不命耶？子列子笑而谓之曰：君非自知我也。以人之言而遗我粟，至其罪我也，必且以人之言。此吾所以不受也。其卒，民果作难而杀子阳。

有好，上声读，谓有美德之士。子阳，严酷无道之人，其粟本不宜受。一旦子阳为国人所杀，而祸不及于列子，可谓有见几之明者矣。此段与列子同。

楚昭王失国，屠羊说走而从于昭王。昭王反国，将赏从者，及屠羊说。屠羊说曰：大王失国，说失屠羊。大王反国，说亦反屠羊。臣之爵禄已复矣，又何赏之有？王曰：强之。屠羊说曰：大王失国，非臣之罪，故不敢伏其诛。大王反国，非臣之功，故不敢当其赏。王曰：见之。屠羊说曰：楚国之法，必有重赏大功而后得见。今臣之知不足以存国，而勇不足以死寇。吴军入郢，说畏难而避寇，非故随大王也。今大王欲废法毁约而见说，此非臣之所以闻于天下也。王谓司马子綦曰：屠羊说居处卑贱而陈义甚高，子其为我延之以三旌之位。屠羊

说曰:夫三旌之位,吾知其贵于屠羊之肆也;万锺之禄,吾知其富于屠羊之利也。然岂可以贪爵禄而使吾君有妄施之名乎?说不敢当,愿复反吾屠羊之肆。遂不受也。说,悦。强,上。

三旌之位,诸侯之三卿也。屠羊氏亦为小官,春秋有羊舌职,是其证也。

原宪居鲁,环堵之室,茨以生草,蓬户不完,桑以为枢,而甕牖二室,褐以为塞,上漏下湿,匡坐而弦。子贡乘大马,中绀而表素,轩车不容巷,往见原宪。原宪华冠縰履,杖藜而应门。子贡曰:嘻!先生何病?原宪应之曰:宪闻之:无财谓之贫,学而不能行谓之病。今宪贫也,非病也。子贡逡巡而有愧色。原宪笑曰:夫希世而行,比周而友,学以为人,教以为己,仁义之慝,车马之饰,宪不忍为也。比,去。

茨,苫屋之草也。生草,乱而不芟之草。甕牖,破甕为牖,以褐塞之。匡坐,正坐也。弦,鸣琴也。履不着根曰縰。华冠,裂如开华也。希世,谓希望世人之闻誉。比周,谓相与为党。学以为人而教人则曰为己,此便是学问不真实处。仁义之慝,谓假借仁义以文其奸慝。

曾子居卫,缊袍无表,颜色肿哙,手足胼胝,三日不举火,十年不制衣,正冠而缨绝,捉衿而肘见,纳屦而踵决,曳縰而歌商颂,声满天地,若出金石,天子不得臣,诸侯不得友。故养志者忘形,养形者忘利,致道者忘心矣。胝,祗。

缊袍,衣之有絮者。无表,外破也。肿哙,虚浮之貌。正冠而缨绝,言冠之久也。捉衿而肘见,言袖之短也。纳屦而踵决,见履之敝也。声出金石,言歌之有节奏也。养志者忘形三句,甚妙。忘形者，谓不以养身之故而累其志，如孟子所谓无以小害大、贱害贵之意。养形者忘利，不逐外物以劳其形也。道者，无心自然之谓，故致道者忘心。此三句，非庄子道不出。

孔子谓颜回曰：回，来！家贫居卑，胡不仕乎？颜回对曰：不愿仕。回有郭外之田五十亩，足以给飦粥，郭内之田十亩，足以为丝麻，鼓琴足以自娱，所学夫子之道者足以自乐也。回不愿仕。孔子愀然变容曰：善哉，回之意！丘闻之：知足者不以利自累也，审自得者失之而不惧，行修于内者无位而不怍。丘诵之久矣，今于回而后见之，是丘之得也。

丘之得，谓得其友。

中山公子牟谓瞻子曰：身在江海之上，心居乎魏阙之下，奈何？瞻子曰：重生，重生则利轻。中山公子牟曰：虽知之，未能自胜也。瞻子曰：不能自胜则从，神无恶乎！不能自胜而强不从者，此之谓重伤。重伤之人，无寿类矣。魏牟，万乘之公子也，其隐岩穴也，难为于布衣之士，虽未至乎道，可谓有其意矣。

公子牟身虽居隐，而此心犹有外慕之私，此便是信道之不笃者，故瞻子告之以重生。盖知重有生之道，则生之外无可慕者，而公子牟知之而不能胜也，故瞻子教之曰：汝不能胜则从之乎？然而之神不善也。盖人有元神，有识神。元神则虚静恬淡寂寞无为，乃本然之性。识神则见境生情，贪着其事，气质之性是也。所以学道之人务须降此识神，常使一念不起，万缘皆空，而后吾人之真性始得。否则，清静之中不胜扰杂，而神之恶之在所不免矣。夫我之元神既不能以胜欲，已自恶之，又强不从而使之从，是谓重被其伤。有重伤之人而得长有天寿者乎？分明神受伤之甚，故去人而死也。

庄子既纪其事,因言魏牟以公子学道,比之韦布之士,熏习尤深,故其胜之也愈难。然虽未至于道,而已有向道之心矣,盖与之也。

孔子穷于陈蔡之间,七日不火食,藜羹不糁,颜色甚惫,而弦歌于室。颜回择菜,子路、子贡相与言曰:夫子再逐于鲁,削迹于卫,伐树于宋,穷于商周,围于陈蔡。杀夫子者无罪,藉夫子者无禁。弦歌鼓琴,未尝绝音,君子之无耻也若此乎?颜回无以应,入告孔子。孔子推琴,喟然而叹曰:由与赐,细人也!召而来,吾语之。子路、子贡入。子路曰:如此者,可谓穷矣!孔子曰:是何言也?君子通于道之谓通,穷于道之谓穷。今丘抱仁义之道以遭乱世之患,其何穷之为?故内省而不穷于道,临难而不失其德。天寒既至,霜露既降,吾是以知松柏之茂也。陈蔡之隘,于丘其幸乎!孔子削然反琴而弦歌,子路扢然执干而舞。子贡曰:吾不知天之高也,地之下也。古之得道者,穷亦乐,通亦乐,所乐非穷通也。道德于此,则穷通为寒暑风雨之序矣。故许由娱于颍阳,而共伯得乎丘首。推,吐雷。隘,厄。扢,许讫。共,恭。

藜羹不糁,纯菜而无米也。藉,谓凌轹夫子。削然,孤高之貌。反琴,复鼓琴也。扢然,奋舞之貌。颍阳、丘首,皆山名。此条多有妙语,如道德于此,则穷通为寒暑风雨之序,谁能道出?

舜以天下让其友北人无择,北人无择曰:异哉,后之为人也!居于畎亩之中而游尧之门,不若是而已,又欲以其辱行漫我。吾羞见之。因自投于清冷之渊。

复言舜让,可见文字窜入。不若是而已,犹言不惟宁是。

汤将伐桀,因卞随以谋。卞随曰:非吾事也。汤曰:孰可?曰:吾不知也。汤又因瞀光而谋,瞀光曰:非吾事也。汤曰:孰可?曰:

吾不知也。汤曰:伊尹何如?曰:强力忍垢,吾不知其他也。汤遂与伊尹谋伐桀,克之。以让卞随,卞随辞曰:后之伐桀也谋乎我,必以我为贼也;胜桀而让我,必以我为贪也。吾生乎乱世,而无道之人再来漫我以其辱行,吾不忍数闻也。乃自投于椆水而死。椆,音同。瞀,务。数,朔。

汤又让瞀光,曰:知者谋之,武者遂之,仁者居之,古之道也。吾子胡不立乎?瞀光辞曰:废上,非义也;杀民,非仁也;人犯其难,我享其利,非廉也。吾闻之曰:非其义者,不受其禄;无道之世,不践其土。况尊我乎?吾不忍久见也。乃负石而自沉于庐水。

按:三自沉,着实无谓。不就而去之,则亦已耳,何为自伤其生一至是乎?吾知其定不为大道之所取也。

昔周之兴,有士二人处于孤竹,曰伯夷、叔齐。二人相谓曰:吾闻西方有人,似有道者,试往观焉。至于岐阳,武王闻之,使叔旦往见之。与之盟曰:加富二等,就官一列,血牲而埋之。二人相视而笑曰:嘻,异哉!此非吾所谓道也。昔者神农之有天下也,时祀尽敬而不祈喜,其于人也,忠信尽治而无求焉,乐与政为政,乐与治为治,不以人之坏自成也,不以人之卑自高也,不以遭时自利也。今见殷之乱而遽为政,上谋而下行货,阻兵而保威,割牲而盟以为信,扬行以说众,杀伐以要利,是推乱以易暴也。吾闻古之士,遭治世不避其任,遇乱世不为苟存。今天下暗,周德衰,其并乎周以途吾身也,不如避之以絜吾行。二子北至于首阳之山,遂饿而死焉。若伯夷、叔齐者,其于富贵也,苟可得已,则必不赖高节戾行。独乐其志,不事于世,此二士之节也。

叔旦,周公也。加富二等,倍其禄也。就官一列,尊其爵也。

血牲而埋之,与之以河山带砺之盟也。时祀尽敬而不祈喜,言尽其诚敬而无心于邀福,其事神也如此。忠信尽治而无求,言尽其忠信以出治,而不求民之我归,其治民也如此。乐与治为治,乐与政为政,言政治一循其旧章,而无心于变更,其行事也又如此。不以人之坏而自成,言不幸人国之坏乱而乘之以收功,若见殷之乱而遽为政是已。上谋而下行货,谓上则用谋而下则用贿。阻兵而保威,谓险阻其甲兵以保固自己之威严。扬行以说众,谓自陈其功德以说众人之心志。推乱而易暴,谓推尊乱德之周以易暴虐之殷。并,读曰傍。涂,即途炭之途,言自污也。苟可得已,言二子之于富贵,苟义在可受,必不赖此孤高亢戾之行以激于世,直以义不可得已,故甘隐而终饿耳。按:二子饿死,亦文士之甚词。既曰采薇,焉得长饿死?直老而死耳。此段文亦可观。

杂篇盗跖第二十九

盗跖篇讥侮列圣,戏剧夫子,盖效颦庄老而失之者。庄老推原道德,绝去圣智仁义,而一绳以大道之自然,的有至理。古德喝佛骂祖为报深恩,丹霞烧木佛以求舍利,小儿不知,强作解事,亦复效之,岂不为天下万世之大僇乎?予故表而出之,使鱼目真珠不得相混。

孔子与柳下季为友,柳下季之弟名曰盗跖。盗跖从卒九千人,横行天下,侵暴诸侯,穴室枢户,穴室,谓穿人之屋。枢户,谓启人之户枢。安有横行大盗而为是者乎?**驱人牛马,取人妇女,贪得忘亲,不顾父母兄弟,不祭先祖,所过之邑,大国守城,小国入保,**小城曰保。**万民苦之。孔子谓柳下季曰:夫为人父者必能诏其子,为人兄者必能**

教其弟。若父不能诏其子,兄不能教其弟,则无贵父子兄弟之亲矣。今先生,世之才士也,弟为盗跖,为天下害,而弗能教也,丘窃为先生羞之。丘请为先生往说之。柳下季曰:先生言为人父者必能诏其子,为人兄者必能教其弟,若子不听父之诏,弟不受兄之教,虽今先生之辩,将奈之何哉?且跖之为人也,心如涌泉,意如飘风,强足以拒敌,辩足以饰非,顺其心则喜,逆其心则怒,易辱人以言。先生必无往。孔子不听,颜回为驭,子贡为右,往见盗跖。盗跖乃方休卒徒太山之阳,脍人肝而铺之。孔子下车而前,见谒者曰:鲁人孔丘,闻将军高义,敬再拜谒者。谒者入通。盗跖闻之大怒,目如明星,发上指冠,曰:此夫鲁国之巧伪人孔丘非耶?为我告之:尔作言造语,妄称文武,冠枝木之冠,木遇枝则多错节,故可以为冠。带死牛之胁,谓革带。多辞谬说,不耕而食,不织而衣,摇唇鼓舌,擅生是非,以迷天下之主,使天下学士不返其本,妄作孝悌,而侥幸于封侯富贵者也。子之罪大极重,疾走归!不然,我将以子肝益昼铺之膳。孔子复通曰:丘得幸于季,愿望履幕下。谒者复通。盗跖曰:使来前!孔子趋而进,避席反走,再拜盗跖。盗跖大怒,两展其足,案剑瞋目,声如乳虎,曰:丘来前!若所言顺吾意则生,逆吾心则死。孔子曰:丘闻之,凡天下有三德:生而长大,美好无双,少长贵贱见而皆说之,此上德也。知维天地,能辩万物,此中德也。勇悍果敢,聚众率兵,此下德也。凡人有此一德者,足以南面称孤矣。今将军兼此三者,身长八尺二寸,面目有光,唇如激丹,齿如齐贝,音中黄钟,而名曰盗跖,丘窃为将军耻不取焉。将军有意听臣,无称臣之理。臣请南使吴越,北使齐鲁,东使宋卫,西使晋楚,使为将军造大城数百里,立数十万户之邑,尊将军为诸侯,与天下更始,安得不上告天子？罢兵休卒，收养昆弟，共祭先祖。此圣人才士之行，而天下之愿也。盗跖大怒曰：丘来前！夫可规以利而可谏以言者，皆愚陋恒民之谓耳。今长大美好，人见而说之者，此吾父母之遗德也，丘虽不吾誉，吾独不自知耶？且吾闻之：好面誉人者，亦好背而毁之。今丘告我以大城众民，是欲规我以利而以恒民畜我也，安可久长也？城之大者，莫大于天下矣。尧舜有天下，子孙无置锥之地；汤武立为天子，而后世绝灭。非以其利大故耶？且吾闻之，古者禽兽多而人民少，于是民皆巢居以避之，昼拾橡栗，暮栖木上，故命之曰有巢氏之民。古者民不知衣服，夏多积薪，冬则炀之，故命之曰知生之民。神农之世，卧则居居，起则于于，民知其母，不知其父，与麋鹿共处，耕而食，织而衣，无有相害之心。此至德之隆也。然而黄帝不能致德，与蚩尤战于涿鹿之野，流血百里。尧舜作，立群臣，汤放其主，武王杀纣，自是之后，以强凌弱，以众暴寡。汤武以来，皆乱人之徒也。今子修文武之道，掌天下之辩，以教后世，缝衣浅带，矫言伪行，以迷惑天下之主，而欲求富贵焉。盗莫大于子，天下何故不谓子为盗丘，而乃谓我为盗跖？子以甘辞说子路而使从之，使子路去其危冠，解其长剑，而受教于子。天下皆曰：孔丘能止暴禁非。其卒之也，子路欲杀卫君而事不成，身菹于卫东门之上，是子教之不至也。子谓才士圣人耶？则再逐于鲁，削迹于卫，穷于齐，围于陈蔡，不容身于天下。子教子路菹此患，上无以为身，下无以为人。子之道奚足贵耶？世之所高，莫若黄帝。黄帝尚不能全德，而战于涿鹿之野，流血百里。尧不慈，舜不孝，禹偏枯，谓传子也。汤放其主，武王伐纣，文王拘羑里。此六子者，世之所高也，孰与熟同。论之，皆以利惑其真而强反其情性，其行乃甚可羞也。

世之所谓贤士，伯夷、叔齐辞孤竹之君而饿死于首阳之山，骨肉不葬；鲍焦饰行非世，抱木而死；申徒狄谏而不听，负石自投于河，为鱼鳖所食；介子推至忠也，自割其股以食文公，文公后背之，子推怒而去，抱木而燔死；尾生与女子期于梁下，女子不来，水至不去，抱梁柱而死。此六子者，无异于磔犬流豕、操瓢而乞者，皆离丽也。名轻死，不念本养寿命者也。世之所谓忠臣者，莫若王子比干、伍子胥。子胥沉江，比干剖心。此二子者，世谓忠臣也，然卒为天下笑。自上观之，至于子胥、比干，皆不足贵也。丘之所以说我者，若告我以鬼事，则我不能知也；若告我以人事者，不过此矣，皆吾所闻知也。今吾告子以人之情，目欲视色，耳欲听声，口欲察味，志气欲盈。可以为耆艾乎。人上寿百岁，中寿八十，下寿六十，除病瘦死丧忧患，其中开口而笑者，一月之中不过四五日而已。笑有不同。若跖之笑，无取也。天与地无穷，人死者有时。操有时之具而托于无穷之间，忽然无异骐骥之驰过隙也。不能说其志意、养其寿命者，皆非通道者也。丘之所言，皆吾之所弃也。亟去走归，无复言之！子之道，狂狂汲汲，诈巧虚伪事也，非可以全真也，奚足论哉！孔子再拜趋走，出门上车，执辔三失，目芒然无见，色若死灰，据轼低头，不能出气。归到鲁东门外，适遇柳下季。柳下季曰：今者阙然数日不见，车马有行色，得微往见跖耶？孔子仰天而叹曰：然。柳下季曰：跖得无逆汝意若前乎？孔子曰：然。丘所谓无病而自灸也。疾走料虎头，扁虎须，几不免虎口哉！

又按：庄子重言十七，以为耆艾人而无人道者，不以先人。若盗跖，可谓有人道者乎？而以之重言，其不然明矣。故此篇之赝，不攻而破。

子张问于满苟得曰：盍不为行？无行则不信，不信则不任，不任则不利。故观之名，计之利，而义真是也。若弃名利，反之于心，则夫士之为行，不可一日不为乎？满苟得曰：无耻者富，多信者显。夫名利之大者，几在无耻而信。故观之名，计之利，而信真是也。若弃名利，反之于心，则夫士之为行，抱其天乎？

满苟得，盖亦盗跖之徒，观其寓言，谓但求苟得以满其欲者。设为子张问答。子张之意主于为名，苟得之意主于为利。盍不为行，言汝何不修行以为名利之媒乎？盖人而无行则不信。信，如获上信民之类。信则人任，不信则人不任之以事矣，不任事则名从何来，利从何得？故观之名，计之利，而人事之宜真在是也。若弃名与利而反之于心以自审，则夫士之为行也，岂真有见于义理之当然而不可一日不为者乎？分明是为名利而修行也。盖子张务外，故所见若此，苟得则以为，名利者不在于修行而在于无行，往往见得无耻者致富，而多信者取显。多信，谓以然诺取信于人。故名利之大者，其几率在于无耻而多信。故观之名，计之利而信其真在于是也。若弃名与利而反之于心以自审，则夫士之为行也，岂真一无所为而抱其天乎？抱，如抱一之抱，言与之相守而不离也。二子之见，苟得固不足论，而子张学道于圣人之门而其言若此，其亦干禄问达之病有未尽祛者欤？

子张曰：昔者桀纣贵为天子，富有天下，今谓臧聚曰汝行如桀纣，则有怍色、有不服之心者，小人所贱也。仲尼、墨翟，穷为匹夫，今谓宰相曰子行如仲尼、墨翟，则变容易色、称不足者，士诚贵也。故势为天子未必贵也，穷为匹夫未必贱也，贵贱之分，在行之美恶。满苟得曰：小盗者拘，大盗者为诸侯。诸侯之门，义士存焉。昔者

桓公小白杀兄入嫂,而管仲为臣;田成子常杀君窃国,而孔子受币。论则贱之,行则下之,则是言行之情悖战于胸中也,不亦拂乎?故书曰:孰恶孰美,成者为首,不成者尾。

子张又论人之贵贱不在于位而在于行,故臧聚而比之以桀纣则怍,宰相而美之以孔墨则辞,可见其势为天子未必其贵也,穷为匹夫未必其贱也,士而能修则所贵者在我,如之何其不修耶?苟得则以言行之贵贱卒无定论,即如盗贼之行,人之所贱也,小盗盗钩,大盗盗国,小盗则拘,而大盗则为诸侯,行之恶者果足贱乎?果不足贱乎?又大盗之门,义士存焉,故小白不义而管仲为之臣,田常不仁而孔子受其币。若使夷吾、孔子立论以准天下,曷尝不贱二君之所为?而考其所行,则实臣而下之。是圣贤之言行自相悖战于胸中也,行之恶者果足贱乎哉?果不足贱乎哉?故书有之曰:孰恶孰美,成者为首,不成者尾。此等说话,与大道所论全然不同,直是使人恣欲妄行,无所忌惮。不知记此何谓?故以为非庄子手笔者,诚知言哉!

子张曰:子不为行,将疏戚无伦,贵贱无义,长幼无序,五纪六位,将何以为别乎?满苟得曰:尧杀长子,舜流母弟,疏戚有伦乎?汤放桀,武王杀纣,贵贱有义乎?王季为适,周公杀兄,长幼有序乎?儒者伪辞,墨者兼爱,五纪六位,将有别乎?

子张又言:子不为行,将使人道灭绝,故疏戚无伦,贵贱无义,长幼无序,五纪六位,失其分别。五纪,人道之五伦。六位,三纲中之六位也。苟得以为,人道之习者宜莫如圣,而尧舜以下数圣人者,皆有人伦之变,不知圣人者为行乎哉?将不为行乎哉?

且子正为名,我正为利。名利之实,不顺于理,不监于道。吾

日与子讼于无约,曰:小人殉财,君子殉名,其所以变其情、易其性则异矣,乃至于弃其所为而殉其所不为则一也。故曰:无为小人,反殉而天,无为君子,从天之理。若枉若直,相为天极。面观四方,与时消息。若是若非,执而圆机。独成而意,与道徘徊。无转而行,无成而义,将失而所为。无赴而富,无徇而成,将弃而天。比干剖心,子胥抉眼,忠之祸也。直躬证父,尾生溺死,信之患也。鲍子立干,申子不自理,廉之害也。孔子不见母,匡子不见父,义之失也。此上世之所传,下世之所语以为士者,正其言,必其行,故服其殃、离其患也。

正,犹定也。言子之见与我不同,子则定于为名,我则定于为利,名利之实,不顺于理,不鉴于道,终非定论,将与子讼于无约以求质成。观其寓言,无约又是个全无约束之人。其言曰:小人以身殉财,君子以身殉名,其所以变其情、易其性者,虽清浊不同,然弃其所当为而殉其所不当为,则一而已矣。故为之言曰:无为小人,以天而殉人;无为君子,以人而从天。若枉若直以下,只是一个无拘无束之意。若枉若直,犹云似枉而非枉,似直而非直也。天极者,天然自有之极,天然之极,非枉非直,面观四方,一气运转,自有消息盈虚之数,吾故不论。若是若非,执而圆机,以运之大要。独成而意,则从容而自中乎道矣,故曰:与道徘徊。无转而行,不改其操也。无成而义,不以一节立行也。无赴而富,不淫于富也。无徇而成,不雄其成也。将弃而天,天谓与天相合之理。比干、子胥以下,皆言立节尚行之患。此等说话,与庄子所论大道无为之旨似之而非,正如佛经所谓末法时世有说相似般若者,于此辨得,许女具眼。

无足问于知和曰：人卒未有不兴名而就利者。彼富则人归之，归则下之，下则贵之矣。夫见下贵者，所以长生、安体、乐意之道也。今子独无意焉，知不足耶？意知而力不能行耶？故推正不忘耶？知和曰：今夫此人，以为与己同时而生、同乡而处者，以为夫绝俗过世之士焉，是专无主，正所以览古今之时，是非之分也，与俗化世，去至重，弃至尊，以为其所为也。此其所以论长生安体乐意之道，不亦远乎？惨怛之疾、恬愉之安不监于体，怵惕之恐、欣欢之喜不监于心，知为为而不知所以为，是以贵为天子，富有天下而不免于患也。

无足，寓言不知足也。知和，知大道者也。无足言：天下之人未有不兴名而就利者，故富则人归之，归则人下之，下则人贵之，以我之一身而见人之下我贵我，则安体乐意而长生之道亦不外是。奈何子独无意，其亦知有不足耶？意者知虽足以及之而力有不能行耶？或故推求正理，为理生缚而不忘耶？知和言：此等名利之人，自以为与我同时而生、同乡而处者皆不我若，我必绝俗过世之士矣，而察其胸中全无主意，不过能览古今之成败，知是非之分别而已。此等无头学问，自口耳闻见中来，胸中有甚主张？故曰：是专无主。无主则随俗冶化，同流合污，以媚于世，去其至重至尊之天爵，以为其所谓傥然而寄之名利，以是而论长生安体乐意之道，不亦远乎？夫摄生之人，体自常安，未有以危为安者也，意自常乐，未有以苦为乐者也。此等兴名就利之人，只见其有惨怛之疾、怵惕之恐而已。今也惨怛之疾与恬愉之安不监于其体，怵惕之恐与欣欢之喜不监于其心，好亦不知，苦亦不知，但知为其所为而不知其所以为。所以为者，则吾之真主人也。养生者知其有此，故不以其所为者害其所以为。今也不知有此,是以虽贵为天子,富有天下而不免于患。夫以至富至贵者而尚不免于患,又况其下焉者乎?

无足曰:夫富之于人,无所不利。穷美究势,至人之所不得逮,圣人之所不能及。侠人之勇力而以为威强,秉人之知谋而以为明察,因人之德以为贤良,非享国而严若君父。且夫声色滋味权势之于人,心不待学而乐之,体不待象而安之。夫欲恶避就,固不待师,此人之性也。天下虽非我,孰能辞之?知和曰:知者之为,故动以百姓,不违其度,是以足而不争。无以为故不求,不足故求之,争四处而不自以为贪;有馀故辞之,弃天下而不自以为廉。廉贪之实,非以迫外也。反监之度,势为天子而不以贵骄人,富有天下而不以财戏人,计其患,虑其反,以为害于性,故辞而不受也,非以要名誉也。尧舜为帝而雍,非仁天下也,不以美害生也。善卷、许由得帝而不受,非虚辞让也,不以事害己。此皆就其利,辞其害,而天下称贤焉,则可以有之,彼非以兴名誉也。

极意形容富贵,口津津地,便不似有道者之言。穷美极势,谓语其美利之极,虽圣贤有所不能及。何者?富无所用力而力者至焉,无所用谋而谋者至焉,无所用德而贤良者至焉,故未有享国而严若君父。且夫声色货利与权势之在人,心不待学而自然乐之,体不待象而自然安之,欲恶去就不待师教而自然知之,此性也。以此为性,正谓认贼作子。天下虽非我,孰能辞之,言天下之人虽不似我之贪着,然亦未见其有超然而独辞者。知和言:知者之所为,故动则如以百姓自处,不敢自放于礼度之外,是以常自知足而不争。何者?无以为故不求,不求故不争也。乃若所求所争则有之,不足故求之,争四处而不自以为贪,其争其求则求其在我者也。有馀故辞之,弃天下而不自以为廉,弃则弃其在外者也。夫有馀而弃,不足而求,廉贪之实非在外也。又反而鉴之天理自然之法度,虽使势为天子,富有天下,直外物耳,以傥寄之物而以骄人戏人,岂常度哉?故计其违度而虑其反害于性命,故辞而不受,非以要誉也。尧舜不得辞而雍雍揖逊焉,非故仁天下也,不以美害生也。善卷、许由可以得帝而不受,非虚让也,不以事害己也。若此者,可谓知利害之原,审去就之义,而天下称贤焉,则可以有是名而无忝矣。然其有之也,非以兴名誉也。圣人不自名而天下之名归之,有所兴则非矣。

无足曰:必持其名,苦体绝甘,约养以待生,则亦久病长厄而不死者也。知和曰:平为福,有馀为害者,物莫不然,而财其甚者也。今富人,耳营钟鼓筦籥之声,口嗛于刍豢醪醴之味,以感其意,遗忘其业,可谓乱矣。侅溺于冯气,若负重行而上也,可谓苦矣。贪财而取慰,贪权而取竭,静居则溺,体泽则冯,可谓疾矣。欲为富就利,故满若堵耳而不知避,且冯而不舍,可谓辱矣。财积而无用,服膺而不舍,满心戚醮,求益而不止,可谓忧矣。内则疑劫请之贼,外则畏寇盗之害,内周楼疏,外不敢独行,可谓畏矣。此六者,天下之至害也,皆遗忘而不知察。及其患至,求尽性竭财,单以反一日之无故而不可得也。故观之名则不见,求之利则不得,缭意绝体而争此,不亦惑乎?侅,碍。冯,愤。单,丹。

无足言:必持贤知之名,苦支体,绝旨甘,俭约以养其生,纵得久长,亦如久病长厄而不死者,虽生何益?此个识见,始终还自安体乐意上来。于是知和准诸物理以告无足,言:凡物之理,平则能保,满则必溢,故平为福,有馀为害,而财则其尤甚者。今富人有此六害，而汝不知。耳淫于声，口嗛于味，言声则色可知，言味则臭可知，以是感动其意，能使人违其百姓之度，忘其本分之业，可不谓乱乎？气失其平，或咽于上而为侅，或泄于下而为溺，其行也若负重物而登高山，可不谓苦乎？贪财以慰无穷之求，贪权以竭天下之势，居静则数溲而溺，体泽则冯气而懑，可不谓疾乎？积聚多财，满于阿堵，暴于耳目而不知避，冯于心志而不能舍，可不谓辱乎？满心戚戚，憔悴形神，可不谓忧乎？居则疑劫盗之至，行则防杀伤之祸，故内则周其楼疏，外则盛其仆从，可不谓畏乎？富者犯此六患，则体亦安得谓之安？意亦安得谓之乐乎？然且不知警省，一旦患至，求尽其生理，竭其财货，单求一日之无故，不可得也。到此之时，名亦不见，利又不得，覆辙昭然，曾不之监，缭意绝体而争此贾祸之物，不亦大惑乎哉？盗跖篇所设三段，肤浅鄙俚，至其破市井之见，语货财之患，亦自有可观者。

杂篇说剑第三十

说剑篇类战国策士之雄谈，意趣薄而理道疏，识者谓非庄叟所作，诚然诚然。今但为释其字义，读其句章，俟具眼者择焉。

昔赵文王喜剑，剑士夹门而客三千馀人，日夜相击于前，死伤者岁百馀人。好之不厌，如是三年，国衰。诸侯谋之。太子悝患之，募左右曰：孰能悦王之意止剑士者，赐之千金。左右曰：庄子当能。太子乃使人以千金奉庄子。庄子弗受，与使者俱往见太子，曰：太子何以教周，赐周千金？太子曰：闻夫子明圣，谨奉千金以币从者。夫子弗受，悝尚何敢言？庄子曰：闻太子所欲用周者，欲绝王之喜好也。使臣上说大王而逆王意，下不当太子，则身刑而死，

周尚安所事金乎？使臣上说大王，下当太子，赵国何求而不得也？太子曰：然。吾王所见，惟剑士也。庄子曰：诺。周善为剑。太子曰：然吾王所见剑士，皆蓬头突鬓，垂冠，曼胡之缨，短后之衣，瞋目而语难，王乃悦之。今夫子必儒服而见王，事必大逆。庄子曰：请治剑服。治剑服，三日乃见太子。太子乃与见王。王脱白刃待之。庄子入殿门不趋，见王不拜。王曰：子欲何以教寡人，使太子先？曰：臣闻大王喜剑，故以剑见王。王曰：子之剑何能禁制？曰：臣之剑十步一人，千里不留行。王大悦，曰：天下无敌矣。庄子曰：夫为剑者，示之以虚，开之以利，后之以发，先之以至。愿得试之。王曰：夫子休，就舍待命，令设戏请夫子。王乃校剑士七日，死伤者六十馀人，得五六人，使奉剑于殿下，乃召庄子。王曰：今日试使士敦剑。庄子曰：望之久矣！王曰：夫子所御杖，长短何如？曰：臣之所奉皆可。然臣有三剑，唯王所用。请先言而后试。王曰：愿闻三剑。曰：有天子剑，有诸侯剑，有庶人剑。王曰：天子之剑何如？曰：天子之剑，以燕谿石城为锋，齐岱为锷，晋魏为脊，周宋为镡，韩魏为铗，包以四夷，裹以四时，绕以渤海，带以常山，制以五行，论以刑德，开以阴阳，持以春夏，行以秋冬。此剑直之无前，举之无上，案之无下，运之无旁，上决浮云，下绝地纪。此剑一用，匡诸侯，天下服矣。此天子之剑也。文王芒然自失，曰：诸侯之剑何如？曰：诸侯之剑，以知勇士为锋，以清廉士为锷，以贤良士为脊，以忠圣士为镡，以豪杰士为铗。此剑直之亦无前，举之亦无上，案之亦无下，运之亦无旁。上法圆天以顺三光，下法方地以顺四时，中和民意以安四乡。此剑一用，如雷霆之震也，四封之内无不宾服而听从君命者矣。此诸侯之剑也。王曰：庶人之剑何如？曰：庶人之剑，蓬头

突鬓,垂冠,曼胡之缨,短后之衣,瞋目而语难,相击于前,上斩颈领,下决肝肺。此庶人之剑,无异于斗鸡,一旦命已绝矣,无所用于国事。今大王有天子之位而好庶人之剑,臣窃为大王薄之。王乃牵而上殿,宰人上食,王三环之。庄子曰:大王安坐定气,剑事已毕奏矣。于是文王不出宫三月,剑士皆服毙其处也。镡,淫寻二音。

蓬头,谓不裹其头,故鬓发皆突然而上指。垂冠,束发之冠,低垂于会撮也。曼胡缨,粗而反文也。衣短于后,所以便事。语难,作平声读,言其辞艰以重也。示之以虚,开之以利,诱其进也。后之以发,先之以至,鸷鸟将击,其势必伏也。设戏,剑戏也。敦剑,治剑也,敦,如使虞敦匠之敦。锋,剑尖也。锷,剑刃也。镡,剑口也。铗,剑把也。环食者三,环其所上之食,以示敬也,作自愧者非。

杂篇渔父第三十一

渔父篇论亦醇正,但笔力差弱于庄子,然非读庄子熟者亦不能辨。此篇较盗跖、说剑诸篇颇胜,辞旨明白,无劳笺解。

孔子游乎缁帷之林,休坐乎杏坛之上。弟子读书,孔子弦歌鼓琴。奏曲未半,有渔父者下船而来,须眉交白,被发揄袂,行原以上,距陆而止,左手据膝,右手持颐以听。曲终而招子贡、子路二人俱对。客指孔子曰:彼何为者也?子路对曰:鲁之君子也。客问其族。子路对曰:族孔氏。客曰:孔氏者,何治也?子路未应,子贡对曰:孔氏者,性服忠信,身行仁义,饰礼乐,选人伦,上以忠于世主,下以化于齐民,将以利天下。此孔氏之所治也。又问曰:有土之君与?子贡曰:非也。侯王之佐与?子贡曰:非也。客乃笑而还,行言曰:仁则仁矣,恐不免其身,苦心劳形以危其真。呜呼!远哉,其

分于道也！子贡还报孔子。孔子推琴而起，曰：其圣人与？乃下求之，至于泽畔。方将杖挐而引其船，顾见孔子，还乡而立。孔子反走，再拜而进。客曰：子将何求？孔子曰：曩者先生有绪言而去，丘不肖，未知所谓，窃待于下风，幸闻咳唾之音，以卒相丘也。客曰：嘻！甚矣，子之好学也！孔子再拜而起，曰：丘少而修学，以至于今，六十九岁矣，无所得闻至教，敢不虚心？客曰：同类相从，同声相应，固天之理也。吾请释吾之所有而经子之所以。子之所以者，人事也。天子、诸侯、大夫、庶人，此四者自正，治之美也，四者离位而乱莫大焉。官治其职，人忧其事，乃无所陵。故田荒室露，衣食不足，征赋不属，妻妾不和，长少无序，庶人之忧也。能不胜任，官事不治，行不清白，群下荒怠，功美不有，爵禄不持，大夫之忧也。廷无忠臣，国家昏乱，工技不巧，贡职不美，春秋后伦不顺，天子诸侯之忧也。阴阳不和，寒暑不时，以伤庶物，诸侯暴乱，擅相攘伐，以残民人，礼乐不节，财用穷匮，人伦不饬，百姓淫乱，天子有司之忧也。今子既上无君侯有司之势，而下无大臣职事之官，而擅饰礼乐，选人伦，以化齐民，不泰多事乎？挐，女平声。

挐，挠也。绪言，微而不尽之言。经子之所以，谓将子之所为与子经略一番。春秋后伦不顺，谓四时失序。齐民者，平等之民。

且人有八疵，事有四患，不可不察也。非其事而事之谓之揔，莫之顾而进之谓之佞，希言道意谓之谄，不择是非而言谓之谀，好言人之恶谓之谗，析交离亲谓之贼，称誉诈伪以败恶人谓之慝，不择善否，两容颜适，偷拔其所欲谓之险。此八疵者，外以乱人，内以伤身，君子不友，明君不臣。

败恶，作好恶字读，谓败人恶人也。慝，恶之匿于心者。以颜色投人之所好，曰颜适。无善无否，皆欲其悦己，曰两容。揣人之所欲而潜引拔之以长其恶，曰偷拔。

所谓四患者：好经大事，变更易常，以挂功名，谓之叨。专知擅事，侵人自用，谓之贪。见过不更，闻谏愈甚，谓之狠。人同于己则可，不同于己，虽善不善，谓之矜。此四患也。能去八疵，无行四患，而始可教已。

挂，高挂也。言喜为非常之事，以立莫大之功。侵人自用，谓侵夺他人之事而用为己有。

孔子愀然而叹，再拜而起，曰：丘再逐于鲁，削迹于卫，伐树于宋，围于陈蔡。丘不知所失而离此四谤者何也？客凄然变容曰：甚矣，子之难悟也！人有畏影恶迹而去之走者，举足愈数而迹愈多，走愈疾而影不离身，自以为尚迟，疾走不休，绝力而死。不知处阴以休影，处静以息迹，愚亦甚矣。子审仁义之间，察同异之际，观动静之变，适受与之度，理好恶之情，和喜怒之节，而几于不免矣。谨修而身，慎守其真，还以物与人，则无所累矣。今不修之身而求之人，不亦外乎？孔子愀然曰：请问何谓真？客曰：真者，精诚之至也。不精不诚，不能动人。故强哭者虽悲不哀，强怒者虽严不威，强亲者虽笑不和。真悲无声而哀，真怒未发而威，真亲未笑而和。真在内者，神动于外，是所以贵真也。其用于人理也，事亲则慈孝，事君则忠贞，饮酒则欢乐，处丧则悲哀。忠贞以功为主，饮酒以乐为主，处丧以哀为主，事亲以适为主。功成之美，无一其迹矣。事亲以适，不论所以矣。饮酒以乐，不选其具矣。处丧以哀，无问其礼矣。礼者，世俗之所为也。真者，所以受于天也，自然不可易也。故圣人法天贵真，不拘于俗。愚者反此。不能法天而恤于人，不知

贵真,禄禄而受变于俗,故不足。惜哉!子之早湛于人伪而晚闻大道也。湛,丁南反。

此段所论,亦似醇正。禄禄,与碌碌同。老子云:碌碌如石。湛,沉溺也。

孔子又再拜而起曰:今者丘得遇也,若天幸然。先生不羞而比之服役而身教之。敢问舍所在,请因受业而卒学大道。客曰:吾闻之:可与往者,与之至于妙道;不可与往者,不知其道,慎勿与之,身乃无咎。子勉之,吾去子矣,吾去子矣!乃刺刺,七亦反。**船而去,延缘苇间。颜渊还车,子路授绥,孔子不顾,待水波定,不闻挐音而后敢乘。子路旁车而问曰:由得为役久矣,未尝见夫子遇人如此其威也。万乘之主,千乘之君,见夫子未尝不分庭抗礼,夫子犹有倨傲之容。今渔父杖挐逆立,而夫子曲要磬折,再拜而应,无乃太甚乎?门人皆怪夫子矣,渔父何以得此乎?孔子伏轼而叹曰:甚矣,由之难化也!湛于礼义有间矣,而朴鄙之心至今未去。进,吾语女:夫遇长不敬,失礼也。见贤不尊,不仁也。彼非至人,不能下人。下人不精,不得其真,故长伤身。惜哉!不仁之于人也,祸莫大焉,而由独擅之。且道者,万物之所由也。庶物失之者死,得之者生,为事逆之则败,顺之则成。故道之所在,圣人尊之。今渔父之于道,可谓有矣,吾敢不敬乎?**

非至人不能下人一句,指渔父,言彼非有大德,不能服人。下人不精,则指自己而言。湛于礼义有间矣,言由也,服礼义之教已久而犹未能变化气质。

庄子副墨卷之八　为字集

杂篇列御寇第三十二

此篇的为庄子著述将毕之语，观末段自见。

列御寇之齐，中道而反，遇伯昏瞀人。伯昏瞀人曰：奚方而反？曰：吾惊焉。曰：恶乎惊？曰：吾尝食于十饕而五饕先馈。伯昏瞀人曰：若是则汝何为惊已？曰：夫内诚不解，外谍成光，以外镇人心，使人轻乎贵老，而整其所患。夫饕人特为食羹之货，多馀之赢，其为利也薄，其为权也轻，而犹若是，而况于万乘之主乎，身劳于国而知尽于事！彼将任我以事而效我以功，吾是以惊。伯昏瞀人曰：善哉！观乎汝处己，人将保汝矣。无几何而往，则户外之屦满矣。伯昏瞀人北面而立，敦杖蹙之乎颐，立有间，不言而出。宾者以告列子，列子提屦，跣而走，暨于门，曰：先生既来，曾不发药乎？曰：已矣！吾固告汝曰人将保汝，果保汝矣。非汝能使人保汝，而汝不能使人无保汝也，而焉用之感豫出异也？心且有感，摇尔本才，又无谓也。与汝游者又莫汝告也。彼所小言，尽人毒也。莫觉莫悟，何相孰也？巧者劳而知者忧，无能者无所求食而遨游，泛若不系之舟，虚而遨游者也。

饕，卖饕者之家也。十、五，举成数而言。食十饕而五饕先馈，谓取一半之值而以其半作馈。爱之敬之故食之，食之故让之也，卖饕者可谓贤矣。而列子则固惊焉者何？古之真人不以贤圣自见，故德盛而容貌若愚,人不知也。今也内诚不解而外谍成光,不解则不能浑而无迹,成光则不能光而不耀。谍,动作也。内外矜持,成此一段色庄之学,是故能外镇人心,使人轻乎贵老而整其所患。凡人酒肉以尊高年,而卖餐之家所患不得利耳。今也十餐而馈五餐,则人将移其贵老之心以贵我,而整其为利之心以享宾。夫餐人者特为食羹之货,多馀之赢,以饮食之故而求刀锥之利,其为利也薄,其为权也轻,而犹见我若是。若使万乘之君,身劳乎国,知尽于事,倦勤若此,使其见我,必将委国而授之以政,一不副其所求,将若之何?吾是以惊也。于是伯昏瞀人曰:善哉,汝之处己若此,人将以汝为保。保,谓师保。伯昏之善,虽若喜之,而实寓不足之意于其中。未几而户外之屦满,则保之者果若是其众也。于是伯昏省之其家,住杖支颐,立而有间,不言而出。列子走而迎之,求言以药其所病。瞀人曰:已矣,言汝之病不可药救矣。吾固告汝曰人将保汝,使汝闻我之言,退自警省,则必深自晦昧。今汝能使人保汝矣,而独能使人不保汝乎?使人保汝易,使人不保汝难,汝焉用保为哉?夫大道以无心自然为常,感人而至于豫出,大是异事。豫出,即孟子所谓霸者之民驩虞如也之意。且有心之感,摇尔本才,甚无谓也。本才,犹云本性。性本无生,生而有感,感而出豫,何谓乎道哉?且凡与汝游者,皆浅见之人,莫有以大道之言尽心相告者。告,读曰鹄。彼所小言,聆之尽为人毒,毒即药意。我昔所谓人将保汝,盖警之也,而子莫觉莫悟矣,则恶复有与汝相谁何者哉?既又教之,凡天下之以巧知名者,其心皆有忧劳,不若自居于无能者,虽无所求食,而心常自在,故泛乎若不系之舟,是以虚而遨游者也。若不虚而称遨游,有触而怒之者矣。忧劳,暗应任事效功。求食,暗应馈餐。数句皆韵叶可读,盖庄文之有节奏者。

郑人缓也,呻吟裘氏之地。只三年而缓为儒,河润九里,泽及三族。使其弟墨。儒墨相与辩,其父助翟。十年而缓自杀。其父梦之曰:使而子为墨者,予也。阖胡尝视其良?既为秋柏之实矣。夫造物者之报人也,不报其人而报其人之天,彼固使彼。夫人以己为有以异于人,以贱其亲。齐人之井饮者相捽也。故曰:今之世皆缓也。自是有德者以不知也,而况有道者乎?古者谓之遁天之刑。圣人安其所安,不安其所不安;众人安其所不安,不安其所安。良,注云墓也。捽,衰。

缓,郑人名。呻吟,诵读之声。言郑人诵读于裘氏之地,三年而儒术成。河润九里,泽及三族,言其利泽及人之远也。又以润泽之馀,使其弟翟学为墨者。兄弟二人各以其学自相雄长,而父溺爱少子,从而助之。十年而缓以不胜其弟自杀,见梦于父曰:使而子为墨者谁乎?我教之也。我与季子亦有恩矣,而父盍尝视我之墓乎?我之墓木垂垂焉有秋柏之实矣。盖缓尝自持其有恩而无报者,以为父尤。庄子则以造化之理而论天之报人也,不报于人之力而报于人之天。使彼为墨,人之力也。彼得为墨,人之天也。天,谓彼性分中带得有此一段熏习之气,故为墨而墨成,佛语所谓要知前世因,今生作者是,故今生之作,前世之报也。是彼天者使彼为墨,既已彰其报矣,而夫缓也固贪之以为功,以为己之处弟有以异于他人,而贱视其亲,谓成彼者与生彼者等耶?齐人之井饮水者自相捽也,齐人即齐民,犹云众人也,此井岂一人物耶?凿地出泉,往来井井,造物者不自靳也,而人固专之以为己私,何示弗广耶?今之人凡有我相而市私恩者,皆缓之徒也。夫至人无恩,上德不德,有德者尚不自知也，而况有道者耶？不务道德而务施报，贪天之功以为己力，古者谓之遁天之刑。刑者，成也。天刑，谓天之成理。故圣人安其所安而不安其所不安。安其所安，知有天也，如是则不遁天之刑矣。小人反是。

庄子曰：知道易，勿言难。知而不言，所以之天也。知而言之，所以之人也。古之人，天而不人。

道者，无心自然而已。知之亦易，而勿言为难。盖言则涉于有心，非默而成之者矣。故知而不言，所以之天也。知而言之，一人而已。古之人，天而不人，故处无为之事，行不言之教。不言之教也，深哉！

朱泙漫学屠龙于支离益，单千金之家，三年技成而无所用其巧。泙，当作汗。单作殚。

龙之为物，神异变化，本不可屠，乃有学其技者，殚千金之产，费三年之功，技成而无所用其巧。寓言道不可学，学之至于有伎俩，则终无所用矣。惜今之学屠龙者多，而龙终不可屠也，徒自失耳。

圣人以必不必，故无兵；众人以不必必之，故多兵。顺于兵，故行有求。兵，恃之则亡。

天下之兵起于争，而人心之争起于必。必，期必也。一有期必之心，而人或不足以副之，则相尤相责而争端自此起矣。争之大则至于兵，故圣人以必不必，故无兵。必而不必者，谓知其理势之必然，而犹以不然待之，如小之事大，弱之事强，其必然者当得如此，而圣人以不必待之，故虽或见忤，尝与之相忘于无事而无兵。众人反是。故顺于兵之道，则行而有求矣，求即必之之意也。以取必而行有求之道，几何而不恃兵而亡乎？此以世谛论者也。若以道法而言，圣人以必不必，上德而行无为之事者也；众人以不必必之，下德而行有为之事者也。若顺于兵，故行而有求，求则得之，不求则不得矣。然而佳兵者不祥之器，圣人不得已而用之，终不可恃也，故恃之者亡。庄子为老子注疏，此解为是。读者得之言表可也。

小夫之知，不离苞苴、竿牍，敝精神乎蹇浅，而欲兼济道物。太一形虚。若是者，迷惑乎宇宙，形累不知太初。彼至人者，归精神乎无始，而甘瞑乎无何有之乡。水流乎无形，发泄乎太清。悲哉乎，汝为！知在毫毛而不知太宁。

苞苴，以礼物相遗馈者也，竿牍，以竹简相问讯者也，皆世俗往来之常套，小夫之知不出乎此，乃敝其精神乎蹇浅而欲兼济乎道物也。太一形虚，虚则无有，苞苴、竿牍安在何处？虚则无情，苞苴、竿牍欲以奚为？所以学道之人损之又损，常使一念不起，万缘皆空，然后始合于太一之虚。若彼之憧憧往来，徒迷惑乎宇宙之间，为形所累耳，而岂知太初之无有耶？太初，即太一也。彼至人者，归精神乎无始而甘瞑乎无何有之乡，其应物也，则如水之流乎无形，泄乎太清，逝者如斯，而卒莫之有心焉，要皆过矣而不留，物矣而能化，至人之所为若此。悲哉，汝之所为乎！知在毫毛而不知太宁。毫毛，即蹇浅之意。太宁者，未始有物之初，无有乎纷纭轇轕之扰者也。此以苞苴竿牍四字说尽世情。欲学道者，断缘简事，莫此为先。此入道初关也。

宋人有曹商者，为宋王使秦。其往也，得车数乘。王悦之，益车百乘。反于宋，见庄子，曰：夫处穷闾厄巷，困窘织屦，槁项黄馘者，商之所短也。一悟万乘之主而从车百乘者，商之所长也。庄子

曰:秦王有病召医。破痈溃痤者得车一乘,舐痔者得车五乘,所治愈下,得车愈多。子岂治其痔耶?何得车之多也?子行矣。馘,古获反。痤,狙禾反。

困窘织屦,谓穷居厄巷,生事萧条,困窘于织屦之业也。槁其项者,项无馀肉而枯瘦也。黄其馘者,耳无润泽而黄薄也。商自状其昔之困也若此,而以今之所得者自骄,志则陋矣。故庄子因而鄙之。破痈溃痤犹为中治,从而舐之则治愈下矣,治愈下则事愈难,故得车多。今也得车之多倍蓰于舐创之医,是必所治者愈下,故所得者愈多也。子之所治岂其痔耶?盖以匹夫而游说万乘之君,自非有以大悦其心则不可以得志,而欲大悦其心,非阿谀逢迎不可也。孟子谓之为妾妇,庄子鄙之为舐痔,亦固其宜焉耳。

鲁哀公问于颜阖曰:吾以仲尼为贞干,国其有瘳乎?曰:殆哉圾乎!仲尼方且饰羽而画,从事华辞,以支为旨,忍性以视民,而不知不信,受乎心,宰乎神,夫何足以上民?彼宜汝与予颐与?误而可矣。今使民离实学伪,非所以视民也。为后世虑,不若休之。

饰羽而画,以文物之美为饰也。以支为旨,以枝叶之言为美也。忍性,犹云矫性。视,犹示也。言矫饰其自然之性,而不知其无实,其学盖已受乎心,宰乎神,成窠臼矣,夫何足以长民乎?彼宜汝与予颐与,谓彼若与汝宜而与之以安养天下欤?误而可矣,可者,仅可而有所未尽之词,言误而用之则可,若审而用之,则彼之学能使人离其实而学为伪,非所以视民也。为后世虑,不若休之,休之言,勿用也。庄老讥侮圣人只在教人习于威仪文词,故流弊至此。想其去圣人百有馀岁,一时学为儒者大都离实学伪,庄子愤世嫉邪,亟遏乱源,未免归咎夫子身上,如云好个仆,被东坡教坏。知此意,然后许读庄子。

难治也,施于人而不忘,非天布也,商贾不齿。虽以士齿之,神者弗齿。

民之所以难治者,以其上责报之深。施于人而忘其施,则将与天下相安于不识不知之天,而天下皆顺治矣。今也施敬于人而不忘其敬,施信于民而不忘其信,则是以有心感天下,而天下皆以有心应之,应而不给则欺则诈,微暖百出,难治之故,率由于此,视天之普万物而无心者,则有间矣,故曰:非天布也。布,犹布濩之布。是以商贾不齿于大道,谓其有私心也。然士农工商,国之四民,虽使为士者齿之,而神者齿之乎?神则天而已矣,道而已矣。人而不天,宜其不为所齿也。

为外刑者,金与木也;为内刑者,动与过也。宵人之离外刑者,金木讯之;离内刑者,阴阳食之。夫免乎外内之刑者,惟真人能之。

为外刑者金与木也,金谓刀锯斧钺,木谓桁杨桎梏。内刑,则心之不静而多过愆者。宵人,当作小人,以字义解,当为昏昧不晓之人。离,丽也。阴阳食之,即前内篇所谓有阴阳之患者。大抵外刑,人或可以幸免,而内刑则无得而逃之者。有能超然而不为所累,其惟真人乎!

孔子曰:凡人心险如山川,难于知天。天犹有春秋冬夏旦暮之期,人者厚貌深情,故有貌愿而益,有长若不肖,有顺懁而达,有坚而缦,有缓而釬,故其就义若渴者,其去义若热。故君子远使之而观其忠,近使之而观其敬,烦使之而观其能,卒然问焉而观其知,急与之期而观其信,委之以财而观其仁,告之以危而观其节,醉之以酒而观其则,杂之以处而观其色。九征至,不肖人得矣。懁,儇。

釬，捍。

引孔子一段，论观人之术。言人之情貌每每相反，有外若谨悫而内实盈溢者，有内有偏长而外若不肖者，有巽顺懁急而能相达者，相达即相济之意，有外若坚持而内反缠绕者，有外若和缓而内实釬急者，有始进若锐而终退反速者，故有若渴若热之喻，人之不可知者如此。故君子使之远以观其欺否，使之近以观其慢否，理之烦剧以观其能否，问之仓卒以观其知否。急期易至于失信，故急与之期以观其信。临财易至于私己，故委之以财以观其仁。临难易至于苟免，故告之以危以观其节。中酒易至于失度，故醉之以酒而观其则。杂居易至于惰慢，故杂与之处以观其色。九征备而不肖之情得矣。盖小人之性无常定，矜持于此者或发露于彼，故以九征尽之。而九征之德，要不外于五常而已，宁有他哉？或问：如此将无涉于有心乎？曰：圣人之应世也，有心而无情。世道不能无小人，使之尽废而无用，非道也。且夫大道之世，不尚贤，不使能，绝去圣知仁义而一归于无为，勿论矣。今也于不能不为之世，而使贤否混淆，用舍乖错，几何而不同归于乱乎？故用世之法，以九征得人而折中于孔子，孔子者，用世之宗主也。一部《南华》，论孔子者不一，而终之以此，亦犹人间世之言孔子、伯玉也。其旨微哉！

正考父一命而伛，再命而偻，三命而俯，循墙而走，孰敢不轨？如而夫者，一命而吕钜，再命而于车上儛，三命而名诸父，孰协唐、许？

正考父，宋之公族。一命，士也。二命，大夫。三命，卿也。曲背曰伛，曲腰曰偻，身伏曰俯，循墙而走，言不敢当路也。夫其爵愈高而心愈下，考父之谦若此，乃所以为道也，孰敢不取以为法则乎？

若而人者,一命而吕钜,再命而于车上儛,三命而名诸父,其德协之唐许何如哉?唐尧、许由,皆以让为德者。吕钜,骄矜之貌。诸父,不敢名人也,名之,倨傲可知。而夫,指今之人而言。

贼莫大乎德有心而心有睫,及其有睫也而内视,内视而败矣。

道者,无为自然而已矣。德亦道也。有心为之则害于德矣,故曰:贼莫大于德有心。德既有心,心复有睫,睫者眼睫,虽眼之所不能无,而亦足以害眼,喻如真常应物,虽为六用之必然,而为其所累者多。及其有累也,而欲从事于内视之学,以求忘其所累,则是病而求药,秃而施髢,多见其败而已矣。所以学道之人堕其支体,黜其聪明,常使浑浑沌沌,复归于朴,复归于婴儿,而后与道相应。否则,以有睫失之者抑又多矣。

凶德有五,中德为首。何谓中德?中德也者,有以自好也而吡其所不为者也。吡,匹尔。

凶德有五,眼、耳、鼻、舌、意识也。中德为意。心起意识,有以自好也,而訾其所不为,岂知不为者近道而有以自好者为伎俩也。此便是德有心而心有睫者。

穷有八极,达有三必,形有六府。美、髯、长、大、壮、丽、勇、敢,八者俱过人也,因以是穷。缘循、偃佒、困畏,不若人,三者俱通达。知慧外通,勇动多怨,仁义多责,达生之情者傀,达于知者肖,达大命者随,达小命者遭。佒,于丈。傀,公回。

极者,究而言之者也。必者,决而言之者也。貌美则娟好,有髯则潇洒,长而大则魁伟,气不委靡曰壮,口有微词曰丽,有力强悍曰勇,胆有决断曰敢。八者俱过人,未必穷也,而究其极,则多以恃壮取败,故多以是穷。此个病根,全在过人上。大抵过人者,人恒忌之,取于造物者多,则造物亦必忌之,此穷之所不免也。缘循,不能自立之貌。偃佒,随起随倒之义。心不能通曰困,心有所歉者畏。三者之人,俱不若人而却有必达之理。此个达,亦是以谦而受造物之益者。此但论其理之当如是耳,非谓八者皆穷而今之所谓达者又皆此三等人也。知慧,一府也,知慧则多外通。勇动,一府也,勇动则取怨愤。仁义,一府也,仁义则多责任。达生,一府也,达生之情则造于实际,傀然而大解矣,此一府最为上乘。达知,一府也,达于知则知天知人,天之肖子也。达命,一府也,大达则曰吾随之,小达则曰吾遭之,盖遭则犹有委命之意,随则无容心矣,又达命之上乘也。或问:达生达命何所分别?生则性也,命则天也,而气数行乎其中矣。

人有见宋王者,锡车十乘,以其十乘骄稚庄子。庄子曰:河上有家贫恃纬萧而食者,其子没于渊,得千金之珠。其父谓其子曰:取石来锻之。夫千金之珠,必在九重之渊而骊龙颔下。子能得珠者,必遭其睡也。使骊龙而寤,子尚奚微之有哉?今宋国之深非直九重之渊也,宋王之猛非直骊龙也。子能得车者,必遭其睡也。使宋王而寤,子为齑粉矣。

骄稚庄子,谓见庄子而骄,如有稚子之色者。纬萧,以织苇为业者。子尚奚微,言必为骊龙所攫,无有遗类也。取石锻之,碎其珠也,盖珠有光彩,为龙所觉则其祸不测。以比今之阿谀苟容、窃取权势者,皆乘世主之不觉,使其一有悔悟,则此辈齑粉矣,盖危之甚也。

或聘于庄子,庄子应其使曰:子见夫牺牛乎?衣以文绣,食以刍菽,及其牵而入于太庙,虽欲为孤犊,其可得乎?

与前篇龟喻同旨。

庄子将死,弟子欲厚葬之。庄子曰:吾以天地为棺椁,以日月为连璧,星辰为珠玑,万物为赍送。吾葬具岂不备耶?何以加此?弟子曰:吾恐乌鸢之食夫子也。庄子曰:在上为乌鸢食,在下为蝼蚁食,夺彼与此,何其偏也!

天下大患,为吾有身,有身则有生死,有生死则有欣厌,然欣之不可留,厌之不可避,妄生贪着,无益也。古之至人知其幻妄不常,是以等身世为逆旅,视生死如旦暮,梦幻泡影,石火电光,种种譬喻,不一而足,无非欲人解其天弢,堕其天袠,安时处顺,利害不干于心而生死无变于己,盖出世之法所当讲者莫先于此。此关不撤,则出门有碍,撤则一了百当,头头自在矣。《圆觉经》云:幻灭灭故,非幻不灭。宗镜云;绝后再苏无一物,了知生死不相关。《易》大传云:原始反终,故知死生之说,精气为物,游魂为变,是故知鬼神之情状。不读三教之书者,不可以读庄子。故知死生之不相关者,然后知此身之无用。知此身之无用,则乌鸢何疏,蝼蚁何亲?此等说话,直是悟到撤处,故衣薪葬野,不树不封,古人之见,高出后世,此不可与迂儒道之,达者可也。

以不平平,其平也不平。以不征征,其征也不征。明者谁为之使?神者征之。夫明之不胜神也久矣,而愚者恃其所见入于人,其功外也,不亦悲乎!

夫君子之立教也,易其心而后语。不平之言,不言也。若以不平平人,则其平也终于不平而已。文献足而后言,无征之言不言也。若以不征征人,则其征也终于不征而已。以是知不平之鸣不可以齐物,无稽之言不足以取信。若我之卮言日出,和以天倪,则非不平之平矣。寓言十九，借外论之，重言十七，以为蓍艾，则非不征之征矣。且人之聪明，谁为之使耶？无亦神者征之乎？神则天性自然之灵觉，有不可以丝毫知力与乎其间。明之不胜神也久矣，而愚者顾恃其所见，以外为功，不亦悲乎！外，谓己之乾慧黠识。盖指一时谈说之士，如惠施、公孙龙之徒，日以其辩与天下持者，其言既不平而理复无征，独谓之明，可乎？庄子篇终一段，分明隐括全经，后篇复为自叙，甚有轻重条理，读者不得草草。反覆紬绎，方见良工苦心也。方壶外史为作乱辞：

御寇之齐，十餐馈五。中道而惊，人将保汝。
心且有感，巧劳知忧。将焉用之，泛彼虚舟。
造物使彼，报人之天。何哉缓也，灾功是贪。
知道亦易，勿言实难。知而言之，人而不夭。
屠龙底用，兵恃则亡。凡有伎俩，皆为不祥。
小夫之知，竿牍苞苴。乃为形累，焉知太初？
舐痔得车，使者可耻。施非天布，神者弗齿。
真人无刑，内清外宁。曷轨三命，而庸九征。
贼起睫心，凶首中德。达占三必，穷究八极。
大达者随，小达者遭。食鸢何憾，得乘焉骄？
不平焉平，不征焉征？愚者安恃，神能胜明。

杂篇天下第三十三

天下篇，庄子后序也，历叙古今道术渊源之所自，而以自己承之，即孟子终篇之意。末举惠施强辩之语而断之以存雄而无术，辟邪崇正之意见矣。

天下之治方术者多矣，皆以其有为，不可加矣。古之所谓道术者果恶乎在？曰：无乎不在。曰：神何由降？明何由出？圣有所生，王有所成，皆原于一。不离于宗，谓之天人。不离于精，谓之神人。不离于真，谓之至人。以天为宗，以德为本，以道为门，兆于变化，谓之圣人。以仁为恩，以义为理，以礼为行，以乐为和，薰然慈仁，谓之君子。以法为分，以名为表，以参为验，以稽为决，其数一二三四是也，百官以此相齿。以事为常，以衣食为主，蕃息畜藏，老弱孤寡为意，皆有以养，民之理也。古之人其备乎！配神明，醇天地，育万物，和天下，泽及百姓，明于本数，系于末度，六通四辟，小大精粗，其运无乎不在。其明而在历数者，旧法，世传之史尚多有之。其在于诗书礼乐者，邹鲁之士、搢绅先生多能明之。诗以道志，书以道事，礼以道行，乐以道和，易以道阴阳，春秋以道名分。其数散于天下而设于中国者，百家之学时或称而道之。天下大乱，贤圣不明，道德不一，天下多得一察焉以自好，譬于耳目鼻口皆有所明，不能相通者，犹百家众技也，皆有所长，时有所用。虽然，不该不遍，一曲之士也，判天地之美，析万物之理，察古人之全，寡能备于天地之美，称神明之容，是故内圣外王之道暗而不明，郁而不发。天下之人各为其所欲为以自为方，悲夫！百家往而不反，必不合矣。后世之学者，不幸不见天地之纯，古人之大体，道术将为天下裂。

方术，道术之局于一方者也。言天下之治道术者，各为其所欲为以自为方，又且各以为至，故列而叙之，而总归原于一，一即所谓道德也。神何由降，明何由出，神谓人之本性，降衷于天者，具有灵觉，谓之曰明。圣有所生，圣即内圣之德也。王有所成，即外王之业也。言神明德业皆出一原,故不离于宗,谓之天人。宗,即所谓未始有始也者。不离于宗,是以无为宗者也。谓之天人,天人即所谓畸于人而侔于天者。不离于精者,凝聚精神,万古不朽,能感天地,能贯金石,如鬼神然,是则所谓人而神者,故谓之曰神人。不离于真者,本然之真,极纯无疵,以言其德至矣极矣,无以加矣,故谓之曰至人。以天为宗,以德为本,以道为门,兆于变化,谓以无为为体,以有为为用,此则圣修之能事能举之者,非圣而何?故谓之曰圣人。以上所谓具有内圣之德者也。若夫以仁义礼乐为事而薰然纳天下于慈仁之中,则谓之曰君子。盖仁义礼乐皆失道而下之事,贤人君子治世之法无过于此。以法为分,以名为表,法谓法度,所以齐天下者,名谓名器,所以别天下者。以参为验,以稽为决,参者,以此而合彼,稽者,考古而准今,参稽之数则一二三四是也,百官以此相齿,于是乎有定秩而不越,此治人者之事也。以庶事为常,庶事如农工商贾之类,皆以衣食为主,而蕃之息之藏之畜之,以养老弱孤寡,此乃治于人者之事,民之理也,所谓外王之业者也,皆道术也。则古之人其备乎!故配神明,醇天地,育万物,和天下,泽及百姓,天德王道兼该并举,莫不明于本数,系于末度,所谓以其真治其身,而其土苴亦足以理天下。故其明而在于历数者,如帝王传心之法,世传之史尚多有之。散而在于六经者,则先王经世之迹,搢绅先生类能言之。其数散于天下而设于中国,则又流而为百家,析而为众技,亦一时有为应迹之所不废者,故君子时或称而道之。自天下大乱而圣贤不明,功力既降而道德不一,百家众技之流多得一察焉以自好。一察,犹云偏见小知。自好,自爱自媚也。譬之耳目口鼻,皆有所明而不能相通。虽然,不该不遍,一曲之士也,以故判天地之美,析万物之理,察古人之全,则能备焉者寡矣,应上古之人其备乎。因是内圣外王之道暗而不明,郁而不发,天下之人各为其所欲为,自以为方,往而不返,遂使后世学者不幸不见天地之纯,古人之大体,而道术将为天下裂。此一段,乃叔文之冒头,细玩则知方术之多,道术之裂也,而朴始散而为器矣。

不侈于后世,不靡于万物,不晖于度数,以绳墨自矫,而备世之急。古之道术有在于是者,墨翟、禽滑釐闻其风而悦之。为之大过,已之大顺,作为非乐,命之曰节用,生不歌,死无服。墨子博爱兼利而非斗,其道不怒,又好学而博,不异,不与先王同,毁古之礼乐。黄帝有咸池,尧有大章,舜有大韶,禹有大夏,汤有大濩,文王有辟雍之乐,武王、周公作武。古之丧礼,贵贱有仪,上下有等,天子棺椁七重,诸侯五重,大夫三重,士再重。今墨子独生不歌,死无服,桐棺三寸而无椁,以为法式。以此教人,恐不爱人;以此自行,固不爱己。未败墨子道。虽然,歌而非歌,哭而非哭,乐而非乐,是果类乎?其生也勤,其死也薄,其道大觳,使人忧,使人悲,其行难为也,恐其不可以为圣人之道,反天下之心。天下不堪,墨子虽能独任,奈天下何?离于天下,其去王也远矣。

夫道术无所不在,而天下之人则各狃于所见,于是流而为方术之众多,以故不侈不靡,不自藻饰,以绳墨自矫,使自有馀,而一时之急有备。古之道术有在于是者,盖道以淡泊为宗,以俭啬为宝,于是墨翟、禽滑釐闻其风而悦之,但为之大过,已之大顺,二子受用在此而受病处亦在于此。已,遏抑之也。顺、慎,古字通用。非乐、节用,墨子书中篇名,言墨子著书立教,使人生无燕会而不歌,死者裸葬而无服,泛爱兼利而非斗争,其为道也不怒,其为学也尚同,虽同矣而不同于先王,毁古先王之所谓礼乐者,而独以俭约为事。盖自黄帝至于武王,未始不用乐,而墨子则曰生不歌;自天子达于庶人,未始不行丧礼,而墨子则曰死无服,桐棺三寸而无椁,故以此教人,恐不爱人,以此自行,固不爱己。墨子之道如此。故虽不必毁败其道之非,然歌而非歌,哭而非哭,乐而非乐,已非人情,不可近矣。其生也勤,其死也薄,其道大觳,使人忧悲,其行难为也,恐其不合于圣人中正之道,不顺于天下平常之心。今使天下不堪,墨子虽能独任,奈天下何哉?道不通于天下,其去王道也远矣。王道也,平易近民者也。

墨子称道,曰:昔者禹之湮洪水、决江河而通四夷九州也,名山三百,支山三千,小者无数。禹亲自操橐耜而九杂天下之川,腓无胈,胫无毛,沐甚雨,栉疾风,置万国。禹,大圣也,而形劳天下也如此。使后世之墨者多以裘褐为衣,跂蹻为服,日夜不休,以自苦为极,曰:不能如此,非禹之道也,不足谓墨。相里勤之弟子,五侯之徒,南方之墨者苦获、己齿、邓陵子之属,俱诵墨经,而倍谲不同,相谓别墨。以坚白同异之辩相訾,以觭偶不仵之辞相应,以巨子为圣人,皆愿为之尸,冀得为其后世,至今不决。墨翟、禽滑釐之意则是,其行则非也。将使后世之墨者必自苦,以腓无胈,胫无毛相进而已矣,乱之上也,治之下也。虽然,墨子真天下之好也,将求之不得也,虽枯槁不舍也,才士也夫!九,纠。

墨子称道,又自托于古之圣王曰:昔者神禹湮洪水,决江河,通四夷九州,皆亲负橐操耜,纠率庶工,杂治天下之川,沐甚雨,栉疾风,勤苦之甚,至于腓无胈,胫无毛。禹大圣人也,而劳形如此,况其下者乎?故其教意,使后世之为墨者皆以裘褐为衣,跂蹻为服。

跂与屐同,蹻与屩同。木履曰屐,麻屦曰屩。日夜不休,以自苦为极,曰不如此非禹道也,非禹之道曰不足以为墨。而相里勤之弟子,散出于五侯之门者,与南方之墨者苦获、己齿、邓陵子之属,俱各诵墨经,而其谲怪尤倍。又且其说各各不同,故相谓之别墨,别墨者,谓己乃墨学之别派。以坚白同异之辩相訾,觭偶不仵之辞相应。相訾则相反,相应则相合。巨子,上首弟子也。为之尸,以之为主也。冀得为其后世,言人人皆愿续其道脉,至今不决,决犹绝也。夫墨子之道,虽不同于先王之礼乐,而却有同于圣人之勤苦,但为之大过,已之大甚,故曰:其意则是,其行非也。将使后之墨者以无胈无毛勤苦相进而已,是乱之上也,治之下也。乱,谓矫拂真性。虽然,矫拂人性,而天下却好之,往往宗其学术,求之惟恐弗得,极其枯槁而不能舍。墨子能以其教率天下,而天下至今宗之不决,其亦可谓豪杰之士也已,故曰:才士也夫。盖始若抑之,而卒深予之也。

不累于俗,不饰于物,不苟于人,不忮于众,愿天下之安宁以活民命,人我之养毕足而止,以此白心。古之道术有在于是者,宋钘、尹文闻其风而悦之。作为华山之冠以自表,接万物以别宥为始。语心之容,命之曰心之行。以聏合欢,以调海内,请欲置之以为主。见侮不辱,救民之斗,禁攻寝兵,救世之战。以此周行天下,上说下教,虽天下不取,强聒而不舍者也,故曰:上下见厌而强见也。虽然,其为人太多,其自为太少,曰:请欲固置五升之饭足矣。先生恐不得饱,弟子虽饥,不忘天下,日夜不休,曰:我必得活哉!图傲乎救世之士哉!曰:君子不为苛察,不以身假物。以为无益于天下者,明之不如已也。以禁攻寝兵为外,以情欲寡浅为内,其小大精

粗,其行适至是而止。鈃,刑。聏,而。

不累于俗,不以世俗为累也。不饰于物,不以外物自饰也。不苟,谓无求于人。不忮,谓无害于众。常愿天下安宁,人我之养毕足而止,以此自白其心愿。古之道术有在于是者,盖道以损己利人为事,以故宋鈃、尹文之徒闻其风而悦之。作为华仙之冠,华山,上下均平,其冠象之,庸以自表。其接物也,以别宥为本,别宥者,分别善恶,嘉善而矜不能也。语心之容,谓形容此心之广大,则曰心之行。以聏合欢,以调海内,聏者,和义。言其薰然慈仁,与物同春,直使天下一家,中国一人。有能然者,请必置之以为主君,是以见侮不辱以救民之斗,禁攻寝兵以救时之战,上以说其君,下以教其民,虽天下不取,犹然强聒而不舍也,故曰:上下见厌而强见。当时物议亦有不足于二子者,故引其言以证之。虽然,终是为人太多,自为太简。今其言曰:请欲固置五升之饭以支一日足矣。夫五升之饭,师不得饱,弟子恒饥,自奉亦甚薄矣,将亦何求于世者?而犹不忘天下,日夜不休,曰:我岂必以此五升求活哉?所以自贬若此者,将以愧天下救世之士得志而骄矜自肆者也。图傲二字颇奇。图,谋也。傲者,矫义。其说又曰:君子不为苛察,苛察则非别宥矣。不以身假物,假物则非不忮不求矣。以为此身无益于天下而求备于天下,则不如其已也。其学之大旨,则外之欲其禁攻而寝兵,内之欲其约情而寡欲,虽其小大精粗不能备举,其行则适至是而止矣。是,即指上内外二端,是宋鈃、尹文之学术也。

公而不党,易而无私,决然无主,趣物而不两,不顾于虑,不谋于知,于物无择,与之俱往。古之道术有在于是者,彭蒙、田骈、慎到闻其风而悦之。齐万物以为首,曰:天能覆之而不能载之,地能

载之而不能覆之，大道能包之而不能辨之。知万物皆有所可，有所不可，故曰：选则不遍，教则不至，道则无遗者矣。是故慎到弃智去己而缘不得已，泠汰于物以为道理。曰：知不知，将薄知而后邻伤之者也。謑髁无任而笑天下之尚贤也，纵脱无行而非天下之大圣，椎拍輐断，与物宛转，舍是与非，苟可以免。不师知虑，不知前后，魏然而已矣。推而后行，曳而后往，若飘风之还，若羽之旋，若磨石之隧，全而无非，动静无过，未尝有罪。是何故？夫无知之物，无建己之患，无用知之累，动静不离于理，是以终身无誉。故曰：至于若无知之物而已，无用贤圣。夫块不失道。豪杰相与笑之曰：慎到之道，非生人之行，而至死人之理，适得怪焉。田骈亦然，学于彭蒙，得不教焉。彭蒙之师曰：古之道人，至于莫之是、莫之非而已矣。其风窢然，恶可而言？常反人，不见观，而不免于輐断。其所谓道非道，而所言之韪不免于非。彭蒙、田骈、慎到不知道。虽然，槩乎皆尝有闻者也。髁，户寡。

大公而无党，平易而不私，决然而无主，趣物而不两。决然而无主者，言若水之决东而东，决西而西，更无主宰也。趣物者，与物同趣，不立人我，故云不两。不顾不谋，言不起知虑。于物无择而与之俱往，盖道有廓然而大公，物来而顺应。故曰：古之道术有在于是者，彭蒙、田骈、慎到之徒闻其风而悦之。其学以齐万物为首，齐万物者，大小一如，不起分别也。其言曰：天能覆之，不能载之，地能载之，不能覆之，道能包之，不能辨之，言天地与道皆有所能，有所不能。万物者，亦道中之一物耳，宁无所可与所不可者乎？吾人则当随其材之所宜而用之，则天下无弃物，若选而择之，则天下之物有不遍者矣，故曰：选则不遍。教则不至者，物物各具天性之良能,不待于教,若待教导而使之然,则吾之教必有所不及者矣,故曰:教则不至。若与之同归于道,则道体物而未始有遗,故大以成大,小以成小,而无不遍不至之患矣。是故慎到之学,弃智虑,去己私,缘于不得已,而用天下之物,泠然汰然,无所选择,以为道理当如是而已。曰知不知以下数句颇难解,细玩则正见弃智之意。盖天下自以分别为知,而不知知识之开,混沌之凿也,一凿则伤,而浑沌死矣。故人皆曰知,而我不以为知者,何以故?将薄夫知发之后,凿而邻于伤者也。邻之言,近也。謑髁无任而笑天下之尚贤,纵脱无行而非天下之大圣。謑髁、纵脱,皆无知无能之貌。椎拍、輐断,注云:刑截者所用之物。与物宛转者,言随其材质而割断之,使各适于用也。举世皆有是非而彼独舍之,举世皆师智虑而彼独弃之,举世皆有轩轾而彼不知先后,魏然而已矣。魏然,兀然不动之貌。而已矣者,无他能也。推而后行、曳而后往者,不得已而后动之意。若风、若羽、若磨石之隧,言其与物宛转而无心也。以是之故,得以自全于世而无非,动静自如而无罪。何者?无知之物,无建己之患,无用知之累,动静不离于理,是以终身无誉于人。无誉于人,则人亦不得以过情而毁之,正乃所以自全也。故彼之言常曰:至于若无知之物而已矣,乌用贤圣为哉?夫块不失道,块,土块也,土块不离于道途,人而块然如土,则亦不失其所当行之道。彼豪杰者,自负其建己之才,故相与笑之曰:慎到之道,非生人之行而至死人之理。人而如块,非死而何?适得怪焉尔。田骈亦然,田骈学于彭蒙,得不教焉。不教,谓不待教训而即与之相契。彭蒙之师曰:古之道人,至于莫之是、莫之非而已矣,其有言也,未始有言也,窢然而已矣,乌可而言乎?乌不可而不言乎?窢然,逆风过物之声。夫其如是,是以常与人反,故人不见观而不免于鲩断。鲩断,即輐断,字之误也。不见观,犹言不取则也。人不见取则,未免宛转迁就,故所言虽是,而不免于世人之非,佥曰:田骈、慎到不知道。虽然,槩乎其尝有闻者也,盖世人虽以为非,而庄子犹有取焉者也。

以本为精,以物为粗,以有积为不足,淡然独与神明居。古之道术有在于是者,关尹、老聃闻其风而悦之。建之以常无有,主之以太一,以濡弱谦下为表,以空虚不毁万物为实。关尹曰:在己无居,形物自著。其动若水,其静若镜,其应若响,芴乎若亡,寂乎若清,同焉者和,得焉者失,未尝先人而常随人。老聃曰:知其雄,守其雌,为天下谿。知其白,守其辱,为天下谷。人皆取先,己独取后,曰:受天下之垢。人皆取实,己独取虚,无藏也故有馀,岿然而有馀。其行身也,徐而不费,无为也而笑巧。人皆求福,己独曲全,曰:苟免于咎。以深为根,以约为纪,曰:坚则毁矣,锐则挫矣。常宽容于物,不削于人,可谓至极。关尹、老聃乎,古之博大真人哉!

本谓道,末谓器,道器虽不相离,然不容无本末精粗之则,故以本为精,以末为粗。既曰粗矣,则不应有积,其有积者,不足之心累之也,故曰:以有积为不足。所以圣人不积,常使胸次洒洒,一尘不挂,淡然独与神明居。盖古之道术有在于是者,关尹、老聃是以闻其风而悦之。建之以常无有,常无有即本也,未始有始也。主之以太一,太一即有始也。老子曰:天下有始,以为天下母。故此太一,在易则谓之太极,二气、五行、万事万化皆从此生。道虚而用之或不盈,是故以濡弱谦下为表焉。表,谓应事接物,见之于外者,道之用也。以空虚不毁万物为实者,实,即佛氏所谓实相,盖真空不空,故不坏世相而成实相。若毁坏万物,则断灭顽空,而非所谓道矣。

又引关尹之言:在己无居,形物自著。居,即佛氏所谓住心,言己之心一无所住,而形形物物莫非己心之所显发,此便是无所住而生其心,故其动也若水,其静也若镜,其应也若响,芴乎其若亡而无所得也,寂乎其若清而无所淆也。同焉者得之,而与之同其同也。得焉者失之,而不居其得也。未尝先人也,而常随于人,濡弱谦下而不争也。又引老子之言知其雄,守其雌云云,二句出《道德经》。为谿为谷,皆谦虚不自满足之义。夫人皆取先而彼独处其后,以受国之垢,人皆取实而彼独取其虚,岿然而有馀。其行身也,舒徐容与,常自俭啬,漠然无为,而嗤笑世人之巧利。人皆求外至之福而彼独曰:曲则全,苟免于咎而已矣。是皆以深为根,以约为纪。根者,根极之义。纪,纪法也。观其言曰古之为道者,微妙玄通,深不可测,得非以深为根之谓乎?治人事天莫如啬,我有三宝,曰慈曰俭,得非以约为纪之谓乎?凡物太刚则折,太锐则挫,故尝挫其锐,破其坚,虚心弱志,一味宽容逊顺,而不敢过为刻削之行,其道可谓至矣。故末复赞之云:关尹、老聃,古之博大真人哉!尹,关之官名。聃,老之谥名。关著《文始真经》,与道德相为表里,皆人间不可不读之书。

寂漠无形,变化无常,死与?生与?天地并与?神明往与?芒乎何之?忽乎何适?万物毕罗,莫足以归。古之道术有在于是者,庄周闻其风而悦之。以谬悠之说,荒唐之言,无端崖之辞,时恣纵而不傥,不以觭见之也。以天下为沉浊,不可与庄语,以卮言为曼衍,以重言为真,以寓言为广。独与天地精神往来,而不敖倪于万物。不谴是非,以与世俗处。其书虽瑰玮,而连犿獾无伤也。其辞虽参差,而諔诡可观。彼其充实,不可以已。上与造物者游,而下

与外死生、无终始者为友。其于本也，弘大而辟，深闳而肆；其于宗也，可谓调适而上遂矣。虽然，其应于化而解于物也，其理不竭，其来不蜕，芒乎昧乎，未之尽者。

上言关、老，此下遂以自己承之。寂寞无形，言清虚而无象也。变化无常，言往来而无住也。以无相为宗，以无住为行，万物一府，生死同状，直与天地并而神明俱，芒乎不知其何之，忽乎不知其所适。古之道术有在于是者，当时西方贝典未入中国，而中国自有此种学术，若合符节。庄叟是以闻其风而悦之。著而为书，其言谬悠荒唐而无端崖，莫非形容寂寞无形、变化无常的道理。谬悠，言虚远也。荒唐，言旷大也。无端崖，言无终始也。又时或放言自恣而不傥同于人，然又不欲以觭自见，觭与奇同，谓独见也，见即老子自见自伐之意。以天下为沉浊而不可与庄语，天下之人沉溺五浊，不可以庄重之语道之。故因之以曼衍，质之以重言，广之以寓言，庄子之书，不出三者。所谓非己之罪也，不信己之罪也。其精神独与天地往来而不敖倪于万物。敖倪，即傲睨之意。与天地往来者，穷其神，知其化，直与造化者相为游衍。天地无弃物，与道为体者亦无弃物，故不敖倪。不敖倪，则与物无竞，得者同于得，失者同于失，不谴是非，而与世俗同处，将与斯世斯民相忘于大顺大化而不知，玄同之德有如此者。又其为书，虽瑰玮而连犿无伤也。瑰玮，奇特之状。连犿，相从之貌。犿，与獾同，《玉篇》：牡獾也。言其书虽若惊世骇俗，而却善体物情，连环宛转，与物相从而不违，是以虽瑰玮而不伤。不伤，即无嫌之义。其辞旨抑扬纵夺，参差不一，而滑稽诡谲之中却有可深思而得之理。此两句说尽《南华》，非庄叟自道不出。彼其充实不可以已，如云胸中若有物积，必欲吐尽乃已。将上与造物者游，而下与外死生、无终始者为友，此等见解，常情未易窥测，大抵不出乎老氏所谓道术，建之以常无有，主之以太一者。建之以常无有，故其于本也，弘大而辟，深闳而肆。主之以太一，故其于宗也，调适而上遂。上遂，谓达本反始。调适者，调御闲适，放于自然，欲为而为之以不为也。林鬳斋只为本宗二字认得不真，是以性命之旨，殊觉茫昧。虽然，下一转语，言虽是如此，其应化而解于物也，其理不竭，其来不蜕，盖上达之妙未始离于下学之中，今之理会本宗者多有脱略世故之弊，此则天机人事不即不离，所谓不坏世相而成实相者。顺化而解于物，谓顺天地自然之化以解万物之县结也，此便是调适上遂之意。不竭，谓其出无穷。不蜕，谓不离本宗。来字，或是本字。芒乎昧乎，未之尽者，此个道理便是寂寞无形，变化无常。书以载道，故此书所言，直是芒昧无尽。若常人语下则遗上，语理则遗物，又安得谓之无尽乎？庄叟自叙道术，只在著书上见得句句是实，却非他人过为夸诞者。

惠施多方，其书五车，其道舛驳，其言也不中。历物之意曰：至大无外，谓之大一；至小无内，谓之小一。无厚，不可积也，其大千里。天与地卑，山与泽平。日方中方睨，物方生方死。大同而与小同异，此之谓小同异；万物毕同毕异，此之谓大同异。

天下之治方术者，类皆闻古人之风以自兴起，各成一家之学。而惠施之学，前无师授，不过腾辩博之口以与天下相持，故曰：惠施多方。多方则未免夸多斗靡，著书虽满五车，而其道舛驳，其言不中，当于理者或寡矣。历历举起辨物之意，如云：至大无外谓之大一，至小无内谓之小一，今人但知一耳，而不知其有大一、有小一，此便是他强辞。又云：无厚者不可积也，其大可以千里。无厚是指超于形色之表者,至微至细,本不可积,若形形色色积而充满天地,则无厚者亦满天地,何啻千里?又孰谓无厚者不可积耶?天尊地卑,其位定矣,而天道下济,是天亦可以言卑也,故曰:天与地卑。山高泽深,其象陈矣,而山上有泽,则山不得名之为高也,故曰:山与泽平。日方中矣,若睨而视之,则中者亦可谓之昃。物方生矣,而绝后再苏,则生者亦可谓之死。天下有大同异,有小同异,大同而与小同异者,谓之小同异,言非是大同异于小同,却是小同异于大同也,故谓之小同异。万物毕同毕异者,然后谓之大同异。大同异,谓一气混茫,分为四时,以司化权,而万物于中生长收藏,毕同毕异。小同异,谓如梅先而李后,草夭而木乔。惠子之说,亦自有理,但支离缠绕,你说如此,他却如彼,毕竟如彼之理不出如此之中,但要伸己之强辩以与天下持耳。

南方无穷而有穷。今日适越而昔至,连环可解也。我知天下之中央,燕之北、越之南是也。泛爱万物,天地一体也。惠施以此为大观于天下而晓辩者,天下之辩者相与乐之。

天地东南汇为巨浸,弥漫浩渺,不知其穷,故人皆知南方之无穷。而不知既谓之方,则滞于有形,会有涯际。又地不足于东南,不足非穷乎?今日适越者,启行虽在今日,而昔者已有适越之心,若以神用而不以形用,是不谓今日适越而昔至乎?连环者,两环相连,本不可解,然但能相连而不能相合,不相合则谓之解可也,故曰,连环可解。谁为天下之中央?越之南、燕之北是也。夫南北本不可以言中,而天无定体,中无定在,如中庭月魄,宁分比邻?燕越虽居南北之端,而越不见燕、燕不见越,各以所在而定之方中,故越之南、燕之北皆可以为天下之中央。此句却是以强词傍理而胜者。

泛爱万物,天地一体也,此句却好。惠施以此为大观于天下,观字作去声读,示也。《易》曰大观在上,此字只指泛爱一句。今之讲学者,开口便说万物一体,是以天下之人乐而趋之,却是落了惠子旧套,然理却纯正,但行不践言,可嗤耳。

卵有毛。鸡三足。郢有天下。犬可以为羊。马有卵。丁子有尾。火不热。山出口。轮不蹍地。目不见。指不至,至不绝。龟长于蛇。矩不方,规不可以为圆。凿不围枘。飞鸟之景未尝动也。镞矢之疾,而有不行不止之时。景,影。

谁谓卵无毛?而孚生之鷇皆有毛。又以鸡孚鸭,毛不成鸡,是毛定卵中,谓卵有毛可也。人皆谓鸡二足,不知以形用者,人皆见之,孰主张是,以神用者又一足也,故曰:鸡三足。楚都于郢,何以有天下?天下者,天下之天下也,楚自为王,则亦楚之天下矣,故曰:郢有天下。犬羊皆人所命之名,未有此名之先,呼犬为羊,犬亦未尝不受也,故曰:犬可以为羊。卵胎亦人所立之名,未立此名之先,谓胎为卵,马亦未尝不生也,故曰:马有卵。丁子者,蟆也,蟆无尾,而科斗有尾,壮则尾落而为蟆,故丁子有尾。火不热,寒热皆人所立之名,人谓火为热,而火岂自知其热乎?故曰:火不热。山不出口,而空谷何以传声?故曰:山出口。轮虽碾地,而脱輹则不能行,故曰:轮不辗地。目能视物而不能以自视,手能指物而不能以自指,故曰:目不视,指不至。而手目之伎俩容有穷绝之时,使其俱视俱至,则不至穷绝矣,故曰:至不绝。龟短于蛇,而龟率其龟之性,则其长亦与蛇同,故曰:龟长于蛇。矩以为方,而矩之体不方,故言方则不得谓之矩,言矩则不得谓之方,规圆亦然,故曰:矩不方,规不可以为圆。凿不围枘者,枘形圆而凿形方,今木工但谓窍物为凿耳,不知围枘也可以凿名乎?故曰:凿不围枘。鸟飞于天,景落于地,但可谓之鸟动而不可谓之景动,何者?影也者,有待而能者也,无鸟则无景,景能自动乎?故曰:飞鸟之景未尝动。矢安于弦则行,中于鹄则止,无有不行不止者,然使不至其地则不得谓之行,不贯于的则不得谓之止,是镞矢虽疾而有不行不止之时矣。凡此,皆于言语名相间横生种种聪明意见以求异于人,惠子一生搬弄精魂只在于此,诚可惜哉!

狗非犬。黄马骊牛三。白狗黑。孤驹未尝有母。一尺之捶,日取其半,万世不竭。辩者以此与惠施相应,终身无穷。桓团、公孙龙,辩者之徒,饰人之心,易人之意,能胜人之口,不能服人之心,辩者之囿也。惠施日以其知与人之辩特,与天下之辩者为怪,此其抵也。然惠施之口谈,自以为最贤,曰:天地其壮乎施!存雄而无术。

一物可以两名乎?故言犬则犬而已,又岂得复以狗名乎?故曰:狗非犬。黄马骊牛三,兼形与色而合之,三也。马、牛者,形也。骊、黄者,色也。色附于体,则一者可析而为三,是故有骊马也,黄马也,又有骊黄马也;骊牛也,黄牛也,又有骊黄牛也。白狗黑亦然,是皆一物而三。形者实也,色者虚也,虚实相乘,其理如此,此处诸家不知何解。孤驹未尝有母,何以故?马之有母者曰驹,无母者曰孤,言驹则不得称孤矣,言孤则不复为驹矣,今曰孤驹,是驹未尝有母矣,岂理乎?夫一尺之捶,日取其半,则万世用之可以不竭,言不尽用者之能善其用也。捶,捣衣之杵也,北方谓之棒捶。盖捶有双用,若日取其半而更用之,则世世常久,可无损坏之虞。以况惠施之辩,不全用十分道理,但略傍些须,是以任他左右躲闪,转换不穷,而当时辩者如桓团、公孙龙之徒,以此之故,日与惠施相应,终身不穷。使其全用道理,则一到理屈,其辞便穷,安有许多强辩?惟其不然,是以只见终身哓哓聒聒,徒能饰人之心,易人之意,胜人之口而不能服人之心,徒为辩者之囿而已。辩囿,言丛天下之辩而不能解也。夫惠施日以其知与天下之辩特,特恐作持,持谓相持而不下,不下则竞为諔诡怪异之说以相胜。历举其说,大抵如此,故曰:此其抵也。然惠施之口谈自以为最贤,他人未必贤也。观其言曰:天地其壮乎施!言我之辩,天地为我增气,造物者为我击节,其自负如此,是盖存雄而无术者也。夫守雌者,道也,存雄,非道也,故曰:无术。无术则去道远矣。

南方有畸人焉,曰黄缭,问天地所以不坠不陷、风雨雷霆之故。惠施不辞而应,不虑而对,遍为万物说。说而不休,多而无已,犹以为寡,益之以怪。以反人为实,而欲以胜人为名,是以与众不适也。弱于德,强于物,其途隩矣。由天地之道观惠施之能,其犹一蚉一蝱之劳者也,其于物也何庸?夫充一尚可,曰愈贵道,几矣!惠施不能以此自宁,散于万物而不厌,卒以善辩为名。惜乎!惠施之才,骀荡而不得,逐万物而不反,是穷响以声,形与影竞走也。悲夫!

畸人,异人也。黄缭之问亦邃矣,惠子乃不辞而答、不思而对者,自雄其辩才智慧之过人也。既又遍为之说,说而不休,多而不已,犹以为不足也,而益之以怪。益之以怪,是他躲闪出脱,以欺人耳目之所不及。大抵反人以为实,胜人以为名,是以其说虽长,而与众不协,故曰:不适。夫有德者必有言,而惠子之能言未必其有德也,徒与物相竞而已,故曰:弱于德而强于物。如是,则其于道也,亦终幽昧暗塞而不能以自明,故曰:其途隩矣。室西北为漏,西南为奥,故以为深昧不明之喻。夫由天地广大易简之道而观惠施之能,其犹一蚉一蝱日薨薨于草莽之下,何补于物?何益于世?充一蚉一蝱之类而进之,虽大宁几尚可许之,以是而曰愈于贵道者,岂不殆哉!盖贵道之人,自以多言数穷为戒,所以知者不言,言者不知,辩者不善,善者不辩。惠子不能以此道宁一其心志,缄默其言词,以求进于太上忘言之域,而独以其精神散于万物而不厌其烦,卒以善辩自成其名。惜乎!有如是之才而不能善用,骀荡而不得于心,逐物而不反其本,将欲止天下之辩欤?言愈烦而辩愈起,是犹穷响以声,而形与影竞走也。悲夫!又按:庄叟所举惠施之说,首简数行,犹为近理。卵有毛以下,类支离缠绕,皆无足观。今恨不见其全书,不知其说之何似。而司马以下诸注,类皆妄臆。然以外史所测者而观,又不知具眼者当何去取也。姑书此以俟来者。

起草于万历丙子六月六日,脱稿于戊寅八月八日

庄子副墨后序

敏斋李茂年撰

《南华经》者，道德之微言，性命之极致，三教之真诠，上乘之谛义也。其言汪洋自恣，曼衍而无竟。儒者习学圣经，步趋矩矱，言动称先王，骤而读之，如闻狂酲骂座，却步疾走，惟恐影响之不幽，又如人间骄稚，不出户庭，乍见幻师幻物、天龙神鬼，应接不暇，则喜与惧并，直教越骇汗逃去，而不敢顷留。异哉《南华》！古今人士求其说而不得，则受其黮暗，直废阁乃已。自非洞彻玄览，优入密门奥旨微义，鲜克举之，又况三藏绝诠，重玄妙窍，迥出思议之表者耶？

方壶先生灵关朝彻，天门豁开，曩为二氏经测，已振足音于空谷。晚注《南华副墨》，复为我人开演法要。若谓虚静恬淡寂寞无为，一经肯綮，实在于是，故首举八字以分卷帙，意在天人，开户见山，因标指月。盖自五千道德绝响人间，大道宗乘郁而弗畅，乃有漆园者人，密说显演，阐彼上德无为之义，意千言纵夺，一旨同归，莫不尊于道而贵于德，退仁义而宾礼乐。攻儒术者未之前闻，律以侮圣畔道，奚然耶？夫太初无名，降而名相，皆朴散之器，法之所无用也。道则虚而无有，德则一而不分，为道者原本返始，德至而同于初，不几乎虚静无为，与一世而得淡漠也耶？所谓以其真治身，而出其绪馀，亦足以理天下，世出世法莫不由此，故明于本度，系于末数，道术始勿之裂。准此以读《南华》，心口应矣，破竹数节之后，迎刃解矣。予聆其言,始而惧,中而惑,卒而怠也。又涣若冰释,乃取《南华》沉潜斯义,则见向之激亢者,今皆和顺而莫之逆于吾耳;向之艰阻者,今皆平易而莫之咈于吾心;向之千蹊万径諔诡谲怪者,今皆同归合辙而莫之畔于吾道。而后乃今知先生翼经之功于是为大,而《南华》之有益于身心,诚不可一日而不读也。夫照乘之珠,昏黑而投之人,则视者按剑。歌阳春白雪于郢中,属而和者或寡矣。天下岂少耳目哉?莫为之先而闻见惑也。今而既有先矣,具耳目者尚与共之。

季父参军,谓是书可以嘉惠来学,亟为寿梓。梓成,属茂年以言殿之,乃附诸末简。

跋

不佞结发慕古，雅爱《南华》，则日涉数首，窃愿以文字交。岁庚辰，晤外史氏，讲《南华》，读《副墨》终篇，乃茫然失，蘧然觉，喟然叹：吾师乎？吾师乎？讵直文字之交云乎？设也不有《南华》，则《道德》几晦；不有《副墨》，则《南华》几晦。然则《道德》其《南华》之鼻祖，《副墨》其《南华》之正脉，外史氏其游庄生物化之天，而大呼后来之眯梦者耶？不佞既幸外史氏呼，由是广播兹刻，则同志之士咸揭白日行矣。

遂城诚轩郑材谨跋